面向 *21* 世纪课程教材

信息管理与信息系统专业教材系列

花芳◎编著

文献检索与利用

第 2 版

LITERATURE RETRIEVAL
AND UTILIZATION

清华大学出版社

北京

图书在版编目（CIP）数据

文献检索与利用 / 花芳编著 . —第 2 版 . —北京：清华大学出版社，2014（2023.1重印）

（面向 21 世纪课程教材　信息管理与信息系统专业教材系列）

ISBN 978-7-302-34166-6

Ⅰ．①文…　Ⅱ．①花…　Ⅲ．①情报检索－高等学校－教材　Ⅳ．①G252.7

中国版本图书馆 CIP 数据核字（2013）第 243441 号

责任编辑：周　菁
封面设计：常雪影
责任校对：宋玉莲
责任印制：沈　露

出版发行：清华大学出版社
　　　　　网　　　　址：http://www.tup.com.cn，http://www.wqbook.com
　　　　　地　　　　址：北京清华大学学研大厦 A 座　　　　邮　　编：100084
　　　　　社　总　机：010-83470000　　　　邮　　购：010-62786544
　　　　　投稿与读者服务：010-62776969，c-service@tup.tsinghua.edu.cn
　　　　　质　量　反　馈：010-62772015，zhiliang@tup.tsinghua.edu.cn
印　装　者：小森印刷霸州有限公司
经　　　销：全国新华书店
开　　　本：185mm×230mm　印　　张：21.75　插　页：1　字　　数：375 千字
版　　　次：2009 年 9 月第 1 版　2014 年 3 月第 2 版　印　　次：2023 年 1 月第18次印刷
定　　　价：45.00 元

产品编号：047965-03

序 言 PREFACE

花芳同志的《文献检索与利用》一书即将出版，我由衷地感到高兴和欣慰。

《文献检索与利用》作为教育部指定的一门高校课程，从1984年下达第一个文件以来，经历了二十多年的起伏跌宕，终于在我国高校遍地开花。今天，它既保持着传统，又渗透着新意。世界正在进入信息时代，信息与知识需求的增长，信息技术支持力度的加大，检索理念和方法研究的深化，将文献检索与利用这一传统主题汇入到了新的潮流中。从文献检索、信息检索、计算机检索、网络检索到电子资源检索等术语的出现，反映了形式紧跟内容的发展，内容紧跟时代的发展，它的核心价值在于信息素养。信息素养已被联合国教科文组织纳入到全民信息计划的一大优先领域中，它是人们获得信息、更新知识、实现终身学习的基本要素。具有中国特色的《文献检索与利用》课程与该国际理念接轨，明确了定位，注入了活力，开始了新的路程。花芳同志的这本书就是在这个形势下编撰的，它抓住了信息素养这个中心议题。

这本书是北京市教育委员会支持的一本精品教材。之所以精，就精在对信息环境和总体思路的把握上，精在从使用者的视角来讨论信息需求和实现的问题上。具体地说，就是如何让学生在有限的教学时段内完成信息能力的基本教育和训练。这首先需要内容的精选和组织的精练，明确它是一本教科书而不是手册，这需要对知识的系统整合和揭示，而不是对现象和功能的简单罗列和演示。它是一本深入浅出、引人入胜，有针对性的教材。适用和实用就是最好的。

本书的构思立足在：系统地阐述从文献检索到利用过程中的重要环节，力图对利用文献做研究的过程建立一个完整的概念体系。涉及的内容包括：从课题的选择到论文的写作与发表、资料的积累与管理等方面，它涵盖了研究策略的制定，资料收集和评估、论文撰写及相关版权和学术规范等议题，这些都是较新的讨论题材。

本书的特色反映在：理论和实践的结合，基本概念和方法与技术的结合，知识教育和实习训练的结合，一般原则与典型案例的结合，信息检索与资源评价的结合。本书阐述简明，注重实践，强调学生研究能力的培养和技能的训练。为加强学习和理解，书中还设计了相应的思考题、习题和课程报告等内容，力求为读者营造一个学以致用的氛围。

本书著者有着多年的图书情报学的专业知识和业务工作经验，她结合课程教学实践和研究成果，融进了自己十多年来的高校图书馆实际工作之经验、加上她所具有的原学科专业背景，将多年的教学心得和所积累的素材总结升华为一本实用的教材，完全是水到渠成的结果。多年的共事使我对花芳同志的积极进取、勤奋好学、严谨踏实的工作作风和研究态度留有深刻的印象，相信这本书是她的一部力作，是优秀的教学和学术成果的体现。本书的出版必将为推动高校文献检索与利用等课程的开展、为加强我国信息素养教育起到积极的作用。

　　总之，这本书既是《文献检索与利用》等课程的配套教材，同时也可供信息工作人员学习和参考用之。

孙　平

2009 年 6 月 2 日于清华园

前　言 FOREWORD

　　全球化的知识经济是我们这个时代最显著的特征,而技能和创意则是发展的源泉。信息素质作为这一时代的公民所必备的基本技能,已成为高校素质教育的重要内容,也给《文献检索与利用》课程的教学赋予了新的内涵:将学生信息素质的培养作为该课程的教学目标。本书正是为围绕着这一目标进行创作的。衷心地希望它的出版能促进《文献检索与利用》课程的教学与研究的发展。

　　本书以利用文献资料做研究为主线,系统地阐述了文献检索与利用的方法及过程,从选题、收集文献,到资料评估和使用,内容涉及制定研究策略、使用图书馆和互联网查找资料、评估资料,发现重要文献,撰写与发表研究成果,力求向读者展示一个完整的利用文献资料做研究的模式和流程。此外,本书还涉及了版权常识和学术规范。在引用他人的成果时,应遵循什么样的引用规范,以避免抄袭、剽窃之嫌,本书对此进行了阐述。同时还对研究活动中的其他常见问题,如合作研究及荣誉分配、论文署名原则等进行了讨论。

　　在撰写本书时,笔者坚持"科学规范、系统全面、简明实用、适合教学"的原则。具体体现在:对基本概念、检索原理与方法的介绍上,力求做到准确与规范,并富有启发性;在内容安排上,尽可能全面、系统,并注意全书的整体结构及其各部分之间的内在联系。在介绍各种资源使用方法的同时,还对它们的特点、应用条件及内在的局限性等进行了探讨;在介绍各类数据库时,努力做到重点突出,以"点"带"面"。结合大量的实例,详细介绍具有代表性的数据库,而其他数据库则以列表的形式提供。希望读者在掌握典型数据库使用的基础上,能够举一反三,了解和掌握其他数据库的使用方法。在材料组织和表达方式上,则紧密结合教学特点,尽量方便学生和教师使用。为此,在每章前,都以结构图的形式提供了本章的内容框架,使读者能一目了然地了解本章的基本内容。书中配有相应的习题,以及笔者精心设计的课程报告,内容涉及选题、制定检索策略及收集资料、资料阅读与笔记、拟定论文提纲、为论文选择合适的期刊投稿,以及建立与选题相关的资料库,力求为学习者营造一个学以致用的环境。

　　本书涉及了科学研究方法的内容。作为一名教师和研究者,笔者对于这部分内容仍处在一个不断学习和探索的过程中。因此,在将本书奉献给读者之时,笔者真诚地希望读者对本书中的不足之处给予批评指正,使之逐步完善,以更好地适应于广大师生及相关人员的学习和研究需要。

在本书出版之际,我首先要感谢清华大学图书馆的孙平教授,她为本书获得北京市教育委员会的项目资助,以及对全书的初审把关方面投入了大量时间和精力,正是由于她所给予的极大的信任、热情的鼓励和无私的帮助,使我顺利地完成了该书的撰写工作。感谢清华大学图书馆的肖燕研究馆员对书稿的第八章和第十章所提出的富有建设性的意见,感谢清华大学图书馆的童庆钧为本书推荐了合适的制图软件。

花　芳

2009 年 6 月 8 日于清华园

再版前言 FOREWORD

《文献检索与利用》一书在 2009 年出版后,得到了读者的肯定,迄今已印刷 10 次,达 36 000 册,这令我鼓舞和欣慰。然而,距该书首次出版已四年,一方面文献检索技术与利用的研究发展很快;另一方面也收到了一些专家和读者富有建设性的意见,对我启发很大,于是有了修订该书的想法。归纳起来,主要有以下两点原因:(1)读者群体的扩大。当今时代最大的特点就是终身学习成为每个公民的生存需要,这一目标的实现取决于个人独立学习的能力。文献作为知识的记录,是最好的学习资源,而掌握文献检索与利用的技能则是实现高效独立学习的前提。随着人们对文献价值与作用认识的提高,越来越多的个人主动利用文献资源来解决生活中所面临的各种问题,自觉地把文献检索与利用的技能作为提高个人生活品质所必备的基本技能。今天,希望掌握这一技能的人群在不断增加,除了在校学习的大学生以外,还有那些有志于终身学习、渴望不断自我完善的人们。这就需要一个更为系统与全面的普及读本,将相关内容以简明实用的方式加以组织与呈现,方便读者使用。(2)为读者提升理性处理问题的能力提供一套实用方法。人生总是充满了各种大大小小的问题,它们需要思考,需要抉择。正如北京大学的哲学教授谷振诣在《批判性思维教程》一书中所写的"世界和人生给我们带来疑问,疑问引起思考,思考要问为什么,回答为什么要运用分析和推理,接受或拒绝某种信念要依据好的理由,选择方案或做出决定要进行评估",这实际上是要求人们具备一定的科学素养,能像职业研究者——科学家那样理性地思考与解决问题,它包括明确问题,搜集证据,判断证据的可靠性,基于证据的逻辑推理得出解决问题的方案。今天,丰富而庞大的信息资源、简单快捷的信息查询与获取方式、多元化的信息获取途径,为人们搜集证据、解决问题提供了多种选择,这同时也意味着人们需要有更高的策略与技巧对信息进行鉴别、分析与处理,以保证基于它们所做出的决策和行动是合理的、最佳的。而文献作为一种高质量的证据来源,对它的分析与利用能力则构成了个人理性处理问题的基础。为此,本次修订优化和浓缩了文献资源与检索的内容,扩充了文献分析与利用方法的介绍,新增以下章节"文献定量分析初步"(第七章)、"批判性思维方法及应用"(第八章)、"文献调研方法"(第九章)、以及"文献的加工与管理方法"(第三章)等,使全书的结构更加合理。

一个信息需求无非要解决"查什么""何处查""如何查""如何用"四个问题,为此,作者从"知源、知取、知用"三个层面介绍文献检索与利用方法。全书分为文献资源及管理、文献检索、文献分析与利用、以及版权常识与学术规范四部分,共 11 章。

第一部分(一至三章)为文献资源及管理方面的内容。首先根据文献的权威定义,得出知识属性是文献的本质特征。然后分析讨论了文献的产生以及文献、信息、知识、情报之间的相互关系,由此得出文献是研究成果的记录这一结论。接着介绍了文献的类型及特点,并结合电子书与电子期刊,介绍了电子资源的使用方法及特点。讨论了两个中心(文献中心——图书馆、信息中心——因特网)的资源特点以及它们在研究活动中的作用。文献有序化是文献检索与利用的前提。针对文献资源的管理问题,介绍了文献整序与加工的系统化方法——文献编目,在此基础上讲解了文献检索工具的编制原理。最后,作为一项实践活动,介绍了如何利用资料管理软件建立个人资料库实现资料的积累与管理。

第二部分(四至六章)为文献检索方面的内容。结合文献在科学研究活动中的作用,将文献检索分为三类检索问题(相关文献检索、查找馆藏以及事实与数据检索)进行介绍。着重介绍了文献检索的原理及方法,相关文献检索步骤、检索式的编制以及检索效果的评价指标。介绍了单篇文献的检索工具——文摘型数据库的使用方法;然后介绍了利用工具书获取事实与数据的方法。

第三部分(七至十章)为文献分析与利用方面的内容。首先介绍了两类常用的文献定量分析方法:文献数量的统计分析以及引文分析方法。作为应用实例,介绍了两个典型的文献定量分析与评价工具——《期刊引证报告》JCR 和《基本科学指标》ESI数据库。然后,针对证据的分析与逻辑推理问题,介绍了证据的可靠性鉴别、批判性阅读、论证的基本规则以及构造有效论证的方法。最后,结合文献调研这一典型活动,从选择研究课题、制定研究策略、利用图书馆和因特网收集资料、评估资料,发现重要文献、追踪最新学术进展、以及论文写作与发表等几个环节全面介绍了资料利用方法。

第四部分(十一章)为学术规范方面的内容。内容涉及版权常识、合作研究及荣誉分配、论文署名原则等。

在将本书奉献给读者之时,作者真诚希望读者对本书中的各种缺点和不足给予批评指正,使之不断完善,以便更好地满足广大读者的需求。

作者在此要感谢清华大学将此书作为学校的名优教材建设项目给予资助,为此书的顺利再版提供了经济支持。同时还要感谢清华大学出版社的工作人员,正是由于他们的辛勤工作,使此书的第 2 版得以早日问世。

花　芳

2013 年 12 月 20 日于清华园

目 录 CONTENTS

第一部分　文献资源及管理

第二部分　文献检索

第三部分　文献分析与利用

第四部分　版权常识与学术规范

第一部分

文献资源及管理

CHAPTER 1
第 一 章

文献、图书馆、因特网

【学习目标】

- 了解文献的定义、类型、特点及情报功能
- 了解图书馆的功能及其资源与服务,掌握馆藏资料的查找方法
- 了解因特网(Internet)信息资源的特点,掌握搜索引擎的使用及网络免费学术信息的查找方法

【内容框架】

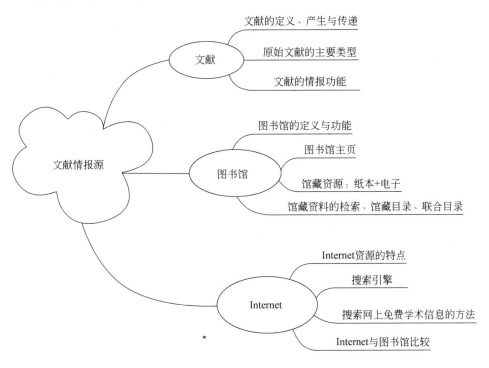

第一节　文　　献

一、文献概述

1. 文献的定义

文献(literature,document)在国家标准《文献著录总则》(GB/T 3792.1—1983)中的定义为:"文献是记录有知识的一切载体。"国际标准化组织(ISO)在《文献情报术语国际标准》(ISO/DIS5217)中给出的定义是:"为了把人类知识传播开来和继承下去,人们用文字、图形、符号、音频、视频等手段将其记录下来,或写在纸上,或晒在蓝图上,或摄制在感光片上,或录到唱片上,或存储在磁盘上。这种附着在各种载体上的记录统称为文献。"由这两个权威定义可知文献包含三个要素:知识、记录和载体。其中,知识构成了文献的内容,是文献的本质特征;记录是指记录文献所用的技术手段;载体则是指文献的形态。文献的载体形态随着技术的进步不断演化,从古代的甲骨文、碑刻、竹简、帛书,到今天的纸质图书、期刊,以及各类电子出版物。

2. 信息、知识、文献和情报间的关系

知识、情报和信息是与文献密切相关的几个概念。下面简要说明它们各自的含义及相互间的关系。

知识(knowledge)是指人们在改造客观世界的实践中所获得的认识和经验的总结。世界经济与合作发展组织(OECD)从知识使用的角度对知识进行了分类[①]:①事实性知识(know what、when、where);②原理性知识(know why);③技能性知识(know how);④知道谁有知识(know who)。文献检索与利用涉及的主要是技能性知识、事实性知识等。

情报(intelligence)是指关于某种情况的消息和报告。[②] 钱学森认为:"情报就是为了解决一个特定的问题所需要的知识。"[③]英国情报学家布鲁克斯(B.C.Brookes)认为:"情报是使原有的知识结构发生变化的那一小部分知识。"[④]因此,情报本质上也是知识,它同时还强调传递功能效用。

---

① 经济合作与发展组织. 以知识为基础的经济[M]. 杨宏进,薛澜,等,译. 北京:机械工业出版社,1997:6-8.

② 中国社会科学院语言研究所词典编辑室.现代汉语词典[M].北京:外语教学与研究出版社,2002:1574.

③ 钱学森.科技情报工作的科学技术[J].情报理论与实践,1983(6):3-10.

④ 严怡民. 情报学概论[M]. 武汉:武汉大学出版社,1983:13.

信息(information)一词中的"信"和"息"分别指信号和消息。"信息"一词可简单地理解为通过信号带来的消息。在信息论中,信息是指用符号传送的报道,报道的内容是接收者预先不知道的。[①] 生活中信息无处不在,无时不有,它们是知识产生的原料,这些原料经过人脑接收,去伪存真,系统化后成为知识。

目前我国图书情报学界对信息、知识、文献和情报的看法是:知识是对信息的提取、加工、评价的结果,即系统化的信息成为知识,知识记录下来成为文献,文献经传递并加以利用成为情报,对情报的利用体现了人对知识应用的能力。[②③]

3. 文献的产生与传递

文献作为人类文明发展的产物,其生产和传递存在着一系列的社会分工,涉及作者、出版发行机构以及文献保存及传递机构。下面从文献情报传递的正式渠道说明文献产生和传递的过程(图 1-1-1)。[④] 图中的"文献情报用户群"是指从事科学技术工作的人群,其中一些人从事基础研究,而另一些人则从事应用研究。在研究过程中,为了与他人交流,研究者会将自己的研究成果,如观点和经验,用文字等形式记录下来,这便是著作活动。为了扩大交流范围,还需要将著作出版发行(复制与分发),这就有了"一次出版物",也就是人们常说的原始文献,如期刊、技术报告、学位论文和专利等。一次出版物通过书店等的"一次分发",以个人购买,或通过文献中心、因特网等途径传递到用户手中。文献中心是指收集与传递文献的机构,它采集与收藏文献资料,通过文献编目等活动组织与管理文献。在这个过程中,将产生所谓的"二次出版物",如目录、文摘等。它们记录了原始文献的信息,用作检索工具,使人们能对原始文献进行查找与利用。用户吸收是情报传递的最后阶段。需要说明的是,"情报传递"只有当用户研究了文献,吸收其内容,以加深对某一主题的认识时才会发生。

从图 1-1-1 中可以看出,文献情报用户既是情报的使用者,也是情报的制造者。他们从文献中获得情报用于研究,而这些研究将产生更多的情报。因此说文献情报的交流是一个不断循环的过程。图 1-1-1 仅说明了正式渠道的情报传递过程。除此之外,情报还可以通过非正式渠道加以传递与交流,如研究者之间的私人通信,由于没有出版环节,交流过程要快得多,但交流的范围有限。

---

① 中国社会科学院语言研究所词典编辑室.现代汉语词典[M].北京:外语教学与研究出版社,2002:2138.

② 严怡民.情报学概论[M].武汉:武汉大学出版社,1983:14-16.

③ 冷伏海,徐跃权,冯璐.信息组织概论[M].第2版.北京:科学出版社,2008:44-45.

④ F.W.兰卡斯特.情报检索系统:特性、试验与评价[M].陈光祚,等,译.北京:书目文献出版社,1984:1-4.

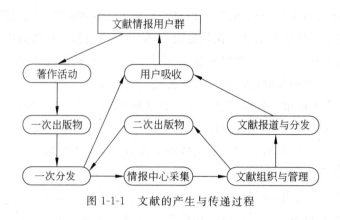

图 1-1-1　文献的产生与传递过程

4. 文献的作用

文献对于促进学术成果的交流与利用、减少无效劳动、推动科学技术发展起着重要作用,具体体现在以下几个方面:①文献资料是科学研究的基础。马克思在完成了《资本论》第 1 卷以后深有感触地说:"研究必须充分地占有资料,分析它的各种发展形式,探讨这些形式的内在联系。只有当这项工作完成以后,现实的运动才能适当地叙述出来。"①事实上,科学研究的继承性也正是通过对文献的利用来体现的。从资料中可以了解前人已做过的事情,以避免重复研究。同时通过系统地阅读文献资料,可以获取研究过程中所需要的思想与方法以及事实与数据。②促进学术交流。科学文献作为研究成果的结晶,它们无论是在空间上还是在时间上都是记录和传递学术信息的有效手段。英国科学家、科学学的奠基人贝尔纳(J. D. Bernal)认为,论文"是科学交流中的最常见的基本单元。"②借助于发表的论文,同行们可以重复实验,验证结论,评价研究成果。同时论文发表将促进研究成果的分享与利用。对此,可以借用英国著名文学家萧伯纳(George Bernard Shaw)的一段话来说明:"倘若你有一个苹果,我也有一个苹果,而我们彼此交换这些苹果,那么,你和我仍然是各有一个苹果,但是,倘若你有一种思想,我也有一种思想,而我们彼此交流这些思想,那么,我们每个人将各有两种思想。"③ ③已发表的论文是确认研究成果优先权的基本依据。每份科学文献记载了该研究成果是由谁、在何时何地完成的。发表论文为研究人员展示研究成果和确认自己的学术地位提供了一个平台,而成果优先权则是科学工作

---

① 马克思. 资本论第一卷第二版跋(1873 年 1 月 24 日). 马克思恩格斯选集(第 2 卷)[M]. 北京:人民出版社,1972:217.

② J. D. 贝尔纳. 科学的社会功能[M]. 北京:商务印书馆,1982:400.

③ 韦华. 名言小辞典(修订本)[M]. 成都:四川辞书出版社,2005:325.

中一个重要的激励因素。④科学文献的数量与质量是衡量研究人员创造性劳动效率的公认指标,是衡量个人、机构乃至国家科技水平高低的标志之一。根据科学文献的数量和影响力,可以有效地判断个人、机构以及国家在某一学科领域的发展水平以及所取得的成就。①

二、原始文献的类型

原始文献以作者的研究成果为基本素材而创作,主要特点是:内容新颖,具有创造性,参考价值大。原始文献按出版形式可以分为图书、期刊及特种文献三大类。下面对它们进行简单介绍。

1. 图书

图书(book)是对某一领域的知识或已有的研究成果及生产经验等做系统性论述。它带有总结性,内容成熟可靠,系统全面。但出版周期长,报道速度慢。事实上,图书出版的目的主要是传授知识,而不是传递最新情报。

图书按功能可以分为阅读型和工具型两大类。阅读型图书包括教科书(textbook)、专著(monograph)、文集(anthology)等。它们提供系统、完整的知识,有助于人们了解某一领域的历史与现状。工具书(reference book)包括词典(dictionary)、百科全书(encyclopedia)、手册(handbook)、年鉴(yearbook)等。它们提供经过验证、归纳和浓缩的知识,是事实与数据的重要来源。

根据联合国教科文组织的规定,凡由出版社出版的,除封面外,篇幅不少于49页的非定期出版物称为图书,49页以下的印刷品称为小册子。②

正式出版的图书均有国际标准书号(International Standard Book Number,ISBN),它是每一种正式出版的图书的唯一代码标识。根据 ISO 的决定,从 2007 年起,ISBN 号由原来的 10 位数字升至 13 位,分成 5 段。各段依次是:前缀、组号(代表地区或语种)、出版者号、书名号及校验位。例如:2007 年由北京图书馆出版社出版的《网络电子期刊质量控制研究》一书的 ISBN 号为:978-7-5013-3428-5。其中:

第一段为前缀,由国际物品编码(EAN)组织提供;

第二段代表国家、地区或语种,如 0,1——英文,2——法文,3——德文,4——日文,5——俄文,7——中文等;

第三段为出版者号,由国家或地区 ISBN 中心分配;

---

① 米哈依洛夫,等. 科学交流与情报学[M]. 徐新民,等,译. 北京:科学技术文献出版社,1980:173-176.

② 周文骏. 图书馆学百科全书[M]. 北京:中国大百科全书出版社,1993:456-457.

第四段为书名号,出版者按出版顺序给所出版的每种图书的编号;

第五段为校验位,用以校验前面 12 位数字在转录中有无错误。

2. 期刊

期刊(periodical)是指有固定名称、周期出版、刊载多篇论文的连续出版物。[①] 英文词汇 journal、periodical、magazine、serial 虽然都表示期刊,但有所侧重。periodical 是最广义的概念,journal 主要指学术期刊,而 magazine 则主要指通俗的、大众娱乐及消遣的杂志。serial 是指定期或不定期连续出版的出版物,强调的是出版的连续性,它主要包括期刊、报纸、年刊(annuals),如年鉴(yearbooks)。

期刊按内容和性质划分,主要有学术性期刊,如由学术团体编辑出版的各种学报(acta)、通报(bulletin)、汇刊(transactions)、评论(reviews)、进展(progress);快报性期刊(刊载最新技术和研究成果的短文)报道新产品、新工艺以及学术动态等信息,内容简洁、报道速度快,如各种通讯(communication)、快报(letters)、短讯(news);检索性期刊,如各种文摘(abstract)、索引(index)刊物等,目前这类刊物已经电子化,成为各类文摘数据库。

期刊由于出版周期短,报道速度快,数量大,内容丰富,能及时反映世界科技发展水平,因此它是了解科技动态、获取新科技情报的重要来源。据估计,科技研究人员从期刊获取的情报占整个情报来源的 $60\%\sim70\%$。事实上,期刊自产生以来,一直是学术交流与传播活动中最重要和最稳定的媒介。除传递科技情报外,学术期刊上的论文作为研究成果的正式记录,还是评价科技工作者学术贡献的重要依据。

正式出版的期刊有国际标准连续性出版物编号(International Standard Serial Number,ISSN)。如 ISSN1001—8867 为《中国图书馆学报》的国际标准刊号。

期刊数量巨大,鉴别期刊质量的好坏是一个问题。判断期刊学术质量的常用方法是看其是否是核心期刊或同行评审刊。

核心期刊(core journal)是指刊载某一学科的论文数量较多,学术水平较高,能够反映该学科最新成果和研究动态,因而备受该学科专业读者重视的期刊。虽然全世界每年出版的期刊数量庞大,但每个学科的核心期刊数量有限。某专业的核心期刊可通过文献计量学的方法来确定。目前外文核心期刊基本以美国科技信息所(Institute for Scientific Information)出版的《引文索引》(*Web of Science*)以及美国工程信息公司出版的《工程索引》(*Ei*)中收录的期刊为准。中文核心期刊以中国科技信息研究所编辑出版的《中国科技期刊引证报告》和北京大学图书馆编辑出版的

---

① 周文骏.图书馆学百科全书[M].北京:中国大百科全书出版社,1993:375.

《中文核心期刊要目总览》中收录的期刊为准。需要说明的是,这两种工具书所收录的核心期刊均是印刷版期刊,对于那些纯电子期刊来说,目前尚无相关的统计与评价。

同行评审刊(peer-reviewed 或 refereed)是指文章在发表之前,由编辑部聘请同行专家对论文进行评审,决定是否发表。这样做的目的是保证期刊所刊载的论文的质量。目前无论是纸本期刊还是电子期刊,都拥有大量的同行评审刊。如著名的 *Science* 周刊,其稿件由若干名外部审稿人(outside reviewers)进行匿名评审。多数稿件要求 7~10 天内返回审稿意见。对于快速评审的稿件,则要求在 48 小时内审完。

3. 特种文献

特种文献包括会议文献、学位论文、专利文献、标准文献、科技报告、政府出版物、产品资料、科技档案等。

(1)会议文献

会议文献(conference literature)是指在各种学术会议上宣读和交流的论文、报告和其他有关资料,是报道研究成果的主要形式之一。其特点为:①内容新颖。如计算机领域的研究成果有相当一部分是通过学术会议进行报道的。②专业性强,交流量大。学术会议大都围绕一个主题,与会者的研究领域大致相同,所交流的论文也基本是针对一个问题或一个学科。③出版发行快,时效性强。但由于会议文献的出版无规律性,收集困难。尽管如此,学术会议文献仍然是科技人员掌握国内外研究动态的重要情报源。

会议文献按产生的时间顺序可以分为会前文献、会间文献、会后文献三种。①会前文献(pre-conference literature)。它是指在会议前预先印发的资料。在会议开始之前,主办者除了按计划发出会议通知外,还要求代表提交学术论文、报告提纲等。主办者通常将要在会上宣读的论文做成预印本(preprint advance conference paper)供会议代表讨论。它可以是全文,也可以是摘要,或是文章的缩写稿。②会间文献(middle-conference literature)。它是开会期间发给与会者的资料,包括在会议开幕式和闭幕式上的发言稿、与会者的名单、会议决议等。③会后文献(post-conference literature)。它是指会议结束后,由会议主办单位等机构正式出版的会议论文集,也就是通常所说的会议录(proceedings)。会后文献的其他英文名称还有:symposium(论文集),transactions(会议论文汇编),colloquium papers(学术讨论论文集),records(会议记录),reports(报告集),papers(论文集)等。

会议录可以图书形式单独出版,也可以连续出版。以图书形式出版的会议录,如专题论文集、会议论文集、会议论文汇编等,书名通常由 proceedings、symposium 等特征词和会议名称构成,在图书的版权页上提供会议主办单位、会议地点、会期及ISBN 号等信息。如 Springer-Verlag 公司于 1990 年出版的第 3 届计算机辅助学习国际会议文集,其书名为 Computer assisted learning:3rd International Conference,ICCAL'90,Hagen,FRG,June 11-13,1990 proceedings/D. H. Norrie,H.-W. Six (eds.),ISBN 号为 0-387-52699-4。连续出版的会议录,如美国国际光学工程协会(SPIE)的会议录 Proceedings of SPIE,每年出版,有连续的卷号、ISSN 和 ISBN 号。其中,ISSN 号对应于某种连续出版的会议录,而 ISBN 号则对应于其中的某一卷。如由 SPIE 出版的会议录 Proceedings of SPIE,其 ISSN 号为 0277-786X,而其中第 2 692 卷的 ISBN 号为 0-8194-2066-2。此外,一些学会利用自己主办的刊物,以特刊(special issue)或者增刊(supplement)的形式报道会议论文。还有些期刊在每期中报道有关会议的论文摘要。

（2）学位论文

学位论文(thesis,dissertation)是作者为获得某种学位而撰写的研究论文。学位论文分为博士、硕士和学士论文三种,其中博士论文有较高的参考价值。一般来说,博士论文具有以下几个特点:①选题新颖。不少选题涉足学科发展的前沿。②论述系统。不但提供研究结论,还有具体的研究方法与研究过程。③文后附有大量的参考文献,借此可以了解相关专题的发展过程。④由于博士论文是学生在某一学科的学者、专家指导下完成的,因此学术水平较高。⑤实用性强。一些学位论文中的研究成果可以直接应用于实践,甚至直接转化为产品进入市场。基于这些特点,学位论文是很好的情报源。

（3）专利文献

专利文献(patent literature)是实行专利制度的国家,在接受专利申请和审批过程中形成的有关出版物的总称。它通常指各国(地区)专利局出版的专利说明书。专利说明书是申请者为了获得某项发明的专利权,而向专利局呈交的有关该发明的技术内容说明。专利说明书由说明书扉页、权利要求、说明书和附图所组成,内容比较具体,通过它可以了解一项专利的主要技术内容。专利说明书都有专利号,它由专利国别代码+序号构成。对于专利说明书的内容及格式,专利法都给出了明确的规定。如我国《中华人民共和国专利法》第二十六条第三款规定:"说明书应当对发明或者实用新型作出清楚、完整的说明,以所属技术领域的技术人员能够实现为准;必要时,应当有附图。摘要应当简要说明发明或者实用新型的技术要点。"条款中所指的"所属技术领域的技术人员"是一种假想的人员。他知晓在申请日以前所属技术领域中所有的一般知识,并了解现有技术情况,同时还具备从事常规实验的手段和能力。在有些情况下,如集成电路或复杂化工生产过程,所属领域的技术人员可假想成一个研究小组。换句话说,说明书必须提供为理解和实施该发明所必需的情报,以达到使所属技术领域的技术人员依照所公开的内容,而不需要经过任何创造性的劳动就能够实现该发明。这也就是通常所称的"充分公开"的含义。

专利制度是为了鼓励发明创造,并改变技术垄断的秘传陋习而建立的。它包含了两层含义:一是鼓励发明创造;二是给予公众应用该发明创造的权利,以促进科学技术和社会经济的发展。由此可以看出,对专利的保护是有前提的。就发明者而言,他具有公开其发明的义务,而公众则具有在专利保护期限内不仿造该发明的责任。这种对发明者和公众之间利害关系的调整,是保证专利制度实施的基础。因此,有人说专利制度是发明人将其发明公开作为代价,以换取在一定期限内对其发明的独占权。可以说"充分公开"是建立专利制度的一个基本原则,它为各国专利法规所遵循。

专利说明书作为最重要的技术情报源,具有以下特点:①内容新颖。各国专利法规定发明专利必须具有新颖性,特别是由于大多数国家采用了先申请原则,即同样的发明,专利权将授予最先申请者。这就使专利文献对新技术的报道早于其他类型的文献。②涉及技术领域广泛、实用性强。专利文献覆盖的技术领域极其广泛,从生活日用品(如针、线)到各种尖端技术(如基因技术、纳米技术)几乎无所不包。因此对于在研究开发和生产活动中遇到的各种技术问题,几乎都能从专利文献中获得有价值的解决方案。③具有法律效力。专利说明书是一种有法律效力的文件,是判断专利侵权的主要依据。专利权具有地域性和时间性,专利在申请国及有效期内受法律保护,过期便成为公用技术。各国专利保护期限不等,美国为 17 年,日本为 15 年,英国为 20 年,我国发明专利保护期为 20 年(实用新型和外观设计专利为 10 年)。④重复量大。由于一项发明可以在多个国家申请专利,便有所谓的基本专利与同族专利,它们针对的都是同一项发明。基本专利指的是最先在某国申请并获得授权的专利,同族专利则是指在第一申请国以外的其他国家申请获得的授权专利。它们的技术内容相同,但语言不同。另外,由于多数国家采用早期公开、延迟审查制度,使一项发明在审批过程中会产生不同性质的说明书,如公开说明书、审定说明书、公告说明书等。据统计,全世界每年报道的专利说明书中只有 1/3 是新发明。

（4）标准文献

标准文献(standard literature)是经过公认的权威机构批准的标准化工作成果。它反映了当时的技术工艺水平及技术政策。标准文献具有以下三个主要特点:①有法律约束力。标准文献是经权威部门批准的规范性文献,它对标准化对象描述详细、完整,内容可靠、实用,具有法律性质,是生产的法规。②适用范围明确。不同种类和级别的标准只能在不同的范围内执行。如果是相关标准,必须在技术上协调一致,相互配合,不能相互矛盾。③时效性强。它以某一时段时的技术发展水平为上限,所反映的是当时普遍能达到的技术水平。随着经济的发展和科学技术的进步,标准需要不断地进行修订、补充、替代或废止。根据我国《国家标准管理办法》,国家标准的年限一般为5年。ISO标准每5年复审一次。

标准文献的性质和特点决定了它作为生产技术活动依据的内在价值,这是其他文献所没有的。标准文献对于改进产品、过程和服务的适用性,防止贸易壁垒,促进技术合作都有着重要意义。在国际贸易竞争激烈的今天,一个常见的现象是许多国家放弃了关税壁垒的做法,转而以产品不符合国际或某国标准而提高市场准入难度来阻止他国商品的流入。利用标准文献,企业就能了解一个国家的经济技术政策、科技和生产水平,从而制定有效的经营战略。如企业在从事出口贸易时,应熟悉进口国的技术标准,在出口产品的生产、包装、运输时遵照国际标准或进口国标准,这将有利于突破技术标准壁垒,扩大市场,提高产品在国际上的知名度。

标准文献按成熟程度可划分为法定标准、推荐标准、试行标准;按使用范围可划分为国际标准、区域标准、国家标准、行业标准、企业标准等;按内容可划分为基础标准、产品标准、方法标准、安全卫生标准等。

标准文献都有标准号,它通常由国别(组织)代码+顺序号+年代组成,如ISO 3297—1986。表1-1-1给出了标准文献中常见的国别代码。

表1-1-1　标准文献中常见的国别代码

代码	国家(地区)或组织	代码	国家(地区)或组织
ANSI	美国国家标准	GB	中国国家标准
BS	英国国家标准	IEC	国际电工委员会
CEN	欧洲标准化委员会	ISO	国际标准化组织
CENELEC	欧洲电子技术标准委员会	JIS	日本工业标准
CNS	中国台湾地区标准	NF	法国国家标准
DIN	德国国家标准	ГОСТ	俄罗斯国家标准

以我国标准为例,GB 1897—2008为我国2008年发布的有关盐酸作为食品添加剂的强制性标准,GB/T 50145—2007为我国2007年发布的标准名称为"土的工程分类标准"。我国的行业标准代码以主管部门名称的汉语拼音声母表示,如JT表示交通行业标准;企业标准编号:Q/省、市简称+企业名代码+年份。

（5）科技报告

科技报告(sci-tech report)是科技工作者或研究机构向资助者呈交的成果报告。科技报告的特点是:①每份单独成册,有专门的编号(即报告号),通常由报告单位缩写代码＋流水号＋年代号构成。②内容具体。有各种研究方案的选择与比较、原始实验记录、实验数据、图表等。③保密或控制发行,原文获取较困难。科技报告是一种重要的科技情报源。据统计,科技人员对科技报告的需要量约占其全部文献量的10%～20%,尤其是在发展迅速、竞争激烈的高科技领域。

科技报告的种类很多,按时间划分有初期报告(primary report)、进展报告(progress report)、中间报告(interim report)、终结报告(final report);按流通范围划分有绝密报告(top secret report)、机密报告(secret report)、秘密报告(confidential report)、限制发行报告(restricted report)、公开报告(unclassified report)、解密报告(declassified report)等。

目前全世界每年发表的科技报告数量庞大,较著名的有美国政府的四大报告(美国国家技术信息服务处的 PB 报告、美国国防技术信息中心的 AD 报告、美国国家航空宇航局的 NASA 报告、美国能源部的 DOE 报告);英国航空委员会的 ARC 报告;法国原子能委员会的 CEA 报告;德国航空研究所的 DVR 报告等。我国从 1963 年开始科研成果的正式报道工作。

（6）政府出版物

政府出版物(government publication)是各国政府部门及其所属机构颁布和出版的文件资料,可分为行政性文件和科技性文件两大类。行政性文件主要有政府法令、方针政策和统计资料等,涉及政治、法律、经济等方面;科技性文件主要有政府部门的研究报告、标准、专利文献、科技政策文件、公开的科技档案等。政府出版物对了解各国的方针政策、经济状况及科技水平有较高的参考价值。

西方国家多设有政府出版物的专门出版机构,如英国的皇家出版局(HMSO)、美国政府出版局(GPO)。我国的政府出版物多是由政府部门编辑,由指定出版社出版。政府出版物大部分是公开的,小部分具有保密性质,由政府直接分发至某些部门或个人,在一定范围内使用,但经过一段时间后则予以公开。

（7）产品资料

产品资料(product data)是厂商为推销产品而印发的产品介绍,包括产品样本、产品说明书、产品目录、厂商介绍等。其内容主要是对产品规格、性能、特点、构造、用途、使用方法等的介绍,多是已投产和正在行销的产品,技术比较成熟,数据也较为可靠,内容具体、通俗易懂,常附有较多的外观照片和结构简图,形象、直观。但产品资料的时效性强,使用期短,且不提供详细数据和理论依据。多数产品样本以散页形式印发,有的则汇编成产品样本集,还有些散见于企业刊物、外贸刊物中。

产品资料是技术人员设计、制造新产品的一种有价值的参考资料,也是计划、开发、采购、销售、外贸等专业人员了解各厂商出厂产品现状、掌握产品市场情况及发展动向的重要信息源。

（8）科技档案

科技档案（technical records）是指在科研生产活动中针对具体的工程对象所形成的文献资料，如课题任务书、合同、试验记录、研究总结、工艺规程、工程设计图纸、施工记录、交接验收文件等。其内容真实可靠、详尽具体，有很高的参考价值。它通常由档案部门保存。

除上述文献类型外，还有报纸、新闻稿、工作札记等。

三、文献的情报功能

1. 情报信息的传播与载体

下面以 2003 年的 SARS 事件为例，说明情报信息的传播过程以及作为情报载体的各类文献的特点。

2003 年春，我国部分地区发生传染性非典型肺炎疫情（简称"非典"）。第一个病例于 2002 年 11 月 16 日出现在广东省佛山市。2003 年 2 月 3 日至 14 日，广东进入发病高峰，但发病原因不清，而且家族及医护人员极易被集体传染。2003 年 3 月 15 日，世界卫生组织将此病称为严重急性呼吸系统综合征（severe acute respiratory syndrome，SARS）。到 2003 年 4 月，我国内地有 26 个省（自治区、直辖市）出现"非典"病例，其中北京、广东、山西、内蒙古和河北的疫情最为严重。北京最高一天新增病例达一百五十多人。

（1）新闻报道

2003 年初，有关 SARS 的消息就出现在报纸、网络、电视、广播等媒体上。所报道的内容主要是病例数量、疾病传播方式等。针对 SARS 不断扩大的趋势，2003 年 5 月 9 日温家宝总理签署国务院第 376 号令，公布施行《突发公共卫生事件应急条例》，见 2003 年 5 月 7 日的《大众日报》。

作为最原始的资讯（initial information），新闻报道的特点是：提供即时消息，概括性的报道。所关注的焦点是 who、what、where 和 when，而无法关注 why。

（2）会议、期刊

几个月以后，学者专家陆续召开相关的学术会议，发表会议论文。随后，各类学术性期刊上开始出现与该事件有关的文章。以下是几篇相关文章的信息：

[1] 苏秉亮，牛广明. SARS 的 CT 表现及其诊断. 2003 年全国医学影像技术学术会议.

[2] 张远春，吴燕. SARS 患者白细胞形态学观察. 第三届全国血液免疫学学术大会，2003.

[3] 李定国，许小幸. 严重急性呼吸综合征（SARS）的流行病学及其预防和控制. 临床儿科杂

志,2003(6).

　　[4]雷海潮,虞睿,毛阿燕. SARS病死率的推算研究. 中华医院管理杂志,2003(9).

　　期刊(journals)和会议论文(conference papers)

　　读者:学者、专家、学生。

　　特点:研究结果,通常是理论性的、学术性的;包含较多的专业术语,外行不太容易理解。

　　作者:该领域的专家学者。

　　时间:新颖(6个月到3年内的研究主题或议题)。

　　篇幅:数千字。

　　内容:详尽的推演;统计分析;图表;常附有参考文献。

　　观点:理想上是要保持客观和中立;常由基金会或专业学会赞助。

　　(3)图书

　　一两年后,有关该主题或事件的书籍陆续出版。以下是有关SARS的图书:

　　[1]印象初,印展,施鉴屏. 非典型肺炎(SARS)冠状病毒基因全序列. 济南:山东科学技术出版社,2003.

　　[2]马怀德. 应急反应的法学思考:"非典"法律问题研究. 北京:中国政法大学出版社,2004.

　　[3]房宁. 突发事件中的公共管理——"非典"之后的反思. 北京:中国社会科学出版社,2005.

　　图书(books)

　　读者:从一般大众到学者专家,包括学生。

　　特点:就某一主题做深入的介绍,或是汇编多个学者专家所撰写的有关某一主题的文章。

　　作者:学者、专家。

　　时间:不一定(两年以上)。

　　篇幅:数万字至几十万字。

　　内容:一般性的探讨或是深入的分析,通常附有完整的参考书目。

　　观点:完全取决于作者。可能由专业学会出版或赞助。

　　(4)百科全书

　　数年后,对事件的认识已有定论,就会被收录在百科全书(encyclopedias)、手册(handbooks)、统计汇编(statistical compilations)等参考资源中。如2008年在大英百科全书中记载了SARS事件。

　　"SARS." Encyclopaedia Britannica. 2008. Encyclopaedia Britannica Online. 15 May 2008 <http://search.eb.com/eb/article-9396033>.

　　参考源(reference sources)

读者：从一般大众到学者专家,包括学生。

特点：提供事实性的资料及数据。

作者：学者、专家。

时间：通常得若干年才会出现在百科全书中。

篇幅：数百字至数千字。

内容：相关知识的系统性介绍,可能涵盖原始资料、统计、指南、书目等。

观点：应是客观、中立的。可能由专业学会出版或赞助。

（5）网络资源

WWW 在信息流中扮演什么样的角色? 据说每 3 秒钟就有一个新的网站成立! 以下是两个有关 SARS 事件的网站：

[1] 中国科学院 SARS 研究信息网：http://www.sars.ac.cn/

[2] 人民网：http://www.people.com.cn/GB/shehui/212/10548/

网络资源（WWW resources）

读者：一般大众;儿童、门外汉、学者;任何人。

选题：新闻;热门话题;个人信息;政府信息;学术信息;笑话和游戏……

作者：你、我、他;任何人;专业记者;小朋友;青少年;一般大众;学者;诗人和小说家;评论家;狂热分子;广告人;大学生……

时间：现在、过去、未来;新知旧闻;活的(持续更新)、死的(没有更新)。

篇幅：高兴就好。

内容：一般性讨论;编者的意见;图表;照片;广告;统计分析;深入分析;事实;小说;流言。想要什么,就有什么。

观点：凭良心;可能反映网站创建者的立场,也可能是专家的判断;可能是客观、中立的,也可能是完全没有根据的个人主观看法。

在上述讨论的基础上,将各类情报传播载体及特点汇总在表 1-1-2 中。

表 1-1-2　情报传播的载体及特点

事件传播载体	传播速度（最快）	查找工具
电视/广播	分秒	电视新闻索引
报纸(印刷型)	天	报纸索引
杂志(印刷型)	周	杂志索引
期刊(印刷型与电子型)	半年左右	期刊索引
图书(印刷型与电子型)	2 年左右	目录
参考书,如百科全书、手册(印刷型与电子型)	若干年	目录
Internet	分秒	搜索引擎

2. 各类文献的情报价值

了解各类情报源的价值对实际应用有着现实的指导意义。情报源价值的高低一般可以从以下几个方面来判断：①可靠性。含有的情报同实际成果或实践最为接近而极少偏差，数据准确可靠。②新颖性。含有大量的最新情报。③完整性。含有各种重要的情报，从不同的侧面描述情报对象。④简明性。内容简明扼要，易于理解。⑤及时性。能在尽可能短时间内将新生产的情报报道和传播出去。对文献情报源而言，就是指出版发行周期短、报道速度快。

有学者从上述五个方面以 10 分制的方式对常见的情报源的价值给予了评定，结果见表 1-1-3。[①]

表 1-1-3　常见的情报源的价值评定

类别	情报源名称	评价指标					总分
		可靠性	新颖性	完整性	简明性	及时性	
正式出版	大众传播媒介，如报纸、广播、电视、电影等	5	8	4	8	10	35
	专利说明书	9	10	8	6	4	37
	会议录	8	8	6	6	8	36
	标准文献	10	6	8	8	3	35
	期刊	8	7	6	7	5	33
	政府出版物	8	5	9	6	2	30
	专著、汇编、手册、图集等不定期出版物	8	4	10	4	1	27
非正式出版	技术档案	10	9	9	8	10	46
	科技报告、技术总结	10	9	8	7	8	42
	生产计划、总结、统计报表	10	6	9	6	8	39
	直接对话、日常接触中得来的口头情报	5	10	4	9	10	38
	产品样本、目录、使用说明、广告等	3	10	6	10	8	37
	学术报告、展览会资料	8	8	6	6	8	36
	学位论文	7	9	7	3	4	30

---

① 严怡民. 情报学概论[M]. 武汉：武汉大学出版社，1994：90-95.

需要指出的是,上述评定方法比较粗浅,并不能准确地揭示情报源的真正价值。这首先是因为评分带有较大的主观性,完全取决于评分者对情报源的了解和认识。因此评分是否准确值得推敲。其次,指标不够完备。如情报是否易于获得没有考虑。情报用户是否利用某一情报源很大程度上取决于该情报源是否容易获得。而要判断某一情报源是否容易获得却比较困难,因此将它作为评价指标不是很适合。尽管如此,上述评价结果还是可以作为一个参考依据。

此外,通过调查情报用户对情报源的利用情况,可对情报源的价值做出评定。1973 年,苏联曾对 2 万多名在科研单位、大专院校和生产现场工作的科技人员做过一次调查,调查按不同的工作性质、工作地区和文化水平分别进行。结果表明,对书籍感兴趣的人数占 87.3%,期刊占 81.3%,标准、专利占 44.1%,学位论文占 28.6%,情报交流活动占 23.5%,其他文献占 2.6%。

第二节　图　书　馆

在德国柏林大学图书馆的墙上刻着:"这里是人类的知识宝库,如果你掌握其钥匙的话,那么全部知识都是你的。"图书馆作为文献信息中心,是获取文献资料的主要途径。因此,要能快速准确地找到所需要的资料,就要了解图书馆,知道哪里能获得某种资料或谁能给予帮助。本节将简单介绍图书馆的功能、类型、资源特点及检索等内容。

一、图书馆概述

1. 图书馆的功能

德国数学家和哲学家莱布尼茨(Gottfriend Wilhelm von Leibniz)认为:图书馆应当是用文字表述的人类全部思想的宝库。[①] 美国图书馆学家、芝加哥大学图书馆学院教授巴特勒(P. Butler)对图书和图书馆则给出如下定义:"图书是保存人类记忆的社会机制,而图书馆则是将人类记忆移植于现代人们的意识中去的社会装置。"[②]中国大百科全书对图书馆给出的定义是"收集、整理和保存文献资料并向读者提供利用的科学、文化、教育机构"。[③] 综上所述,图书馆的功能体现在两个方面:保

① 杨威理. 西方图书馆史[M]. 北京:商务印书馆. 1988:140.

② 徐引篪,霍国庆. 现代图书馆学理论[M]. 北京:北京图书馆出版社,1999:5.

③ 中国大百科全书编辑委员会. 中国大百科全书(图书馆学·情报学·档案学卷)[M]. 北京:中国大百科全书出版社,1993:420.

存人类知识和文化遗产；促进知识的传播与利用。为了实现这一目标，图书馆通过对文献进行系统收集，然后对所收集的文献进行组织与管理，以便读者能够从文献实体(physical)、书目信息(bibliographical)及知识(intellectual)三个层面上获取知识与情报。① 具体任务包括：①采集文献资源。根据读者需求确定馆藏建设方针(collection development policy)，通过订购、捐赠、交换等形式获得馆藏资源。多以图书和期刊为主，其他类型的文献收藏相对较少。②对文献集合进行组织与管理。通过编目(cataloging)活动，将文献有序化，并提供检索工具。③通过借阅、检索、咨询、培训等活动促进文献的利用。

由计算机信息技术与网络环境支撑起来的现代图书馆，其采访、编目、流通等业务工作实现了自动化；馆藏资源也由单一的印刷型资源向数字化和虚拟化方向发展；传统的书刊借阅服务拓展为网络环境下的文献信息服务。除此之外，现代图书馆还包含了资源共享的重要理念。美国学者贝克(S. K. Baker)在她编辑的《资源共享的未来》一书的前言中写道："今天的图书馆正生存在一个相互依赖的时代。进一步讲，每一个图书馆都必须将自己视为世界图书馆体系的一部分，必须摆脱自给自足的状态，必须发现快捷而合算地从世界图书馆体系中获取资料并送到自己用户手中的方式，必须随时准备将自己所收藏的资料提供给世界各地的其他图书馆。"②

数字图书馆作为未来的发展方向，它将图书、期刊、图片、音像资料、多媒体资料、数据库、网页等各类信息资源在知识单元的基础上有机地组织起来，以动态分布方式为用户创造一个有利于发现和产生新知识的信息环境，③并提供个性化的服务。

2. 图书馆的类型

按国际标准化组织 1974 年颁布的"国际图书馆统计标准"(ISO 2789—1974)，图书馆可以分为国家图书馆、高校图书馆、其他主要的非专门图书馆、学校图书馆、专业图书馆和公共图书馆六大类。其中，国家图书馆负责收藏本国的主要出版物，以及各种珍、善本特藏文献，起着国家总书库的作用。高校图书馆是指各类高等院校图书馆，它们主要为本校师生服务。其他主要的非专门图书馆是指具有学术特征的非专门图书馆。学校图书馆指中小学图书馆。专业图书馆指由协会、学会、政府部门、商业公司或其他团体支持的图书馆。公共图书馆指那些免费或只收少量费用，为一个区域的公众服务的图书馆。④

① 于良芝. 图书馆学导论[M]. 北京：科学出版社，2003：17.
② 徐引篪，霍国庆. 现代图书馆学理论[M]. 北京：北京图书馆出版社，1999：352.
③ 刘炜，等. 数字图书馆引论[M]. 上海：上海科学技术文献出版社，2001：3-8.
④ 徐引篪，霍国庆. 现代图书馆学理论[M]. 北京：北京图书馆出版社，1999：200.

3. 图书馆的服务

图书馆的常见服务包括：①图书借阅。借还书处是图书馆直接对外的主要服务窗口。读者在此办理借阅手续，领取预约图书等。为了最大限度地利用图书馆收藏的文献资料，读者需要了解自己的借阅资格，如最大借书数量、借阅期限，以节省时间，避免不必要的罚款等。②馆际互借。对于本馆未收藏的资料，读者可以通过馆际互借服务获取。在利用此项服务时，应了解相关的资料递送程序以及资料费用补贴方式等。③咨询台。咨询台负责解答读者在使用图书馆过程中遇到的问题。读者可以当面咨询或电话咨询，也可以通过 E-mail 或实时咨询提出问题。④培训。图书馆针对读者需求开展资料查找技能培训。建议读者不要放过这样的培训机会。一旦学到了这些技能，就可以用到多种不同的环境中，节省时间，减少挫折。

许多图书馆都拥有自己的网站，并通过图书馆主页向读者提供本馆的资源与服务。读者通过图书馆主页可以方便地了解和使用图书馆。在图书馆主页上提供以下常见链接：①"馆藏目录"，用来查找本馆收藏的图书、报刊等馆藏资料。读者可以通过该系统进行网上预约、续借图书，查看个人借阅记录、查看新书通告及推荐图书。②"数据库导航"、"电子期刊导航"，以方便读者查找和使用本馆的电子资源。此外，读者还可以从图书馆主页上查看图书馆的开放时间、馆藏分布及各类读者的借书量及借期等信息。

二、馆藏资源的特点及检索

1. 馆藏资源特点

图书馆的馆藏资源(library holding)是指图书馆所能提供的文献资源的总和。现代图书馆的馆藏多为混合型馆藏，即纸质型和数字型馆藏资源并存、本地文献资源和远程文献资源无缝集成，有通过购买获得的仅有使用权的数据库，也有具有所有权的自建数据库，故也称为复合型图书馆(hybrid library)。表 1-2-1 给出了现代图书馆的馆藏资源构成。

2. 馆藏资料的检索

读者在使用图书馆时，常常需要知道某个图书馆是否收藏了某本图书或期刊，这类问题称为查馆藏，特点是检索对象为完整的出版物，所用检索工具为馆藏目录系统。

馆藏目录系统是图书馆用来揭示本馆所收藏的图书、报刊等文献资料的工具。由于目前馆藏资源是混合馆藏，故图书馆的馆藏目录系统通常由两个子目录系统构成，一个用来揭示纸质型的馆藏资料；另一个则用来揭示数字化的馆藏资源，如电子

表 1-2-1　现代图书馆的馆藏资源构成

印刷型	音像型	网络数据库	
按出版类型分类		按数据库类型分类	按数据类的所有权分类
图书	录音带、录像带、多媒体光盘,此外还有缩微胶片等其他载体类型	馆藏目录	(1) 购买的数据库,多属租用,仅有使用权(license) (2) 具有所有权(ownership)的自建库,如本校学位论文库 (3) 实体入馆的电子文献,如书附盘 (4) 网上免费学术资源,如开放电子期刊,预印本系统
期刊、报纸		资源门户系统	
会议录		文摘数据库	
学位论文		电子图书	
专利		电子期刊	
标准		电子报纸	
古籍		学位论文全文库	
非公开出版物		事实数据库	
		电子政府出版物	

图书、电子期刊,以及各类数据库。目前,已有许多图书馆将这两个子系统加以整合,通过一个统一的检索页面向读者提供服务。馆藏目录可以提供资料的书目信息及馆藏信息。以纸本馆藏目录子系统为例,它可提供的信息如下:①资料的书目信息,包括题名、作者、出版年、出版社、ISBN/ISSN、索书号、主题词等;②馆藏信息,包括馆藏地点和馆藏状态。

馆藏目录系统是开放的,任何一台联网计算机都可以免费访问。

（1）馆藏目录的功能及检索点讨论

馆藏目录可以看作是图书馆所收藏的文献资料的列表。它作为查馆藏的工具,通常提供多种检索途径(也称为检索点)。以揭示纸质型的馆藏目录子系统为例(人们常将它称为馆藏目录),常用的检索点有:题名、作者、关键词、主题、索书号及ISBN/ISSN。此外,还提供多种限制条件,如出版年、出版者、语种、资料类型、馆藏地点等。当检索结果太多时,可通过设置限制条件来缩小检索范围。

查馆藏的问题可以归纳为两类:查图书馆是否收藏了某本书(刊),或某类书(刊)。那么针对这两类问题,应如何选择检索点?换句话说,哪些检索点可用于准确定位?哪些可用于"类"的检索?下面通过实例简单说明各检索点的特点。

【例1】　请问国家图书馆是否收藏了1994年由武汉大学出版社出版的《无机化学》一书?若有,请提供馆藏地点及索取号。

【解答】　用国家图书馆的馆藏目录检索(http://opac.nlc.gov.cn)。

检索点——题名,检索词——无机化学。

检索结果：1 174 条（2013-2-25 检索）。检索结果太多,增加限制条件,缩小检索范围。

增加出版者和出版年限定条件：①出版者——武汉大学出版社；②出版年——1994。

增加限制条件后直接获得所要的记录。馆藏地点：书刊保存本库。索取号为 95\O61\28/：1,其中该书的分类号为 O61。

【例 2】 请提供西安交通大学图书馆收藏的有关汽车发动机类的图书情况。

【解答】 由于该题要查找某一类图书,需要选用"类"检索点。由于索书号是对图书按学科进行分类后所得到的检索点,故选用索书号检索。由《中国图书馆分类法》查到汽车发动机的分类号为 U464。

检索点——索书号,检索词——U464。

用西安交通大学图书馆馆藏目录检索(http://www.lib.xjtu.edu.cn/)。

检索结果：72 条（2013-2-25 检索）。即西安交通大学图书馆收藏的有关汽车发动机类的图书共 72 种。

【例 3】 有读者想找由 J.C. Dainty 撰写的 *Laser speckle and related phenomena* 中译本纸本书。请问清华大学图书馆有收藏吗? 若有,请提供中译本的相关信息、馆藏地点及索书号。

【解答】 由于该书中译本的书名及译者未知,故选用关键词检索点较合适。

检索点——关键词,检索词——J. C. Dainty。

用清华大学图书馆的馆藏目录查找。

检索结果：6 条。中译本为：激光斑纹及有关现象.(英)丹蒂编；黄乐天等译.北京：科学出版社,1981。清华大学图书馆逸夫馆闭架库,索书号为：TN24 16。

【例 4】 用主题检索点查找 2000 年以来出版的法国长篇小说在清华大学图书馆的收藏情况。

【解答】 主题检索点是对图书资料做主题标引后所获得的检索点。主题标引所用的主题词来源于词表。故进行主题检索时,检索词必须来源于词表。如果手边没有主题词表,那么如何选词呢?

思路：先用关键词试检,从检索结果中找到一条相关记录,查看该记录中主题词字段,从中选择相关的主题词,然后再进行主题检索。

(1) 关键词试检：输入检索词"长篇小说　法国",命中记录 1 792 条。

从检索结果中选择一本法国小说,如（法）罗曼·罗兰著；薛娟,刘敏,李佳敏译《约翰·克利斯朵夫》。查看它的主题词字段。该记录的主题字段提供的词为：长篇小说——法国——现代。

（2）正式检索

主题检索：长篇小说——法国——现代，年代为 1999 年以后。检索结果：97 条记录（2013-2-25 检索）。即到 2013 年 2 月 25 日为止，清华大学图书馆收藏的 2000 年以来出版的法国长篇小说共有 97 种。

以清华大学图书馆的馆藏目录为例，其常用检索点的特点归纳如下：①题名、作者检索有自动截词（truncation）功能（前方一致）。只要输入开头几个字就可以检索到开头相同的资料。输入的部分愈具有辨识力，所得到的结果才会愈准确。②题名、索书号、ISBN/ISSN 号等能实现定点检索。③在无法知道确切书名或作者名时，如只知道书名或作者姓名中的几个字时，关键词是一个很好的检索途径。④主题检索可实现"类"的检索，检索词来源于词表。由于主题词是馆员根据图书资料的内容所给予的，所以主题检索的准确性要高于关键字检索。⑤分类号是索书号的一部分，它表示了学科类别，可实现学科"类"别的检索，但需要已知分类号。

从以上实例可以看出，要查找某一本书时，可选用题名、作者、索书号和 ISBN/ISSN。而要查找某类书时，则可选用主题、分类号、关键词。

（2）利用资源门户查找馆藏电子资源

图书馆的电子资源日益丰富，有许多图书馆的馆藏电子书、电子期刊的数量远远超过了纸本馆藏。此时，图书馆同样会用一个类似于馆藏目录的电子资源导航系统揭示这些电子资源。如清华大学图书馆的学术信息资源门户（简称"资源门户"）用来提供本校读者可以访问的所有的电子资源。资源门户的作用是将种类繁多、分布广泛、检索功能各异的各类数据库进行整合，通过统一的界面提供服务。下面以清华大学图书馆的资源门户为例，介绍电子资源导航系统的功能。

在清华大学图书馆主页（http://www.lib.tsinghua.edu.cn）上，从"资源"栏目中单击"学术信息资源门户"，进入资源门户页面。资源门户的主要功能有：数据库导航、电子期刊导航、整合检索以及查找原文。

1）数据库导航

在资源门户首页上，系统提供了数据库浏览及检索功能。可以按数据库名称字顺表或分类来浏览数据库，也可以用数据库名称查找数据库。

【例 5】 利用资源门户了解清华大学图书馆中生物医学工程方面的文摘数据库的情况。

【解答】 在资源门户首页上，单击"按学科分类浏览"进入分类浏览页面，选择学科"生物医学工程"，进入该学科资源页面。从中可知，清华大学图书馆中与"生物医学工程"有关的文摘型数据库共有 7 个,分别为：BIOSIS Previews、Cambridge Scientific Abstracts（CSA）、Conference Papers Index （CSA）、EiCompendex、MEDLINE (OCLC)、PubMed、SciFinder Scholar。若要查找生物医学工程学科的外文文献,可通过它们查找。

2）电子期刊导航

在资源门户首页上,单击"电子期刊导航",进入电子期刊导航页面。与数据库导航类似,电子期刊导航也提供浏览及检索功能。可以按刊名字顺表或分类来浏览电子期刊,也可以用刊名以及 ISSN 查找电子期刊。用刊名检索时,系统提供了"前方一致"、"模糊查询"、"精确匹配"三个选项,第一项可检出以输入词开头的一类期刊；第二项则相当于关键词检索,可检出包含输入词的一类期刊；第三项为词组检索,只检出与输入词完全相同的期刊。

【例 6】 一位读者需要期刊 *Accident Analysis & Prevention*（ISSN：0001-4575）,2000 年,Vol.32,no.2 上的一篇文章。请问清华有馆藏吗？给出查找途径。

【解答】 利用"资源门户"中的期刊查找功能。操作步骤如下："资源门户"首页→"查找期刊"→"更多途径",输入 ISSN 号"0001-4575",单击 GO 按钮。从检索结果中可知,该刊在 Elsevier 数据库中,数据回溯到 1995 年。

图书馆订购的电子期刊一般可以通过电子期刊导航系统、馆藏目录等途径进行访问,也可以直接进入电子期刊所在的数据库进行访问。从理论上讲,从"电子期刊导航"中能查到全部电子期刊,但由于数据更新需要时间,最新订购的电子期刊可能不能马上看到。部分外文电子期刊可以从馆藏目录中查到。但也有一些电子期刊数据库,由于数据接口问题而无法从馆藏目录中查出。当从"图书馆资源门户"或"电子期刊导航"系统访问电子期刊时,可以按刊名字顺表浏览期刊,也可以通过刊名、刊名关键词以及 ISSN 号等途径检索。当用"馆藏目录"查找时,可利用系统提供的"限定/排序"功能,设定文献类型为电子期刊。

3）整合检索

在资源门户首页上,单击"整合检索",进入整合检索页面,可以同时在多个数据库中查找文章或电子书等。单击"高级"按钮,进入高级检索页面,此时系统提供主题词、题名、作者、ISSN、ISBN 及年代字段。选择数据库检索集,输入检索词,即可检索。

【例 7】 赵清澄等编写的《光测力学教程》（索书号为 O348.1 Z310）是课程"实验应力分析"的教学参考书。该书于 1996 年由高等教育出版社出版。请问清华大学图书馆是否有相应的电子书？在什么数据库中？

【解答】 用资源门户查找。在资源门户的"整合检索"页面上,单击"快速检索集→中文电子图书"。该检索集包含了清华大学图书馆所有中文电子书数据库。

在"高级检索"方式下,选择检索字段为题名,输入检索词"光测力学教程",由检索结果知,"书生之家"电子书数据库中有这本书。

4) 查找原文

在资源门户首页上,单击栏目"查找原文",进入查找原文检索页面。当已知文献刊名、ISSN 号时,可用此方式查找原文。说明:篇名、作者并不是必要的输入项,它们仅供 Google 等网上搜索时用。

【例8】 有一读者需要以下文章,请问清华大学图书馆有馆藏吗?

"Refined explicit integration of elastoplastic models with automatic error control",Scott W. Sloan;etc.;Engineering Computations;Vol 18,Issue:1/2,2001;P121-194;ISSN:02644401。

【解答】在馆藏目录中用 ISSN 查,未查到,无印刷本馆藏。在资源门户中用 ISSN 查找。输入 02644401,从检索结果知,以下数据库均可获得这篇文章的电子版:

Emerald(1996—)

OCLC First Search ECO(1994—,2003)

ProQuest Science Journals(1996—,数据滞后 1 年)

Proquest ABI/INFORM Global(1996—,数据滞后 1 年)

资源门户最大的作用是快速了解某类资源的情况。但由于它的检索功能有限,故在大致了解相关资源后,要查找文章时,建议直接到相关的数据库中检索。

3. 利用联合目录查找多个馆的馆藏

联合目录用来提供若干个图书馆的馆藏情况。其使用方法与单个馆的馆藏目录相似。以下给出一个典型的联合目录。

《全国期刊联合目录》由中国科学院国家科学图书馆提供,它是查找全国各地图书馆收藏外文期刊情况的常用工具。目前该联合目录可同时提供中国科学院 100 多个图书馆收藏的中、西、日、俄文期刊和国内 300 多家图书馆收藏的 10 万多种中外文期刊的情况。《全国期刊联合目录》的网址为:http://union. csdl. ac. cn/Reader/query. jsp。

【例9】 通过《全国期刊联合目录》了解由美国光学学会出版的期刊 *Applied Optics* 在国内图书馆的收藏情况。提供该刊的 ISSN 和创刊时间。请问国内有几家图书馆订购该刊,并给出一家收藏最全的图书馆名称。

【解答】 检索点——题名,检索词——Applied Optics,精确匹配,资料类型——

西文期刊。

检索结果：1 条记录。通过查看该记录，得知 ISSN 为 0003-6935，1962 年创刊。国内有 114 家图书馆订购该刊。收藏最全的图书馆之一是中国科学院国家科学图书馆。

第三节　Internet

一、Internet 资源

Internet 是一个利用 TCP/IP 协议，将世界各地计算机连在一起的网络，故也称为国际互联网。计算机互联的目的在于资源共享（包括计算机硬件、软件以及数据）与信息传递。所有连入 Internet 的个人和组织都能在其中获取和发布信息，享受它所提供的信息服务。[①]

1. Internet 解决一般的信息需求

由于 Internet 简单易用、方便快捷，因此它是解决一般信息需求问题最好途径。例如，想知道智能手机是什么，在百度中输入"什么是智能手机"，单击"百度一下"，从百度知道或百度百科中就可以获得答案。

又如，想知道如何才能删除 Word 中的页眉页脚，在百度中输入"如何才能删除页眉页脚"，单击"百度一下"，从搜索到的页面就可以获得操作方法为：选中页眉页脚，然后选择格式→清除格式。

2. Internet 资源的特点

Internet 作为最大的信息源，具有以下特点。①信息丰富。信息来源于各行各业，形式多样，包括文本、图像、图形、照片、动画、电影、音乐等，堪称多媒体、多语言、多类型的信息混合体。②简单易用。简单易用的搜索引擎以及网上的免费资源是 Internet 得到众人青睐的主要原因。据国外的调查显示，相当多的用户包括学生、教师甚至专业人员查找资料时，其首选不是图书馆，而是 Internet。而 Google、百度则是众多年轻人的最爱。③时效性强。由于网络传播速度快，几乎在事件发生时就能将信息传播到世界各地。事实上，Internet 已经成为继电视、广播和报纸之后的第四媒体。④发布自由，分散无序。Internet 是一个开放的、没有管理机构的信息平台。网络信息的发布自由且随意。任何组织和个人都可以将自己拥有的且愿意让他人共享的信息在网上发布。海量的信息和快捷的传播使得网络信息呈无序状态，许多信

---

① 王子荣. Internet 基础[M]. 北京：北方交通大学出版社，2001：1-7.

息资源缺乏加工和组织,只是时间序列的"堆砌"。由于网络资源不像传统的文献那样被固定在一定的媒体上,它变化无常的特性成为令人头痛的问题。许多数用户都曾经遇到过"错误404,文件未找到"或"该页无法显示"的情况。这一常见现象意味着一个事实:曾经被统一资源定位器(uniform resource locator,URL)标识过的资源已经被移动或已不存在。⑤内容庞杂,质量不一。因特网上的信息大都没有经过严格的审查,没有统一的标准,缺乏必要的质量控制和管理机制。有价值的信息和垃圾信息交织在一起,商业信息、学术信息以及个人信息混为一体,既有正式出版的学术信息,也有暴力、色情等不健康的信息。信息质量良莠不齐。

二、搜索引擎——网络信息检索工具

Internet 上蕴藏着丰富的信息资源,从新闻、商业信息、图书馆资源、大学和专业机构介绍、国际组织和政府出版物、软件到娱乐信息等,无所不包。它已经成为全球范围内传播科研、教育、商业和社会信息的重要渠道。要从 Internet 中准确迅速地找到自己所需的信息,需要使用网络信息检索工具——搜索引擎。

1. 搜索引擎的工作原理

搜索引擎是一个对 Internet 信息资源进行搜集整理,并提供查询的系统,它包括网页采集、网页标引和检索三个功能模块。其工作过程可简述为:①数据采集。由网址搜索软件,如 Robots,定期在 Internet 上搜寻采集网页。②网页标引。由索引器对采集到的网页进行自动标引,即从网页中抽取能表达网页内容的词汇作为标引词来建立网页记录。一条记录对应于一个网页,原则上包括关键词、网页摘要、URL等信息。网页记录的集合构成了搜索引擎的索引数据库。③检索。在接到用户检索请求时,搜索引擎将从网页索引数据库中查找与之匹配的记录。检索结果按相关性排序。相关性计算考虑的因素包括检索词在记录中出现的次数、位置以及网页被链接的程度。如果一个网页包含的检索词越多、出现的位置越重要(例如出现在网页标题中),则这个网页的相关性就越高。此外如果有大量的网页或有一些非常重要的网页链接到该网页,该网页的重要性也会提高。

2. 典型的搜索引擎——百度检索功能简介

搜索引擎的使用方法大同小异。下面将以最常用的中文搜索引擎——百度(http://www.baidu.com)为例,介绍搜索引擎的检索功能。

百度提供了新闻、网页、贴吧、MP3、图片、视频等多个搜索选项。其中,网页搜索为系统默认选项。若要搜索某一类信息,只需单击相应的搜索选项即可进入相应的搜索页面进行搜索。如单击"图片",即进入图片搜索页面,输入检索词后,进行图片搜索。

（1）高级检索页面

百度的高级检索页面见图 1-3-1。从检索结果页面的底部"高级检索"链接就可进入高级检索页面。利用百度高级检索可以提高查询效率。

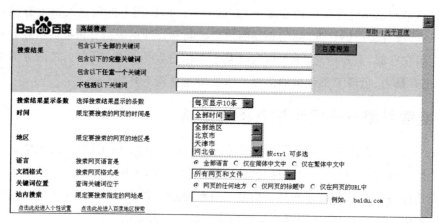

图 1-3-1　百度的高级检索页面

（2）检索算符

表 1-3-1 归纳了百度所支持的常用检索算符，它们在百度的高级检索页面上都能实现。

表 1-3-1　百度常用的检索算符一览表

名称	符号	说　　明
逻辑算符	空格	逻辑与。一次输入多个关键词，中间用空格隔开，系统将按逻辑与处理。如输入"HTML 定义"可查出有关 HTML 的定义的网页
	分隔符|	逻辑或
	一	逻辑非。用来查找不包括某些检索词的网页
词组检索	" "	严格按照引号中的内容检索
限制条件	Filetype:	限定文件类型。可选择的文件格式有：doc、xls、ppt、pdf、rtf
	title:	在网页标题中检索。如输入" title：清华大学"，可以查到网页标题中含有清华大学的网页
	inurl:	在网页的 URL 中检索
	Site:	在站点内检索
备注		不区分大小写，所有字母和符号为英文半角字符

（3）其他功能

在百度首页上，单击"更多"，可获得百度的其他功能。如其中的"常用搜索"可查天气预报、电视节目预告；列车时刻表及飞机航班信息；邮编、地区区号、手机号码归属地、IP地址；计算器、度量衡转换；政府机构信息；股票查询；货币兑换；汉语字典、成语词典、英语词典。

如果搜索结果中没有自己想要的答案，还可以把问题发到百度"知道"栏目中，请求他人帮助解答。

三、搜集网上免费学术信息的方法

1．网络检索技巧

（1）用特征词搜索

为了获得较好的检索效果，选择合适的检索词是关键。通常可先用特征词试检，然后从所查到的相关网页中选择重要的关键词作为检索词。

【例1】 查找虚拟经济方面的文章。

分析网页特点：学术论文都有一定的格式，除了标题、正文外，还有摘要、关键词等。其中，"关键词"和"摘要"是论文的特征，此外论文通常为 doc 或 pdf 格式。

检索式：关键词 摘要 虚拟经济 filetype：pdf

（2）用搜索引擎的高级检索功能搜索

利用搜索引擎的高级搜索功能或语句检索，可以方便地从网上搜集到格式为 pdf、doc 的免费文章。

【例2】 查找清华大学吴庆余《现代生物学导论》的 PPT 课件。

检索式：清华大学 吴庆余"现代生物学导论"filetype：ppt

说明：双引号实现词组检索。

2．Google 学术搜索工具

（1）Google Scholar——学术论文搜索

网址：http://scholar.google.com

检索结果来源：①网上免费的学术文献，包括预印本、开放获取期刊、机构库等；②与 Google 合作的商业出版机构。如 Google Scholar 与 Nature、Science、IEEE、Elsevier 等多家出版商合作，从网上可以搜索到这些出版商的出版物信息。若为这些出版商的订购用户，则可直接从网上浏览和下载全文。

（2）Google Book Search——图书内容搜索

网址：http://books.google.com/

图书内容搜索,检索结果提供包含检索词的内容片段。

3. 由学术机构、大学提供的网络学术资源导航

Library of the University of California 网络学术资源导航：http://infomine.ucr.edu

Florida State University 网络学术资源导航：http://www.ipl.org

四、图书馆与 Internet

网络环境极大地拓展了我们的信息空间。除了图书馆中的各种文献资源外,还有无所不包的 Internet。那么同是信息源,两者都有什么特点,在研究过程中起什么作用呢?

1. 图书馆与 Internet 的比较

下面将从服务对象、资源采集、使用特点等几个方面对图书馆的馆藏资源与 Internet 信息进行比较,见表 1-3-2。

表 1-3-2　图书馆与 Internet 的比较

比较项目　　信息源	图书馆的文献资源	Internet 上的信息资源
服务对象	本馆读者	任何人
资源采集	根据读者需求选购	没有选择
使用特点	需要一定的检索技能	简单快捷、时效性强、信息量大、传播范围广
资源质量	通过选择保证馆藏资源的学术性	内容庞杂,质量不一。好的、坏的、学术性的、非学术性的、五花八门
作者	专家学者	任何人通过网络就能发布信息
观点	专家学者的判断,理想是中立、客观	凭良心。可能是专家的判断,也可能是完全没有根据的个人看法

以下通过一个简单的例子看看两者查找资料的效果。

请分别在 Internet 和图书馆中查找 2000—2008 年间有关"数字图像处理"方面的中文文章,并对检索结果进行分析。检索过程如表 1-3-3 所示。

搜索引擎的优点：简单易用,方便快捷。缺点：①搜索结果太多太泛。为了找到有价值的信息需要花费大量的时间。俗话说,"没有免费的午餐"。网上的免费资源节省了人们的金钱,但需要费时查找,省钱是以时间为代价的。②URL 不稳定。网络是动态变化的,昨天还"活"的网页,今天已消失得无影无踪,这是将网络资源作为论文中的参考文献引用受到质疑的主要原因之一。③很难正确评估网上的信息。

表 1-3-3　**Internet 和图书馆检索过程记录（2009-2-28 检索）**

检索工具	检索式	命中记录	结果分析
百度	数字图像处理	596 000 个网页	五花八门,如软件技术供应商,"数字图像处理"课程介绍,网站,DOC,PPT,PDF,XLM
CNKI《期刊库》	篇名（数字图像处理）,2000—2008	617 条	均为 2000—2008 年间发表在国内期刊上的文章
结论:要查找用于研究的文献资料,图书馆的数据库比搜索引擎更有效			

如果要在文章中引用相关内容,最好是按照网页提供的信息,去查找正式发表的文献加以引用。④搜索引擎不提供数据年代的选择功能,因而无法获得历史数据,无法对事物的发展过程做纵向比较。

2. 两者在研究活动中的作用

（1）充分利用图书馆搜集学术资料

图书馆是学术资源中心,信息可靠、质量更高。丰富的馆藏文献资源（图书、期刊、学位论文、数据库、网上学术资源等）,使我们可以对某一问题进行深入的研究。利用百科全书及教科书建立背景知识,利用参考工具书可获得事实与数据,从期刊中可获得较新、较详细的情报。此外,还有其他类型的文献,如会议文献、学位论文、专利等都是重要的情报来源。

（2）网络资源是补充

网络时效性强,方便快捷、简单易用,是解决一般信息需求的最好途径。尤其是查找以下信息：新闻和最新事件;政府信息;大学、公司和非营利机构的信息;相关专家,同行等;通过博客等了解他人对某一主题的看法,如 http://blog.sciencenet.cn/u/饶毅。

网络信息的可靠性需要仔细判别。搜索引擎的搜索结果可以受人操控,百度假药门事件就是一个典型的例子。2010 年 7 月 20 日,中央电视台新闻频道《新闻 30 分》《每周质量报告》揭露了不良商家利用百度等搜索引擎的竞价排名向全国推广假药。竞价排名是一种网络推广方式,它按企业付费多少确定其广告在搜索结果的排序位置。谁出价高,谁就排前,以获得最大的关注度和点击率。这使得虚假广告和诈骗信息有了可乘之机。

3. 综合应用实例

Google 通过其核心技术网页排名（pagerank）在信息搜索领域建立起自己的霸主地位。现有一读者想了解 pagerank 技术的内容以及后续的研究情况。请回答以下问题:

（1）pagerank 技术是否申请了专利？如何获得该专利说明书？

（2）请提供后续相关专利的主要持有者；

（3）请提供一条较新的且有重要影响力的相关专利信息。

背景信息：在 Google 出现之前，网络搜索普遍存在的问题是搜索到的网页数量很多，但相关性不高，用户体验不佳。Google 利用网页排名技术实现搜索结果按相关性排序，极大地提高了用户的良好感受。它根据网页被链接的次数以及链接网页的知名度对网页进行级别评定，将搜索到的网页按级别排序，确保重要网页排前面。这一做法与 SCI 利用文章的被引次数来判断文章的影响力原理相似。

【解答】　此题是一个综合应用实例。需要同时使用 Internet 和图书馆资源来解决问题。解题思路：①在没有检索头绪时，方便快捷的百度、Google 是首选。问题（1）需要查英文专利，可选 Google 搜索。②问题（2）、（3）无法用搜索引擎，而需要使用数据库 Web of Science 来解答。

解答问题（1）：

试检选词——从搜索结果中寻找特征词

检索式 1：pagerank patent；在搜索到的网页中没有要查的信息，但有相关专利号 US Patent 6285999，即为要找的特征词。

正式检索

检索式 2：US Patent 6285999；从搜索到的网页中获得该专利的说明书。该专利的相关信息如下：

专利号：US Patent 6285999

Inventors：Page；Lawrence (Stanford，CA)

Assignee：The Board of Trustees of the Leland Stanford Junior University (Stanford，CA)

Title：Method for node ranking in a linked database

Filed：January 9，1998

授权时间：September 4，2001

信息来源：http://patft.uspto.gov/netacgi/nph－Parser？patentnumber＝6285999

从美国专利局网站上可免费获得该专利说明书全文。

解答问题（2）、（3）

用数据库 Web of Science 检索相关专利。

检索式：专利号＝(US6285999)

查到该专利后，通过该专利的被引次数链接可获得后续的相关专利共有 335 条。对它们进行专利权人分析。自该专利之后，后续相关专利的主要专利权人及份额见表 1-3-4。

表 1-3-4　后续相关专利的主要拥有者(检索日期 2013-6-23)

No.	前 3 个专利权人名称	所拥有专利的数量	占比(共 335 项)/%
1	GOOGLE INC	150	44.8
2	MICROSOFT CORP	32	9.6
3	INT BUSINESS MACHINES CORP	23	6.9

在后续 335 项相关专利中,被引用 100 次以上的专利共有 7 条,它们即为重要的相关专利。其中被引频次最高的专利信息如下:

专利号:WO9906924-A;WO9906924-A1;AU9920351-A;US6006222-A;US2003187837-A1;US6816850-B2。

专利名称:Information organization for internet includes monitoring search activity of user and organizing articles in subsequent search。

专利权人:CULLISS G,CULLISS G A。

习　　题

一、简述题

1. 简述文献的特点。

2. 原始文献按出版形式可分为哪些类型? 各自有什么特点?

3. 给出几种自己经常使用的文献的类型名称,并说明它们的特点。

4. 图书馆主页是图书馆在网上提供资源与服务的窗口。请问在本校图书馆主页中,你用过哪些栏目? 请给出这些栏目的名称,并简要说明它们的内容。

二、查找馆藏

1. 利用本校图书馆馆藏目录完成以下各题,并给出检索点、检索词、限制条件及结果数。

(1) 查找服务营销方面的英文电子书。

(2) 查找收藏的"Discovery Channel"的多媒体光盘。

(3) 查找收藏的航空航天类的英文电子期刊。

(4) 查找香港百年建筑出版有限公司出版的期刊《百年建筑》的收藏情况。

2. 检索 2000 年以来计算机类的纸本书在本校图书馆的收藏情况。

(1) 请给出此题可用的检索点。

(2) 用这些检索点检索,并将记录检索过程填入表 1 中。

(3) 浏览并分析各次检索结果,试说明哪个检索点查得较准较全。

表 1　检索过程记录

检索点	检索词	限制条件	命中记录	浏览并分析检索结果

3. 用全国期刊联合目录(http://union.csdl.ac.cn)查找由美国建筑师联合会 (American Institute of Architects)出版的期刊 *Architecture*。提供该刊的 ISSN、出版周期以及拥有该刊的图书馆名称,并说明哪个图书馆收藏了第 74 卷。

4. 请用国家图书馆馆藏目录(http://opac.nlc.gov.cn)查出《少年维特之烦恼》有几种中译本。请给出较新一本的馆藏地点及索书号。

三、Internet 检索

1. 请用搜索引擎查出希腊的特色名胜旅游景点和酒店。

2. 某人要写一份房屋租赁合同,想先找几份合同来参考,请帮他编写相应的检索式。

3. 请在网上查找有关检测甲醛检测仪的资料。要求有仪器介绍及图片、生产公司。

4. 现有一份体检报告,其中一项血常规指标 WBC 高于正常值,请问 WBC 是什么? 正常值的范围是多少?

5. 请用 Google 查出有关某一专题的 doc/pdf/ppt 格式的资料各 1 篇。

6. 2009 年 10 月 21 日 CCTV2《今日观察》栏目就 Google 数字图书馆做了一期评论节目,题名为"谷歌的无礼颠覆了什么?"请查相关视频,给出这一视频节目的网址,并简要说明自己对该事件的看法。

四、综合应用题

1. 就本学期所学的一门课程,查找相关资料:

(1) 课程名称及任课教师。

(2) 查本馆收藏的相关纸本图书。提供一本书名及索书号。

(3) 从 MIT 公开课程资源中(http://ocw.mit.edu/courses/)查相关课程资料。提供一份资料的名称及网址。

(4) 从网上了解任课老师的研究方向。提供该老师的一个研究方向。

(5) 从中文期刊库中查该老师的研究成果。提供最新一篇论文的篇名、刊名及年代。

2. 请从本校图书馆中分别查自己感兴趣的学位论文、中国专利、国家标准各一份,并提供以下信息:

(1) 学位论文名称、作者、学校以及查找该学位论文所用的数据库名称。说明如何看到该学位论文的全文。

(2) 专利名称、专利申请号以及查找该专利所用的数据库名称。说明如何看到该专利全文。

(3) 标准名称、标准号以及查找该标准所用的数据库名称。说明如何看到该标准全文。

CHAPTER 2
第二章
常见的全文数据库

【学习目标】

- 了解电子资源的使用特点
- 了解中外文电子书及电子期刊库的情况
- 掌握全文数据库的功能及使用方法

【内容框架】

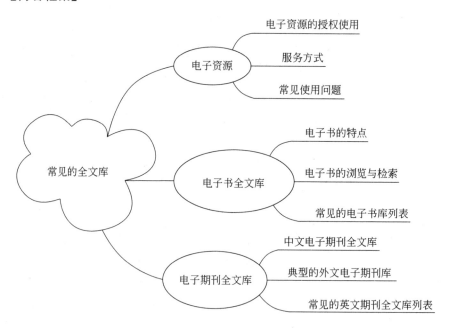

第一节　电子资源概述

　　本书所说的电子资源是指数字化的文献，它们多以数据库的形式存在。本章首先介绍电子资源的使用特点，然后结合两类最常用的文献——图书与期刊，介绍全文数据库的功能及使用方法。

一、电子资源的授权使用

图书馆的电子资源有些是免费开放的,如馆藏目录以及开放期刊(open access journals)、机构库(institute repository)等因特网上免费的学术资源,但绝大部分则为授权访问,如电子书、电子期刊,读者在访问时需要资格认证。这些授权访问的电子资源是图书馆向数据库商购买的,且多数属于租用性质,因此,图书馆通过网络向读者提供这些资源时必须遵守使用许可协议。使用许可协议的相关内容有:①如果此数据库仅限于教育用途,那么任何读者不能将其用于商业用途;②不得向任何第三方透露用户密码;③只对使用许可协议中指定的用户有效,因此,他人就算付钱也不可能从租用方获得电子资源的使用权;④用户对电子资料的使用方式可能因许可协议的规定而受到限制,如有不少电子书只能在网上浏览,而无法下载。[①]

电子资源易于复制与传播,这使得版权问题日益突出。虽然图书馆在签订数据库购买合同时,数据库商并没有对数据下载量做出明确的限制,但他们会利用各种先进的技术手段对数据库的使用情况进行实时监控。一旦发现某台计算机有数据库商认定的"滥用"行为,如短时间内通过下载软件大量下载数据,系统就会禁止相关 IP 段的用户访问。目前,数据库商对滥用行为是以正常阅读速度来界定的,即如果下载文献的速度远超出正常阅读速度就视为滥用。通常正常阅读一篇文献至少需要几分钟。

为了避免版权纠纷,读者在使用电子资源时应遵守一定的行为规范,如不使用下载软件下载;不集中连续系统地批量下载;不私自设置代理服务器;不将所获得的文献资料用于个人学习和研究以外的其他用途。

二、服务方式

目前,电子资源常见的服务方式有以下三种:①专线方式。数据库商通过租用网络专线提供服务。终端用户可免费直接访问数据库。这是最常见的服务方式。如美国的《科学引文》数据库(SCI),美国电工与电子工程师学会的出版物全文数据库(IEL)均采用这种方式提供服务。②因特网方式。数据库商通过因特网提供服务。终端用户访问数据库时需要支付通信流量费。③本地镜像服务方式。数据库商将系统软件和数据都在本地服务器上复制一份。如清华同方的《中国学术期刊全文数据

---

① 萨莉·拉姆奇. 如何查找文献[M]. 廖晓玲,等,译. 北京:北京大学出版社,2007:13-14.

库》(简称 CNKI《期刊库》)在清华大学图书馆及全国各地建有多个镜像站点,为用户提供服务。镜像服务方式的最大好处是,校园网的用户访问时无须登录,访问快捷方便。此外,在本地服务器上有一份数据副本,这有利于资源的拥有与长期保存。但镜像服务模式也存在着诸多问题,如:①本地图书馆需要承担镜像服务器的日常维护。②数据更新滞后和数据缺失。本地镜像服务器数据更新通常采用邮寄光盘或 FTP 的方式进行,数据更新比主站点慢,同时还存在数据缺失的问题。③服务内容有限。相对于主站点上丰富的内容与服务而言,镜像站点有很大的局限性。如投稿指南,在印文章(in press)等内容多数只在主站点上提供。[①]

三、使用电子资源的常见问题

使用电子资源的常见问题归纳如下:①并发用户数限制。它是指可同时访问某个数据库的人数限制。②可访问的期刊量及数据年代。一些数据库中只有部分期刊可以看到全文,如 EBSCO 数据库就是一个部分全文数据库。有些期刊同时被多个数据库收录,但数据年代不完全相同。如 *Science* 周刊除了在主站点上可以访问外,还可以通过以下数据库访问,但数据年代不同:ProQuest(1988—2005),EBSCO(1997—2004),JSTOR(1880—2001)。有些平台同时包含多个数据库,用户只能访问已购买的数据库。如在美国物理联合会(American Institute of Physics,AIP)的 Scitation 平台上,目前提供 27 个出版社的出版物访问服务。如清华大学图书馆只订购了其中 9 个出版社出版的 104 种期刊与会议录,故清华大学的读者只能访问这 104 种期刊与会议录。③有些数据库提供的期刊与纸本刊相比有一定的滞后期,如 CNKI《期刊库》一般要比纸本刊晚 3～6 个月,而 EBSCO 数据库中的一些全文则只能提供一年前的数据。此外,一些镜像服务器与主站点的数据更新不同步。④全文阅读器与专用插件。多数电子书在阅读全文时都需要下载安装专用的阅读器。一些数据库需要下载安装客户端软件、专用插件等,如联机光盘库、四库全书、四部丛刊,还有一些数据库对 IE 浏览器的版本、设置有要求,还要注意防火墙、广告拦截功能等。⑤下载与打印。全文电子期刊数据库一般都提供在线浏览、打印和下载。而电子书一般仅能在线浏览和单页打印,不提供下载。

各个数据库均有说明页和使用指南,使用前应仔细阅读。遇到问题时应充分利用联机帮助。

---

① 关志英,郭依群. 网络学术资源应用导览(科技篇)[M]. 北京:中国水利水电出版社,2007:8-10.

第二节　电子书全文数据库

一、电子书的定义及特点

电子书（electronic book，e-Book，eBook）是指以数字形式存在的图书，它需要通过计算机或手持阅读器等电子设备进行阅读。电子书可以通过网络发行和销售，成为一种网络出版物；也可以通过硬件绑定、光盘销售等方式成为脱离网络的封装型电子出版物。[①]

电子书最为成功的例子是美国科幻小说家斯蒂芬·金通过网络发行自己的电子书作品。2001 年 3 月 14 日，斯蒂芬·金在自己的网站（www. stephenking. com）上独家发表了新作《骑弹飞行》（*Riding the Bullet*）。这是一个短篇小说，它讲述了一位旅行者一天的恐怖遭遇。这本 66 页的"小书"引起了广大读者的极大兴趣，两天内有 50 万人次登录浏览。该书每次下载收取 2.5 美元，它在网上发行 1 个月，作者获利 45 万美元。该书若是以纸本发行，作者的版税收入仅为 1 万美元。此事作为出版史上的一次标志性事件，在出版界引起了巨大的轰动。从此，电子书声名鹊起，成为出版商、图书销售商、信息技术服务商关注与投资的对象。[②]

与传统的纸本图书相比，电子书具有以下优点：①价格低廉。电子书的出版发行实现了无纸化和零库存，极大地降低了图书制作与发行成本。电子书的平均价格要比相应的纸本书的平均价格低 35%。[③] ②发行速度快、更新及时、易于传播与共享。对图书馆而言，可以解决热门书复本不足、IT 类图书老化快等矛盾。③存储密度高，便于携带，并可有效地解决收藏空间不足的问题。④功能强大，使用方便。除了提供书签、标注、摘抄等功能外，许多电子书系统还提供图书内容的查找功能。⑤可以分章节购买。当然，目前电子书也有自己的不足：①舒适性差，不具备传统的阅读体验。阅读电子书时缺少阅读纸本书所具有的那种书香气氛。对大多数人而言，纸本书看起来更加亲切，阅读效率更高。②显示器容易造成视觉疲劳。③阅读软件种类繁多，互不兼容，给终端用户使用带来不便。④出版内容还不够丰富。目前电子书主要是人文社科方面的，小说、娱乐休闲类的，而自然科学方面的较少。⑤网上支付手段不够完善。不过，由于电子书所具有的巨大优点，它的出现将使知识的传播

---

① 郝振省. 2005—2006 中国数字出版产业年度报告[M]. 北京：中国书籍出版社，2007：76.

② 薛享琛，丁丽，邱西西. 电子图书的优势及其发展分析[M]. 科技情报开发与经济，2006(8)：9-10.

③ eBooks Studies-eBook Pricing Data. http://www. lib. rochester. edu/main/ebooks/studies/devprice. htm,2008-05-08.

与利用方式发生革命性的变化。

二、电子书数据库的功能

电子书数据库数量众多，但使用方法大同小异。下面将以北大方正 Apabi 电子书数据库为例，简单介绍电子书的使用功能。

北大方正 Apabi 电子书数据库访问控制：机构用户采用 IP 控制；个人用户采用密码登录。该库首页见图 2-2-1。它的主要功能有：电子书分类浏览与检索、全文阅读、电子书的借阅管理。此外，还提供"好书推荐"、"最新入库"的新书、图书"下载排行"等栏目。

图 2-2-1　北大方正 Apabi 电子书数据库首页

1. 电子书的浏览与检索

可按《中国图书馆分类法》或按方正的"常用分类"浏览图书。每一类目给出了类目名称及图书数量。"常用分类"只有一级分类，单击某类即显示该类下的图书列表；《中国图书馆分类法》有四级类目，可逐层打开。单击到最后一级类目时可浏览该类目下的图书列表。

系统提供快速查询和高级检索两种方式。在快速查询方式下，系统提供书名、责任者、主题/关键词、摘要、出版社、年份、全面检索（在书目记录中检索）七个检索字段。高级检索方式下可以使用更多的字段。除了快速查询方式中可用的字段外，系统还提供了以下字段：目录、出版地、次要责任者、价格、版次、印次、字数、中图分类号、语种、责任编辑、图表、附注、ISBN 等，并支持多个字段组合检索。

2. 电子书的借阅

单击电子书页面上的"在线浏览"或"下载"按钮，可在线浏览全文或将电子书下载到本机上。北大方正电子书数据库借鉴了传统的图书借阅管理流程，有图书"数量"、"复本""借期"的概念。将电子书下载到本机上,相当于"借书"。在借期内可以浏览,借期满后电子书失效,相当于到期自动归还。

3. 全文阅读

阅读全文时,需要事先下载安装方正电子书的全文阅读器 Apabi Reader。该阅读器提供书签、翻页及跳转、字体大小缩放、标记、批注及内容摘录等功能;可实现对图书内容的查找,检索结果为相关内容所在的页码列表。此外,该阅读器还可用来管理个人借阅的电子书,包括电子书下载、归类和收藏。

三、常见的电子书数据库列表

表 2-2-1 给出了常见的电子书数据库。

表 2-2-1　常见的电子书数据库列表

数据库名称	简　　介
读秀中文学术搜索	由北京超星电子技术有限公司提供。该库提供 200 多万种中文图书,具有以下主要功能:①提供内容检索,可深入到图书章节目次及全文,同时还提供相关人物及词条的信息;②提供书名、版权页、前言、目录及部分正文内容;③与馆藏目录链接;④对本馆缺藏的图书,提供电子文献传递(有限内容,有使用期限)[1]
书生之家电子书	由北京书生科技有限公司提供。该库提供 10 多万种图书全文在线阅读,内容涉及各学科领域,较侧重教材教参与考试类、文学艺术类、经济金融与工商管理类图书
圣典 E-BOOK	由中国大学出版社协会与北京时代圣典公司提供。该库提供 3 万多种高等教育类图书,涵盖各学科类别,以新书为主
Ebrary 电子书数据库	由 McGraw-Hill Companies、Pearson plc 和 Random House Ventures 三家出版公司共同投资组建的 Ebrary 公司提供。目前提供来自 260 多家出版社的 12 万多种电子书。Ebrary 电子书数据库内容覆盖了商业经济、计算机、技术工程、语言文学、社会科学、医学、历史、科技、哲学等学科,其中大部分图书为近三年出版。主网站为 http://www.ebrary.com
EBSCO 电子书	该库内容涉及商业与经济、计算机科学、教育、工程与技术、历史、法律、数学、哲学、心理学、政治学、社会学、艺术与建筑等。所有电子图书都内嵌了在线字典,方便查询词义和读音
eScholarship Editions	由加利福尼亚数字图书馆(California Digital Library)提供。内容涉及艺术、科学、历史、音乐、宗教和小说等领域。收录了 2 000 种学术性电子书
IEEE-Wiley eBooks Library	通过 IEL 平台提供服务。内容涵盖生物工程、电路与元件、机械工程、计算和处理、工程材料、介质与等离子体、电磁场与电磁波、信号处理与分析、机器人技术等。目前已有近 600 本电子书,每年至少增加 40 本新书

---

① 读秀学术搜索. http://www.duxiu.com/,2013-05-08.

数据库名称	简　介
iG Publishing 电子书	该库由以下 8 个子库组成：①美国材料信息学会（ASM International）电子书库；②英国标准学会（BSI）电子书（手册）库；③国际工程联合会（IEC）电子书库；④美国 Industrial Press 电子书库；⑤英国 Multi-Science Publishing 电子书库；⑥英国 Royal Institute of British Architects（RIBA）电子书库；⑦美国 SciTech 出版公司电子书库；⑧美国工业和应用数学学会（SIAM）电子书库
NAP 免费电子书	由美国国家科学院下属的学术出版机构 The National Academies Press 提供。主要出版美国国家科学院、国家工程院、医学研究所和国家研究委员会的报告。目前通过其主站点可以免费浏览 3 000 多种电子书，内容覆盖环境科学、生物学、医学、计算机科学、地球科学，数学和统计学，物理、化学、教育等领域
Knovel 电子书	目前收录了 90 多家重要科技出版商以及包括 AIAA、AIChE、ASME 和 NACE 在内的专业学会出版的 3 000 多本重要参考工具书
Oxford Scholarship Online	提供牛津大学出版社 OUP 出版的最优秀的学术专著。这些专著由包括诺贝尔奖获得者在内的世界一流的学者所撰写，并且经过牛津大学学术委员会 12 位成员审核通过
Safari Tech Books Online	由世界两大著名 IT 出版商 O'Reilly & Associates，Inc. 和 The Pearson Technology Group 共同提供 IT 方面的电子书，尤其侧重于编程语言、网络工程、操作系统、互联网、数据库和软件工程方面。该数据库的特点是可以不断地更换新书
Springer 电子书	由德国施普林格（Springer-Verlag）出版集团提供。所有图书划分为 12 个学科：建筑学、设计和艺术；行为科学；生物医学和生命科学；商业和经济；化学和材料科学；计算机科学；地球和环境科学；工程学；人文、社科和法律；数学和统计学；医学；物理和天文学
Wiley Online Library	由美国约翰威立国际出版公司（John Wiley & Sons Inc.）提供。它收录了来自 1 500 余种期刊、10 000 多本在线图书以及数百种多卷册的参考工具书、丛书系列、手册和辞典、实验室指南等。内容涉及生命科学、健康科学、自然科学、社会与人文科学等领域

第三节　常用的中文全文数据库

一、中国知网

1. 中国知网资源简介

中国知网（简称 CNKI）是一个综合性的数字文献资源系统，由中国学术期刊电子杂志社和清华同方技术有限公司提供。收录的文献包括期刊、博硕士论文、会议论文、报纸等;内容覆盖理工、社会科学、电子信息技术、农业、医学等。绝大部分数据库为日更新。CNKI 主要全文数据库列表见表 2-3-1。

表 2-3-1   CNKI 主要全文数据库列表

数据库名称	数据年代	数据库简介
中国学术期刊网络出版总库	1915—	以国内学术期刊为主,内容覆盖自然科学、工程技术、农业、哲学、医学、人文社会科学等各个领域。到 2013 年 6 月为止,所收录的期刊为 7 973 种。核心期刊收录率达 95%;特色期刊(如农业、中医药等)收录率为 100%。日更新
中国优秀硕士论文全文数据库	1984—	到 2013 年 4 月为止,收录全国 621 家培养单位的硕士学位论文近 170 万篇。日更新
中国博士论文全文数据库		截止到 2013 年 4 月,收录全国 404 家培养单位的博士学位论文近 20 万篇。日更新
中国重要会议论文全文数据库	1999—	重点收录自 1999 年以来,中国科协、社科联系统及省级以上的学会、协会,高校、科研机构,政府机关等举办的重要会议上发表的文献。日更新
国家标准全文数据库	1950—	主要收录自 1977 年以来,由中国标准出版社出版的国家标准,占国家标准总量的 90% 以上。季更新
中国行业标准全文数据库		收录现行、废止、被代替以及即将实施的行业标准。截至 2012 年 10 月,收录了交通、轻工、黑色冶金、有色金属、稀土、中医药、文化、印刷工业、旅游共 9 个行业的标准 7 000 多条。季更新
中国专利数据库	1985—	收录中国专利。数据来源于国家知识产权局知识产权出版社。双周更新
中国重要报纸全文数据库	2000—	日更新。收录国内公开发行的 500 多种报纸上所刊载的学术性资料
中国年鉴全文数据库	1999—	收录国内的中央、地方、行业和企业等各类年鉴共 2 536 种。周更新

对于机构用户而言,CNKI 一般采用 IP 地址加账号密码控制访问权限,有并发用户数限制。当并发用户数满时,在检索页面上的专辑导航名称后显示加锁图标。此时,可以检索,但无法下载全文。个人用户可以通过购买 CNKI 检索阅读卡使用。

2. CNKI 首页

正式用户登录后,进入 CNKI 首页(见图 2-3-1)。它是一个多库、多文献类型检索页面。在该页面上,单击"跨库选择"可选择数据库;单击文献类型则可检索相应类型的文献;单击"文献全部分类"可选择学科类别。单击"下载",进入 CNKI 下载中心,可下载 CNKI 全文阅读器 CAJviewer。

图 2-3-1　CNKI 首页

3. CNKI《期刊库》使用方法

下面以 CNKI《期刊库》为例说明 CNKI 的使用方法。

（1）进入 CNKI《期刊库》

如要检索期刊文章，则在 CNKI 首页上，单击"期刊"，然后单击"高级检索"进入 CNKI 期刊检索页面（见图 2-3-2）。

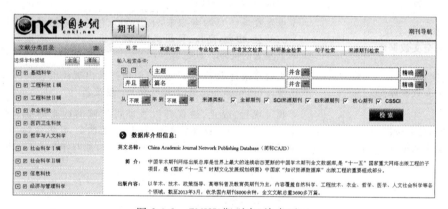

图 2-3-2　CNKI《期刊库》检索页面

（2）检索功能

系统提供多种检索方式，其中系统默认检索方式（见图 2-3-2）是最常用。下面对它进行简要介绍。其他检索方式可从系统提供的"帮助中心"查看帮助信息。

在 CNKI 期刊库检索页面上，在输入框中输入检索词，选择限定条件，单击"检索"按钮即可进行检索。利用检索项左侧的"＋"号添加输入框，以实现多个字段的组合检索，最多可增至 5 组。检索框之间的关系用逻辑与、或、非限定，运算优先级为：非＞与＞或。

表 2-3-2 给出了 CNKI《期刊库》常用的检索字段。

系统提供了以下限定条件：数据年代、排序方式、检索匹配方式、数据更新范围、期刊来源范围、检索结果的每页显示条数等，见表 2-3-3。

表 2-3-2　CNKI《期刊库》常用的检索字段

表 2-3-2　CNKI《期刊库》常用的检索字段

字段名称	说　明
主题	为系统默认的检索字段。检索范围：中英文篇名、中英关键词、中英文摘要
篇名	在中、英文篇名中检索
关键词	在关键词字段中检索,包括作者给出的中英文关键词及机标关键词
摘要	在中、英文摘要中检索
作者	在作者字段中检索
刊名	包括中、英文刊名
参考文献	检索范围为文章所提供的参考文献列表,包括参考文献的篇名、作者及刊名
全文	在文章的正文中检索
年	文章发表年代
期	以两位字符表示,如 01 表示第 1 期,增刊和合刊分别用 s 和 z 表示,如 s1 表示增刊 1
基金	在基金名称字段中检索,用于检索获得基金资助的文章
ISSN	国际标准刊号

表 2-3-3　CNKI《期刊库》的限定条件

限定条件	说　明
数据年代	可检索自 1980 年以来的数据;可限定为某年,也可以限定为最近 1 周、最近 1 月、3 个月或半年内入库的最新数据
期刊来源	按国内外文摘数据库的来源期刊设定检索范围。可选择 Ei 来源刊、SCI 来源刊、核心期刊。系统默认为全部期刊
检索匹配	模糊匹配按单个字检索,精确匹配则按词组检索
结果排序	可以按时间或按相关性排序。记录的相关性根据检索词在记录中出现的次数确定,检索词在某条记录中出现的次数越多,则该记录排序时也越靠前
每页显示记录条数	设定每页显示的命中记录数,最多每页显示 50 条,系统默认为每页显示 20 条记录

【例 1】　用 CNKI《期刊库》查找 2000—2006 年间国内核心期刊上登载的有关"数字图书馆"方面的文章。

【解答】　检索词——数字图书馆,选择篇名字段,分类目录全选。

数据年代:2000—2006 年,精确匹配,检索范围——核心期刊。

检索结果:1 864 条记录。

【例 2】　在 CNKI《期刊库》中查找 2000—2006 年间发表的汽车发动机故障方面

的文章。

【解答】 检索式：(主题＝汽车发动机) and (主题＝故障)，分类目录全选，年代限制——2000—2006。

检索结果：416 条记录。

【例3】 要在 CNKI《期刊库》中查找 2007 年有关计算机病毒方面的文章，试说明以下三个检索式哪一个更合适。

检索式 1：篇名＝计算机病毒

检索式 2：篇名＝病毒

检索式 3：中图分类号＝TP309.5

【解答】 检索记录及结果分析见表 2-3-4。

表 2-3-4　CNKI《期刊库》检索记录及结果分析

检索式	命中篇数	检索结果分析
篇名＝计算机病毒	120	无法检出类似于蠕虫病毒、木马病毒等文献
篇名＝病毒	6 259	"计算机病毒"及医学"病毒"同时被检出
中图分类号＝TP309.5	603	检索出的结果均为计算机病毒方面的文章

结论：对于此类概念与名称不对应的问题，采用分类号查找可能更合适。

查分类号的途径：清华大学图书馆→馆藏目录→中图分类号简表。计算机病毒与防治的分类号为：TP309.5

（3）分类浏览

在 CNKI 期刊库检索页面左侧，系统提供了专辑目录。若勾选所有专辑，直接单击"检索"，可浏览期刊库收录的全部文章。单击某个专辑名称，可浏览该专辑下的文章。专辑可逐级展开。例如，按工程科技Ⅱ→汽车工业→汽车发动机逐级展开，可浏览 CNKI《期刊库》中所有关于汽车发动机方面的文章。

此外，用户可以用专辑目录限定检索范围。如在专辑目录中勾选"汽车工业"，然后输入检索词"燃料"检索，则系统将在"汽车工业"类中查找汽车燃料方面的文章。

（4）**期刊导航**

在 CNKI《期刊库》检索页面上，单击"期刊导航"即可进入期刊导航页面。期刊导航实质上是 CNKI《期刊库》所收录的期刊的刊名索引。系统按期刊特征进行分类，并提供相应的浏览方式。表 2-3-5 给出了几种常用的期刊索引。

（5）**检索结果**

1）结果显示

执行检索后，系统将给出检索结果列表。每条记录按题录格式显示，包括序号、

表 2-3-5　CNKI《期刊库》的常用期刊索引

浏览方式	说　明
刊名字顺表	按所收录的期刊的名称字顺编排。单击某一字母,将显示所有以该字母开头的期刊刊名
专辑导航	将所收录的期刊按学科分为以下 10 个专辑:基础科学、工程科技Ⅰ、工程科技Ⅱ、农业科技、医药卫生科技、哲学与人文科学、社会科学Ⅰ、社会科学Ⅱ、信息科技、经济与管理科学。每个专辑又细分为若干个子辑,共 168 个。单击某个子辑,可显示该子辑所包含的期刊名称。继续单击某一刊名,即可进入该刊的卷期页面
核心期刊	可浏览 CNKI《期刊库》所包含的各学科的核心期刊,以 2004 年版的"中文核心期刊要目总览"为标准
数据库刊源	可浏览被国内外文摘数据库收录的期刊,包括 CA 化学文摘、SA 科学文摘、SCI 科学引文索引、Ei 工程索引、中国科学引文数据库等
主办单位	按期刊主办单位分类,包括学会、出版社、大学等
地区	按期刊出版地分类,包括华北、华东、华南、东北、西北、西南、华中
刊期	按出版周期分类,包括年刊、半年刊、季刊、双月刊、月刊、半月刊、旬刊、周刊
世纪期刊	指已回溯的期刊。通过此方式,可以查看有哪些期刊可以看到 1994 年以前的数据

篇名、作者(仅显示第一作者)、刊名、发表年/期。系统默认每页显示 20 条记录,可以上、下翻页或转到指定页面。

在检索结果列表中单击某一篇名,系统将新开窗口显示该文章详细信息。此时文章的作者、机构、刊名、关键词都提供了超链接。单击作者或机构的超链接,可查看本数据库中该作者或机构的所有文章,需要说明的是所有同姓名作者的文章都会列出。单击刊名,则进入期刊卷期浏览页面。单击关键词字段中的某个词,则相当于以该词做关键词检索。

在文章的详细记录页面上,系统同时还列出了以下几个有用的列表。

【参考文献】给出了该文章的部分参考文献列表。目前系统仅列出了 CNKI《期刊库》中有全文的参考文献,而不是文章的全部参考文献。

【共引文献】给出了与本文至少有一篇相同参考文献的文献列表。

【引证文献】给出了 CNKI《期刊库》中引用本文的文献列表。由该列表可以了解他人对本文的评价以及后续的相关研究。

【同被引文献】给出了与本文同时被引用的文献列表。

【相似文献】给出了与本文主题相近或内容相似的不同类型的文献,包括期刊、学位论文、会议文献等。

　　2) 输出题录

检索结果可以下载存盘、打印。操作步骤:①标记要输出的记录,逐条勾选,或用"全选"按钮选中当前页的所有记录；②选择输出格式，系统提供了引文、自定义、EndNote、NoteExpress 及查新五种格式；③保存输出的记录，利用浏览器的"另存为"功能，将题录信息保存成文本文件。

3）下载全文

在文章的详细记录页面上，系统提供了全文下载链接："CAJ 下载"和"PDF 下载"。在浏览全文前需要事先下载安装 CAJViewer 全文浏览器或 Acrobat Reader 阅读器。

二、万方资源系统

万方数据资源系统是一个综合性的科技、商务信息平台，由万方数据股份有限公司提供。该资源系统由以下多个子库构成：学术期刊、学位论文、会议论文、专利、中外标准、科技成果、政策法规、地方志、机构、科技专家等子库。内容涉及自然科学和社会科学各个专业领域。表 2-3-6 给出了万方数据资源系统的主要资源列表。检索到的文献可通过联机订购的方式获取原文。

表 2-3-6　万方数据资源系统的主要资源列表

资源名称	数据库简介
学术期刊	收录自 1998 年以来国内出版的各类期刊 7 000 余种，其中核心期刊 2 800 余种。每周更新两次
学位论文	收录自 1980 年以来国内自然科学领域各高等院校、研究生院以及研究所的硕士、博士以及博士后论文共计约 150 余万篇
会议论文	收录自 1985 年以来由中国科技信息研究所提供的、国内外主要学会和协会主办的会议论文。每年涉及近 3 000 个重要的学术会议。月更新
中外标准	由国家技术监督局、建设部情报所、建材研究院等单位提供的相关行业的各类标准题录。包括中国标准、国际标准以及各国标准等 29 多万条记录
专利	收录了国内外专利 3 000 余万项，其中中国专利 600 余万项，外国专利 2 400 余万项。内容涉及自然科学各个学科领域，每年增加约 25 万条，中国专利每两周更新，国外专利季更新
科技成果	主要收录国内的科技成果及国家级科技计划项目。月更新
政策法规	收录自 1949 年新中国成立以来全国各种法律法规约 40 万条。内容包括国家法律法规、行政法规、地方法规，还包括国际条约及惯例、司法解释、案例分析等
地方志	收录 1949 年后出版的中国地方志。[①]
机构库	收录了 20 多万家企业机构、科研机构、信息机构和教育机构的详尽信息，分别针对各类机构的特点进行分类导航，并整合了各类机构的科研产出（包括发表论文、承担科技成果、申请专利、起草标准）和媒体报道情况
中国科技专家库	收录了国内自然科学技术领域的专家名人信息

①注：地方志，也称为"方志"。地方志书是由地方政府组织专门人员，按照统一体例编写，综合记载一定行政区域内，一定历史时期的政治、经济、文化及自然资源的综合著作。也有少数地方志由民间组织编纂。

三、维普《中文科技期刊全文数据库》

《中文科技期刊全文数据库》由重庆维普资讯有限公司提供,收录我国自然科学、工程技术、农业科学、医药卫生、经济管理、教育科学和图书情报等学科 12 000 余种期刊。数据回溯至 1989 年。

第四节　外文电子期刊全文数据库

一、电子期刊概述

电子期刊(electronic journal)是指以数字形式存在,通过网络传播的期刊。它包括只在网上出版发行的纯电子期刊以及数字化的纸本期刊。[①]

目前电子期刊的来源有两个途径:一是由大型出版社提供;二是由数据库集成商提供。前者多是以某个大型出版社出版的期刊为主,由于这些期刊均归属于同一出版社,因此收录比较稳定。这类电子期刊库包括:Elsevier Science、SpringerLINK等。后者是由某个数据库集成服务商将众多出版社的期刊汇集、整合在同一个检索平台上提供服务,如 CNKI《期刊库》、维普《期刊库》、万方数字化期刊都属于这一类。这些数据库往往包含几千种期刊,同时还可能集成有其他类型的出版物,资源丰富,但由于所收录的期刊并不是专属期刊,涉及出版社向集成服务商授权的问题,因此期刊来源往往不太稳定,且电子版通常较印刷版滞后 3～4 个月。此外,有许多期刊同时被多个数据库重复收录。

与纸本期刊相比,由大型出版社提供的电子期刊数据库具有以下特点:①时效性强。电子期刊基于网络平台的出版发行,没有传统的邮寄问题,因而可以比纸本期刊更快地与读者见面;同时,越来越多的期刊通过"article in press"方式提供已录用的文章,当纸本期刊还在排版印刷时,读者就已经能在网上看到文章的全文了。②功能强大。电子期刊数据库提供期刊浏览与检索、期刊导航及期刊投稿信息查询等功能。有些电子期刊数据库还提供文章的增补内容。如 Science Online 提供与文章的结论有直接关系,但因版面限制而不能发表的文字、表格、图片等附加材料。此外,同一份电子期刊可供多位读者同时使用。③信息通报(Alert)。系统按用户设置自动将相关的最新文献信息定期发送到用户信箱。如 Elsevier ScienceDirect 的 Alert 服务可提供期刊的最新目次、通报最新的文章信息以及文章最新的被引用信息等。

---

① 郝振省. 2005—2006 中国数字出版产业年度报告[M]. 北京:中国书籍出版社,2007:51.

④参考文献链接。一些电子期刊数据库还提供参考文献链接(也称为引文链接)。单击参考文献的篇名就可以直接看到原文。如在 *Nature* 杂志的电子版中,每篇文章后面都会给出一系列参考文献,凡是可以通过引文链接看到原文的,均提供了 Article 链接,单击后可看到参考文献原文。当然,前提条件是用户必须购买被链接的电子期刊的使用权。⑤通过各自的平台提供服务。国内外常用的综合性全文电子期刊一般都有各自的服务平台。如 Elsevier 的 ScienceDirect 平台、Springer 的 SpringerLink 平台,这些平台主要是各出版社用来为自己出版的期刊或相关出版物服务的。⑥访问控制。电子期刊数据库一般采用 IP 地址控制访问权限,少数采用 IP+账号密码方式;电子期刊数据库的题录信息一般是免费开放的,而全文只有订购用户才能浏览。此外,一些电子期刊数据库还有并发用户数的限制,即允许同时访问数据库的用户数量的限制。

下面简要介绍两个典型的电子期刊库:Science Online 以及 Elsevier 的 ScienceDirect。

二、Science Online

1. *Science* 周刊及其网站

网站 Science Online 提供电子版的 *Science* 周刊服务。*Science* 周刊(ISSN0036—8075)由电灯的发明者托马斯·爱迪生 (Thomas Alva Edison) 于 1880 年创办,现为美国科学促进会(American Association for the Advancement of Science,AAAS)的官方刊物。*Science* 周刊早期以报告物理类的科学研究成果著称,如无线电报技术、新的化学元素以及怀特兄弟飞行试验的最早报道。现在则侧重于报道生命科学与医学领域的重大发现与研究进展。*Science* 周刊享有很高声誉,据 ISI 出版的期刊引用报告(JCR)统计,*Science* 周刊 2007 年的影响因子为 26.372,在 JCR 收录的 6 426 种科技期刊中位于第 14 位,所刊载的文章的总被引频次居第 4 位。

Science 周刊的内容由科学新闻和研究成果两部分构成。其中,科学新闻提供科学政策和科研新闻,如大学、学术团体等重要科研机构的活动以及科学政策及重大新闻的深入报道和专题报道,由分布在世界各地的 *Science* 周刊的记者、特约通讯员和自由撰稿人提供。主要的新闻栏目包括"本周科学新闻"(News of the Week)和"新闻聚焦"(News Focus)。*Science* 周刊也报道一些对科学政策和基金管理决策者的访谈。如在 2000 年 6 月 16 日的 *Science* 周刊的"新闻聚焦"栏目中,报道了对时任中国国家主席江泽民的访谈,内容为中国科学前景。研究成果部分除了刊载研究文章(Research Articles)和报告(Reports)外,还提供如下栏目:"This Week in Science"

提供 *Science* 周刊本周登载的论文概要;"Editorial"提供由专家或编辑撰写的社论;"Editors' Choice"提供由编辑推荐的近期热点文章。此外,还有快报(Letters)、书讯(Books et al.)、科学政策论坛(Policy Forum)、展望(Perspectives)、简讯(Brevia)及综述(Review)。这些栏目主要是向科学家约稿。

Science 周刊的访问途径见表 2-4-1。

表 2-4-1 *Science* 周刊的访问途径

数据库名称	网　　址	访问条件、数据年代、全文格式
Science Online	http://www.sciencemag.org	订购访问,1880—
ProQuest	http://proquest.umi.com/pqdweb?rqt＝301&userid＝ipauto&passwd＝ipauto&J	订购访问,1988—2005,PDF、Text＋Graphics
EBSCO	http://search.china.epnet.com/	订购访问,1997—2004,HTML
JSTOR	http://www.jstor.org/	订购访问,可访问自 1880 年创刊以来至 5 年前的全文,TIFF、PDF
Science Online 中国服务网站	http://china.sciencemag.org	免费访问。提供《科学快讯》的中文提要和《科学此刻》译文

2. 使用方法

下面以 Science Online 主站点为例,介绍 *Science* 周刊的浏览与检索功能。

（1）期刊浏览

在 Science Online 主站点上,单击 SCIENCE JOURNALS 链接,进入 *Science* 周刊页面(见图 2-4-1)。在该页面上提供了最新一期(CURRENT ISSUE)、过刊(ARCHIVE)、论文快递(SCIENCE EXPRESS)链接。

（2）检索功能

在 *Science* 周刊页面的右上方提供了检索功能(SEARCH)。单击 ADVANCED 链接进入高级检索界面。在高级检索界面中,系统提供了表 2-4-2 所示的检索点及限定条件。

（3）结果显示与全文阅读

检索结果页面给出了结果列表。结果可按出版日期(Date)和相关性(Relevance)排序。每页显示检索结果条数可通过下拉菜单来选择。每页最多显示 150 条记录。

每篇文献记录给出了 Abstract、Full Text 或 PDF 链接,单击后可浏览文章的摘要及全文。此外,有些记录同时还给出了 Supplemental Data。它是作者为论文提供的补充材料,包含受印刷版面限制无法刊登的图表或材料与方法等详细资料。

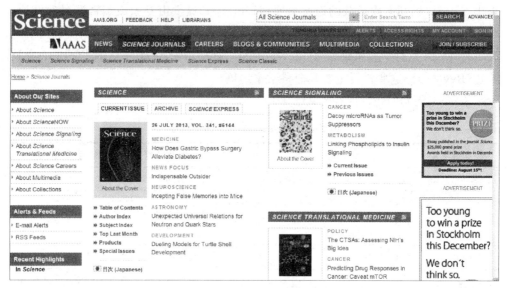

图 2-4-1 *Science* 周刊页面

表 2-4-2 Science Online 高级检索方式的检索点及限定条件

检索点或限定条件	说　　明
Search by Citation(卷页码检索)	输入文章所在卷的卷号或页码进行检索
Search by DOI(文献标识码检索)	输入文章的 DOI 进行检索
Search by Keywords(关键词检索)	在篇名、文摘或全文中检索。在一个检索框内输入多个词时,可通过单选按钮设定检索词之间的逻辑关系
Search by Authors(作者检索)	输入作者姓名时,姓在前,名在后。当输入两个作者姓名时,系统可查找两个作者合著的文章
Limit by Date(时间限定)	从下拉菜单中可选择月和年(Between…and…),限定检索在某一时间段内进行检索。选择 Anytime 表示不作限定
Limit Results by Area/Section(限制检索结果类型)	选项有 Original Research、News、Reviews、Perspectives & Essays、Editorials、Letters & Policy Forums、Editors' Choice & This Week in Science、Book & Web Reviews、AAAS News & Notes,允许多选

3. 检索实例

【例】　2006 年 10 月 9 日在新华网上发布了一条名为"科学家发现导致'渐冻症'的蛋白质"的新闻。新闻称:由德国、美国和加拿大专家组成的研究小组日前发现了导致发生被称为当今五大绝症之一的"渐冻症"的蛋白质 TDP-43,这种蛋白质能导致神经细胞衰竭,从而引发疾病。研究结果发布在美国 *Science* 周刊(2006-10-

6）上。请在 *Science* 周刊上查找有关"渐冻症"蛋白质 TDP-43 方面的文章。

【解答】 在 *Science* 周刊页面上，利用本刊检索(Science Magazine)查找。

检索式：TDP-43，在全文中检索。

检索结果：13 条（检索日期 2013-8-1）。

三、Elsevier ScienceDirect 期刊全文数据库

Elsevier ScienceDirect 全文数据库（简称 Elsevier）由荷兰爱思唯尔(Elsevier)出版集团提供，它包含了 Elsevier 出版集团所属的 2 200 多种同行评议期刊和 2 000 多种系列丛书、手册及参考书等，内容涉及数学、物理、化学、生命科学、科学、临床医学、环境科学、材料科学、航空航天、工程与能源技术、地球科学、天文学及经济、商业管理和社会科学等。

该数据库的文摘题录信息(1823—)可免费访问，但只有正式订购用户才能访问全文(1995—)。若同时订购了回溯数据的用户则可访问 1823 年以来的全文。

Elsevier 的主站点为：http://www.sciencedirect.com。订购用户在网络浏览器中输入以上网址，即可进入数据库首页（见图 2-4-2）。系统提供电子期刊的浏览、检索及最新信息通报服务。

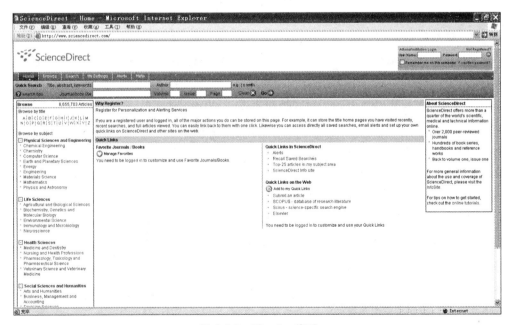

图 2-4-2 Elsevier 首页

1. 期刊浏览

系统提供刊名字顺表（Browse by title）和期刊分类目录（Browse by subject）。期刊名称前的图标表示可以看全文或只能看摘要。

（1）按刊名字顺浏览

从刊名字顺表中单击某一刊名，进入该刊卷期列表页面，逐期浏览。在期刊的卷期列表页面上，系统通常提供期刊出版者网页链接（为期刊封面图标），从中可以获得投稿指南等信息。此外，一些期刊提供在印文章（Articles in Press），它们是已录用但还未印刷出版的文章。

（2）按学科浏览

系统将全部期刊分为四大类：物理科学与工程（Physical Sciences）、生命科学（Life Science）、健康科学（Health Science）、社会科学与人文科学（Social Science and Humanities）。每大类下又分为若干个小类。如物理科学与工程大类下分为：化学工程（Chemical Engineering）、化学（Chemistry）、计算机科学（Computer Science）、地球与行星科学（Earth and Planetary Science）、能源（Energy）、工程（Engineering）、材料科学（Materials Science）、数学（Mathematics）、物理与天文学（Physics and Astronomy）。从期刊分类目录中逐级单击某类别，即可看到该类别下的刊名字母顺序表。单击某一刊后进入该刊的卷期列表页面，逐期浏览。

2. 检索功能

Elsevier的检索页面见图 2-4-3。系统提供快速检索（Quick Search）、高级检索（Advanced Search）、专家检索（Expert Search）、本刊检索（Search in this journal）及二次检索（Search Within Results）五种检索方式，见表 2-4-3。

表 2-4-3　Elsevier 的检索方式

检索方式	
快速检索	位于检索页面导航条下方，可用篇名、文摘、关键词、作者、卷期页码五个字段进行检索。检索范围是全部资源，包括期刊及图书
高级检索	单击导航条上的 Search 进入高级检索页面，可对两个字段进行组合检索。限定条件有：文献类型（Include）、学科分类（Subject）、数据年代（Dates）。若要使检索结果全部有全文，则从 Source 下拉菜单中选择 Subscribed Sources
专家检索	采用字段代码。例如，检索式 pub-date＞2000 and TITLE(digital library)表示查找 2000 年后的篇名中包含数字图书馆（digital library）的文章或图书
本刊检索	在期刊卷期列表页面上，可从篇名、文摘、关键词、作者、卷期页码五个途径检索
二次检索	位于检索结果页面上，提供了二次检索功能（Search within results）。用户添加新的检索条件后在检索结果中再次检索

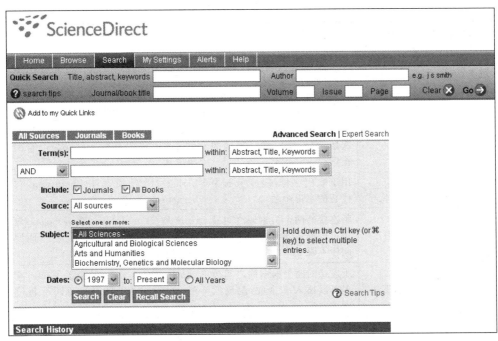

图 2-4-3　Elsevier 检索页面

（1）常用的检索字段

表 2-4-4 给出了 Elsevier 数据库常用的检索字段。

表 2-4-4　Elsevier 常用的检索字段

字段名全称	检索范围
Abstract	文摘
Abstract、Title、Keywords	文摘/题名/关键词
Affiliation	作者单位
Author	作者
Keywords	关键词
Title	篇名
ISBN	国际标准书号
ISSN	国际标准刊号
Source Title	刊名/书名
Full Text	全文

（2）检索算符

表 2-4-5 给出了 Elsevier 数据库常用的检索算符。

表 2-4-5　Elsevier 常用的检索算符

算符名称	符号	说　　明	举　　例
逻辑算符 (boolean)	and	连接限定词,缩小检索	Information and retrieval
	or	连接同义词,扩大检索	Internet or www or web
	and not	排除	Energy and not nuclear
截词符 (truncation)	*	利用它可以只输入检索词的起始部分,而实现一簇词的检索	如输入 econom*,将命中包含有economy、economic、economical 等词的记录
	?	用于取代字母,问号个数为代替的字母个数	Bernst??n 可检索出 bernstein 和 bernstien
位置算符 (proximity)	W/n	所连接的两个检索词之间最多可以插入 n 个词,两词的词序不限	pain W/5 morphine 表示 pain 与 morphine 之间插词不超过 5 个,两词的前后顺序不限
	PRE/n	所连接的两个检索词之间最多可以插入 n 个词,两词的词序一定	tumor PRE/3 animal 表示 tumor 应在 animal 之前,两词间插词不超过 3 个
词组检索 (phase)	" "	将词组用引号起来表示为完全匹配检索	"country skiing"
禁用词		如 all、also、am、an、any、are、as,不作为检索词	
备注		系统不区分大小写。默认检索词之间的逻辑关系为 and	

3. 检索结果

检索结果页面见图 2-4-4。结果页面给出了命中记录数、检索式及命中记录列表(按题录格式显示)。命中记录可按出版年代(Date)或相关性(Relevance)排序。

每条记录下提供了以下几个链接。

- "Preview"预览格式,显示内容包括文章的文摘、提纲链接(可单击链接阅读相应的内容)、图片(显示为小图,单击后可看大图)、表格及参考文献。
- "PDF"显示全文(PDF 格式)。
- "Related Articles"显示相关文献。

(1) 题录输出

题录输出操作步骤:①标记要输出的记录。在结果列表页面上,勾选要保存的记录。②设定输出方式及输出格式。单击 Export Citations 图标,进入题录信息输出页面,选择输出方式及输出格式,单击 Export 按钮完成题录输出。也可单击 E-mail Articles 图标,用电子邮件发送文章题录信息及原文链接。

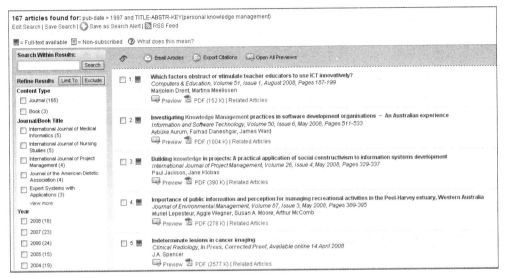

图 2-4-4　Elsevier 检索结果页面

（2）文章打印和保存

在结果列表页面上单击 PDF 链接即可打开全文。在全文浏览状态下，利用 PDF 阅读器 Acrobat Reader 中的打印和保存功能完成文章的打印和保存。

4. 个性化服务

用户注册登录后，可免费获得以下个性化服务。登录时需要输入电子邮件地址和设定密码。

（1）显示检索历史

登录后，在检索页面上将显示检索历史（Search History），即当前所做过的检索过程，包括检索方式、检索式、所用的数据库以及命中记录数等。在检索历史页面上还可以完成以下操作：①修改或删除检索式（Edit/Delete）；②保存检索历史（Save History As）；③对多个检索式进行逻辑组配检索（Combine Previous Searches）。

（2）显示所保存的检索历史

登录后，在"检索历史"页面上单击已保存的检索历史（Recall History），显示曾保存的检索历史。单击 edit 或 delete 可编辑或删除某步检索。

（3）最新信息通报服务的设置与管理

系统提供以下 4 种通报服务：①期刊目次页通报（Vol/Issue Alerts）。在通报服务管理页面上单击 Add Vol/Issue Alerts，进入期刊索引浏览页面，勾选某一期刊栏中的 Vol/Issue Alerts，然后单击 Apply 图标，即完成了该刊目次页的通报设置。

②检索式通报(Search Alert)。首先编制检索式并执行检索,在结果列表页面上单击 Save as Search Alert 链接,设定通报周期及电子邮件信息,然后单击 Save Alert,完成检索式通报设置。③学科主题信息通报(Topic Alerts)。在通报服务管理页面上单击 Topic Alerts,进入学科主题选择页面,选择学科主题并单击 Go 完成学科主题信息通报设置。④文章被引用通报(Citation Alerts)。执行检索后,在结果列表页面上单击某条记录的篇名,进入全记录显示页面,单击该页面上的 Creat Citation Alerts,即完成了该文章被引用通报的设置。

通报服务设置管理:单击导航条上的 Alert 链接,登录进入通报服务管理页面。在该页面上可添加、删除或修改通报服务。

在使用数据库遇到问题时,可单击 Help 获得联机帮助。

四、常见的英文期刊全文数据库一览表

常见的英文期刊全文数据库见表 2-4-6。

表 2-4-6　常见的英文期刊全文数据库一览表

数据库名称	年代	内容简介
ACM Digital Library	1954—	美国计算机学会(Association for Computing Machinery)的出版物,期刊 6 种,杂志 10 种,汇刊 29 种,会议录 200 多种
ACS Publications	1879—	美国化学学会(American Chemical Society)出版的 40 种期刊,内容涵盖以下领域:生化研究方法、药物化学、有机化学、普通化学、环境科学、材料学、植物学、毒物学、食品科学、物理化学、环境工程学、工程化学、应用化学、分子生物化学、分析化学、无机与原子能化学、资料系统计算机科学、学科应用、科学训练、燃料与能源、药理与制药学、微生物应用生物科技、聚合物、农业学
AMS Journals	1995—	美国数学学会(American Mathematical Society,AMS)出版的期刊
AIP Journals	1930—	美国物理联合会(American Institute of Physics)出版的 13 种期刊。通过 Scitaion 平台提供服务
APS Journals	1893—	美国物理学会(American Physical Society)出版的 8 种期刊。通过 Scitaion 平台提供服务
ASCE	1995—	美国土木工程师学会(The American Society of Civil Engineers)出版的 30 种期刊,以及会议录、图书专论、委员会报告、手册和标准等
ASME	2000—	美国机械工程师学会(American Society of Mechanical Engineers)出版的 19 种期刊和 *Applied Mechanics Reviews*(应用力学评论)

数据库名称	年代	内 容 简 介
Blackwell Synergy	1997—	由 Blackwell Publishing 公司提供，包含 Blackwell 与国际专业学术团体合作出版的绝大多数期刊，目前汇集了 850 多种国际性期刊。内容涉及：农业及动物科学；商业、经济、金融、财会、数学和统计；工程、计算和技术；健康科学；人文学科；法律；生命及自然科学；医学；社会及行为科学；艺术
Cambridge Journals	2000—	英国剑桥大学出版社（Cambridge University Press）出版的 220 种期刊，内容涉及数学、物理学、政治学、经济学、法学、生物医学、心理学、语言学等。凡订购了该出版社印刷版期刊的用户，可以免费访问相应的期刊电子全文
Cell	1996—	Cell Press 出版的 9 种电子期刊：*Cell*、*Cancer Cell*、*Chemistry & Biology*、*Current Biology*、*Developmental Cell*、*Immunity*、*Neuron*、*Molecular Cell*、*Structure*
Chicago Journals	1995—	芝加哥大学出版社（The University of Chicago Press）出版的 53 种期刊，内容涉及天文学、教育、人文、法律、生命科学、医学、社会科学领域。凡订购了该出版社印刷版期刊的用户，可以免费访问相应的期刊电子全文
EBSCO	1960—	由 EBSCO 公司提供。其中，学术期刊数据库（Academic Search Premier）有近 4 700 种出版物全文，包含 3 600 多种同行评审期刊。内容涵盖社会科学、人文、教育、计算机科学、工程、物理、化学、艺术、医学等。商业资源数据库（Business Source Premier）有 9 000 种出版物，其中包含 1 100 种同行评审期刊。内容涵盖营销、经济管理、金融、会计、经济学、劳动人事、银行以及国际商务等
Emeraldinsight	1994—	Emeraldinsight 检索平台上提供：①Emerald Management Xtra《Emerald 管理学全集》，包含了 160 种期刊；②Emerald Engineering Library《Emerald 工程图书馆》（文摘数据库）。另外还有 ManagementFirst、Emerald Conferences 等栏目。内容涉及会计金融和法律、经济和社会政策、健康护理管理、工业管理、企业创新、国际商务、管理科学及研究、人力管理、质量管理、市场学、营运与后勤管理、组织发展与变化管理、财产与不动产、策略和通用管理、培训与发展、教育管理、图书馆管理与研究、信息和知识管理、先进自动化、电子制造和包装、材料科学与工程等
Elsevier ScienceDircet	1995—	Elsevier 出版集团所属的 2 200 多种同行评议期刊和 2 000 多种系列丛书，手册及参考书等，内容分为物理学与工程、生命科学、健康科学、社会科学与人文科学四大类
First Search—Wilson Select Plus	1994—	由 OCLC 提供，包含 2 393 种期刊全文，内容涵盖科学、人文、教育和工商等方面

数据库名称	年代	内 容 简 介
IEL	1988—	提供美国电气电子工程师学会(IEEE)和英国工程技术学会(IET)出版的 280 种期刊、7 151 种会议录、1 590 种标准的全文
IOP Journals	1968—	英国物理学会(Institute of Physics)出版的 30 多种期刊
IWA	1999—	国际水协会(International Water Association)出版的 7 种期刊,通过 Swetswise 平台访问
JSTOR	从创刊—2003	JSTOR 是一个过刊库,以人文及社会科学方面的期刊为主,收集从创刊号到最近三五年前的过刊 700 多种
Kluwer Online	1997—	Kluwer Acdemic Publisher 出版的 800 种电子期刊
LexisNexis	1790—	由 Reed Elsevier 集团下属的 LexisNexis 公司提供。内容涉及法律研究、新闻报纸、杂志、学术期刊以及商情信息
Nature 网站	1997—	提供 *Nature* 周刊及 Nature 出版集团(The Nature Publishing Group)出版的 8 种月刊、6 种评论月刊以及 3 种重要的物理与医学方面的参考工具书
OSA Publications	1917—	美国光学学会(The Optical Society of America)出版的期刊(14 种)及会议录等,通过 OpticsInfoBase 平台访问
ProQuest Science Journals	1994—	由 ProQuest Information and Learning 公司提供。包含原 Applied Science and Technology Plus 数据库的全部期刊,内容涉及计算机、工程、物理、通信、运输等领域。收录学术期刊 622 种,部分有全文
ProQuest 学位论文全文数据库	2001—	国内若干家文献收藏单位每年联合购买了一定数量的 ProQuest 学位论文全文
Muse Scholarly Journals Online	1995—	由 Johns Hopkins 大学出版社和 Milton S. Eisenhower 图书馆提供。目前提供 73 个出版社的 350 余种期刊的全文访问,每年都有新刊增加。收录期刊的重点为文学、历史、地域研究、政治和政策研究
Royal Society Journals	创刊—	英国皇家学会(The Royal Society)出版的 7 种期刊。内容涉及生物、物理、一般科学、科学史等领域。可以访问期刊从创刊年以来的所有文献
RSC Publications	1997—	英国皇家化学学会(Royal Society of Chemistry)出版的 20 多种电子期刊
SAGE Premier	1999—	由 SAGE 出版公司提供,包含 452 种期刊全文。内容涉及传播媒体、教育、心理与咨询、社会学、犯罪学、城市研究与规划、政治和国际关系、商业管理和组织学、观光旅游学、青少年及老年研究、方法学、考古人类学、语言文学、食品科学、信息科学、数学与统计学、化学和材料科学、工程、环境科学、生命科学、护理学、健康科学与临床医学等

数据库名称	年代	内 容 简 介
Science Online	1995—	美国科学促进会出版的 *Science* 周刊。内容为科学新闻、研究论文、一般性论文、具有影响力的科学研究报告以及书评等
SIAM Journals	1952—	美国工业与应用数学会(Society for Industrial and Applied Mathematics)出版的 13 种期刊,内容涉及应用与计算数学
SpringerLink	1997—	德国施普林格(Springer-Verlag)出版集团出版的学术期刊及电子图书数据库
SPIE Digital Library	1998—	美国光学工程学会(The International Society for Optical Engineering)的会议录及 4 种期刊
Taylor & Francis Online Journals	1997—	Taylor & Francis Group 出版的期刊全文数据库,内容涉及数学、物理学、化学、生命科学、材料科学、工程技术、计算机科学、经济管理、法律、人文艺术、社会科学等领域。凡订购了 Taylor & Francis Group 印刷版期刊的用户,可以免费访问相应的电子版期刊全文
Wiley InterScience	1997—	John Wiley & Sons Inc. 出版的 482 种期刊的全文。内容涉及商业、化学、计算机、地球环境科学、工程、法律、生命科学、数学与统计、医学、物理与天文学、聚合物与材料科学、教育学、心理学、社会科学等
WorldSciNet	2000—	由新加坡世界科学出版社(World Scientific Publishing Co.)提供,有 84 种全文电子期刊,涵盖数学、物理、化学、生物、医学、材料、环境、计算机、工程、经济、社会科学等领域

习 题

一、电子书数据库

1. 由高等教育出版社 1990 年出版的《电路及磁路概念检测题集》是一本热门的教学参考书。每次开课此书总是供不应求。请问在哪个电子书数据库中有这本书?

2. 由 Wriggers P. 著的 *Computational Contact Mechanics*(ISBN 354032609X)于 2006 年出版。请给出该书所在的数据库名称。

3. 列宁曾在 1917 年给彼得格勒公共图书馆提出了明确的任务,请问共有几点?它们涉及什么内容?请提供该电子书所在的数据库名称。(提示:可参考由书目文献出版社 1984 年出版的图书《列宁论图书馆事业》)

4. 20 世纪 30 年代中国文坛曾发生一次大论战。两位主将分别是:时称"匕首"

的鲁迅与"豹隐诗人"的梁实秋。请简要说明他们两人当时的情况,并提供相应的参考书。

5. 一学生想写一篇有关民国时期中国货币发行历史的文章,需要了解该时期中国货币发行的有关情况。请给他提供一些参考书或者相关的数据库。

二、中文全文数据库

1. 在CKNI《期刊库》中,检索南京大学2000—2008年期间获得国家自然科学基金资助发表论文的情况。请提供检索式及命中篇数。

2. 在CNKI《期刊库》中查找清华大学顾秉林教授的文章情况:

(1) 查该作者在1990—2007年间发表的文章,给出检索式及结果数;

(2) 了解该作者的文章在1999—2007年被引用的大致情况,给出检索式及结果数。

3. 利用维普《期刊库》的期刊导航功能,查看本专业被该库收录的核心期刊有多少种,并给出两种刊的名称及ISSN号。

4. 在万方资源系统中查找以下方面的文章。要求提供检索式及命中篇数。

(1) 发光二极管的热阻测量。

(2) 汽车发动机故障诊断。

5. 请从年代及机构两个方面说明CNKI博士学位论文全文库的收录情况。(提示:在该库中检索并对结果进行分析。)

6. 请用CNKI国家标准全文数据库检索现行的生活饮用水卫生标准。给出标准名称、标准号和实施时间。

7. 请检索已故的北京大学教授王选所获得的专利。

8. 请查广谱抗生素氯霉素临床应用不良反应的相关文章。

(1) 给出所用的数据库、检索式及命中记录数;

(2) 通过阅读相关文章,简要说明该药的不良反应及症状。

三、外文期刊库

1. 2009年在*Science*第323卷第5 921期上刊登了一篇有关碳纳米管用于气凝胶肌肉的文章。请给出文章的篇名、第一作者姓名及单位,并给出通信作者的姓名及E-mail地址。

2. 2007年比利时科学家Choices J. Halloy与同事在*Science*期刊上发表了一篇机器蟑螂控制群体行为的研究成果。请查找这篇文章,要求提供检索式,文章的篇名、卷期页码。

3. 有一位环境系教授从某处看到有人引用一篇名为《白宫寻求关于空气污染方

面的制度改革》的文章,作者名中有"凯斯林"(Katharine 或 Catharine)字样,发表于 2002 年 6 月 14 日的《纽约时报》(*New York Times*)上,欲找原文。请用 ProQuest 平台中的子库"New York Times"帮助这位教授查找到原文。

4. 在 Elsevier 中查找 2002—2003 年篇名中包含"远程教育"的期刊文章。请用以下检索式完成检索并记录命中数。在浏览和分析各次检索结果的基础上,简要说明各检索式的含义。

(1) Title (distance and learning) _____条

(2) Title (distance learning) _____条

(3) Title (distance and learn *) _____条

(4) Title ("distance learning") _____条

(5) Title (distance pre/2 learning) _____条

(6) (Title (distance and learning)) and not (Title (distance pre/2 learning))
_____条

四、查找电子期刊

1. 请问在哪个数据库中有 ISSN1361-3723 电子刊?如何看到该刊上的一篇文章 2012(11):16-20?

2. 一读者需要 2006 年发表在期刊 *Science and technology of advanced materials*(ISSN1468-6996)上的一篇文章的电子版。请问该刊在哪个数据库中?

3. 请问期刊 *Critical reviews in solid state & materials sciences*(ISSN 1040-8436)在哪个数据库中存有?最早可以看到哪一年的数据?

五、综合应用题

在阅读伯琼的文章《竞赛式教学和研究性教学相结合的文检课模式探讨》时,文中提到了美国认知心理学家理查德·E. 梅耶(Richard E. Mayer)以及他的认知理论。希望了解梅耶以及他的认知理论。请提供相关文献,并对梅耶以及他的认知理论做简要介绍。

C HAPTER 3
第 三 章
文献的加工与管理方法

【学习目标】
- 了解文献编目方法与检索工具的编制原理
- 了解文献分类法与主题词法
- 掌握个人资料管理工具的使用方法

【内容框架】

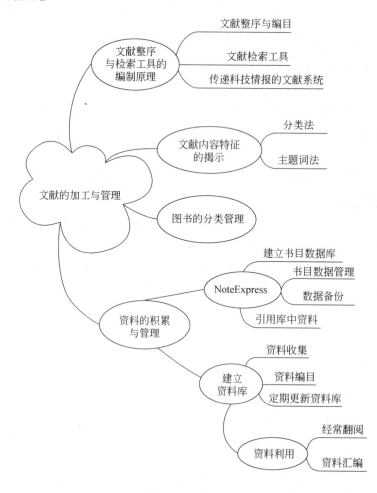

文献的价值在于它含有知识、情报，可供人们学习、生活与研究用之。但文献种类繁多、数量庞大、分散无序，不便于利用。为此需要有一套科学有效的方法对文献资料进行组织与管理，使之成为一个有序的、便于查找与利用的知识存取系统。

第一节　文献整序与检索工具的编制原理

一、文献整序

文献整序是指将文献按一定的规则组织排列，使之便于使用。文献整序要解决以下两个问题：①系统地存储文献中所含的情报，并提供检索手段，即检索工具的编制；②科学地组织作为情报载体的文献，即文献的排架。

最常见的文献整序活动就是书架的整理。假设有 1 000 本书，如何使其在书架上排列有序，并能方便地查找？一种简单易行的方法是将图书按作者姓名字顺排列：首先，将图书按作者归类，此时，图书被分成若干个作者的图书子集；其次，将这些子集按作者姓名字顺依次排列在书架上。若某个作者的书有多本时，该子集可进一步按书名字顺或出版年排序。整理后的图书在书架上排列有序，并提供作者检索点。若已知其中一个作者的姓名，就能从书架上找到他的书。

从上述例子可知：①文献整序包括两步，一是将文献按特征分组归类，形成若干个文献子集；二是将归类后的子集按一定的方式排列，如按字顺、笔画、年代、数字等排序。②整序后的文献在集合中都有一个明确的位置，并依照排序方式提供相应的检索点。如按作者姓名排序，就提供作者检索点。③排列有序的文献集合本身就具备了检索功能，只是功能还不完善。以一个按作者姓名字顺排序的图书集合为例，如果想知道某人写的书是否在该集合中，就需要逐本查看，也许查到最后才发现该集合中并无此书。为了避免此类问题，有必要编制一个作者索引：首先将集合中的每份文献编号，然后将集合中所有作者的姓名收集起来并按字顺排列，每个姓名后列出相应的文献编号，至此作者索引编制完成。作者索引实际上是一个作者姓名列表。

由上述讨论可知：通过文献整序只能获得一个检索点，而无法实现多途径检索，缺乏实用价值。如作者检索点只有在已知作者姓名时才有用，如果忘记了作者姓名或者仅仅知道所要的是一本计算机方面的书，那么这一检索点也就变得毫无用处。同时我们也知道，每个文献特征都对应着一种整序方式，都可以形成一个检索点。因此，若将文献的各种特征记录下来，把它们作为原始文献的"替代品"来编制检索工具，就可以实现多途径检索。这个对文献进行系统化加工的过程就是文献编目。通过文献编目，使得数量庞大、形态不一、分散无序的原始文献有序化，并能实现多途径检索。

二、文献编目

文献编目是指按照一定的规则和方法对文献特征进行全面揭示与记录,并在此基础上编制检索工具的过程。[①] 它是对原始文献进行整理、加工的系统化方法。文献编目包含了文献著录、文献标引、款目编排三个环节。

1. 文献著录

(1) 文献著录的定义

由国家标准"文献著录总则"可知,所谓著录,就是对文献的形式特征和内容特征进行分析、选择和记录。它依据一定的标准和方法,对一份文献的内容和物理形态进行描述。这份文献可以是一个完整的出版物,如一本图书、一种期刊,也可以是单篇文献,如图书中的某一章节,期刊中的某一篇文章。著录的结果称为款目,在机读数据库中称为书目记录。以下给出了两个款目样例。从中可知,一个款目包含了若干个著录项,它们在机读数据库中称为字段。每个字段用来记录一份文献的一个特征。

   1) 款目样例——完整出版物的著录

图 3-1-1 给出了一本图书的著录样例,取自清华大学的馆藏目录。

主要责任者	奈斯比特, J. (Naisbitt, John) 著		
题名	世界大趋势 shi jie da qu shi : 正确观察世界的11个思维模式 = = Mind set! : reset your thinking and see the future / (美) 约翰·奈斯比特著; 魏平译 eng		
统一题名	Mind set!: reset your thinking and see the future Chinese		
出版发行	北京 : 中信出版社, 2010		
版本	第2版		
媒体形态	266页 ; 23cm		
版本	第2版		
附注	据2006年英文版译出		
	责任者Naisbitt规范中译姓: 奈斯比特		
ISBN	978-7-5086-1743-5 CNY36.00		
主要责任者	奈斯比特, J. (Naisbitt, John) 著		
丛编	世界大趋势必读书 shi jie da qu shi bi du shu; 02		
主题	世界经济 shi jie jing ji -- 研究		
	社会发展 she hui fa zhan -- 研究 -- 世界		
其它责任者	魏平 wei ping 译		
附加题名	正确观察世界的11个思维模式 zheng que guan cha shi jie de 11 ge si wei mo shi		
馆藏地点	索书号 / 卷次		馆藏状态
中文新书阅览室	F11 N056		在架上
中文人文社科图书借阅区	F11 N056		在架上
经管学院分馆 (库存)	F11 N056		馆内阅览
经管学院分馆	F11 N056		在架上

图 3-1-1 款目样例——完整出版物的著录

该款目记载了一个完整的出版物——一本图书的特征,包括作者、书名、出版发行地、出版发行者、出版年月、页数、尺寸、国际标准书号、价格、索书号、主题词。它们

---

① 王立清. 信息检索教程[M]. 北京:中国人民大学出版社,2008:77.

大部分取自书名页和版权页上的信息。索书号及主题词则是对图书内容特征进行揭示后所得到的分类检索标识和主题检索标识。此外，该款目作为馆藏目录的一条记录，它同时还给出该书的馆藏信息，包括馆藏地点及馆藏状态。

2）款目样例——单篇文献的著录

图 3-1-2 给出了一篇文献的款目样例，它取自文摘数据库《工程索引》Ei。

Accession number:	20084711730268
Title:	Compensation of mechanical inaccuracies in micro-CT and nano-CT
Authors:	Sasov, Alexander[1]; Liu, Xuan[1]; Salmon, Phil L.[1]
Author affiliation:	1 SkyScan N.V., Kartuizersweg 3B, 2550 Kontich, Belgium
Corresponding author:	Sasov, A.
Source title:	Proceedings of SPIE - The International Society for Optical Engineering
Abbreviated source title:	Proc SPIE Int Soc Opt Eng
Volume:	7078
Monograph title:	Developments in X-Ray Tomography VI
Issue date:	2008
Publication year:	2008
Article number:	70781C
Language:	English
ISSN:	0277786X
CODEN:	PSISDG
ISBN-13:	9780819472984
Document type:	Conference article (CA)
Conference name:	Developments in X-Ray Tomography VI
Conference date:	August 12, 2008 - August 14, 2008
Conference location:	San Diego, CA, United states
Conference code:	74184
Sponsor:	The International Society for Optical Engineering (SPIE)
Publisher:	SPIE, P.O. Box 10, Bellingham WA, WA 98227-0010, United States
Abstract:	Micro-CT and especially nano-CT scanning requires very high mechanical precision and stability of object manipulator, which is difficult to reach. Several other problems, such as drift of emission point inside an X-ray source, thermal expansion in different parts of the scanner, mechanical vibrations, and object movement or shrinkage during long scans, can also contribute to geometrical inaccuracies. All these inaccuracies result in artifacts which reduce achievable spatial resolution. Linear distortions can be partially compensated by rigid X/Y shifts in projection images. More complicated object movement and shrinkage will require non-linear transforms. This paper investigates techniques to compensate geometrical inaccuracies by linear transformation only. We have developed two methods to estimate individual X/Y shifts in each measured projection. The first method aligns measured projections with forward-projected projections iteratively to reach an optimal X/Y shift estimation. It is more suitable for mechanical inaccuracies caused by random and jittery movement. The second method uses a very short reference scan acquired immediately after a main scan to obtain estimates of X/Y shifts. This method is rather effective for mechanical inaccuracies caused by slow and coherent mechanical drifts. Both methods have been implemented and evaluated on multiple scanners. Significant improvements in image quality have been observed.
Number of references:	9
Main heading:	Thermal expansion
Controlled terms:	Computerized tomography - Diagnostic radiography - Electric instrument transformers - Image quality - Imaging systems - Medical imaging - Scanning - Shrinkage - Stereo vision - Thermal spraying - Thermal stress - Tomography - Vegetation - Vibrations (mechanical)
Uncontrolled terms:	Linear distortions - Linear transformations - Linear transforms - Mechanical accuracy - Mechanical drifts - Mechanical inaccuracies - Mechanical precisions - Mechanical vibrations - Micro-CT - Nano-CT - Object movements - Projection images - Spatial resolution. - Spot movement
Classification code:	731.6 Robot Applications - 741 Light, Optics and Optical Devices - 741.2 Vision - 741.3 Optical Devices and Systems - 746 Imaging Techniques - 951 Materials Science - 801 Chemistry - 821 Agricultural Equipment and Methods; Vegetation and Pest Control - 931.1 Mechanics - 931.2 Physical Properties of Gases, Liquids and Solids -

图 3-1-2　款目样例——单篇文献的著录

该款目记录了一篇被 Ei 收录的会议文章的信息。其中分类号字段（Classification code）以及主题标引字段（Main heading、Controlled terms 和 Uncontrolled terms）分别是对文章内容标引后所获得的分类检索标识"分类号"和主题检索标识"主题词"。

（2）文献著录的规范

文献著录的本质是对文献特征进行揭示，著录质量的好坏将直接影响到检索效果。如在著录过程中，提供的著录项目不完整、不准确，将会导致检索中发生误检和漏检。因此，文献著录的基本要求是准确和规范。准确性要求著录结果要全面、客观、准确地揭示文献的内容特征和形式特征。规范性要求著录要标准化,按照统一的方法著录文献。为此,1983年我国正式颁布了《文献著录总则》(GB3792.1—83),旨在为文献著录的规范化提供指导性框架。它根据各类文献所具有的共同特点,对文献著录的总原则、内容、标识符号、格式等做出了统一规定。在此基础上,针对不同类型的文献制定具体的著录规则作为各类文献著录的直接依据,如《普通图书著录规则》(GB3792.2—85)、《连续出版物著录规则》(GB3792.3—85)、《非书资料著录规则》(GB3792.4—85)、《档案著录规则》(GB3792.5—85)、《地图资料著录规则》(GB3792.6—86)、《古籍著录规则》(GB3792.7—87)、《检索期刊条目著录规则》(GB3793—83)、《文后参考文献著录规则》(GB7714—87)等。它们共同构成了我国比较完备的文献著录标准体系,为书目数据库资源的共享创造了必要条件。

2. 文献标引

文献标引是指把文献中具有检索意义的特征用某种标识系统表示出来,这些标识将作为文献存储与检索的依据。[①] 检索标识的种类可按文献形式特征和内容特征分为两类(见图3-1-3)。文献的内容特征指的是文献的主要内容以及所包含的知识单元等,而形式特征则指除内容特征之外的文献特征,如作者姓名、单位名称、出版物名称、出版时间、出版社等。文献的形式特征通常在文献中均已明确给出,因此文献形式特征的标引比较简单,只需要将这些特征赋予相应的检索标识即可。而文献内容特征的标引则相对复杂,它需要人的主观分析。下一节将对文献内容特征的标引方法进行介绍。

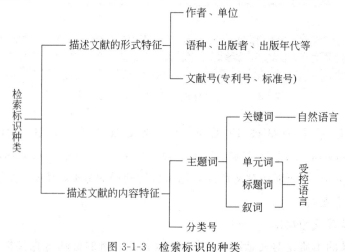

图 3-1-3　检索标识的种类

①　傅兰生.主题标引与索引技术[M].北京:科学技术文献出版社,1987:7.

3. 款目编排

款目编排是指将款目集合按照一定的规则进行组织编排,使之有序化,在此基础上编制检索工具。款目集合作为原始文献的替代品,将它按多种文献特征编排以获得多个检索点。如将款目集合按文献篇名字顺排序并编制题名索引,则可以获得篇名检索点。款目集合的编排方式有多种,如分类排序、字顺排序(包括作者、题名和主题等字顺排序)、年代排序、地域排序和文献序号排序等。

三、文献检索工具

1. 检索工具的定义

检索工具是人们用来存储、报道和查找文献的工具。它是对原始文献整理、加工后所获得的成果。它具有以下特点:①为按一定规则组织编排的款目集合;②有明确的文献收录范围;③对所收录的文献的特征有详细描述;④每条款目都包含有若干个检索标识;⑤有索引,提供多种检索途径。所谓索引,是指将款目中的某一著录项,如文献的篇名、著者、主题、人名、地名、名词等摘录出来,按一定的方法,如字顺、年代等排序,并注明资料出处,如页码、段落等。常见的索引有作者索引、刊名索引、分类索引及主题索引等。通过各种索引,人们可以从不同角度检索文献。

2. 检索工具的类型

按款目所揭示的对象来划分,目前常见的检索工具有目录型和文摘型两种。目录型检索工具以完整的出版物为著录对象,如一本书、一种刊、一种报纸等。典型的如馆藏目录,它由图书馆等文献收藏单位编制,用于揭示本馆入藏的文献资料,是查找馆藏必不可少的检索工具。文摘型检索工具以单篇文献为著录对象,是检索单篇文献的有效工具,典型的如美国的《工程索引》、英国《科学文摘》。

虽然目录型和文摘型检索工具提供的都是原始文献的线索,但两者对文献揭示的程度不同。目录揭示的是一个完整的出版物,而文摘揭示的则是出版物中的内容,也称为析出文献。如期刊所刊载的一篇篇文章。相对来说,文摘比目录提供的文献信息更深入、更详细,但两者各有用途,不能相提并论。

3. 检索工具的结构

下面以英国的 *Science Abstract*(科学文摘,简称 SA)为例,说明检索工具的一般结构。SA 由英国工程技术学会(Institution of Engineering and Technology,IET)编辑出版,文献收录范围包括电气工程、电子、物理、控制工程、信息技术、通信、计算机、计算、制造和生产工程等。

SA 的正文为按文摘号顺序编排的款目集合（见图 3-1-4）。款目按分类组织，在每个类号之下列出该类的文摘条目，每个文摘条目详细记录了一篇文献的特征。为了提供多种检索途径，SA 有多个索引。包括分类索引——分类目次表（Classification and Contents）；主题索引——主题指南（Subject Guide）；作者索引（Author Index）；会议索引（Conference Index）；团体作者索引（Corporate Author Index）等。

74564—74576　　　　　　06.70　　　　PA 1985 vol.88 no.1261　　6135

74564　Force transducer with a core made of metallic glass tape. W.Kwiatkowski, J.Konopa (Warsaw Polytech., Poland). *Pr. Nauk. Inst. Metrol. Elektr. Politech. Wroclaw. Ser. Konf. (Poland)*, no.10, p.99-101 (1984). In Polish. (Technique of Measurements of Electric and Nonelectric Quantities in Industrial and Laboratory Applications, Poland, 25-27 Sept. 1984).
Amorphous tape used for force transducers should have high magnetostriction, high saturation magnetization and low coercive force. The changes in inductance caused by an external force control a multivibrator bridge producing DC voltage output, or affect the transformation ratio of a tape core transformer supplied with AC by an external generator; the change in AC voltage output is the measurement signal. Graphs show the DC voltage output of a multivibrator bridge transducer, between 5 and 30 G, for three different compositions of the metallic glass tape. (3 refs.) *J.M.S.*

74565　Computer interface for incremental position transducer. O.v.d.Weth. *Radio Fernsehen Elektron. (Germany)*, vol.34, no.3, p.146-8 (March 1985). In German.
Describes a complete interface for adapting an East German Type K 1520 computer to optical position encoders having a resolution of one micron. A forward and reverse counting algorithm is employed and applications in the machine tool industry are mentioned. (4.refs.) *G.M.E.*

74566　Development of temperature compensated high elongation resistance strain gauges for use up to 250°C. Zhu You-liang, Zhang Yang-xi (Res. Inst. of Aero-structure Thermal Strength, Shanxi, China). *Strain (GB)*, no.2, p.69-71 (May 1985).
Describes the development and evaluation of temperature compensated high elongation resistance strain gauges for use from room temperature to 250°C. These gauges could be temperature-compensated on steels with coefficient of thermal expansion α≈11 p.p.m./°C. Thermal output within 250°C was about 1 μm/°C and maximum standard deviation of 5 gauges was 34 μm/m. Strain limit was >4% at room temperature and at 250°C. Gauge factors of different strain ranges at R.T. and at 250°C are tabulated. (5 refs.)

74567　Microcomputer system for logging vibrating wire gauges. A.J.Ewins (Res. Lab., Taywood Eng. Ltd., Southall, England). *Strain (GB)*, vol.21, no.2, p.79-80 (May 1985).
A microcomputer controlled logger for controlling and monitoring up to 256 vibrating wire strain gauges is described. Sophisticated data loggers have been

07.20 THERMAL INSTRUMENTS AND TECHNIQUES
(see also 44.50 Thermal properties of matter, 44.60 Thermodynamic processes; for radiometry and detection of thermal radiation see 07.60D and 07.62)

74569　Error in temperature measurements by thermocouples in semitransparent materials. V.N.Eliseev, V.A.Solovov (N. Bauman Moscow Higher Tech. Sch., USSR). *Appl. Sol. Energy (USA)*, vol.19, no.6, p.53-7 (1983). Translation of: *Gelioteknika (USSR)*, vol.19, no.6, p.45-9 (1983). [received: May 1985]
The problem of calculating the methodological error arising in measuring the temperature by means of thermocouples in semitransparent materials under radiant heating is formulated and solved. It is established that, in this case, the error is sufficiently considerable, and may be variable in sign. (7 refs.)

74570　The Seebeck effect in silicon ICs. A.W.Van Herwaarden (Dept. of Electr. Eng., Delft Univ. of Technol., Netherlands). *Sens. & Actuators (Switzerland)*, vol.6, no.4, p.245-54 (Dec. 1984).
The Seebeck effect in silicon is investigated to evaluate its usefulness for an integrated temperature difference sensor. The theory of the Seebeck effect is briefly explained and some details of the integrated thermopile, the device exploiting the Seebeck effect, are discussed. The experimental results of the measurements are presented, and the maximum attainable sensitivity, which appears to be of the order of 5 to 50 mV/K for thermopiles with internal resistances of 2 kΩ to 200 kΩ, is calculated. It is concluded that the absence of offset, the high sensitivity and the wide operational temperature range make the thermopile a very valuable transducer. (8 refs.)

74571　Measurement of thermal diffusivity of insulating materials using Lang-apparatus. R.Lindstrom (Dept. of Phys., Joensuu Univ., Finland). Proceedings of the XIX Annual Conference of the Finnish Physical Society (papers in summary form only received) (Report No. 104), Oulu, Finland, 8-9 Feb. 1985 (Oulu, Finland: Univ. Oulu 1985), p.0/23
A Lang-apparatus has been constructed for the measurement of thermal conductivity λ of insulating materials, such as polystyrene, mineral wool and polyuretan. The author shows how the thermal diffusivity α can also be determined in the same apparatus. (no refs.)

图 3-1-4　SA 的正文

分类目次表（见图 3-1-5）按分类号等级排序，在类号之后列出类目名称及所在页码。由分类号从分类目次表查到相应的页码后，从 SA 正文中即可获得某类文献的信息。主题指南（见图 3-1-6）按主题词的字顺编排，主题词后列出相应的分类号。它以词组的形式建立起主题概念与分类类目之间的联系，用来确定某个主题概念对应的分类号。作者索引（见图 3-1-7）由作者姓名和文摘号构成。其他索引与作者索引类似，即由索引项和文摘号构成。SA 的多个索引，实现了多途径检索的需求。

从 SA 的结构可知，一种检索工具实际上是一个编排有序的款目集合。每条款目全面记录了一份原始文献的内容特征和形式特征。对款目集合进行多层次、多角度地组织编排，并编制多个索引，从而实现多途径检索的目的。

Physics Abstracts

CLASSIFICATION AND CONTENTS

The abstracts are arranged by subject in accordance with the following scheme. The page number for each section is given. The CLASSIFICATION AND CONTENTS is followed by an alphabetical guide to the scheme, the SUBJECT GUIDE.

The classification scheme is the result of cooperation between INSPEC, the American Institute of Physics, the European Physical Society and the Physics Working Group of the ICSU-AB.

		page
0000	**GENERAL**	6117
0100	COMMUNICATION, EDUCATION, HISTORY, AND PHILOSOPHY	6117
0110	Announcements, news, and organizational activities	—
0130	Physics literature and publications	6117
0130B	*Publications of lectures (advanced institutes, summer schools, etc.)*	6117
0130C	*Conference proceedings*	6117
0130E	*Monographs, and collections*	—
0130K	*Handbooks and dictionaries*	6118
0130L	*Collections of physical data, tables*	6118
0130N	*Textbooks*	6118
0130Q	*Reports, dissertations, theses*	6119
0130R	*Reviews and tutorial papers; resource letters*	6119
0130T	*Bibliographies*	6120
0140	Education	6120
0150	Educational aids	6120
0155	General Physics	—
0160	Biographical, historical, and personal notes	6120
0165	History of science	6120
0170	Philosophy of science	—
0175	Science and society	6120
0190	Other topics of general interest	—

		page
0620J	*Determination of fundamental constants*	—
0630	Measurement of basic variables	6133
0630C	*Spatial variables measurement*	6133
0630E	*Mass and density measurement*	6134
0630F	*Time and frequency measurement*	6134
0630G	*Velocity, acceleration and rotation measurement*	6134
0630L	*Measurement of basic electromagnetic variables*	6134
0650	Data handling and computation	6134
0660	Laboratory techniques	6134
0670	General instrumentation	6134
0690	Other topics in measurement science, general laboratory techniques and instrumentation systems	—
0700	SPECIFIC INSTRUMENTATION AND TECHNIQUES OF GENERAL USE IN PHYSICS	6135
0710	Mechanical instruments and measurement methods	6135
0720	Thermal instruments and techniques	6135
0720D	*Thermometry*	6135
0720F	*Calorimetry*	6135
0720H	*Furnaces*	6136
0720K	*High-temperature techniques and instrumentation; pyrometry*	6136
0720M	*Cryogenics*	6136
0725	Hygrometry	—

图 3-1-5 分类目次表

SUBJECT GUIDE

The SUBJECT GUIDE is an alphabetical index to subjects covered in the classification scheme, by which the abstracts are arranged. The numbers given are classification codes. The CLASSIFICATION AND CONTENTS, which precede the Guide, gives the page number for each section.

	Classification
A mesons	1440
Ab initio calculations	3120, 7110, 7125C
Aberrations	4180, 4230, 4278
Abrasion	4630P, 6220P, 8140P
Absorptive models	1240P
Acceleration measurement	0630G
Accumulation layers	7320, 7340Q
Acoustic devices	4385
Acoustic holography	4363
Acoustic noise	4350, 8670J
Acoustic nuclear magnetic resonance	7660
Acoustic paramagnetic resonance	7630
Acoustic properties of gases	5140
Acoustic properties of liquids	6260
Acoustic properties of solids	6265
Acoustic signal processing	4360
Acoustic wave propagation	4320, 4325, 5140, 6260, 6265
Acoustics	43
Acousto-optical effects	5140, 5170, 7820H

	Classification
Atomic transitions	3110
Atoms	30
Audition	8734
Auger effect	3280H, 7920F, 7920N, 7960
Aurora	9410S
Autoionisation	3280D, 3380E
Axial vector currents	1140
Axiomatic field theory	1110
B mesons	1440
Background radiation	9870V
Band model of magnetism	7510L
Band structure	7125
Barkhausen effect	7560E
Baryon-baryon interactions	1375C, 1375E, 1385
Baryon-baryon scattering	1375C, 1375E, 1385
Baryon decays	1330
Baryon electric moment	1340F, 1420

	Classification
Brain	87
Bremsstrahlung	0350, 41, 7870
Brillouin spectra	3320F, 5170, 7835
Brillouin zones	6320, 7125
Brink model	2160G
Brittleness	4630N, 6220M, 8140N
Brownian motion	0540
Bubble chambers	2940
Buckling	4630L, 6220F, 8140L
C invariance	1130
Calibration	0620H
Calorimetry	0720F
Cameras	0768
Capillarity	6810
Carbon dioxide lasers	4255D, 4260
Cardiology	87
Carrier density	7220
Carrier lifetime	7220J

图 3-1-6 主题指南

四、功能完备的文献系统

1. 文献的加工层次

原始文献（primary document）按照加工程度可分为二次文献（secondary

Physics Abstracts Vol. 88 No. 1261 (1 August 1985) *Author Index* xxi

+Delisle, C. 75644
+Delisle, C. 75655
+Delisle, C. 74606
+Della Gatta, G. 76281
+Della Negra, M. 74822
Della Negra, S.+ 74636
+Della Valle, F. 76958
+Dellacasa, G. 75176
+Dellacasa, G. 75164
Dellafiore, A.+ 74894
Delobelle, P.+ 77154
+Delrieu, J.M. 76388
Demanet, C.M.+ 76965
+Demangeat, C. 76181
Demchenko, V.V.+ 75758
+Demchuk, K.M. 77107
+Demenchuk, N.P. 76094
+Demeyer, A. 74918
+Demin, Yu.L. 77882
+Demishev, G.B. 76114
+Demoment, G. 77589
+DeMooy, S. 75173
+Demoulin, M. 74822
Dems, K.+ 75771
+Demuth, J.E. 76608
Dhanasekaran, P.Caleb ....*see* Caleb Dhanasekaran, P.
+Dhar, B. 75738
Dhawan, A.P.+ 77658
+Dhindaw, B.K. 77180
+Dhuga, K.S. 74936
+Di Ciaccio, A. 75169
+Di Fazio, A. 78083
+Di Lella, L. 74813
+Di Lella, L. 74818
+Di Mauro, C. 76677
di Meglio, J.-M.+ 77339
+Diamond, P.J. 78298
+Diamond, V.M. 76571
Dias de Deus, J.+ 74762
+DiBitonto, D. 74822
+DiCiaccio, A. 74822
Dickel, J.R.+ 78283
+Dickof, P. 77641
Diefallah, El-H.M.+ 77314
+Diehlmann, K. 74781
+Dieker, S. 75764
Dieks, D. 74413
Doren, V.E. Devreese Van, J.T. ....*see* Van Doren, V.E. Devreese, J.T.
+Dorfan, D. 75211
+Dorfman, J.R. 76376
+Doria, D. 77703
+Dorikens, M. 76941
+Dorikens-Vanpraet, L. 76941
+Dorizzi, B. 74430
+Dorn, S.B. 77346
Dorofeev, S.N.+ 75512
+Doroshenko, V.G. 77409
+Doroslovacki, I. 77402
+Dorsaz, P.A. 74818
+Dorward, R.C. 76554
Dos Santos, R.M.Zorzenon ... .*see* Zorzenon Dos Santos, R.M.
dos Santos, R.R.+ 76737
+Dos Santos, R.R. 74525
+dos Santos, R.Z. 76737
Dotsenko, Vl.S.+ 74666
Dotsenko, Vl.S.+ 74681
Dvorak, T.Z.+ 78238
+Dvorkin, A.A. 76129
+Dwarakanath, K.S. 78290
+Dwight, K. 76579
Dwivedi, C.P.D. 75225
Dwyer, H.A. 75842
+D'yachenko, S.A. 76129
+D'yakonov, V.P. 76700
+Dyatlova, N.M. 76150
+Dyatlova, N.M. 76130
Dyk, J.Van ...*see* Van Dyk, J.
+Dymshits, O.S. 76329
Dyre, J.C. 76528
+Dyson, J.E. 78364
Dysthe, K.B.+ 75955
+Dyuzheva, T.I. 76114
+Dzhafarov, I.G. 74805
+Dzidzhoev, M.S. 75543
Dziegielewski, J.O. 75336
Dzokovic, M. 74583
Dzyubanov, D.A.+ 78022
Dzyubenko, M.I.+ 75514
+Dzyubenko, M.I. 75542
+Eland, J.H.D. 75339
Elbaz, C. 74417
+Elbert, J.W. 78069
+Elbert, J.W. 78072
+El'darov, G.G. 76633
+Eldridge, G.W. 76991
Eldridge, J.E. 76875
+Eletskii, A.V. 75387
+Elia, V. 76281
Elias, J.H.+ 78179
+Elias, R. 76216
+Eliasson, B. 75302
+Eliezer, S. 76019
Eliseev, P.G. 75526
Eliseev, V.N.+ 74569
Elliot, A.G.+ 76990
+Elliott, J.P. 74848
Elliott, R.J. 76500
+Elliott, R.O. 76728
+Elliott, S.T. 75126
+Ellis, J.R. 74651
+Ellis, N. 74822
Ellis, S.D.+ 74814
+Ellwanger, U. 74473
+Ellwood, J. 78078

图 3-1-7　作者索引

document)和三次文献(tertiary document)。① 其中,二次文献是检索工具,用来报道和提供原始文献的线索。它们是对大量的原始文献进行加工、有序化后形成的,因此内容并不是新的,而是一批记录了原始文献特征的款目的集合。常见的二次文献有目录、文摘及索引等。三次文献是按照一定的目的对大量的一次文献进行归纳浓缩后所形成的文献。如百科全书、词典、年鉴、手册、综述等都是典型的三次文献。图 3-1-8 给出了文献加工层次的示意图。

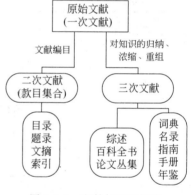

图 3-1-8　文献加工的层次

虽然二次文献与三次文献都是对一次文献的加工,但侧重点不同。二次文献主要以"篇"或"本"为单位进行加工,它在提供检索功能的同时,也使原始文献有序化;而三次文献则是对一次文献的高度浓缩,它打破了"篇"、"本"的界限,归纳浓缩了较多的原始文献,综合性强、信息量大,并能直接提供问题的答案。

原始文献作为知识的首次固化,在对它进行不同层次加工的过程中,文献由分散到集中,由无序到有序,由博而略。各层次的文献对于改善人们的知识结构所起的作用不同。原始文献是检索与利用的对象,二次文献是检索工具,三次文献的主要功能则是帮助人们解疑释惑。

① 孙平. 电气电子工程信息检索与利用[M]. 大连：大连理工大学出版社，1999：7.

2. 传递科技情报的文献系统

图 3-1-9 是传递科技情报的文献系统示意图。从中可以大致看出各类文献在情报传递过程中的功能及时间特征。

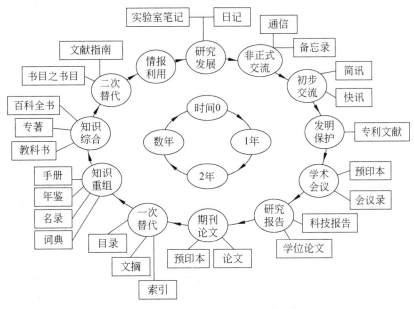

图 3-1-9　传递科技情报的文献系统

在研究活动之初，有实验室笔记、日记等原始文献。随着研究活动的进行，出现了研究人员间的私人交流，如私人通信。接下来是初步交流，如简讯、快讯等。当所取得的研究成果有潜在的商业价值时，研究人员首先会考虑申请专利，此时就有了专利文献。然后研究人员会通过学术会议进行成果交流，就有了预印本、会议录。随后是研究报告，再下来是期刊论文。它们都是原始文献。由于原始文献种类繁多，数量庞大且分散，不便于利用。为此有必要对它们进行整理与加工，这就有了一次替代，如目录、文摘、索引。它们只记录原始文献的特征，用来报道与提供原始文献的线索。这相当于对庞大的原始文献资源进行了"压缩"处理。在一次替代的基础上，对原始文献进行知识的重组与综合，就有了各类参考工具书等。对种类繁多的目录、文摘等检索工具再次"压缩"，就有了文献指南、书目之书目等所谓的二次替代，它们的作用是帮助人们了解各类文献资源的情况。借助于文献指南以及目录、文摘等，就能很好地利用原始文献，促进研究活动的开展。

第二节 文献内容特征的揭示

按内容查找文献,如查找某一学科或某一主题的资料是人们最常遇到的检索问题。为了解决这类问题,需要对文献的内容特征进行深入的揭示。对文献内容特征的揭示方法分为分类法与主题词法两类,对应的标引过程称为分类标引和主题标引。下面简单地介绍这两类方法。

一、分类法

1. 相关概念

分类是指根据事物的属性进行区分和聚类,在逻辑学中称之为划分。它根据事物的共同点和差异点,把事物划分成不同种类。[①] 在具体实施过程中,分类就是根据一定的标准,将那些具有共同性质或特征的事物系统排列成相应的类或组,形成特定的集合。

文献分类法是指将文献按学科门类进行分类的方法。[②] 类也称为类目,是指具有某种共同属性的事物的集合,它可以是具体的事物对象,如计算机、飞机;也可以是抽象的概念,如计算机语言、飞行方式控制。一个类目就表示具有某种共同属性的一组文献的集合。类目的名称简称为类名,用以说明类目概念、类目的性质与内容范围。

为了保证文献分类的准确性和一致性,需要预先制定一个合适的文献分类系统作为文献分类标引的依据,它应遵循人们普遍接受的知识分类体系。如《杜威十进分类法》(*Dewey Decimal Classification*)受培根知识分类的影响,将人类的全部知识分为 10 个大类:000 总论、100 哲学、200 宗教、300 社会科学、400 语言学、500 自然科学、600 技术科学、700 美术、800 文学、900 史地。

2. 中国图书馆分类法

《中国图书馆分类法》(简称《中图法》)是我国应用最为广泛的文献分类法。下面对它的基本结构做简要介绍。

《中图法》由编制说明、基本大类、类目表、通用复分表构成。《中图法》将全部知识分为马列主义、毛泽东思想,哲学、宗教,社会科学,自然科学和综合性五大部类。在此基础上将它们进一步展开为 22 个基本大类。

---

① 陈紫明. 科学逻辑学[M]. 福州:福建科学技术出版社,1991:179.
② 马张华,侯汉清. 文献分类法主题法导论[M]. 北京:北京图书馆出版社,1999:49.

（1）22个基本大类

图 3-2-1 给出了《中图法》基本大类示意图。基本大类由一个独立学科或几个性质相近而又能组成统一体的若干学科组合而成。如：F 经济，G 文化、科学、教育、体育，O 数理科学和化学，Q 生物科学。

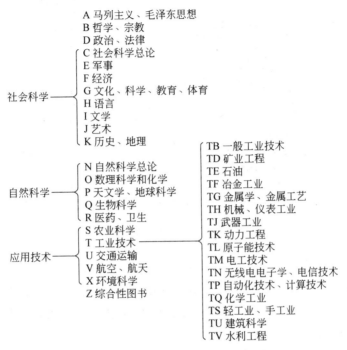

图 3-2-1　《中图法》基本大类示意图

在《中图法》中，自然科学基础理论与应用科学技术分别列出：①基础理论学科。它是指广泛应用于各个学科的系统的理论知识。相应的类号有 N（自然科学总论）；O（数理化）；P（天文学）；Q（生物科学）。②应用科学技术。它是指可直接用于生产工艺的技术理论。相应的类号有 R（医药、卫生）；S（农业科学）；T（工业技术）；U（交通）；V（航空、航天）；X（环境科学）。[①]

（2）类目表

类目表，常称为分类表。它由 22 个基本大类展开而成，是《中图法》的核心组成部分，也是文献分类的依据。类目表由包含一、二、三级类目的简表和含更多下位类目详表构成，其中，简表是详表的"目录"，而详表则是简表的进一步展开。图 3-2-2 给

---

① 国家图书馆《中国图书馆分类法》编辑委员会.《中国图书馆分类法》第五版使用手册[M]. 北京：国家图书馆出版社，2012：46.

TP311.5	软件工程	TP323	电子计算器

内容转为文本：

TP311.5　软件工程
.51　程序设计自动化
.52　软件开发
.54　软件移植
.56　软件工具
312　程序语言、算法语言
　　依语言名称的前两位英文字母区分，并按字母序列排。例：ALGOL程序语言为TP312AL，BASIC程序语言为TP312BA。TP312AL排在TP312BA之前。若程序语言名称的前两位字母相同时，则取第三位字母，以此类推。
313　汇编程序
314　编译程序、解释程序
315　管理程序、管理系统
316　操作系统
.1　分时操作系统

TP323　电子计算器
　　台式计算器、袖珍计算器等入此。
33　电子数字计算机（不连续作用电子计算机）
331　基本电路
.1　逻辑电路
.2　数字电路
　　开关电路、门电路、放大整形电路等入此。
332　运算器和控制器（中央处理机）
　　参见TP342。
.1　逻辑部件
　　寄存器、计数器等入此。
.2　运算器
.3　控制器、控制台
　　监视电路、微程序设计技术入此。

图 3-2-2　《中图法》类目表的片段

出《中图法》详表的片段。从中可知，类目表由许多类目组成。类目的排列反映了学科间的内在联系，它不是任意的，也不是字顺的。类目的等级排列方式表达了上下位类目间的包含与从属关系，即上位类目一定包含其所有的下位类目，而下位类目一定带有上位类目的属性。

《中图法》的分类标识称为分类号，由字母和数字组成。如 TP311 为程序设计类。分类号越长，表示的学科范围越窄，越专指。为了清楚醒目，通常在分类号的数字部分，从左至右每三位数字后用圆点"."隔开，如 TP311.5（软件工程），TP311.52（软件开发）。

（3）通用复分表

通用复分表用来表示各类目均可能出现的共性内容，它由以下 8 个子表构成：总论复分表，世界地区表，中国地区表，国际时代表，中国时代表，世界种族与民族表，中国民族表，通用时间、地点和环境、人员表。复分表增强了类目的细分程度，并使类目表篇幅大大缩小，配上号码后，具有一定的助记性，但它们不能单独使用。图 3-2-3 给出了《中图法》总论复分表的片段。

用"总论复分表"进行复分时，复分号由短横"-"和数字符号构成，它与主表分类号共同构成文献的分类号。如《数学手册》先入数学类 O1，再加手册类的总论复分号-62，其分类号为 O1-62。

一、总论复分表

1. 本表适用于任何一级类目,但各馆可结合具体情况斟酌使用。例如,可规定用到三级类目或在主表部分类目下重点使用,或选择本表的部分类目使用。
2. 使用本表时,将所用的复分号(连同"-")加在主表分类号码后即可。例:《哲学辞典》的号码是 B-61。
3. 在主表中,如已列有专类者,不再使用本表的相应类目复分。
4. 具有本复分表中两种以上特征的文献,只可选择其中主要的一种加以复分,不能在同一个类号中同时使用两个总论复分表的号码;若不易区分主次时,按编列在前的类目复分。

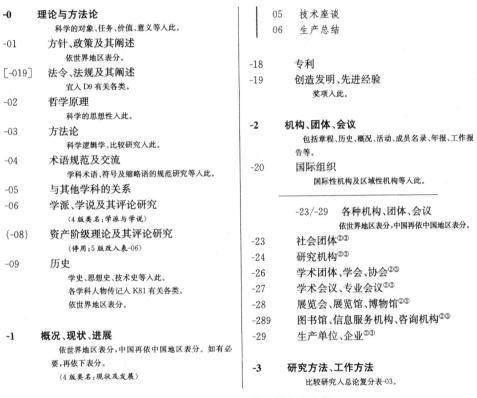

-0	理论与方法论
	科学的对象、任务、价值、意义等入此。
-01	方针、政策及其阐述
	依世界地区表分。
[-019]	法令、法规及其阐述
	宜入 D9 有关各类。
-02	哲学原理
	科学的思想性入此。
-03	方法论
	科学逻辑学、比较研究入此。
-04	术语规范及交流
	学科术语、符号及缩略语的规范研究等入此。
-05	与其他学科的关系
-06	学派、学说及其评论研究
	(4版类名:学派与学说)
{-08}	资产阶级理论及其评论研究
	(停用;5版改入表-06)
-09	历史
	学史、思想史、技术史等入此。
	各学科人物传记入 K81 有关各类。
	依世界地区表分。
-1	概况、现状、进展
	依世界地区表分,中国再依中国地区表分。如有必要,再依下表分。
	(4版类名:现状及发展)

05	技术座谈
06	生产总结
-18	专利
-19	创造发明、先进经验
	奖项入此。
-2	机构、团体、会议
	包括章程、历史、概况、活动、成员名录、年报、工作报告等。
-20	国际组织
	国际性机构及区域性机构等入此。
-23/-29	各种机构、团体、会议
	依世界地区表分,中国再依中国地区表分。
-23	社会团体②③
-24	研究机构②③
-26	学术团体、学会、协会②③
-27	学术会议、专业会议②③
-28	展览会、展览馆、博物馆②③
-289	图书馆、信息服务机构、咨询机构②③
-29	生产单位、企业②③
-3	研究方法、工作方法
	比较研究入总论复分表-03。

图 3-2-3 《中图法》总论复分表片段

二、主题词法

所谓主题词法,就是直接采用词语进行主题标引。分类法从学科门类的角度对文献进行分类,检索标识为分类号;而主题词法则是从文献主题出发对文献进行分类,文献主题指文献所论述的对象和研究的问题。主题词法的检索标识是主题词,它们用来表达文献的主题概念。

1. 主题词法的分类

按标引词的来源不同,主题词法可分为关键词法、标题词法、单元词法、叙词法等。下面对它们做简要介绍。

（1）关键词法

所用的标引词直接取自文献本身,如从文献的篇名、文摘和正文中选词。除了禁用词(stop-term),如冠词、介词、副词、连接词等语法词外,几乎所有具有实际意义的词都可以用作标引词。关键词法最大的优点是可以实现机器自动标引。如《科学引文索引》(SCI)数据库就是采用此法对文献进行自动标引,标引词来源于文献篇名。这不仅加快了标引速度,同时也极大地降低了标引成本。但是,由于直接采用文中词汇作为标引词,受作者用词习惯的影响,关键词法有以下无法克服的缺点:①用同义词标引时导致漏检。如"天线"这一概念,一些作者将其表示为 antennas,而另一些作者则表示为 aerials。这使"天线"这一主题的文献,有的被标引为 antennas,有的则被标引为 aerials。若要想查全"天线"方面的文献,就必须将所有表达"天线"的词汇作为同义词进行检索,否则就会漏检。②多义词标引导致误检。如多义词 cell 既可表示"细胞",也可表示"电池"。这将导致"细胞"和"电池"两类完全不同的文献都用 cell 标引。当用 cell 一词查找有关细胞方面的文献时,细胞、电池两类文献均被检出,而电池类的文献为误检。

为了避免上述现象,标引词必须"标准化",做到一个词表达一个概念,使标引词和概念一一对应。这一做法即为标引词的规范化处理。根据标引词选取的不同,可将规范化的主题标引方法进一步分为标题词法、单元词法和叙词法。

（2）标题词法

标题词除选用单个名词或动名词外,还采用下列三种形式的组合词。

　　1) 正叙式:直接采用事物名称

如：COMPUTER PROGRAMMING LANGUAGES(计算机程序语言)

　　　ELECTRIC POWER SYSTEMS(电力系统)

　　　ELECTRON GUNS(电子枪)

　　　IMAGE PROCESSING(图像处理)

　　　MATERIALS SCIENCE(材料科学)

　　2) 倒叙式:将事物名称置前,后加修饰词说明范围,使主题概念相同的文献相对集中

如：COMPUTER,ANALOG(模拟计算机)

　　　COMPUTER,DIGITAL(数字计算机)

　　　OSCILLATORS,MICROWAVE(微波振荡器)

3）并列式：将各自独立但又有联系的事物或概念并列起来

如：PATENTS AND INVENTIONS(专利与发明)

ROCKET AND MISSILES(火箭与导弹)

SILICON AND ALLOYS(硅与硅合金)

此外,标题词可以由主、副两级标题构成,其中,主标题词用来表示事物、概念,副标题词用来限定和修饰主标题词,说明主标题词所涉及的方面。如

OSCILLATORS,TUNNEL DIODE[1]

(Following subheadings may be used with any of the above set of headings)

[2] Manufacture

[2] Noise

说明：(1)主标题词；(2)副标题词。

美国的《工程索引》(*Engineering Index*,Ei)在 1983 年之前采用标题词对文献进行主题标引。由于标题词法采用固定词组进行标引,导致其在实际检索中使用不灵活。

（3）单元词法

单元词指的是最基本的且概念不可再分的词。单元词法采用单元词而不是词组对文献进行主题标引。此法的出发点是概念组配,即认为各种复杂的概念都可以由最基本的独立概念组配获得,如"计算机软件"这一概念可以用两个单元词"计算机"和"软件"组配表示。由于该法容易发生错误组配,误检率高,实用性不是很好。

（4）叙词法

叙词法采用表示独立概念的规范化词语进行主题标引,它们称为叙词。叙词法是目前用得较多的一种规范化主题标引方法。叙词来源于单元词和固定组词。在科技词汇里,有些词总是同另一个词结合在一起共同表示一个独立概念,如："活性的"(active)一词与"碳"(carbon)结合,固定为"活性碳"(active carbon)。叙词法根据"适当先组"的原理,把某一学科领域中经常出现的组合词选作叙词。如：

"压力容器"(pressure-vessels)

"热交换器"(heat exchangers)

"固体火箭发动机"(solid rocket engines)

叙词法吸收了标题词法和单元词法两者的优点,并借鉴了分类法按学科范畴分类的原理,其科学性和实用性都有了很大的提高。

2. 主题标引所用的词表

词表是主题标引用词的集合,其作用与分类表相似,作为文献主题标引的依据。常

用的词表有英国《科学文摘》的《INSPEC 叙词表》、美国《工程索引》的《COMPENDEX 叙词表》、美国《政府报告和索引》的《NTIS 叙词表》等。它们的结构相似,均由字顺表（Alphabetic Display of Thesaurus Terms）和等级表（Hierarchical List of Thesaurus Terms）两部分组成。现以《INSPEC 叙词表》为例对叙词表进行简要说明。

（1）叙词字顺表

《INSPEC 叙词表》中字顺表的结构形式如下,其中叙词为黑体字符,其下列出与该词有关的词,相互关系由两个大写字母表示。

acoustic wave velocity

UF	acoustic velocity	Used For,主题词所替代的非规范词
NT	ultrasonic velocity	Narrower Term,狭义词,主题词的下位词
BT	velocity	Broader Term,广义词,主题词的上位词
TT	velocity	Top Term,族首词,主题词的最上位词
RT	acoustic wave propagation	Related Term,相关词,与主题词有关的词
CC	A4300 A5140	Classification Code,分类代码。A 代表 A 辑,数字表示分类号
FC	a4300-z a5140-g	Full form of Code,输入数据库的全形码
DI	January 1973	Date of Input,标题词启用的日期

Acoustic-elasticity

USE elasticity   非规范词用叙词表示

（2）叙词等级表

《INSPEC 叙词表》等级结构形式如下。等级表按族首词字顺排序,每个族首词之下,按由上至下的等级方式列出其所有的下位词,用增加"·"数和类目缩位方式表示等级关系。

acoustic applications（族首词）

- ultrasonic applications
- biomedical ultra－sonic
- ultrasonic materials testing
- ultrasonic welding

三、分类法与主题词法的比较

虽然分类法与主题词法都是对文献内容特征进行揭示的标识体系,但两者却各有自己的特点。表 3-2-1 给出了两者主要的不同点。

表 3-2-1　分类法与主题词法的不同点

两种标引方法的不同点	分　类　法	主　题　词　法
检索标识不同	分类号。人为给定的代码,由字母和数字构成,不直观。检索时,需要事先知道与概念相对应的分类号	有意义的词组,可直接用于检索
	例如要查找聚丙烯纤维生产工艺的文献。 分类法:首先找到所属的分类号 TQ346.2,才能找到相关文献。 主题词法:只需用词组"聚丙烯纤维"及"工艺"进行检索,就能查找相关文献	
组织文献的方式不同	按学科等级体系组织文献,体系固定,难以增补新概念	按主题词的字顺编排文献,不受体系约束,增补新词方便,能及时反映学科的发展。故文摘数据库在组织编排文献时,多以主题词法为主,而以分类法为辅
揭示事物的角度不同	从学科体系出发,揭示事物属于什么学科,有利于族性检索	着眼于特定事物,揭示与之相关的问题,有利于特性检索
文献集中与分散的方式不同	把同一学科的文献集中起来,但把同一主题的文献分散在不同的学科类目中。突出的问题是:由于学科发展而引起的相互渗透,使得有些文献很难放在一个学科内	把同一主题的文献集中起来,但却把同一学科的文献分散在不同的主题词之下
	以化学分析类的文献为例,对主题词法而言,在"化学分析"这一主题词下,集中了"化学分析"的全部文献。但在分类法中,"化学分析"这一主题的文献会分散在各学科中,如在"金属学"、"分析化学"、"农业化学"、"原子能技术"等学科中都可能有"化学分析"的文献	

第三节　图书的分类管理

图书馆收藏的文献资料几乎百科俱全,浩如烟海。但这些文献本身并不创造价值,它们的价值是在读者利用的过程中产生的。因此,任何图书馆都会采用一套科学有效的方法对馆藏文献加以管理以方便读者使用。下面将以图书管理为例介绍图书馆对馆藏资料的管理方法。

一、概述

1. 图书分类管理的必要性

此处要解决的问题是图书的排架问题,即以何种方式排列最便于读者使用?

图书排架的方式很多,如按书名字顺、著者姓名字顺、开本大小、书皮颜色等排架。但一本书被什么样的读者所用,并不取决于书的开本、书皮颜色或是作者,而取决于书的内容。在图书排架的过程中,图书的分散与集中是不可避免的矛盾。如将图书简单地按作者姓名字顺排架,可以使得同一作者的书集中在一起,但却使同一主题的书分散了,以至于风马牛不相及的书集中在一起。而人们在查找和使用图书时,总是希望同一学科的书集中在一起。假设图书馆收藏了几十种有关自动控制方面的图书,将它们按学科归类,集中放置在自动化技术类下,读者发现这些书的可能性显然要比按作者姓名字顺排序,导致它们分散在几百万本的图书集合中要大得多。这告诉我们,从知识属性层面对文献进行组织编排,可以最大限度地满足人们对学科或主题"族性检索"的需求,从而使"分散与集中"这一矛盾所造成的影响最小。

图书分类排架是指将藏书按照学科类别进行组织排列,其最大的优点是能将同一学科的图书集中在一起,学科性质相近的图书排列在相近的位置,将不同学科的图书区分开来,正好能满足人们"以类求书"的需要。

2. 图书的分类管理步骤

图书的分类管理分为三个步骤:①主题分析。分析图书的内容特征,搞清楚图书论述的主题、所属学科等。②标引。主要是根据图书的主题内容和学科性质,从分类表中寻找能确切表述这些特征的类目,摘出相应的类号,用类号揭示文献的内容特征;并从标引用的主题词表中选出相应的主题词进行主题标引。③编制分类目录,并将图书按分类目录排架。即将书架上的图书按分类法同样的次序排列。

二、图书的内容标引

1. 主题分析

文献主题指的是文献中心内容的概括表示。主题分析是文献分类过程中最重要的环节,其步骤如下:①找出文献所研究的对象;②查明文献涉及该对象的哪一方面,是从什么学科,用什么方法来研究的;③如果文献的主题不止一个,就要判明各个主题之间的关系。主题分析需要借助于专业知识对文献内容进行透彻了解,才能对它进行准确分类。

2. 分类标引

(1)"辨类"与"归类"

文献的分类标引实际上是解决"辨类"和"归类"两个问题。所谓"辨类",就是辨识类目的含义。"归类"是指将文献归到恰当的类目中,即用分类号表示文献的主题内容。准确把握分类法的结构,辨清分类表中各个类目的含义,是正确"归类"的前提。

辨识每一个类目的含义,可从 22 个基本大类入手,因为它们每一个都是相对独立而完整的知识体系。以经济大类为例,其局部的结构层次见图 3-3-1。

第一层次		第二层次		第三层次		第四层次	
(经济)		(工业经济)		(中国工业经济)		(中国工业经济史)	
F0	经济学	F40	理论	F420/425	理论	F429.0	时代史
F1	经济概况……	F41	世界	F426	部门经济	F429.1/.7	地区史
F2	经济管理	F42	中国	F427	地方经济		
F3/8	部门经济	F43/47	各国	F429	经济史		
				F429.9	经济地理		

图 3-3-1 《中图法》经济大类的局部结构层次

【例 1】 以下几本书需要进行分类标引,请给出合适的分类号。

1. 陈建勋. 中国新材料产业成长与发展研究. 上海:上海人民出版社,2009.

2. 谢俊美,季凤文. 中国工业史话. 北京:中国国际广播出版社,2011.

3. 崔万田,等. 东北老工业基地区域一体化研究. 北京:经济科学出版社,2011.

4. 中华人民共和国国务院新闻办公室. 中国的稀土状况与政策. 北京:人民出版社,2012.

5. (法)亨利·法约尔. 工业管理与一般管理. 迟力耕,张璇,译. 北京:机械工业出版社,2013.

【解答】 在分析图书主题的基础上,参照图 3-3-1 就比较容易把握各个类目的内容范围。结合《中图法》详表,给出各书的分类号,见表 3-3-1。

表 3-3-1 几本经济类的图书的分类号

编号	书名	内容主题	分类号	类目名称
1	中国新材料产业成长与发展研究	以经济学中的产业成长理论为依托,研究我国新材料产业	F426	中国工业部门经济
2	中国工业史话	研究我国的工业史	F429	中国工业经济史
3	东北老工业基地区域一体化研究	以经济学中的区域一体化相关理论研究东北老工业基地	F427	中国工业地方经济
4	中国的稀土状况与政策	介绍我国稀土资源及相关政策	F426	中国工业部门经济
5	工业管理与一般管理	研究企业管理理论及方法	F406	工业企业组织与经营管理

（2）文献分类的基本原则

文献归类应遵循的基本原则如下:①客观性原则。分类标引应以文献实际论述的主题为依据,不能单凭文献题名分类。题名通常能表达文献内容,但有时题名只是文献内容的部分概括。因此,题名只能作归类的参考,归类的依据是文献内容的学科性质。②实用性原则。由于方便使用是首要问题,因此,图书分类总是遵循将图书分入读者最有可能查找的那些类目内。涉及不同学科问题的著作,要按文献的内容重点或最大用途归类。③专指性原则。它要求将文献归入最恰当、最专指的类。文献归类必须注意上下位类之间的关系。上位类决定下位类的学科性质和范围,下位类是上位类的进一步细分。凡能归入下位类的,必能分入其上位类。④一致性原则。它是指把内容相同的文献归入相同的类。同一种书或同性质的书前后归类应一致。

【例 2】 试说明以下图书所属的类别。

1. 李红,柳玉芬. 工业管理心理学. 大连:大连理工大学出版社,2012.

2. 肖燕妮,周义仓,唐三一. 生物数学原理. 西安:西安交通大学出版社,2012.

3. 庄东辰,茆师松. 退化数据统计分析. 北京:中国统计出版社,2013.

4. 薛士龙. 电气工程专业英语. 北京:电子工业出版社,2011.

5. 谢树成,殷鸿福,史晓颖,等. 地球生物学:生命与地球环境的相互作用和协同演化. 北京:科学出版社,2011.

【解答】 见表 3-3-2。

表 3-3-2 几本图书的分类号

编号	书　名	归类说明	归属类别
1	工业管理心理学	理论与方法在某一方面的应用,随应用到的学科归类	工业管理类 F
2	生物数学原理	数学在生物学中的应用	生物类 Q
3	退化数据统计分析	本书将数据统计方法用于工业产品生命周期的研究。归类时不能单凭书名,而要以图书的主题为依据	工业管理类 F 而非数学类
4	电气工程专业英语	多学科按其重点所属的学科入类	语言类 H 而非电类
5	地球生物学:生命与地球环境的相互作用和协同演化		地球科学类 P 而非生物科学类

3. 主题标引

图书除了分类标引外,还进行主题标引,即用词组来说明图书的内容特征。

用于标引的主题词并不选自图书本身,而是选自主题词表。如清华大学图书馆对中文书做主题标引时,标引词选自《汉语主题词表》,对西文书做主题标引时,标引词选自美国《国会图书馆主题词表》(*Library of Congress Subject Heading*)。因此用于标引的主题词并不一定是书名中的词。如苏联小说《钢铁是怎样炼成的》,主题标引时,所用的标引词为"长篇小说—苏联—现代",它与书名完全不同。

通常每本图书所讨论的主题不止一个,此时会用多个主题词标引,而主题词出现的先后顺序就按与图书内容的相关程度排列。如管理学大师 Michael Porter 所著的图书 *The Competitive Advantage of Nation*，馆员在经过内容分析后，赋予了 5 个主题词：Industrial policy、Competition International、International business enterprises、Strategic planning、Economic development。读者用其中的任何一个词组做主题检索都能找到这本书。

三、图书的分类排架

1. 索书号

在图书分类组织排列的体系中，索书号(call number)确定了图书在书架的具体排放位置，故也称为排架号。索书号由分类号和书次号两部分组成，分类号与书次号用"/"或空格分隔。分类号表示图书所属的学科类别，对于同一本书，只要采用同一分类法，其分类号应是一样的。而书次号则是对同一学科下的图书做进一步的区分，即解决相同分类号下的图书区分问题。书次号常用的取法有两种：①种次号，按图书到馆的先后顺序给予号码。其缺点是会使同一个作者所著的同一类著作分散在不同的位置。②著者号，按著者名称(代码)区分同一分类号下的不同图书。如作者孟庆昌编著的《透射电子显微学》属于晶体学方面的图书，索书号为 O766/M605。

表 3-3-3 给出了清华大学图书馆收藏的 2000 年以来出版的历史学家许倬云的著作。从中可以看出著者号克服了种次号的缺点，保证同一作者所著的同一类书在邻近的位置。

表 3-3-3　几本许倬云所写图书的分类号

编号	图　书　信　息	索书号
1	从历史看组织.上海人民出版社,2000.	D031 X918
2	中国文化与世界文化：在台湾清华大学的系列演讲等.广西师范大学出版社, 2006.	G04 X918
3	从历史看管理.许倬云讲演,北京大学光华管理学院整理.广西师范大学出版社, 2005.	C93-53 X918
4	许倬云问学记.广西师范大学出版社,2008.	C52 X918
5	中国古代文化的特质.北京：新星出版社,2006.	K203 X918C2
6	中国文化的发展过程.贵州人民出版社,2009.	K203 X918A3
7	从历史看时代转移.广西师范大学出版社,2007.	K209 X918
8	历史大脉络.广西师范大学出版社,2009.	K107 X918

（1）同一作者所著的同一类书的区分

在书次号中用"/"标记，从入藏的第二种著作起区分。如琼瑶所写的不同小说：

《窗外》I247.57 Q698

《月朦胧，鸟朦胧》I247.57 Q698/2

《在水一方》I247.57 Q698/3。

（2）一本著作不同译注本的区分

在书次号中用"—"和数字区分。如：

《迷茫》（英国小说）卡内波蒂著

望宁译 I561.45/K060

钱文彩译 I561.45/K060—2

（3）同一著作不同版本的区分

用时代号"＝"区分。如《中图法》第1～4版，分别为：

G254.122/Z657

G254.122/Z657＝2

G254.122/Z657＝3

G254.122/Z657＝4

2．书架整理

图书馆的图书，无论是在书库中还是在阅览室里，都是按索书号排架的。整理书架上的图书时，先顺序分类号，再顺序书次号。顺序分类号时要对位排列，即先比较一级类号，一级类号相同时，再比较二级类号，以此类推。分类号数字的排列，严格按照小数制的排列方法。例如：

H31，…，H313，…，H315，H316，…，

H32，H326，…，

H33，…，H336。

总论复分号"-"，要排在数字"0"前面，即：H-61，H0，H1，…，H31，H31-61，H310，H315，H316-62，H32，…

当分类号相同时，则开始顺序书次号。顺序书次号要区别种次号和著者号，二者的顺序方法不同。种次号比较简单，完全按照阿拉伯数字的顺序排列即可。著者号则需对位排列。

四、书库管理

目前许多图书馆采用开架与闭架相结合的方式来管理图书资料。对借阅率较高

的图书实行开架管理,而对于那些较老的、利用率较低的图书资料实行闭架管理,以节约馆舍空间。在开架库区中,读者可以随心所欲地翻阅任何一本图书。这对实现"每本书有其读者"的作用巨大。首先,它提高了图书的利用率;其次,它常常会使读者有"意外的发现"。事实上,许多读者在刚走进图书馆时,心中并没有一个明确的要求,只是在书库中浏览了排列有序的藏书后,才确定自己的兴趣的。对于闭架库的图书,读者需要填写索书单,由图书管理员入库取书。

第四节　资料的积累与管理

一、资料管理概述

1. 资料管理的必要性

在研究过程中,我们会花相当多的时间收集资料。故当一项研究活动结束时,我们手头会有一大堆有价值的资料,将它们保存起来,供日后使用是一件很有意义的事。而且人们天生就是收藏家,喜欢将自己感兴趣或有价值的资料加以收藏。但如果只收藏不整理,天长日久,杂乱无章的"资料堆"将无法利用。最令人沮丧的经历是:置身于一堆堆有用的资料中,却无法找到自己想要的那份资料,我们被资料所淹没。因此,要使资料发挥作用,资料管理是一项与资料收集的同步工作。

短期保存几篇文章并不难。但是,如果每年需要保存几十份甚至数百份的文章,数年之后,我们的资料保存系统肯定会有一些小麻烦。我们可以用一个多层文件柜来保存资料,但困难在于如何将它们以便于取用的形式加以保管。一个简便的方法是把资料按篇名字顺排放。此法简单易行却不实用。如果忘了资料名称,这个系统就会变得毫无用处。更糟的是,当你想要查找关于某一主题的文章时,这个排列有序的系统与杂乱无章的文献堆没什么两样,要想从中找出全部相关文献简直是一场噩梦。为此,有些人将资料标题和摘要记在摘记本里,再编个索引便于查找。然而更多的人可能会编制资料卡片来管理资料。这与从前图书馆用卡片目录管理馆藏资料相似。我们可以编制出多种索引,如作者索引、主题索引等,这样一来,查找某个作者或某一主题的资料都会很方便。

2. 建立资料库

数字信息的出现,使资料的保存与管理方式发生了革命性变化,传统的纸质资料卡片已被数字化的资料记录所取代。由于数字信息的保存不占物理空间且便于复制与编辑,在保存和使用上都有极大的优点,这使得人们对数字信息更是情有独钟。Windows 的"资源管理器"就是一个用来管理电子文件的工具。它采用"树"状目录结构来组织管理文件,具有层次分明、便于浏览、简单易用以及良好的扩展性等优点。它如同一个多层文件柜,但功能更强。用文件柜存放资料时,资料只能按一种方式排列。而资源管理器则能提供名称、文件类型以及时间等多种排序方式。当然用资源管理器来管理文件仍有不足,目录会随着文件夹的增多而显得纷繁凌乱,加之检索功能极为有限,因此资料管理效率不高。那么,怎样才能有效地管理自己所收藏的资料呢?借助于资料管理软件,我们可以像图书馆那样对资料进行有效管理。

建立资料库的意义体现在以下两个方面:

(1) 应对信息超载。[1][2] 所谓信息超载,是指人所接收到的信息量超出了自己的处理能力,它将导致信息处理的低效甚至无效。显然,一旦出现信息超载,就意味着人们对信息的管理失去了控制。在今天,很多人都会有这种感觉,信息无处不在,而真正有用的信息却是如此难找,如此之少。信息超载与信息饥渴的现象并行不悖地存在着,资料库的建立可以有效地避免这一矛盾。使资料在需要时能找到并被利用,从而避免重复性的工作,提高效率。同时,为了避免发生信息超载,在搜集和管理信息时,应遵循以下原则:①对于收到的各种信息,只需要看其是否有用来决定是否保存。不要养成将大量的文件列为"或许有用"的习惯。②在查找与工作目标相关的信息时,要按照这些信息的优先顺序进行处理,没有必要将所有的信息都通读一遍。③将自己真正愿意读的文件资料随时带在身边,它们被戏称为"旅行式"文件,一有时间就对它们进行处理。④只要有可能,应借助于同事的力量筛选信息。

(2) 促进个人知识的利用。资料库的建立为我们应用系统的方法去发现知识、理解和使用知识提供了可能。首先,通过对已有知识的分类、激活,使知识在需要时能被有效地利用,同时也使个人能正确地把握自己的知识需求。其次,通过对资料库中的信息的整理与归纳,可以从中发现问题,并找到解决问题的线索,这将促使新知识融合到自己现有的知识体系中并进行创新。把这些创造性的成果写成论文,以使写作能力得到提高。总之,资料库的建立对于自己把握学习过程、构建个人的知识结构有着重要的意义,并将为个人的可持续发展打下坚实的基础。

3. 资料管理软件

(1) 资料管理软件应具备的功能

资料管理软件的基本功能包括:建立资料库及获取书目记录,书目记录的管理、浏览、检索及输出。选择资料管理软件应遵循以下三个原则:①经济实用。资料库的建立及管理不需要太多的投入。②简单易用。③安全可靠。软件的稳定性好、大

---

① 周玲. 信息超载综述[J]. 图书情报工作,2001(11):33-35.

② 罗少芬. 信息超载解决方案初探[J]. 图书情报工作,2000(8):46-48,55.

小适中,可管理的数据库容量能够满足一般用户的需要,并能方便地进行数据导出与备份等。

（2）资料管理软件的类型

现有的资料管理软件可以分为单机版和网络版。前者直接安装在个人电脑上,后者则安装在系统服务器上,使用时需要上网。目前较为流行的单机版软件有美国 Thomson Scientific 公司的 Endnote、Reference Manager、ProCite,北京爱琴海软件公司的 NoteExpress。而典型的网络版软件则有美国 ProQuest Information and Learning 公司的 RefWorks,清华同方的个人数字图书馆系统。单机版和网络版软件各有优缺点。用户通过购买获得单机版软件,该软件只在个人电脑上使用,不需要网络支持,故无网络故障与网络病毒的困扰,但软件升级需要由个人完成。而网络版可在任何一台联网计算机上使用,这使得个人资料库如同一个可以随时移动的"资料柜",软件升级与维护均由软件提供商完成。不足之处是它对网络的绝对依赖。一旦网络出了问题,资料库将无法使用,甚至导致资料库中的数据丧失。再有,与单机版软件不同,网络版用户"购买"的只是软件的使用权,因此软件的长期有效是一个问题。一旦不再续订或数据库商经营出了问题,都有可能导致用户在该平台上建立的资料库无法使用。最后,网络的开放性与个人资料管理的私密性不太和谐。

尽管目前市面上的资料管理软件种类不少,但它们的功能及使用方法大同小异。下面以一款应用较为广泛的国产单机版软件 NoteExpress(NE)为例,简要说明资料管理软件的功能及使用方法。

二、NE 的结构及功能

1. NE 的首页

首先在个人计算机上安装 NE 软件,然后打开 NE,进入 NE 的首页。图 3-4-1 给出了 NE 的首页。

NE 的首页分为三个区域:①左侧为树状目录。与资源管理器相似,NE 采用文件夹对资料进行分类管理。②右上部分为书目记录的浏览区。③右下部分为资料条目的显示区。通过导航条上的"文件"、"文件夹"、"题录"、"检索"、"工具"5 个下拉菜单,可以进行 NE 的所有操作。"帮助"菜单为 NE 的在线帮助。

2. NE 的功能

NE 的主要功能如下:①建库及资料编目;②书目数据管理,包括书目记录的编辑、添加、移动及删除;③书目记录与资料全文的关联;④浏览及检索书目记录;⑤写作时引用资料库中的资料,并直接生成参考文献列表;⑥数据输出与备份。

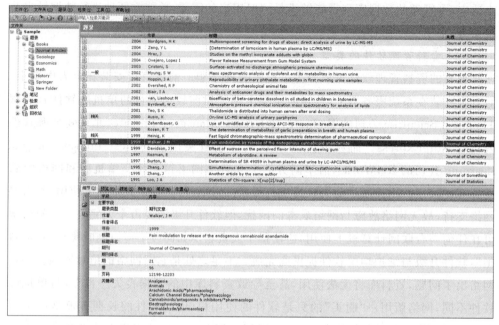

图 3-4-1　NE 的首页

三、NE 的使用方法

1. 建立资料库

建立资料库包括建库以及资料编目两个基本步骤。

（1）建库操作

建库操作为：在 NE "文件"菜单中，单击"新建数据库"，进入建库页面，为新建的数据库取名并设定存放位置，单击"确认"即可。为保证资料库的安全，不要将资料库建在系统盘上。

（2）资料编目

资料编目即为要保存的资料建立书目记录，这一步与传统的编制资料卡片相似。一份资料对应一条书目记录。由于众多的数据库中有大量现成的书目记录，故可以从中获得所需要的条目。为此 NE 的资料编目主要有 4 种方式：在线获取、检索结果导入、本机 PDF 文章的书目记录的获取、手工编目。

1）在线获取书目记录

利用 NE 的在线检索功能从各类数据库中在线获取所需要的书目记录。在 NE 导航条中单击"检索"→"在线检索"→"选择数据库"，选择需要检索的数据库，系统将弹出检索页面,输入检索式,单击"检索"。完成检索后,在检索结果页面上标记要输出的记录,单击"保存题录"→"选择文件夹",系统将所选中的记录导入到 NE 库中。NE 目前提供 CNKI、万方、维普、ISI、EI、Willy、Pubmed 等多个数据库的在线检索功能。

 2) 检索结果导入

各个数据库中的检索结果实际上就是现成的书目记录。故利用 NE 的导入功能,可将检索结果导入到资料库中。

下面分别以 CNKI、Web of Science 为例,说明检索结果导入的具体操作。

在 CNKI 库中检索后,①标记要输出的记录,单击页面上的"导出/参考文献",进入结果输出页面,选择输出格式为 NoteExpress,单击"导出";②在弹出的对话窗中选择"打开",NE 将显示数据导入页面,在该页面上单击"开始导入"执行导入。导入的数据存放在资料库当前的文件夹中。完成导入后系统会给出成功导入的信息。

万方库的检索结果导入操作步骤与 CNKI 相似。

在 Web of Science 库检索后,①标记有要输出的记录,单击"添加到标记结果列表";②单击"标记结果列表",进入输出方式设置页面,选择全部字段输出,单击"保存到 EndNote,Refman,ProCite",在弹出的页面中,单击"导出"将标记的记录保存在本机上;③在 NE 导航条中,单击"文件"→"导入题录",在弹出的对话框中选择要导入的文件,选择过滤器为 Web of Science,单击"开始导入"完成数据导入。

从以上两个具体例子可知,将检索结果导入 NE 库的一般步骤是:①在数据库中检索,标记要输出的记录,并将其下载到本机上;②在 NE 导航条中,单击"文件"→"导入题录",在弹出的对话框中选择要导入的文件,选择过滤器,单击"开始导入"完成数据导入。需要说明的是,由于每个数据库的数据格式不同,故导入数据时,要使用过滤器将数据格式统一。过滤器选择的基本原则是检索结果来自哪个库,则选择哪个库的过滤器。

表 3-4-1 给出了几个常用数据库检索结果的保存格式及 NE 中相应的过滤器。

 3) 为本机 PDF 全文获取书目记录

为了将本机所下载的文章全文(PDF、CAJ 格式)也用资料库管理起来,NE 提供了文件导入功能,然后在线获取文章的书目记录。操作步骤为:①在 NE 导航条中,单击"文件"→"导入文件",在弹出的对话框中选择要导入的文章全文,单击"导入"将全文导入 NE 中;②在 NE 导航条中,单击"检索"→"在线更新题录"→"手动更新",选择数据库获取该文章的书目记录。需要说明的是,为本机 PDF 全文成功在线获取书目记录的前提是 PDF 全文的文件名为篇名。

表 3-4-1　检索结果保存格式及 NE 中相应的过滤器

检索结果来源的数据库	结果输出选项	NE 过滤器
Web of Science	保存到 EndNote，Refman，ProCite	Web of Science
EI	RIS，EndNote	EI—（RIS）
Elsevier ScienceDirect	RIS format（for Reference Manager，ProCite，EndNote）	RefMan（RIS）
IEL	EndNote，RefMan，ProCite	RefMan（RIS）
ProQuest	RefMan（RIS）、Endnote（RIS）	RefMan（RIS）
EBSCO	RIS	RefMan（RIS）
Emerald	Export to EndNote，Reference Manager	RefMan（RIS）
AIAA	Download Citations	RefMan（RIS）

4）手工编目

手工编目的操作步骤为：①在 NE 导航条中，单击"题录"→"新建题录"，进入手工录入数据页面。系统提供了多个字段，如资料题名、作者、时间、出处以及主题词等。②在各个字段中分别输入资料的具体信息，然后单击"文件"→"保存"，完成一条书目记录的编制。当需要录入多条书目记录时，可在保存记录时选择"保存并新建"，继续下一条书目记录的手工录入。

（3）书目记录与全文关联

NE 采用附件方式实现书目记录与资料全文的关联。因此，它可以对各种资料进行统一管理，包括文章、图书、期刊、网络资源、工作表、通信录、日记、音乐、图片、视频等。

书目记录与原文关联的批处理过程是：首先，将数据库中的检索结果导入资料库中，然后下载原文，最后通过自动关联功能将原文和对应的书目记录关联起来。操作方法如下：单击 NE 导航条中的"工具"→"批量链接附件"，在弹出的窗口中指定要关联的题录及全文文件，单击"开始"，系统显示相应的全文文件，然后单击"应用"完成关联。关联时还可以选择将关联的全文保存在系统的 Attachments 文件夹中。

2. 书目记录的管理

（1）查重

由各个数据库导入的书目记录不可避免地会出现重复。利用 NE 的查重功能可以方便地剔除这些重复记录。查重步骤为：①单击 NE 导航条的"工具"→"查找重复题录"，进入查重页面。②设定查重范围，即选择"待查重文件夹"。③设定查重标准，即选择查重字段。如果这些字段中的内容完全一致，则认为是重复记录。④删除重复记录。查重后,重复记录会高亮显示。单击鼠标右键调出操作命令菜单,从中选择"从所有文件夹中删除",单击"确定"即可删除重复记录。此时重复记录移到了"回收站"中,点击"清空回收站",将做彻底删除。

（2）用文件夹管理书目记录

与 Windows 中的资源管理器相似,用户采用文件夹对资料进行分类管理,树状目录结构使文件夹之间的等级关系一目了然。用户可根据需要新建、更名、删除和移动文件夹。单击某个文献夹,可浏览其中的书目记录。NE 提供了多种排序方式,单击表头中的某个字段,记录将按该字段升序或降序排列。

（3）检索功能

利用检索功能可以快速定位所需要的书目记录。单击"检索"→"在数据库中检索",进入检索页面,输入检索式,系统将查找相关记录。NE 提供了多个检索字段,包括标题、关键词、主题词、作者、出版者、出版年代等。可以在整个资料库或限定在某个文件夹中检索。系统不区分大小写,检索单元用高亮显示。

（4）资料的浏览、笔记与标记

    1）资料的浏览

NE 首页的右上部分为书目记录的浏览区。利用表头可以对条目的显示进行多种方式的排序。

NE 首页的右下部分为资料条目的显示区。NE 提供了"细节"、"预览"、"综述"三种显示格式。在阅读资料条目时可选用"综述"格式,此时 NE 将按文章的摘要及出处显示,以提高浏览资料的效率。

    2）笔记功能

对 NE 库中的资料添加笔记的方法为：在 NE 库中,选中一篇资料,然后按 F4 键,调出笔记窗口做笔记。在笔记中可插入图像、表格等。此外,NE 支持从网页中选择文本、图片、表格等作为一条笔记添加到库中。NE 提供笔记搜索功能。删除的笔记存储在 NE 的回收站中。在 Word 中可通过单击"插入笔记"按钮插入从 NE 库中选定的笔记。

    3）对重要条目做标记

对资料做标记以显示其重要性。选中需要标记的书目记录,然后单击鼠标右键,调出操作菜单,选择"标记",设定标记符号即可。要清除标记时,选中需要删除标记的条目,然后单击鼠标右键,调出操作命令菜单,选择"清除"即可。

3. 引用资料

NE 安装成功后,在 Word 文档中会显示 NE 的快捷图标。写作时利用这些图标可方便地引用 NE 库中的资料,并按照所选定的格式生成参考文献列表。

（1）插入引文

插入引文并生成参考文献列表的步骤为:在 Word 文档中,将鼠标置于要插入参考文献的位置,然后单击"转到 NoteExpress"图标切换到 NE 中,选择要引用的条目,单击"插入引文"图标,系统将选中的参考文献条目插入到 Word 文档中,并按当前设定的输出格式生成参考文献列表。重复该操作,直至插入完所有的参考文献为止。

（2）引文编辑及删除

在 Word 文档中编辑引文时,将鼠标置于要编辑的引文处,单击"编辑引文"图标,进入引文编辑页面,可对参考文献条目进行编辑。删除引文时,选中要删除的引文,用 Delete 键删除。

（3）参考文献格式的选择

不同的期刊有不同的参考文献格式,投稿时论文中的参考文献格式必须满足期刊的要求。为此,NE 提供了多种期刊的参考文献格式,利用它们可以快速地生成各种格式的参考文献列表。

选择参考文献格式的操作为:在 Word 文档中,单击 NE 工具栏上的"格式化文献"图标,进入参考文献格式选择页面,选择所要的格式,单击"确定",系统将按所选定的格式生成参考文献。如果希望修改参考文献的标题和参考文献列表中的字体、字号等,可通过单击参考文献格式选择页面上的"布局"按钮进行设置。

4. 数据备份

个人资料库存在硬盘损坏、病毒入侵、误操作导致书目数据丧失等风险,因此必须进行数据备份,以应不测。NE 的数据备份方法很简单,只需要将后缀为 nel 的文件复制保存即可。

四、建立与利用个人资料库

1. 个人资料库的定义及特点

个人资料库是指为了个人读书治学的目的,利用资料管理软件建立的、供自己使用的数字文库。① 个人资料库与面向公众的数字图书馆相比,具有个性化、简易方便及经济等特点。由于是自建自用,故可完全按自己的需求收集资料,采用最方便的关键词法对资料进行标引,对自己关注的内容可进行深入的揭示。如在标引一张多人合影的照片时,可标出本人或每个人的姓名及身份;对一篇报道文章或学术排名,可

---

① 陈光祚,阮建海,臧国全. 论个人数字图书馆[J]. 中国图书馆学报,2002(3)：15-18.

将其中与自己有关的段落记录在某一字段中并加以突出显示。在个人资料库中可以对多种格式的数字文档进行统一管理，并提供有效的检索方式，包括文本文件(txt、doc、caj、pdf 等格式)、图片(jpg、bmp 等格式)，实现多而不乱，一索即得。当然个人资料库需要花时间建立，这是一个日积月累的过程，并非一日之功。与用"文件夹"管理文件的方式相比，建设个人资料库所增加的工作是建立资料的书目数据，通常这些数据可以从原文中复制或直接从文献数据库中导入。当然，还需要掌握个人资料管理软件的使用方法。至于个人资料库的版权问题，由于是自建自用，没有商业性行为，故其资料采集及使用均属于版权法中合理使用的范畴。

2. 建立个人资料库的步骤

（1）资料的收集

一般结合自己的工作、学习和兴趣收集资料。

1）从各类全文数据库中收集全文

随着电子资源的日益丰富，越来越多的资料可以通过各类全文数据，如电子书库、电子期刊库、学位论文库等收集全文。

2）购买

对于一些常用的工具书、专业书以及有保存价值的书籍等可以通过购买方式来收集保存。关于买书，胡适说："有个买书的习惯也是必要的，闲时可多往书摊上逛逛，无论什么书都要去摸一摸，你的兴趣就是凭你伸手乱摸后才知道的。图书馆里虽有许多的书供你参考，然而这是不够的。因为你想往上圈画一下都不能。更不能随便地批写。所以至少像对于自己所学的有关的几本必备书籍，无论如何，就是少买一双皮鞋，这些书是非买不可的。"[①]购书有三个好处：一是可随时翻阅，用起来方便；二是遇到重要处就在书上作标记，节省摘抄的时间；三是阅读时有什么心得体会可以随时写在书的天头地脚等空白处。

3）纸质资料数字化

可利用扫描仪把原先的相片、纸质文献扫描数字化。此时需要注意文件的命名问题。

文件的命名非常重要。试想，如果我们有很多文件，都使用"文档×××"的格式命名，虽然看起来很"规范"，但却不便于使用。如果需要某个文件，就只能将文件逐个打开看，因为无法从文件的名称上判断文件的内容。文件名不清晰所造成的混乱，远比长文件名所带来的麻烦要大得多。因此在给文件取名时，应使文件名尽可能

---

① 胡适. 读书的习惯重于方法[M]. 见胡适文集第 12 册. 北京：北京大学出版社，1998：486-478.

清晰地反映文件内容。如果需要保存同一个材料的不同版本,则可以在文件名中附上制作日期,以表示各种版本创建的先后顺序。

4)网上信息搜集

网上的信息很多,搜集时要注意信息的质量。选择有权威性的网站,以保证信息的可靠性。收集信息时,采用浏览与搜索相结合的方法。浏览可以发现网站中的新信息,而搜索则可以有针对性地查找资料。

网页信息的保存方式有以下几种:①保存整个网页。这需要将网页以文件夹的形式(.htm)保存。这种方式的优点是可将网页中的文字、图像、表格等一并保存下来。还可保存网页上的链接,但同时也会将网页中一些没有价值的信息,如广告保存下来。②保存网页的文字内容。将网页中的部分文字及图片作为 Word 文件保存。其优点是可以保留原文件的格式。也可将篇幅较长的文章以 TXT 格式保存。TXT 文件较小,但文档中的格式信息则丢失。③保存网页中的图片及说明文字。在保存图片的同时,将说明文字复制到该图片的书目记录的某个字段中,使之与图片结合成一个整体。④保存网址。对于某些网站,其内容不断更新,可以虚拟链接的方式保存,在打开时即可自动指向其最新的网页。如陈教授将世界上 200 多个高校图书情报专业的网站以这种方式保存,建起了自己的"虚拟图书馆"。虚拟链接的不足之处是网址不稳定,一旦网页被删除,链接就可能变成"死链"。

(2)资料编目

为所收集到的资料编目,即为它们建立相应的书目记录。

来源于各类文献数据库的资料,其书目数据可直接从来源库中获取。对于照片、音乐、网页等,则需要手工建立书目数据,采用关键词对资料内容进行揭示。虽然用关键词标引有可能造成漏检和误检,但可以通过个人资料管理软件的检索功能加以弥补。此外,采取以下措施可以改善关键词的标引质量:①尽可能多用一些词标引。例如,在标引 SARS 方面的资料时,可同时用"非典"、"SARS"进行标引。②尽可能用上位词甚至"族首词"标引,这有助于克服小概念造成的漏检。③及时添加新名词,尤其注意网络语言中经常出现的新名词。

(3)定期更新资料库

一个完整的资料积累与利用的过程见图 3-4-2。从框图中可以看出,个人资料库的建设包含了原始资料的搜集与整理两部分,这是一项长期的工作,需要耐心与毅力。为此,一要勤快,每天录入几个书目记录,日积月累,这就是一笔宝贵的财富;二要整理,定期对库中的资料进行筛选剔除,及时补充新资料,剔除过时的陈旧资料,优化资料质量。

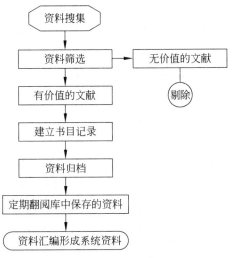

图 3-4-2　资料积累与利用的过程

3. 资料库的利用

积累的资料要充分地利用起来。"温故而知新",要经常翻阅所积累的资料,在消化吸收的基础上,对已经积累的资料进行分析综合,思考一下有哪些问题需要解决,解决的方法有哪些,并将自己的想法记在相关的位置上。也许在这一过程中就会有新发现,激发出新的创作灵感。

资料汇编就是按照研究目的对资料进行分类汇总,使之成为系统的、完整的、集中的、简明的材料。汇编有三项工作要做:一是审核资料是否真实、准确和全面,不真实的予以淘汰,不准确的予以核实准确,不全面的补全找齐。二是根据研究目的确定合理的逻辑结构,对资料进行初次加工。例如,给各种资料加上标题,重要的部分标上各种符号,对各种资料按照一定的逻辑结构编上序号等。三是汇编好的资料要井井有条、层次分明,能系统完整地反映研究对象的全貌。用简短明了的文字说明研究对象的客观情况,并注明资料来源。

习　　题

一、简答题

1. 简要说明对图书、期刊以及图书章节、期刊文章编目时,需要包含哪些基本的著录项目。

2.《中国图书馆分类法》共有几个基本大类? 分别给出与自然科学、应用科学技术相关的基本大类。

3．通过考察本馆各类文献在书架上的排列组织方式，试给出几种常见的排架方式，并比较它们的优缺点。

4．简要说明一次文献、二次文献、三次文献的作用。

5．简述建立与利用个人资料库的步骤。

二、操作题

1．请将以下索书号排序：

H772-43/W210， H0-06/F547， H914/1＝2， H0-06/2， H002/Z649，
H0-06/5， H772/3， H91-53/B035， H914/1 H0/014R， H0/13 H09-62/1

2．查找并阅读 1988 年书目文献出版社出版的阮冈纳赞编写的《图书馆学五定律》电子书。简要说明阮冈纳赞从几个方面讲述了"开架制"的优缺点，并提供该电子书所在的数据库名称。

3．在 NoteExpress 中为自己保存的网页，手工建立一条书目记录。

4．请根据自己的选题，从 CNKI《期刊库》和维普《期刊库》中检索相关文章，并完成以下操作：(1)从各库的检索结果中分别选择两篇文章导入 NoteExpress 中，给出相应的操作步骤。(2)在期刊库中下载全文，然后用 NoteExpress 的附件关联功能完成全文与书目记录的关联。

5．在写作时引用个人资料库中的资料，请用 NoteExpress 的参考文献生成功能，生成文后参考文献列表，提供相应的操作步骤。

第二部分
文 献 检 索

第 四 章

文献检索原理与方法

【学习目标】

- 了解计算机文献检索原理、系统构成
- 了解相关文献检索步骤,掌握检索式的编写及检索效果的评价方法
- 了解原文获取的各种途径

【内容框架】

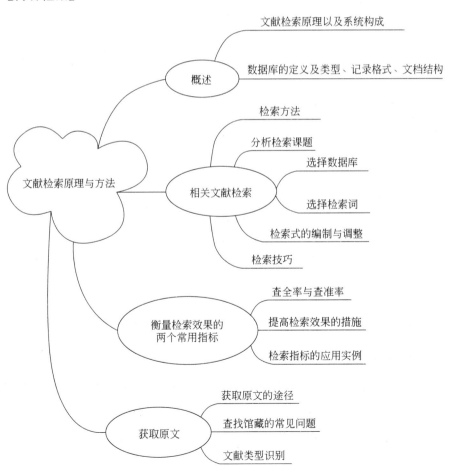

第一节 概　述

一、文献检索原理

图 4-1-1 为广义文献检索的原理图,[1]它包含了文献的存储与检索两个方面。①文献存储。为了实现计算机检索,必须事先根据一定的要求,采集大量的原始文献,同时对这些文献进行编目,将编目所得的款目建成可供检索的书目数据库(bibliographic database)。②文献检索。它是指计算机从书目数据库中找出所需要的文献情报信息,这与文献的存储过程正好相反。用户将自己的情报需求变成检索问题,并将其转化为计算机能够处理的表达式,由计算机在数据库中进行扫描匹配,找出相关的文献情报。

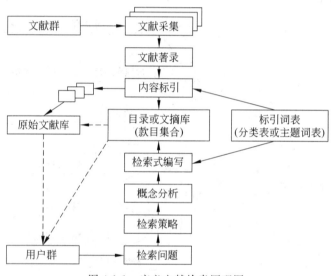

图 4-1-1　广义文献检索原理图

二、计算机文献检索系统

1. 检索系统构成

计算机文献检索,简单地说就是利用计算机对数据高速处理的能力来存储和查

---

①　F.W. 兰卡斯特. 情报检索系统——特性、试验与评价[M]. 陈光祚,等,译. 北京:书目文献出版社,1984:9.

找文献信息。计算机检索技术的出现是人类知识急剧增长和现代科学技术发展的必然结果。由于计算机检索具有速度快、操作简便、效率高，数据来源广，更新快、检索不受地理位置的限制等优点，它已成为人们获取信息的主要手段之一。

计算机检索系统的示意图见图 4-1-2。它由检索终端、检索中心、通信网络和接口组成。其中：①检索终端是用户与检索中心进行"人机对话"的设备，用于发送和接收信息。②检索中心由服务器、机读数据库等组成。其中，服务器包括软件和硬件两部分，用于整个系统的运行管理，包括完成情报的存储和检索。机读数据库是检索系统存储文献或数据的场所。③通信接口是服务器及检索终端与通信网络之间的接口。④通信网络是连接检索终端与检索中心的"桥梁"。

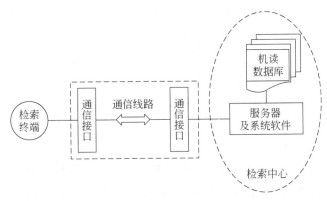

图 4-1-2　计算机检索系统示意图

2. 著名的国际联机检索系统 Dialog

Dialog 系统是目前世界上规模最大的国际联机检索系统。该系统建于 1966 年，1972 年开始投入商业运营。该系统原属于美国洛克希德（Lockheed）导弹与空间公司，现属于 Thomson 公司。目前该系统拥有各类数据库共计 450 个，分为书目型、全文型、名录型和数值型。内容涉及自然科学、工程技术、社会科学和人文科学、商业经济等领域。文献来源于书报、期刊、专利、会议录、科技报告、工业标准、政府产品通告、广告、商标等。

有关 Dialog 系统提供的产品、服务、用户支持以及系统的动态信息等均可以从 Dialog 的主页（http://www.dialog.com）上获得。

三、书目数据库

1. 数据库的定义

数据库是指在计算机存储设备上合理存放的相互关联的数据的集合。它可以形象地比作存放数据的"仓库"。数据库具有以下特点：①最小冗余，即数据尽可能不重复。②数据独立，即数据的存放独立于使用它的应用程序。③数据统一管理，包括数据的添加、删除、修改和检索等。④数据共享，即以最优的方式服务于一个或多个应用程序。

2. 计算机编目与书目数据库

目前计算机已广泛应用于文献编目工作。文献著录的国际标准格式称为MARC(Machine Readable Catalogue)，而用于中文文献的计算机编目格式称为CNMARC(China Machine－Readable Catalogue)。如一条 CNMARC 记录由记录头标区、地址目次区、数据字段区、记录分隔符组成。其中，记录头标区用以说明记录类型、书目级别、记录的完备程度，以及记录是否遵照国际标准书目著录(ISBD)规则等；地址目次区用来说明该记录数据字段区情况，包括字段号、字段长度、起始字符位置等；数据字段区由一些可变长数据项目组成，用来著录文献特征。书目记录以编码形式和特定的数据结构保存在计算机存储载体上。

计算机编目所产生的款目集合即构成了书目数据库。所谓书目(bibliography)，是指根据特定要求著录一批相关文献，并按一定顺序编排而成的一种揭示与报道文献的工具。[①] 它是实现计算机文献检索的基础。

在计算机检索系统中，文献信息以数据的形式保存在存储介质上，它们称为书目记录。一条记录对应于一篇文献的信息。书目记录的集合称为书目数据库。从本质上说，计算机检索不过是手工检索的一个替代，其检索过程可以与手工检索一一对应。书目数据库对应于检索工具书，而数据库中的记录则对应于检索工具书中的文献条目。计算机的作用是代替人的查找(手翻、眼看、脑子判断)，即匹配。当检索词与数据库记录中的标引词一致时，就找到了符合要求的记录，即命中，所有命中记录的集合就是检索结果。由此可知，数据库是实现计算机检索必不可少的物质基础。下面就其类型和文档结构做简单介绍。

3. 书目数据库的结构

（1）记录格式

书目数据库简单地说就是记录了文献特征的书目数据的集合，但它们并非杂乱无章的，而是有一定的数据结构。表 4-1-1 为书目数据库中数据结构的示意。

表 4-1-1 中行称为"记录"，列称为"字段"。每一行对应于一篇文献。每列则记录了文献的一种特征。

---

① 孙平. 英汉图书馆情报学词汇[M]. 北京：清华大学出版社，2006：82.

表 4-1-1　书目数据库中数据结构的示意

存取号	篇名	作者	主题词	语种	…
00001	T1	AU1，AU2	A，B，C	中文	…
00002	T2	AU3	A，D	法语	…

（2）记录的字段类型

每一条书目记录由若干个字段构成。每个字段都有一个能被计算机识别的唯一标识符，称为字段代码。一条书目记录通常包含三类字段：存取号（accession number，AN）、基本索引字段（basic index fields）和辅助索引字段（additional index fields）。其中，存取号也称为记录号。它是每条记录的特定代码。在同一个数据库中，它与书目记录一一对应。基本索引字段对应着文献的内容特征，而辅助索引字段则对应着文献的外部特征。表 4-1-2 和表 4-1-3 分别给出了 Dialog 系统的书目记录

表 4-1-2　Dialog 系统的书目记录常用的基本索引字段

数据项	字段代码	字段名称	说　　明
篇名	TI	Title	记录的名称。如文献篇名、公司名称、化学物质名称等
文摘	AB	Abstract	简要说明记录的主要内容
规范主题词	DE	Descriptor	主题标引后给出的检索标识，取自相应的规范词表
自由词字段	ID	Identifier	主题标引后给出的检索标识，但它们不是规范词。这类词相当于通常所说的关键词
分类号	CC	Classification Code	分类标引后给出的检索标识

表 4-1-3　Dialog 系统的书目记录常用的辅助索引字段

数　据　项	字段代码	字段名称	举　例　说　明
作者	AU	Author	AU＝Smith，Howard A
机构	CS	Corporate Source	CS＝（institute（1W）geosciences（F）tubingen）
文献类型	DT	Document Type	DT＝article
刊名	JN	Journal Name	JN＝Critical Reviews in Solid State?
语种	LA	Language	LA＝english
出版者	PU	Publisher	PU＝（taylor（1W）francis）
出版年	PY	Publication Year	PY＝2008
国际标准书号	BN	ISBN	BN＝978354060
国际连续出版物标准代号	SN	ISSN	SN＝10408436

常用的基本索引字段和辅助索引字段。需要说明的是,不同的数据库,所提供的检索字段不同,使用前应参阅数据库的联机帮助或使用指南。

（3）文档结构

所谓文档结构指的是数据库中记录的编排方式。一般来说,一个可检索的数据库应该包含顺排文档和倒排文档。

1）顺排文档

顺排文档是将数据库中的全部记录按存取号大小顺序排列而成的集合。表 4-1-4 为顺排文档的示…意图。

表 4-1-4　顺排文档的示意图

记录地址	存取号	篇名	作者	主题词	语种	…
X	00001	T1	AU1, AU2	A, B, C	中文	…
$X+p$	00002	T2	AU3	A, D	法语	…
$X+2p$	00003	T3	AU4, AU1	B, F, G	英语	…
$X+3p$	00004	T4	AU5	H, D, J	德语	…
…	…	…	…	…	…	…
$X+(n-1)p$	n	Tn	AU	S, T, U	日语	…

注：其中 p 为记录的长度。

从表 4-1-4 中可以看出,如查找 00003 号文献时,它的地址为 00001 号文献记录的长度 p 上加 00002 号文献记录的长度 p,即在 $X+2p$ 的地方,就能检出该文献记录。

由于在顺排文档中,所有记录均按顺序排列,故只能实现顺序查找,而不能进行选择性查找。如要在顺排文档中查找含有"仿真"一词的文献,计算机必须对文档中的全部记录进行逐条扫描,只有当最后一条记录扫描完毕,查找过程才结束。显然,这种方式效率很低。为了提高查找效率,还需要将记录按字段标识进行重新组合,建立各类索引文档。

2）倒排文档

倒排文档是将记录的特征按字段标识重新组合,以形成多种索引文档。具体做法是:首先列出字段标识,其后列出含有此标识的全部记录的存取号,然后将字段标识集中起来按字顺排列,即构成倒排文档。书目数据库的倒排文档可分为基本索引倒排文档和辅助索引倒排文档。

基本索引倒排文档是从记录的所有基本索引字段中抽取全部标引词（组）,按字母顺序排列而成。表 4-1-5 为基本索引倒排文档的示意图。表中的第一列为标引词,按字母顺序排列;第二列为包含此标引词的存取号;第三列用字段标识符说明标引词在记录中出现的位置。

表 4-1-5 基本索引倒排文档的示意图

标引词	存取号集合	标引词在记录中出现的位置
Accident	2006289989764	TI
	20091311991284	AB
Analysis	2006289989764	TI、AB、ID
Buildings	2006289989764	TI
	20091311991284	TI
…	…	…
Concrete	…	…
…	…	…

从表 4-1-5 可知,在这个文档中,包含有 Accident 的记录有两条,存取号分别为 2006289989764、20091311991284,其中,Accident 一词分别出现在第一条记录的篇名和第二条记录的文摘中。包含 Analysis 一词的记录有 1 条,存取号为 2006289989764。在该记录中,Analysis 同时出现在篇名、文摘和自由词字段中。

辅助索引倒排文档是抽取辅助索引字段中的索引单元、数字或代码加上相应的辅助索引字段代码,组成一个按字段代码的字顺或数字顺序排列的倒排文档。表 4-1-6 为辅助索引倒排文档的示意图。

表 4-1-6 辅助索引倒排文档的示意图

标 引 词	存取号集合
Au＝Jeong, Jae-Jun1	2006289989764
Au＝Wang, Yuanqing	20091311991284
CS＝Korea Atomic Energy Research Institute（KAERI）, Dukjin 150, Yuseong, 305-353 Daejeon, Korea, Republic of	2006289989764
CS＝Tsinghua University, Beijing 100084, China	20091311991284
JN＝Annals of Nuclear Energy	2006289989764
JN＝Tumu Gongcheng Xuebao/China Civil Engineering Journal	20091311991284
LA＝English	2006289989764
LA＝Chinese	20091311991284
PY＝2006	2006289989764
PY＝2009	20091311991284
…	…

结合表 4-1-5 和表 4-1-6 可知,存取号为 20091311991284 的记录是清华大学的作者 Wang Yuanqing,2009 年在中文期刊《土木工程学报》上发表的文章,篇名和摘要分别包含了 Accident 和 Buildings。

在数据库中,不同的辅助索引字段可以构成不同的倒排文档,如作者索引文档、期刊名称索引文档。在实际应用中,为了提高检索效率,通常把索引倒排文档拆成索引词典和存取号倒排文档两个子文档。其中:①索引词典主要存入数据库的索引单元(按数字或字母顺序排列)、数据库中含有该索引单元的记录数、包含有该索引单元的存取号集合的地址指针;②存取号倒排文档中存入包含有该索引单元的存取号集合的地址指针、包含有该索引单元的记录存取号以及索引单元在记录中出现的位置标识符。

从上面的讨论可知,一个能实现高效检索的计算机系统,其数据库通常由五种相关的文档构成:文献记录顺排文档、基本索引词典、基本索引存取号倒排文档、辅助索引词典、辅助索引取号倒排文档。其中,文献记录顺排文档相当于检索工具书的正文,而倒排文档则相当于书中的各种索引。有了这些文档,查找文献就比较方便了。例如要查找含有"仿真"一词的文献,只要先查基本索引词典文档,就可以很快知道该数据库中是否有"仿真"一词的文献。若无,检索结束。若有,则从基本索引词典文档中得到含有"仿真"这一主题的文献篇数及其存取号集合的存放地址,然后根据该地址去查基本索引存取号倒排文档,将含有该主题的所有文献记录的存取号取出来,最后按这些存取号从顺排文档中调出具体的文献记录,整个查找过程高效而有序。

第二节　相关文献检索

检索相关文献是最常见的检索问题,它是指检索某一主题的文献,其核心是检索式的编写,它涉及选词、确定词间的逻辑关系以及选择检索算符等方面。本节将首先介绍检索方法、检索步骤,然后重点讨论检索式的编写,解决查准与查全的问题。

一、检索方法

检索相关文献主要采用以下三种方法。

(1) 常用法。按照检索时所关注的时间可分为顺查法、逆查法和抽查法三种。①顺查法是以问题发生年代为起点,从最初的年代往近期查找,用于了解某一事物发展的全过程。此法查得全,但较费时。②逆查法是由近及远地查找文献,重点为近期。③抽查法是只需查找某一段时间的文献。

（2）追溯法（引文法）。利用原始文献所提供的参考文献，追踪查找参考文献的原文，其追溯过程可不断延伸。美国的《科学引文索引》（SCI）就是基于这种思想编制出来的。该法的优点是方便易行，缺点是作者列出的参考文献有限，故能够获得的相关文献不全，容易漏检。

（3）综合法。综合法是将以上两种方法结合起来使用，既进行常规检索，又利用文献所附的参考文献进行追溯检索。其优点是检索效率高，能较快地找到一批有价值的相关文献。对于一个新的课题来说，往往既不知著者姓名，也不知文献来源，这时只有从文献的内容特征入手，采用主题途径或分类途径查找相关文献。在收集资料的过程中，如果发现某篇文章较好，便可根据该文章的参考文献查找更多的相关文献。

检索途径是指查找文献的途径，也称为检索点，它可以分为从文献内容特征入手和从文献外部特征入手两大类。前者有主题词（关键词、叙词）和分类号，后者有作者、机构名称、出版者、文献代码（专利号、标准号、科技报告号等）等途径。对计算机检索而言，检索途径即为检索字段。其中，基本索引字段用于主题检索，如查找有关"基因诊断"方面的文章；而辅助索引字段则用于从文献的外部特征查找某类文献，如查找清华大学发表的文章。要查找清华大学发表的有关"基因诊断"方面的文章，则需要同时使用基本索引字段和辅助索引字段。

二、检索步骤

检索步骤是指完成课题检索的具体安排。图 4-2-1 为检索步骤的流程图。它包括分析课题、选择数据库、选择检索词、编写检索式及原文获取 5 个主要环节。检索前要弄清楚检索课题的类型及要求，选择恰当的数据库或检索工具书，并确定从何种检索途径入手，该查什么类目、选用什么检索词等。而在具体的检索过程中，则要随时浏览与分析检索结果，不断调整检索式，直到找出一定数量的相关文献为止。下面对检索步骤中的几个环节进行简单介绍。

1. 分析课题

分析课题，明确检索要求，为制定检索策略提供依据。通过对课题的分析，弄清以下问题：①课题类型。不同类型的课题，对查全率与查准率有不同的要求。表 4-2-1 给出了三类常见课题的检索特点。②课题内容涉及的主要学科范围。这对于选择合适的数据库非常重要。③需要的文献类型及文献数量，包括语种、出版年代、地区范围等。明确所需要的文献数量的上限，有助于制定检索策略和控制检索费用。④课题涉及的概念。从课题中提取相关概念，它们是选择检索词的依据。如果

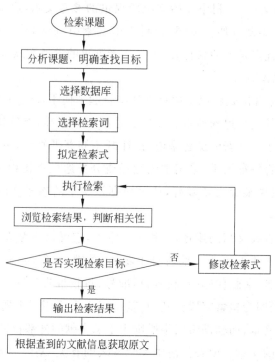

图 4-2-1　检索步骤的流程图

表 4-2-1　课题类型特点及检索要求

课题类型	要解决的问题	检索要求	文献搜集重点	检索思路
攻关型	解决生产技术难题。如某种产品的制造方法以及生产工艺	查准	专利、期刊和会议文章、产品说明书及标准等	先通过试检获得一批相关文献,从中找出核心分类号、主题词、作者以及相关期刊等,然后正式检索。对于设备仿制,可先查产品目录获得主要的厂商,向其索取产品样本。查找这些厂商的专利,查找相关标准
普查型	目的在于了解研究现状,判断课题的新颖性。如专利审查、科技立项、成果鉴定、撰写综述	既要查准也要查全	期刊及会议文章、专利、科技成果公报、综述文章	检索策略的优化及文献比较分析
探索型	跟踪最新究研动态	查准、且要新	期刊及会议论文	利用数据库的 Alert 服务进行文献跟踪,也可定期浏览专业网站,以获取最新信息

还有其他已知信息,如人名、机构、文献号码(专利号、标准号、报告号)也是查找相关文献的线索。

2. 选择数据库

选择合适的数据库是成功检索的前提。数据库选择不当,就好比买东西进错了商店,无论怎样在选词、构造检索式上下功夫,也难以检出相关文献。选择数据库的一条基本原则是所选用的数据库应包含有与检索课题相关的信息。以查新项目"新型框链结构除渣机"为例,该项目的查新重点是除渣机结构,确定专利数据库为重点检索数据库。因为专利说明书对于设备的结构报道得很清楚,同时还提供设备的示意图、结构图或装配图等,这是其他文献所不能比拟的。而其他非专利文献可作为一般数据库检索。此外,在选择数据库时还要考虑以下几个方面:①数据库的文献来源。如美国《工程索引》(Ei)为大型综合性文摘数据库,涉及工程技术的各个领域,收录了期刊、会议录,对于纯理论性的文献和专利一般不报道。Ei 对一些应用科学的研究或技术性强的工程项目检索效果较好。又如 PQDD、DII、ISTP 分别是检索国外学位论文、专利及国际会议常用的数据库。②数据库的收录范围及特点,包括数据库涉及的主题内容、语种及数据年代等。

【例 1】 要查找数字参考咨询方面的文章,请问 CNKI《期刊库》和维普《期刊库》哪个查得较全?

【解答】 用相同的检索式分别在两个数据库中检索,比较检索结果,在此基础上得出结论。

检索式:篇名((数字化 or 数字 or 虚拟 or 网络 or 网上) and 参考咨询)

检索年代:1987—2006

检索时间:2007 年 12 月 21 日

检索结果分析:①两库都收录了数字参考咨询方面的第一篇文章。②2000 年后,维普库的收录情况要好于 CNKI 库(参见表 4-2-2)。结论:关于数字参考咨询方面的文章,维普库收录得全一些。

表 4-2-2　检索结果记录——数字参考咨询论文的年代分布

	1989—1992	1993	1994—1996	1997	1998	1999	2000	2001	2002	2003	2004	2005	2006	合计
维普	0	1	0	1	0	3	16	20	57	130	206	250	286	970
CNKI	0	1	0	1	1	4	9	22	56	122	186	238	289	929

3. 选择检索词

选择检索词是另一个重要问题。检索词是否恰当,将直接影响到检索结果。可以说选择合适的检索词是提高查全率和查准率的关键之一。

选词可以从确定主要概念入手。在多数情况下,课题名称一般都能反映检索的主题内容和所涉及的概念。在确定了主要概念后,就可以利用它们试检搜集同义词和相关词。

（1）选词步骤

选词的一般步骤为:首先分析检索课题,从中提取概念;将概念作为检索词检索。如果检索课题要求查准且查全,如文献调研,则还需要搜集同义词及相关词以保证查全。此时先用概念试检,从相关条目中搜集同义词及相关词;然后修改检索式重新检索。

课题名称一般都能反映检索的主题内容,故通常可以从课题名称入手来确定主要概念。当课题涉及多个概念时,将这些概念按重要性排序。通常研究对象为最重要的概念,其次是研究方法(手段),再次是研究目的。即概念提取的原则:研究对象 and 方法(技术方案) and 目的 and(技术特点 or 创新点)。在实际检索时,应根据检索的具体情况(主要看检索结果数量的多少),将概念按重要性的大小依次作为检索词添加到检索式中。

【例 2】 课题名称:利用基因工程的手段提高植物中的淀粉含量

【解答】 ① 从课题名称中提取概念如下:基因工程 淀粉 含量

② 将概念词按重要性排序:淀粉(研究对象),基因工程(技术手段),提高淀粉含量(研究目的)

③ 编写检索式:主题＝(淀粉 and 含量 and "基因工程")

根据实际检索效果,判断检索词的选择是否合适。在万方期刊库中检索,命中 93 条。结果数量适中,且相关性高。

【例 3】 课题名称:将天然植物茶叶中的茶多酚作为食品防腐剂

【解答】 ① 将课题名称拆分为词组:天然植物、茶叶、茶多酚、食品、防腐剂、方法

② 剔除重复词:天然植物、茶叶、方法

③ 将概念词按重要性排序:茶多酚、食品、防腐剂

④ 用概念词试检

检索式 1:茶多酚 and 食品 and 防腐剂

在万方库中检索命中 22 条。检索词"防腐剂"会漏检"防腐材料","无防腐"等条目,故将"剂"删除。减少限定词扩检。

⑤ 调整检索式—扩检—减少限定词

检索式 2：茶多酚 and 食品 and 防腐 命中 42 条

当课题名称较长，涉及的概念较多时，选词会比较困难。此时可先将课题名称拆分为词组，删除检索意义不大的词，如副词、重复词等，然后从余下的词组中选择概念词。

【例 4】 课题名称：社交网络上信息传播结构以及动态演化规律的数学模型及采样算法研究

【解答】 ① 分析：该题研究的是社交网络中信息传播的数学建模问题，而数学建模的实质就是对事物的规律性进行研究与描述，故"研究"、"规律"为重复词。

② 概念词为：社交网络 信息传播 结构 动态 演化 数学模型 采样 算法

③ 将概念词按重要性排序并确定词间的逻辑关系：社交网络/网/圈；信息传播；数学模型/采样/算法；结构/动态/演化

④ 用概念词试检，分析检索效果

社交网络 and 信息传播 and 数学 and（模型 or 采样 or 算法）and（结构 or 动态 or 演化）

万方库中命中 1 条，检索效果不好，需要扩大检索。

⑤ 调整检索式。减少限定词，增加同义词

将检索式调整为：主题＝［社交 and（网 or 圈）and 信息 and 传播 and（数学 or 模型 or 采样 or 算法）］，万方库中命中 37 条。

（2）选词要点

1）充分收集各类词汇

充分收集各种与主要概念相关的词汇，如同义词、相关词，以及表达同一概念的各种隐含词、替代词。有些英文词除了全称外，还有缩写形式，如地理信息系统，其英文表达为 geographic information systems，首字母缩写为 GIS，这两种方式均应采用。

【例 5】 项目"灌溉用的橡塑多孔管"的检索概念为：橡胶、塑料、多孔管、灌溉，相应的英文词汇为：rubber，plastic，porous pipe，irrigation。请查找它们的同义词。

【解答】 从课题背景介绍可知，原料橡胶来自于回收的废旧轮胎，塑料采用的是聚乙烯，因此"轮胎"和"聚乙烯"可分别作为"橡胶"和"塑料"的替代词对这两个概念进行补充。"轮胎"一词有英、美两种拼写形式 tyre 和 tire；"聚乙烯"一词最常见的英文表达形式有 polyethylene 和 polythene；"多孔管"（porous pipe）一词的英文有多种不同的表达方式 porous tube、porous hose、porous piping、porous tubing 等，这些词都是 porous pipe 的同义词。watering 是 irrigation 的同义词。

通过分析,列出表达上述概念的同义词:①橡胶、轮胎 rubber, tyre, tire;②塑料、聚乙烯 plastic, polyethylene, polythene;③多孔管 porous pipe, porous piping, porous tube, porous tubing, porous hose;④灌溉 irrigation, watering。

2)结合研究点、整体与部分的关系选择检索词

【例6】 查找"国际投资流向"方面的文献。

【解答】 如果仅是想泛泛了解国际投资的情况,可选用 international investment 作为检索词,查到的文献是笼统的、不分国别的国际投资文献。若要深入了解"国际投资流向"的具体情况,则需要将 international 展开为美、英、法、德、日等投资大国来进行检索。

有些检索词表达的概念存在着整体与部分的关系。如果检索词涉及表达整体的概念时,还应针对具体情况分别列出每一个表达部分概念的检索词,以避免漏检。

【例7】 检索欧洲能源问题的文献。

【解答】 如果仅用"欧洲"这个词去检索,将会漏掉许多相关文献。因为从地理上看欧洲包括许多国家,如英国、法国、德国、意大利。而"欧洲"作为一个检索词只代表它本身,无法代表位于欧洲的具体国家。这时应将感兴趣的国家名称补充到"欧洲"这一概念中,这样才能避免漏检。

3)几类不宜用作检索的词汇

以下几类词汇不宜用作检索词:①检索意义不大的词、太宽泛的词。例如,展望、趋势、现状、进展、动态等,应用、作用、利用、用途、用法等,研究、分析、方法,影响、效果、效率等。②词义延伸过多的词。例如,制造、开发、制备、生产、加工、工艺等,提炼、精炼、提取、萃取、回收、利用。③重复词。

(3)搜集检索词的方法

下面给出了搜集检索词的几种途径。①用概念试检收集检索词。首先以检索课题中的主要概念作为检索词,到数据库中试检,然后浏览检索结果,从相关条目的题名、摘要及关键词中收集同义词和相关词。②从综述文章中收集检索词。③从主题词表中选词。

1)用概念试检,从相关条目中收集检索词

首先以检索课题中的主要概念作为检索词,到数据库中试检,然后浏览检索结果,从相关条目的题名、摘要及关键词中收集检索词,如同义词和相关词等。还可根据查全率和查准率要求,对所收集的词汇进行筛选,选择重要的词汇作为检索词。

【例8】 "数字参考咨询"是现代图书馆在网络环境下推出的新服务形式。请问表示这一概念的中文词汇都有哪些?指出其中较重要的词汇。

【解答】

数据库名称：维普《期刊库》。

数据年代：1989—2006。

检索式：篇名＝（数字参考咨询）。

检索结果：287 条（2007-12-20 检索）

浏览检索结果，从文章篇名、关键词及摘要等项中收集到以下同义词：数字化参考咨询、数字参考咨询、虚拟参考咨询、网络参考咨询、网上参考咨询、电子参考咨询、远程参考咨询、现代参考咨询。

为了判断上述同义词的重要性，可用各词汇进行检索，由命中记录数来判断各词汇的重要性。用上述同义词做题名检索，所得的结果数量见表 4-2-3。

表 4-2-3　各个检索词检索记录

检索词 命中数	数字化 参考咨询	数字参考 咨询	虚拟参考 咨询	网络参考 咨询	网上参考 咨询	电子参考 咨询	远程参考 咨询	现代参考 咨询
94-2006	91	222	193	45	51	2	0	21

由表 4-2-5 可知，表示"数字参考咨询"这一概念的较重要的词汇有：数字化参考咨询、数字参考咨询、虚拟参考咨询、网络参考咨询、网上参考咨询。

2）从综述文章中选词

【例 9】 从综述文章中查找与数字参考咨询相关的其他同义词。

【解答】 用维普《期刊库》检索。

数据年代：1994—2006。

检索式：篇名＝（数字参考咨询 and 综述）

检索结果：6 条记录

检索结果列表：

1. 汪洋. 国内 2002—2005 年数字参考咨询研究综述. 兰州工业高等专科学校学报, 2006, 13(3)：60-63.

2. 王新、陈凌. 国内数字参考咨询服务发展综述. 情报科学, 2005, 23(7)：1110-1113.

3. 王辉、陈玲. 国外数字参考咨询服务发展综述. 情报科学, 2005, 23(5)：792-795.

4. 李晓辉. 国内数字参考咨询研究综述. 新世纪图书馆, 2005(2)：33-36.

5. 焦玉英、罗栋. 网上协作式数字参考咨询服务的质量控制综述. 情报理论与实践, 2005, 28(1)：58-60.

6. 曹玉霞. 我国数字参考咨询服务发展综述. 图书与情报, 2004(3)：42-44.

从第三篇文章（作者王辉）中，可得到与数字参考咨询相关的中英文词汇如下：

数字参考咨询	digital reference services, DRS
虚拟参考咨询	virtual reference services
咨询专家	AskA
电子参考咨询	electronic reference services, E-reference
远程参考咨询	remote reference services
网上参考咨询	network—based reference services

3) 从主题词表中选词

主题词表是检索系统对文献进行主题标引的依据。许多数据库都有联机主题词表,如 Ei Compendex,INSPEC,CSA。对于比较成熟的研究主题可以从这些词表中找到相关的词汇。

【例10】 请问在 Ei Compendex 库中若要用规范词(Thesaurus)方式查找结构工程设计方面的文献,应如何选择检索词?并说明用 Ei Controlled term 字段检索时,规范词与非规范词检索效果的好坏。

【解答】 ①利用 Ei Compendex 提供的主题词表选词。首先输入关键词 structural engineering,由 Thesaurus 词表可知该词组并不是规范词,相应的规范词为 structural design。即 Ei Compendex 库在标引"结构工程设计"方面的文献时,采用的规范词为词组 structural design。故若要用规范词字段查找结构工程设计方面的文献,应采用 structural design 作为检索词。②用规范词与非规范词做规范词字段检索。检索过程及命中篇数见表 4-2-4。

表 4-2-4 规范词字段检索结果记录(数据年代 1884—2006)

检 索 式	命中篇数	检索结果分析
{structural design} wn cv	37 002	用规范词检索查得准且全
{structural engineering} wn cv	132	用非规范词检索漏检多

结论:在规范词字段中用非规范词检索会导致漏检。

需要说明的是,并不是所有的数据库都提供主题词表,如 SCI 对文献不做主题标引,故它没有主题词表。而且主题词也是相对于具体的数据库而言的,即某个数据库中的规范词,在另一个数据库中未必是规范词,而我们检索时往往不止用一个数据库,因此在选择检索词时,还应尽量选择各种同义词、近义词来充实每一个检索概念,以避免漏检。另外,词表的编制与更新需要时间,这使得科学技术中的新名词无法及时地在主题词表中反映出来。此时可选用关键词作为检索词。

(4) 收集英文检索词

可从中文概念入手查找相关的英文词汇。寻找英文词汇的途径有:①科技词典；②中文期刊库；③英文数据库。

【例 11】 查找有关"湍流的大涡模拟"方面的英文文献,请问应该用什么检索词?

【解答】 主要概念：湍流、大涡、模拟。找词过程见表 4-2-5。

表 4-2-5　查找英文词汇的途径

找词途径	特　　点	说　　　明
金山词霸	提供词汇的一般解释	"模拟"的英文词为 simulate,simulation。但不是所有词汇都能从金山词霸中获得解释。如"大涡"从金山词霸查不到,仅仅查到"涡"eddy
CNKI《期刊库》	国内学者的用语	先用"湍流"、"大涡"、"模拟"查到相关的中文文献,从文献中找到相应的英文词汇：large-eddy simulation、turbulence
Ei	国外学者的用语	该题为查找工程技术方面的文献,故可用 Ei 数据库了解外国学者的相关用语。如 large-eddy simulation 的缩略形式 LES 也是相关词
相关的英文词	large-eddy simulation、LES、turbulence、turbulent flow	

4. 检索式的编写

检索式即为检索提问的逻辑表达式,由检索词以及系统支持的检索算符和检索字段构成。

（1）几类常见的检索算符

目前各个检索系统所能实现的检索功能基本相同,它们所支持的算符可以归纳为三大类：逻辑算符（boolean opterators）、位置算符（proximity）、截词符（truncation）。其中,逻辑算符用来说明检索词之间的逻辑关系；位置算符用来说明检索词之间的位置关系；而截词符则用来进行词干等检索。将截词符加在某些检索词的词干或不完整的词上,以表达对词的完整意义进行检索。

表 4-2-6 给出了美国的《工程索引》Ei Compendex 常用的检索算符及用途。

1）位置算符的用途

位置算符用来对两个检索词之间的位置关系进行说明。逻辑算符"与"只要求两个检索词同时出现在同一篇文献中,而没有限定两词之间的位置关系,难免造成误检。

【例 12】 请查东北农大（Northeast Agricultural University）2010 年发表的文献被 Ei 收录的篇数。要求查准并尽可能查全。

【解答】 通过试检寻找该机构在 Ei 库的表达形式。检索过程见表 4-2-7。

表 4-2-6 Ei 的常用检索算符

名称	符号	说 明	应 用 举 例
逻辑算符	and	逻辑"与",连接限定词,缩小检索	Information and retrieval
	or	逻辑"或",连接同义词,扩大检索	Internet or www or web
	not	逻辑"非",排除	Energy not nuclear
位置算符	" " 或 { }	词间不能插词,词序不能颠倒。即实现词组检索	"International Space Station"命中包含有词组"International Space Station"的记录。"oil and gas"与{oil and gas}等价
	Onear/n	所连接的两个词之间可插入 0~n 个词,词序不能颠倒	Distance Onear/3 learning,可插入 3 个词,词序不能颠倒
	near/n	所连接的两个词之间可插入 0~n 个词,词序可以颠倒	Distance near/3 learning,可插入 3 个词,词序可以颠倒
截词符	*	右截词,利用它可以只输入检索词的起始部分,而实现一簇词的检索	Patent * 命中 patent,patents,patentable,patented 等
	$	词根运算符	$ manage 命中 manage, managing, managed,manager,managers,management, managements
通配符	?	有限截词。问号个数代表字符数	Wom?n 命中 woman,women;fib?? 命中 fiber,fibre

表 4-2-7 检索过程(检索日期 2013-6-30)

No.	检 索 式	命中数	检索结果分析
1	(northeast and agricultural and university) wn af	1 829	误检很多。三个检索词分散出现在多个单位名称中。如:① Northeast Institute of Geography and Agricultural Ecology,China;②Hokkaido University,Japan. 这是因为逻辑算符只说明词间的逻辑关系,而无法限定词间的位置。尝试用词组检索提高准确性
2	"northeast agriculture university" wn af	88	用单位名称作为词组进行检索查得准,但漏检很多。需要扩检。用位置算符 onear 提高检索结果的准确性,并减少漏检
3	((northeast onear agricultural onear university) wn af) and 2010 wn yr	250	查得准且全

2) 截词符的用途

截词符用来实现词的片段查找。按截词符出现的位置不同分为前方一致(右截断)和后方一致(左截断)。前方一致(右截断)是将截词符加在词干之后,在计算机检索中最常用,因为这样可以省去写出各种不同词尾的检索词,并保证查全率。如在 Ei Compendex 数据库中检索计算机层析文献的文献,以下两个检索式是等价的:

检索式 1:(Comput* AND tomography) WN TI

检索式 2:((computer OR computed OR computerised OR computerized) AND tomography) WN TI

当然,在何处截断需要认真考虑。如果把 computer 一词截断成 com?,那么就会检出所有以 com 开头的词汇,导致较多的误检。

(2)检索式的编写与调整

1)检索式的编写步骤

检索式的编写步骤为:①分析检索课题,确定检索词。②用逻辑算符说明词间关系。用 OR 算符连接表示同一概念的检索词(如同义词、近义词、相关词等),用 AND 算符连接限定词,注意算符的运算次序,必要时使用括号调整运算顺序。③用位置算符指定词间位置。有些检索词是以词组形式出现的,这时就需要使用位置算符指定词与词之间的位置关系。④用截词符表示各种词尾变化。采用截词检索时一定要慎重,最好先查阅字典,了解检索词的各种词尾变化,确定最合适的截断位置。⑤选择检索字段限定检索范围。字段是机读数据库的最小检索单元,利用字段检索可以提高检索结果的准确性。

需要说明的是,不同的数据库所支持的检索字段及表达形式不同,使用前应认真阅读数据库的使用指南。

下面以 Ei 数据库为例,说明检索式的编写过程。

【例 13】 在 Ei 库中查计算机层析用于火箭无损检测方面的文献。

【解答】 ①从课题名称中确定概念:计算机层析、火箭、无损检测,它们即为选词依据。

②将概念之间的逻辑关系表示出来:计算机层析 * 火箭 * 无损检测。

③确定英文检索词:

计算机层析 Computerized Tomography

火箭 rockets or propellant

无损检测:Nondestructive examination。

④编写检索式:(Computer* and Tomography and (rocket* or propellant*) and Nondestruct* and examin*) wn ky,命中 12 条。

2)检索式的调整

对检索结果不满意时,如检出的相关文献数量太多或太少,都需要对检索式进行调整。下面以实例说明如何通过分析检索结果调整检索式。

【例 14】 用 Ei 数据库查找禁忌搜索算法(Tabu Search)在求解车辆线路调度问题(VRP)中应用方面的文章。

【解答】 ① 直接从课题名称中选词如下：

车辆线路调度：Vehicle Routing Problem，VRP

禁忌搜索：Tabu Search(一种常用算法的名称)

② 拟定检索式：(VRP WN TI) AND ((Tabu Search) WN KY)，1884—2006

③ 检索过程见表 4-2-8。

表 4-2-8　在 Ei 库中检索过程记录

检　索　式	命中数	结　果　分　析
(VRP AND (Tabu Search))WN TI	0	检索结果为零，需要扩检，将字段改为关键词字段
(VRP and Tabu and Search) WN KY	27	查到了一些相关文献，仍需要扩检。增加 VRP 的同义词 Vehicle Routing Problem。此外，通过浏览检索结果，发现 Tabu Search 作为算法名称总是连在一起，可作为词组检索
(((Vehicle Routing Problem) OR VRP) AND {Tabu Search}) WN KY	116	查到了较多的文献，但其中包含了一些无关文献，需要提高查准率。浏览结果发现在相关文章中 Vehicle Routing Problem 总是连在一起的，故可将其作为词组检索
((({Vehicle Routing Problem} OR VRP) WN TI) AND {Tabu Search}) WN KY	59	浏览检索结果，发现与 Vehicle Routing Problem 相关的规范词为 Transportation Routes，可将它作为检索词，以便获得更多的相关记录
((({Vehicle Routing Problem} OR VRP) WN TI OR (Transportation Routes) WN CV) AND {Tabu Search}) WN KY	76	浏览检索结果，感觉查到的都是相关文献，数量适中，故该检索式较好

三、检索技巧

1. 扩大检索与缩小检索的问题

当命中文献太少，如检索结果为"0"时，需要扩大检索。检索结果为"0"是指通过文献检索，尤其是主题检索途径找不到相关文献。这是一种不正常的现象，因为从科技发展的角度来看，任何一项科学技术的产生，都不能脱离时代背景，不是凭空想象的，而是对前人研究成果的继承和发展。因此以主题途径检索文献，其检索结果不应该为 0。产生这种现象的原因多为检索策略有问题,如所选的数据库不合适,选词不恰当等。如果所用的数据库合适,则需要调整检索式,扩大检索。常用的扩大检索的措施有:增加同义词、近义词,利用主题词表中的上位词,使用逻辑"或",采用截词符等。

当命中文献太多时,需要缩小检索范围。缩检与扩检正好相反。常用的方法有:增加限定词、选择主题词表中的下位词、增加限定条件,如语种、年代、文献类型。

综上所述,在检索结果不理想的情况下,应不断调整检索式,采用多种检索途径,以达到较理想的检索效果。

2. 提高检索结果准确性的方法

(1)增加限定词或采用更专指的词汇

当无法从课题名称中直接获得检索词时,就必须对课题内容进行全面、透彻的分析,从中提炼出能够反映课题内容的主要概念。以下通过两个实例说明抽取概念的要领。

1)找出隐含概念

【例 15】 课题"灌溉用的橡塑多孔管"(Rubber-Plastic Porous Pipe For Irrigation)。

【解答】 橡塑多孔管也称为橡塑渗灌管,其主要原料为橡胶粉(由废旧轮胎制得)和塑料(如粉状聚乙烯)。该产品主要用于农林业、园艺等方面的农作物灌溉。经过分析,该课题的主要概念是:"橡胶"、"塑料"、"多孔管"、"灌溉"。

在万方资源库中检索中文期刊、会议及学位论文(数据年代 1990—2012):

检索式 1:主题字段=灌溉 and 橡塑 and 多孔管,命中 1 条。

检索式 2:主题字段=灌溉 and(橡胶 or 轮胎 or 塑料 or 聚乙烯)and 多孔管,命中 8 条。

2)泛指概念具体化

【例 16】 课题"唐山综合防灾的研究"。

【解答】 从课题名称得到的概念为:唐山、防灾、研究。直接用它们检索效果不佳。

由于唐山是一个城市,因此可将其扩展为城市;其次,城市灾害主要是自然灾害,故灾害可具体化为地震、洪水和火灾;研究指的是研究手段,此课题用的是决策支持系统和专家系统。因此最后确定该课题的主要概念为:城市、地震、洪水、火灾、决策支持系统、专家系统。

在万方资源库中检索中文期刊、会议及学位论文(数据年代 1990—2012):

检索式 1:主题字段=唐山 and 综合防灾 and 研究,命中 6 条。

检索式 2：主题字段＝（唐山 or 城市）and（防灾 or 地震 or 洪水 or 火灾）and（决策支持系统 or 专家系统），命中 89 条。

（2）利用检索算符或检索字段

利用逻辑与、位置算符以及检索字段都能提高检索结果的准确性。例如检索某人、某单位、某刊物发表的文章时，应选用相应的字段检索以提高检索结果的准确性。

3. 提高查全率的方法

（1）增加同义词扩大检索

增加同义词或近义词、采用专业术语、采用缩略语等，并用逻辑"或"连接，都是扩大检索的常用方法。表 4-2-9 记录了采用这些方法在 CNKI 平台中检索期刊文章的情况。它们的有效性通过具体检索得到证实。采用篇名字段，数据年代为 2000—2006。检索日期为 2008-5-10。

表 4-2-9　增加同义词扩大检索实例

检　索　词	命中	扩检途径
个人电脑	222	增加同义词
个人电脑 or 微机 or 个人计算机 or 微型计算机 or 微电脑	7 675	
碾碎机	0	增加近义词
碾碎机 or 粉碎机 or 压碎机	523	
土工隔栅	2	采用专业术语。查找"软土地基加固技术"的中文文献，采用专业术语"geogrids"（土工隔栅）和"geotextile"（土工布）为检索词
土工隔栅 or 土工布 or geogrids or geotextile	383	
伽马射线	8	采用缩略语
伽马射线 or gamma ray or r-ray	1 090	
二氧化硫	755	采用元素符号等
二氧化硫 or SO_2	777	

（2）巧用主题词表中的上位词与下位词

Ei 的主题词表除了提供主题词的字顺表外，同时还提供等级表。如词组 structural design 的上位词（broader terms）为 design；下位词（narrower terms）为 structural analysis。

主题词表的等级结构为选择检索词提供了方便，可通过选用上位词或下位词来扩检或缩检。若命中记录数太少，可选择上位词检索，以扩大检索结果；若命中记录数太多，可选择下位词缩小检索结果。而相关词则可用于在其他主题下查找所要的文献。表 4-2-10 记录了在 Ei 库中采用上位词和下位词进行规范词检索的情况,从中可以看出它们的有效性。

表 4-2-10 Ei 规范词字段检索(2005 年)

检索词	命中	扩检途径
〈structural analysis〉	2 451	采用主题词表中的上位词。通过 Ei 的叙词表可知:structural analysis 的上位词是 structural design,最上位词是 design
〈structural design〉	3 319	
design	15 641	

(3)排除重复概念

在确定检索概念时,应排除重复概念,以避免漏检。

【例 17】 课题“河豚毒素的液相色谱分析”。

【解答】 从课题名称上看,其主要概念为“河豚毒素”、“液相色谱”和“分析”,但由于液相色谱本身就是一种分析方法,它隐含了“分析”这一概念,因此可将“分析”这一概念排除。

在万方资源库中检索中文期刊、会议及学位论文(数据年代 1990—2012):

检索式 1:主题字段＝河豚毒素 and 液相色谱 and 分析,命中 41 条。

检索式 2:主题字段＝河豚毒素 and 液相色谱,命中 62 条。

(4)采用截词符

为了不漏检各种词类及派生词,在检索词的“词干”后加“?”,如用“mechan?”可检出“mechanical”(机械的)、“mechanically”(机械地)、“mechanism”(机械)、“mechanization”(机械化)。

第三节 衡量检索效果的两个常用指标

检索效果(retrieval effectiveness)是指文献情报检索的有效程度,即成功度。检索是否成功可以从两个层面进行评价:是否得到了所要找的情报资料,如查到某一文献并获得原文或回答某一实际问题;所查到的情报资料是否全面准确。显然判断检索是否成功,对于前者简单而又明确,而对后者则要困难得多。

一、查全率与查准率

在判断检索效果好坏时,查全率(recall ratio)与查准率(precision ratio)是两个最常用的指标。它们表示了系统的“过滤能力”,即让相关文献“通过”,并“阻止”无关文献。查全率与查准率的计算公式如下：

$$R(查全率) = \frac{检出的相关文献量}{检索系统中相关文献总量} \times 100\%$$

$$P(查准率) = \frac{检出的相关文献量}{检出的文献总量} \times 100\%$$

如某次检索,查全率为 70% 是指找出了该数据库中的相关文献的七成。如查出 50 篇文献,经判定其中有 20 篇是相关的,那么这次检索的查准率为 40%。

【例 1】 表 4-3-1 是某次检索过程的记录。假设系统的全部相关文献为 50 篇,三个检索式检出的相关文献量均为 20 篇,试说明这三个检索式的效果。

表 4-3-1　某次检索过程的记录

检索式 \ 检索结果记录	命中记录（篇）	检出相关文献（篇）	查全率（%）	查准率（%）	找出相关文献需要浏览的文献量（篇）
检索式 1	30			66.7	30
检索式 2	70	20	40	28.6	70
检索式 3	150			13.3	150

【解答】 在查全率相同的情况下,查准率越高,则分离相关文献与无关文献所需要的花费越少。故在这三个检索式中,检索式 1 更为有效。

从这个例子中可以看出以下两点:①查准率可以看成是分离相关文献与无关文献所需要的努力或花费的测度。查准率越高,用户分离相关文献和无关文献所需要的花费就越少。②查全率与查准率两者要配合使用,才能全面说明检索效果。计算机检索的核心问题是查出相关文献,故检索的成功度可以用从数据库中检出多少相关文献来衡量。查全率描述的是系统中的全部相关文献检出来多少,查准率描述的是检出的文献中有多少是相关的;前者是对检索全面性的测度,后者则是对检索准确性的测度。

1. 查全率与查准率的关系

从直观感觉来看,查全率与查准率是一对矛盾。要想提高查全率,就会使用较为宽泛的词语检索,这将导致检索结果中包含较多的无关文献。而要想提高查准率,就会选用较为专指的词语检索,这必然导致较多的相关文献漏检。

英国 Cranfield 航空学院图书馆馆长、情报学家 C. W. Cleverdon 领导下的研究小组于 1957 年对检索系统的性能进行了深入的研究,Cranfield 试验[①]是其中一个著

---

① 陈光祚.各种索引语言与标引系统的比较评价.见陈光祚文集.图书馆学情报学探索的足迹.北京:北京图书馆出版社,2006:133-140.

名的试验,它证实了人们的直观感觉:查全率和查准率呈互逆关系。

在检索时,我们总是希望将检索系统中的全部相关文献无遗漏地检出来,而且不让混进一个无关文献,即查全率和查准率都达到100%。但通常的情况是:检出的文献中总是掺杂一些无关文献(称作误检文献),而系统中的相关文献也没有全部检出来(称作漏检文献)。由查全率与查准率的关系可知,要使查全率和查准率同时都达到100%通常是不可能的。有许多因素限制了这种理想状态的获得。从系统层面来看,一个具有检索功能的文献情报系统包含了文献情报的存储与检索环节。在这两个环节中难免产生误差。首先在存储过程中,由于标引不当,对原始资料的特征揭示有失真。其次,计算机检索时所遵从的是严格字面匹配,这也与检索者所要求的内容匹配有偏差。再者,在把具体的情报需求变成检索式时,也会或多或少地有曲解。

(1)不同类型的检索问题对查全与查准的要求

1)几类典型的文献检索问题

以下是几类典型的文献情报检索问题:①已知文献线索,获取原文。②数据与事实检索,检索结果是数据或事实。例如某种金属的熔点,某种材料的电阻率等。③某一学科领域的全面的文献检索。如要系统地收集有关汽车发动机故障诊断方面的文献。④定题通报服务。利用这种服务,用户可及时了解某一专业方面的最新文献。⑤有关某一主题的为数不多的"好"文章或参考书。

2)各类检索问题对查全率与查准率的要求

不同的检索问题对查全率与查准率有不同的要求。如查找某篇文章,获取某一个数据或事实,对应的检索结果是查到或没查到两种情况。查到时,查全率和查准率均为100%。若没有查到,查全率和查准率均为0。又如一个人正在撰写综述性文章,或者着手一项长期研究计划,需要全面检索,这要求查全率很高,以保证尽可能将相关文献全部查出来。而另一个人需要了解某一主题的最新文献信息,他除了要求信息及时外,还希望获得的文献都是相关文献,而对文献是否全并不十分关注。就以上两种极端情况而言,当查全率很高时,由于查全率与查准率为互逆关系,故此时查准率很低,这意味着分离相关文献与无关文献需要更多的时间。而当查准率很高时,则会漏掉许多相关文献。因此就一般的检索问题,通常会采取折中,即在查准率可以接受的情况下,尽可能查全。此时,查准率为40%~50%,查全率为60%~70%。

(2)查全率与查准率的局限性

虽然用查全率和查准率可以判断检索效果,但它们仍存在着难以克服的模糊性和局限性。首先到目前为止,还没有一个判断文献相关性的客观方法。文献是否相关,不同的人可能存在不同的判断标准,即带有一定的主观性。正因为此,检索系统中的相关文献总量实际上是一个无法准确估计的模糊量,查全率难以准确计算。其次,查全率对文献的重要性没有区分,即假设了所有相关文献都具有同等价值,这意味着文献无好坏之分,这也与实际情况不符。如在某次检索中,检出相关文献 5 篇,漏检了 10 篇,查全率为 33%。然而,检出的这 5 篇文献,其价值可能比漏检的 10 篇文献要大得多,这使得漏检的影响变得微不足道。因此用查全率和查准率描述检索效果只能是近似的和相对的。

2. 提高检索效果的措施

从以上分析可知,要改善检索效果可以从提高检索系统的质量以及提高用户检索水平两方面入手。就用户层面而言,检索成败的关键在于检索策略的制定。为了获得满意的检索效果,首先,要全面、细致地分析检索问题,尽可能列出全部已知线索,为制定最优检索策略提供依据。其次,合理选用数据库。最后,选取能够准确表达情报需求的检索词,构造检索式。在检索过程中,灵活、有效地运用各种检索方法,还要根据不同的检索要求,适当地调节查全率和查准率。

二、查全率与查准率的应用实例

1. 了解清华大学论文被 SCI 收录的情况

【例 2】 想了解北京清华大学发表的论文被 SCI 收录的情况,希望查准查全,如何构造检索式更为有效?

【解答】 (1)确定检索词。收集清华大学在数据库中各种可能的表达形式,将其作为检索词进行检索。

(2)从查全与查准两个方面对检索结果进行分析,为构造合适的检索式提供依据。查准率的判断:通过查看相关条目中提供的地址信息,可准确判断文章是否是清华大学发表的。查全率可用命中记录数来说明。

清华大学在 SCI 数据库中各种可能的表达形式如下:tsing hua univ,tsinghua univ,qing hua univ。检索过程及分析见表 4-3-2(数据年代 2000—2006,检索日期 2007-12-18)。

(3)讨论:

- 希望将 2000—2006 年北京清华大学发表的被 SCI 收录的论文查准查全,较合理的检索式为:AD=((tsing hua univ or tsinghua univ or qing hua univ or qinghua univ) same beijing),命中记录 18 407 条。

- 若允许漏检的记录数不超过 20 条,则检索式可简化为:AD=(tsing* same beijing),命中记录 18 403 条。

表 4-3-2　检索过程及分析

检 索 式	命中记录数	检索结果分析
AD＝(tsing hua univ same beijing)	18 361	查到相关记录 18 361 条,但有漏检记录 39 条。漏检记录如下：TSINGHUA UNIV, Tsinghua High Sch, Beijing 100084, Peoples R China, Tsinghua Univ Lib, Beijing 100084, Peoples R China 说明：地址字段同时在 Reprint Address 中检索
AD ＝ (tsing* same beijing)	18 403	查到相关记录 18 400 条,误检记录 3 条。误检记录如下：Tsinghua Sci Pk, Beijing 100084, Peoples R China. Tsinghua E Rd, Beijing 100083
AD＝(tsing* and beijing)	18 579	查到相关记录 18 359 条,有 220 条误检。在一条误检记录中,检索词分散在两个不同的单位：Inst High Energy Phys, Beijing 100039, Peoples R China; Natl Tsing Hua Univ, Dept Phys, Tainan
AD＝(tsing* not taiwan)	18 506	查到相关记录 18 304 条,误检记录 202 条
AD＝(tsing* not natl)	17 685	查到相关记录 17 497 条,误检记录 139 条
AD＝(qinghua univ same beijing)	10	查到相关记录 10 条,无误检
AD＝(qing hua univ same beijing)	2	查到相关记录 2 条,无误检

- 若还希望包含清华大学深圳研究生院的论文,则可用如下检索式：

AD＝(tsing* same (Beijing or shenzhen)),命中记录 18 496 条。

2. 分析 CNKI《期刊库》常用主题检索字段的特点

【例 3】　CNKI《期刊库》提供的检索字段有：主题、篇名、关键词、摘要、作者、单位、刊名、参考文献、全文、智能检索、ISSN 号、年、期、基金、中图分类号、统一刊号。其中,常用的主题检索字段为：主题、篇名、关键词、摘要、全文。试从查全与查准两个方面比较它们的特点。

【解答】　在进行字段比较前,首先要搞清这些字段的检索范围,然后再对它们的检索特点进行讨论。利用 CNKI《期刊库》的联机帮助可知,其"主题"字段的检索范围为：中英文篇名、中英文关键词、机标关键词、中英文摘要。

下面通过具体的检索课题——查找"传统民居"方面的文章,比较以下 5 个常用主题检索字段的特点：主题、篇名、关键词、摘要、全文。

（1）CNKI《期刊库》常用主题字段查全能力的排序

用同一个检索词在不同字段中检索,记录各次检索结果数并按结果数量排序,即可得到各个字段查全能力的排序。为了提高查准率,采取了以下两种措施:选用与传统民居相关的专辑,传统民居按词组检索。

检索日志:

所用的数据库:CNKI《期刊库》,年代:2000—2012

检索词:传统民居,使用"精确匹配"

检索结果:表 4-3-3 给出了检索词"传统民居"在不同字段的命中记录数。

表 4-3-3　CNKI《期刊库》检索记录(检索日期 2013-6-5)

字段名称	篇名(ti)	文摘(ab)	关键词(keyword)	主题(ab/ti/keyword)	全文(fulltext)
命中记录	954	1 566	1 803	2 913	13 307

CNKI《期刊库》常用主题字段查全能力排序:fulltext＞(ab/ti/keyword)＞keyword＞ab＞ti

（2）查准率分析

对于查准率的判断,除了直接分析文献内容判断相关性以外,还可以从词的来源入手进行分析。下面根据词汇来源判断命中记录的相关性,从而对各个字段的查准能力给出判断。

文中关键词:由作者给出。对于发表在学术期刊上的文章,作者会给出几个词组用以说明文章的主题,它相当于作者对自己文章所做的主题标引。这些关键词当然能确切表达文章的主题。CNKI《期刊库》中的关键词字段,其词汇除了来源于文中关键词外,还有机标关键词,它们是通过计算机软件分析给出的,这部分词汇与文章主题的相关性取决于软件的判断能力。

题名、文摘或正文等字段的词汇来源于文献本身,它们在整体上或许可以表达文献的主题,而其中的单个词则不一定。以下两个例子用来说明题名中的词汇并非在任何情况下都能表达文献的主题。如文章"湘中探访八老院子,邹伟华,家具与室内装饰,2002(5).",仅从篇名无法判断该文的主题。只有在阅读了全文后,才知道它是关于湘楚传统民居的。再如,图书《钢铁是怎样炼成的》,题名词"钢铁"与图书内容风马牛不相及。好在科技文章的篇名词与文章主题的相关性较高。据统计,科技文章的篇名词与主题内容的相关性大于80%。[①] 文学类的文章则较低。

（3）CNKI《期刊库》常用主题检索字段的检索效果分析

查准率排序:关键词＞篇名＞文摘＞主题＞全文

查全率排序:全文＞主题＞关键词＞文摘＞篇名

---

① 米哈依洛夫,等.科学交流与情报学[M].徐新民,等,译.北京:科学技术文献出版社,1980:315.

结论：在 CNKI《期刊库》中查找某一主题的文献时，为了保证较高的查准率，首选篇名或关键词字段；用正文字段检索尽管查全率较高，但查准率很低，分离相关文献与无关文献需要花费较多的时间。当然若查找的课题较新，文章较少时，则可选择文摘或正文字段，以保证较高的查全率，不漏掉一篇相关文章。

第四节　获 取 原 文

一、获取原文的途径

利用文摘数据库查找文献时，其结果多为文献线索，此时还需获取原文。原文获取从本质上讲是查找馆藏的问题。获取原始文献的途径如下：网上查找原文、本馆馆藏、馆际互借及联机订购。下面以实例说明原文获取的方法。

1. 网上查找原文

用 Google 或 Baidu 等从网上找全文，最大的优点是简单快捷，但不是每一次都能成功。能够从网上获取原文的前提是有电子期刊的使用权或者全文是免费的，如各类开放期刊和机构库。

下面以实例说明在文章信息不全的情况下如何获取原文。

【例 1】　仅知篇名和作者信息如下，如何获取原文？ Low-frequency harmonic vibration analysis with temporal speckle pattern interferometry，Gang Tao。

【解答】　用 Google 在网上查找。输入篇名：Low-frequency harmonic vibration analysis with temporal speckle pattern interferometry。

由搜索到的条目链接可知所要的文章在 Elsevier ScienceDirect 数据库中，单击相关链接可下载全文。

【例 2】　一读者需要以下一篇文章：Moraes R，Aydin N，Evans DH. The performance of three maximum frequency envelope detection algorithms for Doppler signals. J Vasc Invest. 1995，1：126-134。如何找到全文？

【解答】　用 Google 在网上查找。输入篇名：The performance of three maximum frequency envelope detection algorithms for Doppler signals.

由搜索到的条目可下载全文。此外，在作者 Dr Nizamettin Aydin 的个人网页 (http://www. see. ed. ac. uk/～naydin/na_publications. htm)Publication 栏目中，提供了该作者发表的文章及全文链接，由此也可以获得全文。

2. 本馆获取原文

目前图书馆的馆藏多为印刷型和电子型的混合体，所以查馆藏时，需要同时查找纸本资料和电子资源。一般用馆藏目录查找纸本资料,用资源门户查找电子馆藏。

【例3】 一名清华电机系的博士生需要如下一篇 1982 年 IEE 会议论文,请问清华大学图书馆有馆藏吗? W. D. Humpage, K. P. Wong, T. T. Nguyen, Z-plan Synthesis of Response Functions and Interpolators in Z-transform Electromagnetic Transients Analysis in Power System, Proc. IEE-C, vol. 129, May 1982, 104-110。

【解答】 由于 IEL 数据库的数据只到 1988 年为止,故无电子版。用馆藏目录查是否有印刷版。检索过程记录见表 4-4-1。通过检索结果可知,清华图书馆有 1982 年的馆藏,收藏在外文过刊阅览区。

表 4-4-1　检索过程记录

检　索　式	结果数	说　　　　明
题名(Proc. IEE-C)	0	调整检索式
关键词(Proc. IEE-C)	0	用关键词字段查
关键词(Proc. IEE C)	2	调整检索式重新查。要找的会议录名称为:IEE proceedings. C, Generation, transmission, and distribution. ISSN 0143-7070。 清华馆藏: v. 127-135 1980—1988

说明:若已知会议录的 ISSN,或 ISBN 号,用它们查找会议录最方便。

3. 馆际互借——提供必要的文章信息

馆际互借是指通过本馆馆际互借处向他馆获取相关文献资料。馆际互借是解决本馆缺藏资料的有效途径。通过馆际互借获取原文,至少需要提供文献的篇名、作者及出处,若有 ISBN 或 ISSN 号也应该提供,这将方便工作人员查找馆藏。

4. 联机订购原文

可用文摘数据库联机订购功能获取全文(如 OCLC FirstSearch 联机订购全文),或通过国际联机检索终端向联机服务系统订购全文。目前很多数据商在网上提供电子版短时开通,如 24 小时下载服务,当然需要支付较高的费用。

二、查找馆藏的常见问题

1. 刊名不确切

【例4】 请问清华大学图书馆是否收藏有 SPIE 的第 507 卷? 如何查找清华大学图书馆所收藏的 SPIE 的出版物?

【解答】 检索过程与结果分析见表 4-4-2。

表 4-4-2　查 SPIE 的馆藏检索过程与结果分析（2013-6-30 检索）

检索式	结果数	说　　明
keyword（spie v507）	0	不知确切题名，用关键词检索。未查到，调整检索式重查
keyword（spie v 507）	1	直接命中。该卷的 ISBN 为 0892525428
keyword（spie）	2 501	用该检索式可查清华大学图书馆收藏的 SPIE 出版物

2. 刊名缩写的处理

检索工具在著录文献出处时，常常将刊名按一定的规则进行缩写。国际标准化组织的《信息和文献、出版物标题和标题缩写的规则》（*Information and documentation Rules for the abbreviation of title words and titles of publications*）（ISO 4-1997）对刊名缩写作了统一规定。由于许多馆藏目录不支持刊名缩写检索，故需要将刊名缩写还原成全称。查找刊名全称的方法有：①用相关的工具书还原刊名。遇到不易确定的刊名缩写时，可以查找《国际期刊名称缩写词表》（*International List of Periodical Title Words Abbreviations*）[ISO-833-1974（E）]或利用中国图书进出口总公司编辑的《外国报刊目录》、美国 Gale 公司出版的 *Periodical Title Abbreviations*、*Ulrich's International Periodicals Directory* 等。②用提供刊名缩写查找的网址查全称。以下网址为加拿大英属哥伦比亚大学（University of British Columbia）图书馆提供的刊名缩写与全称对照表：http://www. library. ubc. ca/scieng/coden. html。③一些文摘数据库支持刊名缩写。用已知的刊名缩写作刊名检索后，从检索结果中查看刊名全称。

【例 5】　已知刊名缩写为：Trans. Inst. Min. Metall. ，Sect. A。请问刊名全称及 ISSN 号是什么？

【解答】　从 Ei Compendex 数据库中查刊名全称。

① 用刊名缩写作刊名检索，查到 1 条记录。记录中没有提供刊名全称，但有 ISSN 号 0371-7844。

② 用 ISSN 号检索，查到 474 条记录。从记录中查到刊名全称为：Transactions of the Institution of Mining and Metallurgy Section A。

【例 6】　已知刊名缩写为：J Vasc Invest。请问刊名全称及 ISSN 号是什么？

【解答】　从以下途径查找：
① 在英属哥伦比亚大学的刊名缩写与全称对照表中没有查到。
② 在《全国西文期刊联合目录》中用刊名首字母缩写查找，没有查到。
③ 在 Ei 数据库中查找，没有查到。
④ 用 OCLC 中的 *WorldCat* 查找。

检索式：ti：（Journal and Vasc＊ and invest＊）and dt＝"ser"

检索结果：1条记录。查看记录，从中获得刊名全称及 ISSN 号如下：Journal of Vascular Investigation，ISSN：1353-8012。

三、文献类型识别

图书馆对印刷型的文献资料通常按出版类型进行存放，这使得不同的文献收藏于不同的地点。因此了解各种文献的著录特点将有助于获取原文。以下是几种常见的文献类型的著录方式。

【图书】Schware，R. "Climate Change in Water Supply：How Sensitive is the Northwest?" Climatic Change and Water Supply. Washington，D. C. ：National Academy of Sciences，1986：82-98

图书著录的信息：书名、著者、出版地、出版社、出版时间、总页数、国际标准书号（ISBN）等。

本例中，Climate Change in Water Supply：How Sensitive is the Northwest? 为图书的章节名称，而 Climatic Change and Water Supply 为书名。Washington，D. C. 为出版地，National Academy of Sciences 为出版社名称。

【期刊】Lu，Chun，and K. Y. ，Lan，"Dynamic Analysis of Clamped Laminated Curved Panels" Composite Structures 30. 4. （1995）：389-396

期刊著录项目：期刊名称（多采用缩写）、出版年、卷、期及页码、国际标准刊号（ISSN）等。期刊特征词：volum，issue；变通：Vol. 30 No. 4＝v30，n4＝30（4）等。

【会议录】Gough，P. A. ，et al. ，"Electrothermal Simulation of Power Semiconductor Devices" Proc. of the 3rd International Symposium on Power Semiconductor Devices & Ics. Ed. Shibib，M. A. New York：IEEE，1991：89-94

会议录著录的信息：会议名称、会址、会期、主办单位、会议录的出版单位、会议录的编辑姓名等。

特征词：proceedings，Conference，Congress，Meeting，Symposium 等。

说明：et al. 为"等"之意。Ed. 为"编辑"的缩写。

【学位论文】Dong，Siyi Terry，The Modeling Analysis and Synthesis of Communication Protocols. Diss. Michigan U，1991，Ann Arbor：UMI，1992. 9228854

学位论文著录的信息：作者，学位论文名称，授予学位的单位名称，年份等。

特征词：Ph. D. Dissertation 哲学博士学位论文，MS Thesis 硕士论文，UMI 学位论文出版机构。

【专利】Zaccarin，Andre and Liu Bede，Method and Apparatus for Determining Motion vectors for Image Sequences. US patent 5210605，1993

专利著录的信息：专利发明人，专利名称，专利国别代码，专利号，专利批准年代。

特征词为 pattent。

【标准】Information and documentation-Rules for the abbreviation of title words and titles of publications. ISO 4-1997

该标准是关于信息和文献、出版物标题和标题缩写的规则的 ISO 标准。

标准文献著录的信息有：标准名称、标准号（含有标准机构代码）、审批机构、颁布时间等。

【科技报告】Duan，G.，et al.，Program for Control System Simulation. Technical Report，PB94-218153，1993

科技报告著录的信息：报告名称、报告号（多含有报告编写单位的代码）、研究机构、完成时间等。

习　　题

一、简述题

1. 简述扩检与缩检的措施。

2. 为什么说主题检索结果为 0 是不正常的现象？

3. 为什么查全率与查准率必须同时配合使用才能说明某次检索效果的好坏？

二、编制中文检索式

1. 查找"材料动态失效行为的多尺度研究"方面的文献。

2. 查找"基于伙伴关系模式的水电流域化风险管理研究"方面的文献。

三、原文获取

请问清华图书馆是否有以下文献的馆藏？若有请提供馆藏信息。

1. Ytaka Kurioka，etc. Influence of Light Source and Illuminance on Benham Type Subjective Colors，9th Congress of The International Colour Association，Proceedings of SPIE Vol. 4421（2002）

2. IFAC international federation of automatic control（14th；1999；Beijing，P. R. China）. Proceedings of the 14th World Congress /edited by Han-Fu Chen，Dai-Zhan Cheng and Ji-Feng Zhang.

3. 一位读者想要 2000 年发表在期刊 *Aerospace science and technology*（ISSN 1270-9638）上的一篇文章。问本校图书馆有馆藏吗？若有，请提供相应的馆藏信息。

4. 请问以下文献本校图书馆有馆藏吗？

Coupled marginal fisher analysis for low-resolution face recognition. Siena, Stephen（Carnegie Mellon University, Electrical and Computer Engineering, 5000 Forbes Avenue, Pittsburgh, PA 15213, United States）; Boddeti, Vishnu Naresh; Vijaya Kumar, B. V. K. Source: Lecture Notes in Computer Science（including subseries Lecture Notes in Artificial Intelligence and Lecture Notes in Bioinformatics）, v 7584 LNCS, n PART 2, p240-249, 2012, Computer Vision, ECCV 2012 Workshops and Demonstrations, Proceedings.

四、文献类型识别。请说明以下各条目的文献类型。

1. Thomas H. Cormen, Charles E. Leiserson, Ronald L. Rivest. Introduction to algorithms. Cambridge, Mass. : MIT Press, 1990.

2. Lutz, Mark. Learning Python. Sebastopol, Calif.: O'Reilly, c2008. 3rd ed.

3. Connolly, Thomas; Smith, Richard C; Hernandez, Yenny, et al. Carbon-nanotube-polymer nanocomposites for field-emission cathodes. Small, Vol. 5, Issue 7, p826-831, 2009.

4. Faulkner, SD; Kwon, YW. Study of composite joint strength with carbon nanotube reinforcement. Pressure Vessels and Piping Conference of the American-Society-of-Mechanical-Engineers, JUL 27-31, 2008 Chicago IL. Proceedings of the asme pressure vessels and piping conference, Vol. 5, p257-264, 2009.

5. Fan S; Liu C; Song P, et al. Carbon nanotube field emission cathode manufacturing method. TW200806574-A.

6. Adam J D; Pesetski A A; Przybysz J X, et al. Imaging system e. g. terahertz imaging system has focal plane array comprising several carbon nanotube mixers. WO2009029153-A1.

7. Nixon, Andrea Lisa. Copyright ownership of curricular materials for distance education courses in the context of information production. Ph. D., University of Minnesota, 2008.

8. Milk and milk products-Guidance on sampling. DIN EN ISO 707-2009.

9. Wilson, WC; Coffey, NC; Madaras, EI. Leak Detection and Location Technology Assessment for Aerospace Applications. NASA/TM-2008-215347.

CHAPTER 5
第五章

利用文摘数据库检索单篇文献

【学习目标】
- 掌握单篇文献的检索方法
- 了解文摘数据库的功能与特点
- 掌握文摘数据库的使用方法

【内容框架】

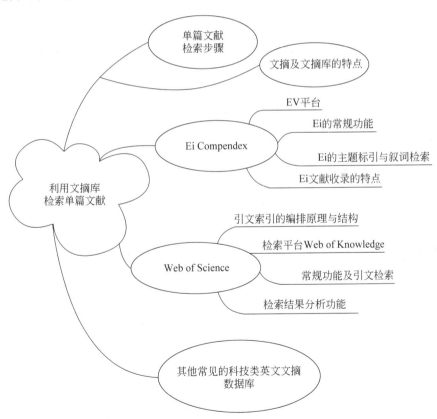

第一节 概 述

一、查找文章的实例

本章要解决的问题是单篇文献的检索。以下是查找单篇文献的典型问题：请问 2001 年 *Science*(ISSN：0036-8075)上一共刊登多少篇文章？有基因诊断方面的文章吗？有基因诊断方面的综述性文章吗？要解决上述问题应该用什么样的检索工具？是馆藏目录，还是搜索引擎，或是文摘数据库？下面通过具体检索寻找上述问题的答案。

【例 1】 利用馆藏目录查找 2001 年 *Science* 杂志上一共刊登多少篇文章。

【解答】 利用清华大学馆藏目录查找。检索点为 ISSN，检索词为 0036-8075。

检索结果：2 条。从检索结果中只能知道清华大学图书馆是否有 *Science* 这个刊，在什么阅览室可以阅览。至于该刊各期登载了什么文章则无法知道。

由于图书馆的馆藏目录是针对完整的出版物进行描述的，如一本图书、一种刊物、一套丛书等，因此通过馆藏目录只能了解图书馆收藏了哪些期刊、馆藏卷期如何、最近到馆的是哪一期，而无法知道期刊各期所刊载的文章。

【例 2】 利用 Google 查找 2001 年 *Science* 杂志上是否登载了基因诊断方面的文章。

【解答】 检索式：2001science gene therapy。

检索结果：1 010 000 个网页，内容五花八门。

【例 3】 检索 2001 年 *Science* 杂志上一共刊登了多少篇文章。其中有基因诊断方面的文章吗？有关于基因方面的综述性文章吗？

【解答】 检索工具：SCI 数据库。

检索式 1：SO＝science AND PY＝2001

检索结果：2 730 条，即 2001 年 Science 杂志一共刊登了 2 730 篇文章。

检索式 2：SO＝science AND PY＝2001AND TS＝(gene and therapy)

检索结果：10 条，即 2001 年 *Science* 杂志刊登了 10 篇基因诊断方面的文章。

检索式 3：SO＝science AND PY＝2001AND TS＝(geneand therapy)，文献类型为 review

检索结果：1 条，即 2001 年 *Science* 杂志刊登了 1 篇基因诊断方面的综述性文章。

从这几个例子可以看出，对于查找单篇文献的问题，检索效果最好的是文摘数据库。虽然利用搜索引擎可以从网上查到一些文章,但肯定查不全。如果要查找一篇已知的文章,或许可以先用一下搜索引擎。但如果要查找某一主题方面的文章、查找某一作者或某一机构发表的文章,则文摘数据库是最有效的工具。

二、文摘数据库

1. 文摘的定义

文摘(abstracts)是文章的摘要,它以简明扼要的文字说明文献的主要内容。根据国家标准《文摘编写规则》(GB6447—86),文摘是"以提供文献内容梗概为目的,不加评论和补充解释,简明、确切地记述文献重要内容的短文"。文摘作为原始文献的高度浓缩,通过略去原文中的次要内容压缩字数,其长度通常只有原文的 $1/10$ ~ $1/20$。与阅读原文相比,阅读文摘的时间至少可以节省 $1/10$。换句话说,可以把阅读范围扩大 10 倍。

2. 文摘数据库的作用及特点

文摘数据库是文摘的集合。它与馆藏目录一样,也是一种书目数据库。所不同的是,馆藏目录以一个完整的出版物为著录对象,而文摘数据库则以单篇文献为著录对象。它对所收录的单篇文献进行标引,以提供各种检索途径。故从文摘数据库中获得的多是文章的信息,若要获得原文,还需要查馆藏。文摘数据库的作用概括起来有以下四点:①报道科学文献。文摘数据库所收录的文献来自全世界各种学术出版物,并经过了筛选,以保证收录质量。如美国科学情报研究所(ISI)用《期刊引用报告》(JCR)对《科学引文索引》收录的期刊进行筛选。因此利用文摘数据库可以较为全面而有效地了解某专业领域的研究情况及最新进展。②有助于克服语言障碍。在目前出版的全部科学文献中,有一半的文献是用各国语言出版的,这成为国际学术交流的障碍。而文摘数据库中的记录通常用英文写成。英文作为目前通用的国际语言,在一定程度上可以帮助读者克服语言障碍。而且在许多情况下,文摘可以作为原文的代用品。因此通过文摘数据库可以促进对其他国家的研究成果的了解与利用。③有助于选择文献。篇名由于受字数的限制,时常对文献主题的揭示不够充分。有时出于技术保密的原因,作者故意将篇名写得很含糊,甚至可能使人误解,如专利说明书。因此,在一些情况下,仅根据篇名来选择文献并不充分。相比之下,文摘作为文献内容的简要表述,它所提供的信息远比篇名多。当读者通过阅读文摘判断原文对其研究有参考价值时,即可通过文摘库所提供的文献出处,查找馆藏获取原文。④有助于撰写综述文章以及编制专题书目。从文摘中提取综述所需的资料比从原文摘录更为有效,利用文摘编制专题书目也很方便,只要把内容相关的条目汇集和组织起来就行了。①②

文摘数据库作为查找单篇文献的工具,具有以下特点:①收录的文献涉及多个学科。如《工程索引》所收录的文献涵盖了工程技术领域的所有学科。而《科学引文索引》则侧重于基础研究领域中的研究成果的报道。②文献来源广泛。如《科学引文索引》收录了世界范围内出版的期刊 6 000 多种,而《工程索引》也收录了世界范围内出版的期刊、会议录和技术报告等 5 000 多种。③数据回溯年代长。如《工程索引》可以检索的数据年代为 1884 年创刊至今。④检索功能强大。如《工程索引》数据库的检索字段有 20 多个,不仅提供了主题检索,还提供分类检索等。又如利用《科学引文索引》的引文检索,只要获得一篇高被引文献,就可以方便地查到一批相关文献。除检索功能外,文摘数据库还具有分析检索结果的功能,以及提供最新文献的通报服务。文摘索引数据库所具有的这些特点,使它成为查找文献的有效工具。总之,在查找文章时,千万不要到图书馆一本一本地翻阅期刊,企图以这种方法来查找某一主题的相关文章,精神可敬但不可取。只要利用文摘索引就可以很快地找到与研究主题相关的文章,达到事半功倍的效果。善于利用文摘索引才能轻轻松松地做研究!

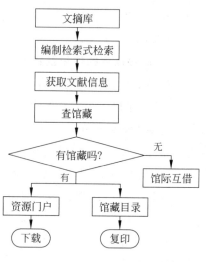

图 5-1-1　单篇文献的检索步骤

三、检索单篇文献的步骤

图 5-1-1 给出了检索单篇文献的步骤。它包含两步:第一步,利用文摘数据库获得文献的线索;第二步,查找馆藏。根据文献线索,查找图书馆是否有该文献原文。

第二节　工程索引——Ei Compendex 数据库

一、简介

1. Ei Compendex

Ei Compendex(Ei)是最常用的工程类文摘索引数据库之一,由荷兰爱思唯尔

①　博科,贝尼埃.文摘的概念与方法[M]. 赖茂生,王知津,译.北京:书目文献出版社,1991:4-11.

②　桑良至.文摘学概论[M]. 北京:中国书籍出版社,1993:1-10.

(Elsevier)出版集团旗下的美国工程信息公司(Engineering Information, Inc.)编辑出版。Ei 是印刷型刊物《工程索引》(*The Engineering Index*，创刊于 1884 年)的网络版，主要收录应用科学和工程技术领域方面的文献。内容涉及核技术、生物工程、交通运输、化学和工艺工程、照明和光学技术、农业工程和食品技术、计算机和数据处理、应用物理、电子和通信、控制工程、土木工程、机械工程、材料工程、石油、宇航、汽车工程等。文献来源于世界各国的 5 000 多种出版物，以英、中、日、德、法、俄文的文献为主，其中英文占 2/3 以上。来源出版物主要是期刊、会议录及技术报告等。数据每周更新。可检索 1884 年以来的文献。

2. EV 检索平台

Ei 通过 Engineering Village (EV)检索平台(www. engineeringvillage. com)提供服务。

（1）EV 平台首页

EV 平台首页见图 5-2-1。系统可同时检索 Compendex、Inspec 及 NTIS 三个数据库。检索时，先选择数据库(Select database)。可单选也可多选。若仅在 Ei 中检索，则勾选 Compendex。

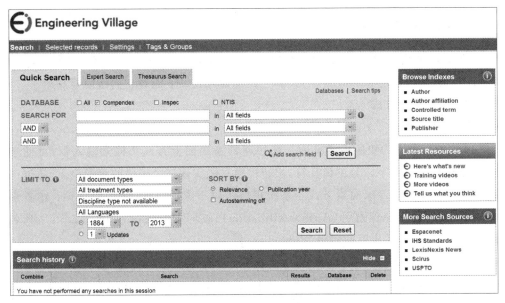

图 5-2-1　EV 平台首页

（2）EV 平台上可以访问的资源

目前在 EV 平台上可以访问的资源见表 5-2-1。

表 5-2-1　EV 平台上可以访问的资源

资源名称	说　明
Compendex	对应于美国的《工程索引》,数据回溯至 1884 年
Inspec	对应于英国的《科学文摘》,数据回溯至 1884 年
NTIS	美国政府报告文摘数据库,由美国国家技术情报社 NTIS(National Technical Information Service)提供。主要收录美国政府立项研究的项目报告,有少量的西欧、日本及世界各国的研究报告。数据回溯至 1899 年。NTIS 的网址为:http://www.ntis.gov/products/types/databases/ntisdb.asp? loc4:4-3。 有关 NTIS 更多的信息可以从中获得
Espacenet	欧洲专利文献数据库,由欧洲专利局(EPO)提供。免费提供 70 多个国家和地区的专利,大部分全文可以在线阅览和逐页下载
USPTO	美国专利全文数据库,由美国专利商标局(The United States Patent and Trademark Office)提供。数据回溯至 1790 年
HIS Standards	标准索引库,由美国数据库商 IHS 集团(Information Handling Service)提供
LexisNexis News	LexisNexis News 为工程新闻库,数据来源于报刊新闻。数据每日更新

二、Ei 的常规功能

在 EV 平台首页上,系统提供快速检索(Quick Search)、专家检索(Expert Search)、叙词检索(Thesaurus Search)三种检索方式。下面对它们做简要介绍。

1. 常规检索方式

(1)快速检索

EV 的首页即为快速检索页面。在快速检索页面上有三个检索输入框,可通过下拉菜单选择检索字段及逻辑算符;快速检索只能实现三个字段的组配检索,超过三个字段则需要使用专家检索方式。系统提供了以下索引,以方便用户选词:作者索引(Author)、作者单位索引(Author affiliation)、叙词索引(Controlled terms)、刊名索引(Serial title)及出版商索引(Publisher)。

检索时可对文献类型(Document types)、Ei 文献属性(Treatment types)、语种(Language)和年代(Year)进行限制。其中,文献类型按出版类型分类,详见表 5-2-2。Ei 文献属性按文献的主要特征分类,详见表 5-2-3。

语种限制是对原文所用的语言进行限制,可以选择的语言包括英语、中文、法语、德语、意大利语、日语、俄语、西班牙语 8 种语言。如果检索其他语种的文献,可以在专家检索中用语言字段代码 LA 进行限制。如检索式:chinesewn la 用于检索原文

表 5-2-2　Ei 的文献类型

文献类型名称	类型代码	中文名称及说明
All document types	All	所有文献类型
Conference article	Ca	会议文章
Conference proceeding	Cp	会议录
Dissertation	Ds	学位论文
Journal article	Ja	期刊文章
Monograph chapter	Mc	专题章节。独立章节的专论
Monograph review	Mr	专题综述。系统的专论,单卷或多卷连续出版
Report chapter	Rc	报告章节
Report review	Rr	报告综述
Patents(before 1970)		1970 年后 Ei 不再收录专利文献

表 5-2-3　Ei 的文献属性

文献属性	属性代码	中文名称及说明
Applications	app	应用
Biographical	bio	传记
Economic	eco	经济
Experimental	exp	实验
General Review	gen	综述
Historical	his	历史
Literature Review	lit	专题书目
Management aspects	man	管理
Numerical	num	数值
Theoretical	thr	理论

为中文的文献。

年代限定从 1884 年至今。此处的年代指的是文献收录 Ei 库的年代。

快速检索方式下逻辑运算顺序为:先完成输入框内的检索式运算,运算顺序为从左向右,逻辑算符的优先级相同;然后完成输入框间的运算,按输入框排列的先后顺序进行逻辑运算。

（2）专家检索

单击导航条上的 Expert Search,进入专家检索页面。在该方式下,检索字段、文献类型、Ei 文献属性、语种和年代均用相应的代码表示,如(image and compression) WN ti。其中,WN 表示字段检索,ti 为篇名字段代码,WN ti 表示在篇名字段中检索。专家检索页面的下方有常用字段代码表(见表 5-2-4)。

表 5-2-4　Ei 常用的检索字段

字段名称	代码	字段说明	应用举例
All fields	All	在全部字段中检索。为系统默认方式	93081058927 wn all
Abstract	AB	在文摘字段中检索	(global warming) wn ab
Accession number	AN	存取号检索。存取号是系统分配给每条记录的唯一标识代码	2005259172225 wn an
Author	AU	在作者字段中检索	(shi, hui-ji) wn au
Author affiliation	AF	在作者单位字段中检索	(tsinghua university) wn af
Classification	CL	分类号检索。对应于较宽的主题范围	723.5 wn cl 检索计算机应用的文献
Conference information	CF	会议信息检索,包括会议名称、会期、地点、会议主办者及会议代码	(SPIE and Beijing and 2004) wn cf
Controlled term	CV	在叙词字段中检索	(structural design) wn cv
Country of origin	CO	文献的出版国或专利的所属国	
Document type	DT	文献类型。指出版物所属的类型,如会议文献、期刊论文、专著	查找会议文献:Ca wn dt
ISBN	BN	国际标准书号	(971-539-001-3) wn ib
ISSN	SN	国际连续出版物标准号	(0277-786X) wn is
Language	LA	语种	Chinese wn la
Publisher	PN	出版社	(International Society for Optical Engineering) wn pn
Publication Year	YR	文献出版年代	2007 wn yr 查找 Ei 收录的 2007 年发表的文献
Subject/Title/Abstract	KY	关键词检索,此时将在题名、文摘和叙词字段中进行检索	Automobile wn ky
Serial title	ST	刊名检索	(Applied Optics) wn st
Title	TI	篇名检索	(Microregion deformation measurement) wn ti

　　逻辑算符的运算级别相同,运算顺序为从左向右。用括号可以改变运算顺序。字段代码的级别高于逻辑算符,例如 computer wn TI and petroleum wn AB 等价于 (computer wn TI) and (petroleum wn AB)。系统不区分大小写。在无检索算符连接的情况下,检索词间关系默认为逻辑与运算。

　　Ei 常用的检索算符有逻辑算符、位置算符、截词符三大类,详见第四章第二节中的表 4-2-8。

（3）二次检索及检索历史

在检索结果列表页面的左侧（见图 5-2-3），系统提供了二次检索功能（Refine Results），可添加新的限定条件在检索结果集合中检索。限定条件包括作者、主题词或分类号、出版年等。

单击检索结果页面上的 Search History 链接，进入检索历史页面（见图 5-2-2）。该页面记录了当前做过的检索，包括检索方式、检索式、所用的数据库以及命中记录数等。在检索历史页面上，可以对多个检索式进行逻辑组配检索，此时可用检索序号代替检索式进行检索。也可以用检索序号与其他检索词进行组合检索。例如：

#1 or #2

#1 or #2 and computer wn ab

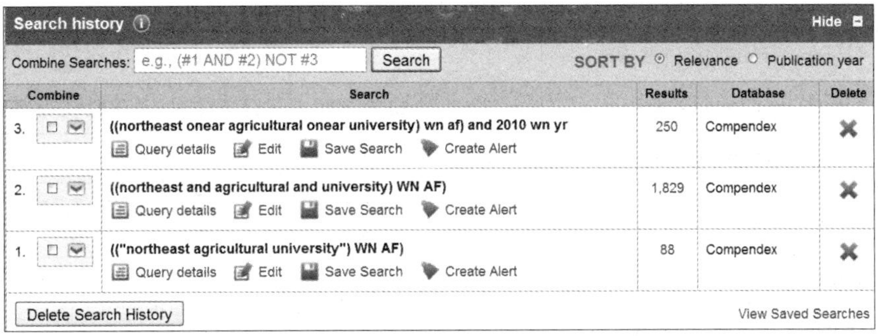

图 5-2-2　Ei 检索历史页面

（4）检索实例

【例1】　请检索清华大学 2004 年在期刊《计算机学报》上发表的被 Ei 收录的文章。

【解答】　选择数据库：Compendex。

检索点：

- 刊名字段：从刊名索引（Serials title index）查得计算机学报的表达形式为：Jisuanji Xuebao/Chinese Journal of Computers

- 单位字段：从单位索引（Author Affiliation index）中发现，清华大学有多种表达形式，故用截词符：tsinghua *

检索式：(Jisuanji Xuebao/Chinese Journal of Computers)wn st and tsinghua * wn af,2004

检索结果：16 条记录。

【例2】　在 Ei 数据库中执行以下检索，并说明它们的用途。

（1）computer wnti and image wn ti；

（2）(computer and image) wn ti；

（3）(computer image)wn ti；

（4）{computer image} wn ti；

（5）computer and image wn ti；

（6）computer wnti or image wn ti；

（7）(computer or image) wn ti。

【解答】 以 2000 年的数据为例进行分析。检索过程及结果分析见表 5-2-5。

表 5-2-5　检索过程及结果分析

No.	检　索　式	命中数	分析检索结果
1	computer wnti and image wn ti	23	检索式 1～3 是等价的。当多个检索词在同一个字段中检索时,可以将字段代码提出来
2	(computer and image) wn ti	23	
3	(computer image) wn ti	23	检索词间无算符连接时,系统默认为逻辑与
4	{ computer image} wn ti	3	为词组检索
5	computer and image wn ti	1 185	命中的记录为：篇名中包含 image,而 computer 可以出现在任何字段中
6	computer wnti or image wn ti	4 963	检索式 6 与检索式 7 等价
7	(computer or image) wn ti	4 963	

结论：字段算符的优先级高于逻辑算符,必要时可通过括号调整运算顺序。

2. 检索结果显示与输出

（1）结果显示及排序

系统以题录格式显示检索结果列表(见图 5-2-3)。单击某条记录的链接 Abstract

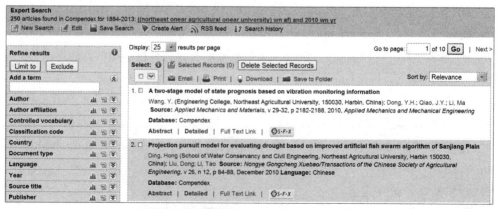

图 5-2-3　Ei 检索结果列表页面——题录格式

或 Detailed,可显示文摘或全记录。用 Display 下拉列表框可设置每页显示的条目数。系统提供了多种检索结果排序方式(Sort by):相关性排序(Relevance)、出版年代排序(Date)、作者字顺排序(Author)、刊名字顺排序(Source)以及出版商字顺排序(Publisher)。表 5-2-6 给出了 Ei 的三种输出格式。

表 5-2-6　Ei 的输出格式

格式名称	说　明
Citation	题录。包括题目、作者及第一作者单位、文献出处
Abstract	文摘。除了包含题录信息外,还提供文献摘要、Ei 叙词(Ei controlled terms)等。在 Ei 叙词字段中,粗体的为主标题词(main heading),表示文献的主题,其他叙词为该文献所涉及的其他概念。单击某一叙词链接,可查看该叙词下的相关文献
Detailed	全记录。显示包括存取号(Accession number)在内的全部书目信息。Ei 存取号的前四位数字表示文献被 Ei 收录的年代。Ei 的收录时间晚于文献的出版时间

（2）结果标记与输出

1）标记记录

逐条标记。在题录页面或文摘页面上,勾选每条记录。

批量标记,即一次标记多条记录。①在题录页面上,单击链接 Select all on page,标记当前页的记录。②设定标记范围(Select range),单击 Go 按钮,可对设置范围的记录进行标记。标记过的记录可以单页清除(Clear all on page)或全部清除(Clear all selections)。

2）输出方式

标记的记录可以打印(Print)、电子邮件发送(E-mail)、下载(Download)存盘或输出到个人文献管理系统中,也可保存在系统服务器上(Save to Folder)。如果采用下载方式,则需要选择输出格式。其中 RIS 格式用于输入到 NoteExpress、EndNote、ProCite、Reference Manager 软件中;Plain text format（ASCII）为文本格式,用于输出到 RefWorks 中。

（3）利用 SFX 获取全文

检索结果页面上的 SFX 将获取全文的各种途径整合在一起,包括全文的电子版、印刷版(本馆目录、联合目录)及 Google。若有电子版全文,则显示全文所在的数据库名称。输入卷期、页码后,单击 Go 按钮可在线浏览全文。若无电子版全文,可单击链接 Holdings,进入本馆馆藏目录,查看有无相应的印刷版期刊。若无馆藏,还可单击"全国期刊联合目录"或 Google 查找全文。

说明：页面上的 Full Text Link 链接功能不完善,仅有部分条目可以直接链接到全文,如全文来自 Elsevier ScienceDirect 数据库或 IEL 数据库,其他全文库则无效。

3. 个性化服务

用户注册后,可免费获得以下个性化服务:①保存检索式。在"检索历史"页面上,用 Save 按钮将检索式保存在 Ei 服务器中。要执行已保存的检索式时,登录后单击已保存的检索式,即可重新执行检索。②最新文献信息通报(Alert)。如在"检索历史"页面上,保存刊名或 ISSN 号检索式,并设定 Alert 服务,可获得该刊的最新期目次页。

在使用数据库遇到问题时,可以利用联机帮助解决问题。Help 链接在导航条中,它提供完整的数据库介绍。出现在页面中的"?"提供与用户当前操作相关的帮助。需要的话,还可以通过"Ask a Librarian"功能链接获得馆员帮助。

三、Ei 的主题标引与叙词检索

1. 用文中词检索存在的问题

直接从文献中选词检索容易造成漏检或误检。由于作者的用词习惯不同导致一个概念有多种表示,或者一个词表示多个概念。如"计算机层析"这一概念在英文中有以下多种表述:CT、computer tomography、computed tomography、computerised tomography、computerized tomography、computer aided tomography。如果要将"计算机层析"方面的文献查全,则需要将该概念的各种表达都作为同义词用"or"连接检索。此法费时且容易漏检。而多义词则会导致误检。如英文词 cell 既可表示细胞,也可表示电池。检索式 cell WN ti 命中的文献中既有太阳能电池(solar cells)方面的文献,也有肿瘤细胞(tumor cells)方面的文献。

2. Ei 通过主题标引提高检索效率

（1）采用规范化的词组对文献进行主题标引

为了解决文中词检索存在的问题,Ei 采用规范化的标引词对文献进行主题标引,使标引词与概念一一对应。如"计算机层析"方面的文献,Ei 统一用词组"Computerized Tomography"进行主题标引。Ei 的标引词来源于叙词表,故也称为受控词。对应的检索字段为 Ei controlled term(字段代码 CV);Ei main heading(MH)。后者称为主标题词,用来说明文章中最主要的概念。

（2）用文中词标引以解决词表更新滞后

为了解决词表更新滞后的问题,Ei 同时还从文献篇名、关键词及摘要中选词进行主题标引,对应的检索字段为 Uncontrolled term(FL)。

（3）主题标引对提高检索效率的作用

下面将以实例从查准与查全两个方面说明主题标引对提高检索效率的作用。

【例3】 检索"计算机层析"方面的外文文献，要求查准且尽可能全。以下三个检索式中，哪个检索效果最好？

【解答】 ① 查准率分析。首先，Ei 的主题标引字段（CV/FL）均为标引员根据文章内容所做的主题标引。只要主题标引正确，标引词一定与文章的主题相关。因此，Ei 的主题标引字段（CV/FL）比其他字段查得准。

② 主题标引对提高查全的实际效果分析。表 5-2-7 为实际检索及效果分析。从中可知，检索式 1，即叙词检索效果最好，换句话说主题标引对提高检索效率作用显著。

表 5-2-7　主题标引对提高查全的实际效果分析

No.	检　索　式	命中数	分析检索结果
1	{Computerized Tomography} wn cv	29 416	叙词检索查得准且全
2	{computerized tomography} wn ti	472	篇名检索查得准，但漏检很多
3	（{CT} or {computer tomography} or {computed tomography} or （Computer and aided and tomography） or {computerized tomography} or {Computerised Tomography}) wn ti	14 517	用多个同义词检，仍没有叙词查得全

3．叙词表的使用

（1）叙词表的结构

在 EV 首页上，单击导航条中的 Thesaurus 按钮，即可进入叙词表页面（见图 5-2-4）。它由字顺表和等级结构表构成。叙词表有三种打开方式：①查找（Search）；②词组（Exact Term），对应于叙词等级结构表；③浏览（Browse），对应于叙词字顺结构表。在叙词查找框中输入关键词后，选择叙词表的打开方式，然后单击 Submit 按钮就可以打开叙词表，从中选择叙词。单击页码或 Next 可进行翻页。

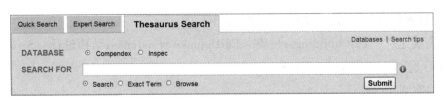

图 5-2-4　Ei 叙词检索页面

（2）利用叙词表选择检索词

叙词检索用于检索某一主题的文献，检索词须为叙词，否则检索效果会大打折扣。叙词表是 Ei 所有叙词的集合，它可以用来确定检索词。下面以"高层建筑"（tall building）为例说明如何利用叙词表确定检索词。

在叙词表页面的检索框中输入"tall building"，选择 Search 方式，单击 Submit 按钮（见图 5-2-5）。系统提示没找到，同时列出可能的叙词，选择其中的 Tall buildings，单击 Submit 按钮，系统提供了两个相关的叙词："Buildings"、"Tall buildings"。选中"Tall buildings"，系统将其调入检索框中（见图 5-2-6）。一次可选择多个词，此时系统默认的词间关系为逻辑或。可根据需要重新设定词间的逻辑关系。重复选词步骤，待选词完毕后，调整词间的逻辑关系，设定文献类型、数据年代等，单击 Search 按钮执行检索。

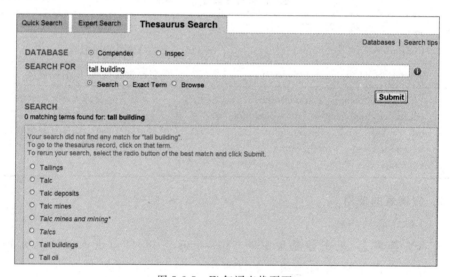

图 5-2-5 Ei 叙词查找页面

【例4】 请用 Ei 数据库中的 Thesaurus 方式查找 2000—2004 年间有关高层建筑抗震结构设计方面的文章。

【解答】 用叙词表选择相应的叙词如下：

高层建筑 Tall buildings；抗震 Earthquake resistance；结构设计 Structural design

检索式：

（{Tall buildings} AND {Earthquake resistance} AND {Structural design}）
WN CV, 2000-2004

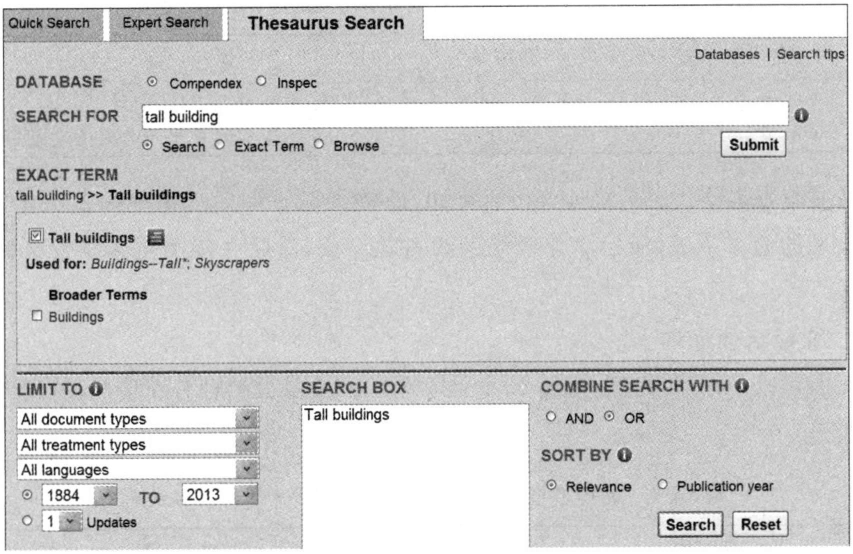

图 5-2-6　Ei 叙词选择页面

检索结果：17 条记录。

讨论：从叙词表中找不到合适的叙词时怎么办？

高层建筑还可表示为 High rise building。用该词组在叙词表中无法查到相应的叙词。此时，可用该词组进行篇名检索，检索式为："High rise building"WN ti。从检索到的相关条目的规范词字段中选择叙词。

【例 5】　请问 2006 年 Ei 收录的自动化方面的会议录有多少种？

【解答】　由叙词表查得与自动化相关的分类号如下：

731：Automatic Control Principles and Applications；732：Control Devices

检索式：(731 or 732) wn cl and cp wn dt and 2006 wn yr

检索结果：60 种会议录(2009-7-23 检索)。

四、讨论

下面对 Ei 数据库的数据特点进行讨论。由于 Ei 是一个英文文摘数据库，故收录的文献以英文文献为主。同时与其他文摘库一样，Ei 在文献收录与报道上不可避免地存在着滞后，此外，Ei 对非英文文献的数据标引也有自己的特点。

1. 数据滞后情况

下面以 2006 年的收录为例，说明 Ei 数据滞后的情况。所用的检索式见表 5-2-8。

表 5-2-8　Ei 数据滞后分析所用的检索式

检 索 式	命中数	说　明
2006 * wn an	691 659	检索 2006 年 Ei 收录的文献量
2006 * wn an and 2006 wn yr	481 096	检索 2006 年当年发表当年收录的文献量

按文献发表年代进行统计分析后可知,Ei 收录数据滞后的情况如下:当年发表当年收录的约占 7 成,滞后 1 年收录的约占 2.5 成,滞后 2 年及更多年收录的约占 0.5 成。

2. 文献语种分布

下面仍以 2006 年为例,说明 Ei 年收录量以及文献的语种分布情况,所用的检索式见表 5-2-9。

表 5-2-9　查 Ei 年收录量以及文献的语种分布所用的检索式

检 索 式	命中数	说　明
2006 * wn an	691 659	检索 2006 年 Ei 收录的文献量
2006 * wn an and chinese wn la	52 065	检索 2006 年 Ei 收录的中文文献的数量

2006 年 Ei 收录文献 691 659 篇。原文来源于 35 个语种。文献语种分布见表 5-2-10。由该表可知,与英文相比,其他语种的文献所占比例明显偏低。

表 5-2-10　2006 年 Ei 收录文献的语种分布(%)

英文	中文	日文、德文、俄文、法文	其他语种	合计
88.87	7.53	2.69	0.91	100

3. 作者索引与单位索引的问题

Ei 的作者索引与单位索引直接取自原文,不进行规范化处理,这给检索带来了一些麻烦。以单位索引为例,由于作者在文章中提供的单位地址写法不同,导致同一个单位在 Ei 的单位索引中有多种表达形式。如清华大学(Tsinghua University),在 Ei 的单位索引中,就有 536 种不同的表达方式。如果要查全,则需要将它们全部作为同义词检索,这显然极不方便。此外,Ei 有部分文献没有作者单位,这会导致从单位途径检索文献时漏检。作者索引也存在同样的问题。

这从另一个方面提醒作者对自己的姓名以及单位名称的规范化问题要给予足够的重视。

4. 中文刊名

Ei 收录中文期刊时,大多采用汉语拼音加英文译名,并按中文词组空格,如《光子学报》，其收录刊名为 *Guangzi Xuebao/Acta Photonica Sinica*。但也有按字空格的，如《系统工程与电子技术》为 *Xi Tong Gong Cheng Yu Dian Zi Ji Shu/Systems Engineering And Electronics*。检索时最好从刊名索引中选词检索，以保证检索效果。

第三节　引文索引——ISI Web of Science 数据库

一、科学引文索引简介

1. 引文索引的编排原理与结构

我们通常都有这样的经验：已知道一篇文献，就可以通过它的参考文献获得一批相关文献，而由每一篇新文献又可以获得更多的相关文献。《科学引文索引》（Science Citation Index，SCI）就是根据这一原理编制而成的。简单地说，SCI 由两个作者索引构成，一个是来源作者索引，另一个是参考文献作者索引。前者简称为来源索引，后者简称为引文索引。

（1）来源索引

来源索引（source index）就是来源文献的集合。来源文献指的是 SCI 收录的期刊上所刊载的文章，即被 SCI 收录的文章。每篇来源文献为一个款目。图 5-3-1 给出了 SCI 来源索引的片段。

CHRISTEN DK①
● KERCHNEER HR SEKULA ST CHANG YK – ②
　　OBSERVATION OF THE FLUX – LINE LATTICE IN SUPER-
CONDUCTING V3S1
　　　PHYSICA B + C　　　*107(1 – 3):301 – 302*
91　4R③
　　　OAK RIDGE NATL LAB, DIV SOLLID STATE, OAK
RIDGE,TN. 37630,USA④

图 5-3-1　SCI 来源索引片段

说明：①第一来源作者；②合作者；③文献篇名，出处(刊名、卷、期、页、年)，参考文献数；④作者所在单位地址。

（2）引文索引

引文索引（Citation Index，CI）是来源文献的参考文献的集合。每篇参考文献构成 CI 中的一个引文款目，按被引作者名字顺序排序，在每个被引作者名下列出其被引用的文章,按发表年代排序。随后列出引用条目。图 5-3-2 给出了引文索引片段。

ANSELIN F① ——————————
63 CR HEBDOMAD SE ACAD 256 2616②
PEZAT M J SOL ST CH 18 381 94③
75 T AM NUCL SOC 20
BLANCHAR T AM NUCL S 23 151 94 M④

图 5-3-2　SCI 引文索引片段

说明:①被引作者名;②被引文献发表的年份、刊名缩写、卷和页码号;③来源作
者、来源文献发表的刊名缩写、期刊卷号、页码和年份;④M 是来源文献的类型代码。

引文索引不仅提供参考文献的信息,同时还提供它被引用的信息。一个作者无
论在过去何时发表的文章,只要被后来的文章引用,这个作者就会出现在引文索
引中。

2.《引文索引》的创始人尤金小传①

引文索引的创始人是著名的情报学家和科学计量学家尤金·加菲尔德(Eugene
Garfield)博士。加菲尔德于 1925 年 9 月 26 日生于美国纽约,第二次世界大战参军,
复员后进入哥伦比亚大学学习化学,1949 年获得科学学士学位,1954 年获得哥伦比
亚大学图书馆学硕士学位,1961 年在宾夕法尼亚大学获结构语言学博士学位。1955
年加菲尔德在美国 *Science* 杂志上发表了题为"Citation Indexes for Science"的文章,
介绍了引文索引方法。加菲尔德认为检索的目的是获得相关文献,故作为一种检索
工具,它应能提供查找相关文献的各种途径。为此,引文索引在对来源文献进行编目
的同时,也将它们的参考文献条目收集起来编成引文索引,从而使检索者既可以通过
常规的检索方式获得相关文献,也可以通过参考文献途径获得相关文献,这是引文索
引的特色之处。在此之前,文献的编排与检索仅仅是传统的分类法和主题词法。此
外,引文索引采用关键词法对来源文献进行机器标引,提高了标引速度,并极大地降
低了标引成本。

加菲尔德不仅是一位才华横溢的科学家,同时还是一位有前瞻意识的市场开拓者。
为了使引文索引方法被人接受,为人所用,1960 年他创办了科技情报企业——美国科
学情报研究所 ISI (Institute for Scientific Information,网址为 http://www.isinet.com)。
目前,ISI 隶属于世界 50 强的汤姆逊集团 (The Thomson Corporation)。

1963 年,ISI 编制了《科学引文索引》(*Science Citation Index*,SCI)单卷本,1964

---

① 尤金·加菲尔德. 引文索引法的理论及应用[M]. 侯汉清,陆宝树,马张华,译.北京:北京图书馆出
版社,2004:240-242.

年正式出版发行 SCI 季刊。此后，ISI 将引文索引方法用于社会科学及人文艺术领域，并分别于 1973 年、1978 年相继出版了《社会科学引文索引》(*Social Science Citation Index*，SSCI)、《艺术和人文科学引文索引》(*Arts & Humanities Citation Index*，A&HCI)。ISI 的核心产品 *Web of Science*(WOS)数据库就是由这三个引文索引构成的。

引文索引的价值在于，对于已发表的学术论文，它既可追溯该研究主题较早的文献，还可以指向新近发表的文献。不论论文何时发表，它都能让作者知道自己的文章在何处被引用。在引文索引基础上发展起来的引文分析技术则可以用于了解学科的族群状况、活跃程度、学术亲缘；了解国家、单位或个人的学术成果被关注的程度和显示度等。引文索引这项富有创意的发明以其独有的功能，赢得了图书馆界、情报学界及科学界的承认。

二、检索平台 Web of Knowledge

ISI Web of Knowledge 整合了学术期刊、会议录、专利等文献信息，通过统一的检索界面，向用户提供自然科学、工程技术、生物医学、社会科学、艺术与人文等多个领域的学术信息。

1. 检索平台首页

检索平台 Web of Knowledge(见图 5-3-3)的网址是：

http://portal15.isiknowledge.com/。

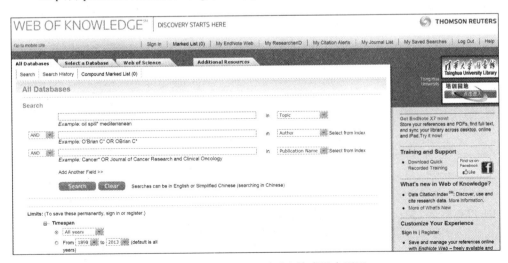

图 5-3-3　Web of Knowledge 检索平台页面

在该页面上可实现多库检索,可以检索的数据库见表 5-3-1。

表 5-3-1 Web of Knowledge 中可检索的数据库

数 据 库		说 明
WOS 引文索引	SCI(科学引文索引)	收录 6 381 种科技期刊,所涉及的学科有:数理化、生命科学、临床医学、天文地理、环境、材料、农业、工程技术等。SCI 收录的文献主要侧重于基础科学学科,以生命科学及医学、化学、物理所占比例最高。数据回溯到 1900 年
	SSCI(社会科学引文索引)	收录 1 800 多种社会科学期刊,所涉及的学科有人类学、商业、经济学、教育、环境研究、历史、图书馆学和信息科学、法律、社会学等。数据回溯到 1956 年
	A&HCI(艺术与人文科学引文索引)	收录 1 100 多种艺术与人文类期刊,所涉及的学科有:考古学、建筑、艺术、亚洲研究、电影/广播/电视、民俗、历史、哲学、语言、语言学、文学评论、文学、音乐、哲学、诗歌、宗教、戏剧等。数据回溯到 1975 年
Conference Proceedings Citation Index(CPCI)(会议录索引)		由 ISI 编辑出版。每年收录 10000 多种学术会议论文资料,包括专著、丛书、预印本以及期刊所刊登的会议论文。会议录索引由科学会议录索引 Conference Proceedings Citation Index-Science (CPCI-S) 和社会科学及人文科学会议录索引 Conference Proceedings Citation Index-Social Science & Humanities (CPCI-SSH)构成。数据回溯到 1990 年
Current Contents Connect (CCC)(题录快讯数据库)		由 ISI 编辑出版。数据来源于世界 8 000 多种学术期刊和 2 000 多种最新出版的专业书籍和系列丛书(Current Book Contents)。CCC 按学科分为七个分册和两个合集:生命科学;工程、计算机与技术;物理、化学与地球科学;农业、生物与环境科学;艺术与人文;社会与行为科学;临床医学;商业合集;电子与电信合集。数据库每日更新
BIOSIS Previews(生物学文摘)		由美国生物科学信息服务社(BIOSIS)出版,汇集了 Biological Abstracts 和 Biological Abstracts/RRM (Reports, Reviews, Meetings)。该库包含期刊、会议、报告、评论、图书、专利等多种文献类型,其中期刊论文来源于 100 多个国家的 5 500 多种期刊。学科覆盖:传统生物学(植物学、动物学和生理学)、交叉学科(生物化学、生物医学与生物技术)和相关领域(仪器与方法)等
INSPEC(科学文摘)		由英国电机工程师学会(IEE)提供。INSPEC 的前身是《科学文摘》(Science Abstract,创刊于 1889 年)。INSPEC 所涉及的学科范围十分广泛,主要包含以下学科:物理科学、电子电机工程学、计算机与控制工程学、信息技术、机械与制造工程学、材料科学、核能工程、生物医学工程、纳米生物技术、环境与工程学、航空航天工程学、人工智能、动力与能源、雷达、通信、地球物理学、生物物理学、海洋学

数 据 库	说 明
Derwent Innovations Index (DII)（德温特创新专利索引）	DII 是 ISI 与 Derwent Thomson ScientificTM 共同建立的专利信息数据库。DII 整合了 Derwent World Patents Index（德温特世界专利索引，WPI）与 Patents Citation Index（专利引文索引）。数据回溯到 1963 年
Current Chemical Reactions (CCR)（化学反应式数据库）	CCR 收录了最新的化学反应式 40 多万个,数据来源于世界上有影响力的 116 种有机化学期刊
Index Chemicus (IC)（化合物索引）	IC 收录了 100 多百万个化合物结构式,数据来源于世界上 104 种重要的有机化学期刊
Journal Citation Reports (JCR)（期刊引证报告）	由 ISI 编辑出版。期刊评价工具
Essential Science Indicators (ESI)（基本科学指标）	ESI 由 ISI 出版。它是一个专门用于全球科学研究发展动态分析的数据库。利用它可以方便地获得高引用论文,热点课题、研究前沿等信息。ESI 包含 10 年的累计数据,数据每两月更新

单击导航条上的 Select a Database,进入数据库选择页面后,可选择数据库。

三、Web of Science 的常规功能

1. Web of Science 首页

在 Web of Knowledge 检索平台页面上,单击链接"Web of Science",即可进入引文索引数据库 WOS 首页(见图 5-3-4)。在该页面上,可选择检索方式、数据库及数据年代。在 WOS 中,除了提供引文索引的三个子库(SCI、SSCI 及 A&HCI)外,还提供会议录索引(CPCI-S,CPCI-SSH)、化学反应式数据库(CCR)及化合物索引数据库(IC)。系统默认同时在这些数据库中检索。用户可勾选其中的某个子库进行检索。在 WOS 中,数据年代是指文献被收入 ISI 数据库的时间,而不是文献的出版时间。系统提供的数据年代选项有:最近 1 周、2 周、4 周、某一年或用户所购买的全部数据年代。此外,还可通过检索页面上的"Change Settings"功能链接选择数据库及数据年代。

2. 常规检索

（1）普通检索

普通检索(General Search)页面即为 WOS 的首页,见图 5-3-4。系统提供三个检索输入框,若需要更多,可用"Add Another Field"添加。通过下拉菜单选择检索字段,可用的字段参见表 5-3-3。系统提供了作者索引(author index)、单位名称常用词缩写(abbreviations list)。利用单位地址检索时,可输入单位名称或地址中的单词或

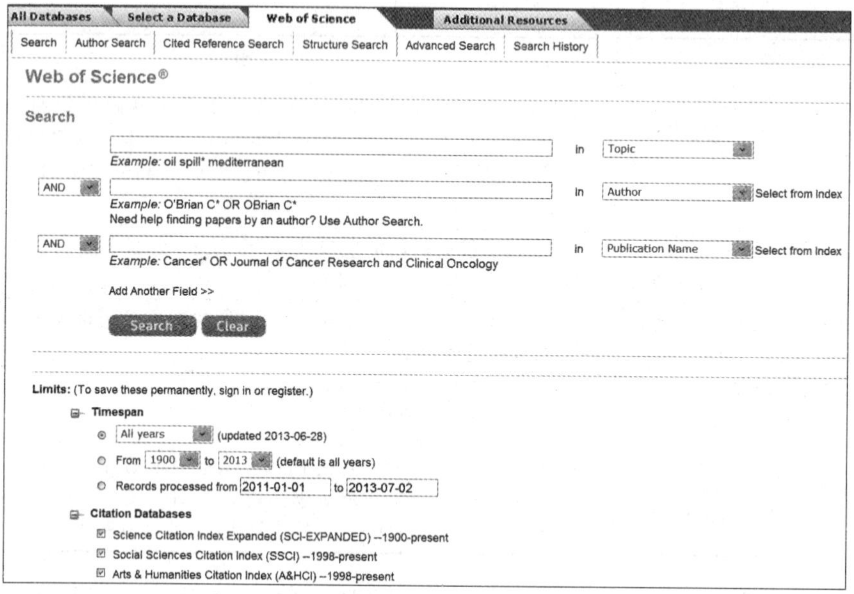

图 5-3-4　WOS 数据库首页

短语,其中常用词采用缩写形式。单击链接"abbreviations list"可以查找常用词的缩写。

在普通检索页面上,从字段下拉菜单中可选择 Languages 或 Document Types。系统提供了 51 个语种及 36 种文献类型选项(参见表 5-3-2)。默认为全部语种(All Languages)和全部文献类型(All Document Types)。用 Ctrl 键+鼠标左键可同时选择其中若干个选项。

单击导航条上的 Search History 图标,进入检索历史页面。在该页面上可以看到当前所做过的检索过程,包括检索序号、命中记录数、检索式、所用的数据库等。同时,在检索历史页面上,可以完成以下操作:①在服务器上保存检索式;②运行已保存的检索式;③对多个检索式进行逻辑组配检索(Combine),此时可用检索序号代替检索式进行检索;④删除某步检索。

(2)WOS 收录的文献类型

WOS 收录的文献主要是期刊,并有少量的专著和书评等。文献类型见表 5-3-2。

(3)WOS 的常用检索字段

在导航条上,单击 Advanced Search,进入 WOS 高级检索页面。高级检索方式支持字段代码和检索序号(Set)组合检索。WOS 常用的检索字段见表 5-3-3。

表 5-3-2　WOS 的文献类型

名　　称	说　　明	名　　称	说　　明
Article	论文	Meeting Abstract	会议摘要
Art Exhibit Review	艺术展评论	Meeting Summary	会议综述
Bibliography	传记	Music Performance Review	音乐表演评论
Biographical-item	传记性条目	Music Score	乐谱
Book Review	书评	Music Score Review	乐谱评论
Chronology	年表	News Item	新闻
Correction	更正	Note	注解
Correction，Addition	更正,补充	Poetry	诗歌
Dance Performance Review	舞蹈表演评论	Proceedings Paper	会议文章
Database Review	数据库评论	Record Review	记录评论
Discussion	讨论	Reprint	预印本
Editorial Material	社论	Review	综述
Excerpt	节选	Script	雕塑
Fiction，Creative Prose	小说,原创散文	Software Review	软件评论
Film Review	电影评论	TV Review，Radio Review	电视、电台评论
Hardware Review	软件评论	TV Review，Radio Review，Video	电视、电台评论,视频
Item About an Individual	有关个人的条目	Theater Review	戏剧评论
Letter	快报		

说明：在 WOS 中,凡是满足以下条件之一,均作为综述处理：①参考文献大于 100 篇；②文献刊登在综述类型的出版物上或是在期刊中的综述栏目中；③文献篇名中含 review 或 overview 词；④摘要说明文献是综述或是概览（survey）。[①]

（4）常用检索算符

WOS 除了支持逻辑算符外,可用的位置算符及截词符见表 5-3-4。

3. 检索结果显示与输出

（1）检索结果显示

　　1）检索结果列表页面及结果排序

检索结果列表页面见图 5-3-5。系统提供了 7 种排序方式：会议名称排序（Conference Title）、第一作者字顺排序（First Author）、最新数据排序（Latest Date）、

---

① JCR 联机帮助. http://admin-apps.isiknowledge.com/JCR/help/h_sourcedata.htm, 2013-05-21.

表 5-3-3　WOS 常用的检索字段

字段名称	代码	字段说明	举例
Address	AD	作者单位检索	AD＝（tsing hua univ）
Author	AU	作者检索	AU＝（shi, hj）
City	CI	城市名称检索	CI＝beijing
Conference	CF	会议检索	CF＝（International Microprocesses and Nanotechnology Conference）
Country	CU	国家名称检索	CU＝china
Publication Name	SO	文献出处检索,如刊名检索	SO＝Journal of Insect Behavior *
Province/State	PS	省/州名称检索	PS＝hebei
Organization	OG	机构名称检索	OG＝Chinese Acad Sci
Title	TI	篇名检索	TI＝（temporal speckle pattern interferometry）
Topic	TS	在篇名、文摘及关键词字段中检索	TS＝nanomaterial
Year Published	PY	文献出版年代,该字段不能单独使用	TS＝（carbon nanotube?）and PY＝2006
Zip/Postal Code	ZP	邮政编码检索	ZP＝100084

表 5-3-4　WOS 可用的位置算符及截词符

名称	符号	说明	举例
位置算符	same	所连接的两词必须在同一字段或同一句话中	Ad＝（tsing * same beijing）
	“ ”	词组检索。即词间不能插词,词序不能颠倒	“International Space Station”命中包含有词组“International Space Station”的记录
截词符	*	右截词,利用它可以只输入检索词的起始部分,而实现一簇词的检索	patent * 命中 patent,patents,patentable,patented 等
	?	有限截词。问号个数代表字符数	wom?n 命中 woman,women; fib?? 命中 fiber,fibre

备注：系统不区分大小写。篇名及主题字段默认为“与”检索,地址字段默认按词组检索

出版年排序（Publication Year）、相关性排序（Relevance）、刊名字顺排序（Source Title）以及被引次数排序（Times Cited）。系统默认为最新数据排序方式。

在检索结果列表页面上,系统提供了二次检索功能（Refine Results）,可增加限定词在检索结果中检索,或将检索结果按文献类型、学科、刊名等选项进行显示。

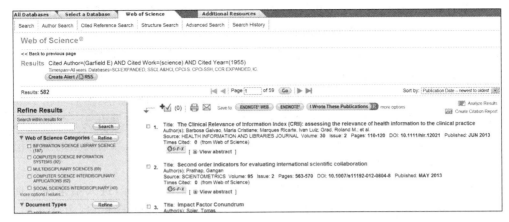

图 5-3-5　WOS 检索结果列表页面

2）全记录及三个链接

在检索结果列表页面上，单击篇名链接，可看到该条目的全记录（见图 5-3-6），提供篇名、作者、文献出版、摘要、SFX 链接等。

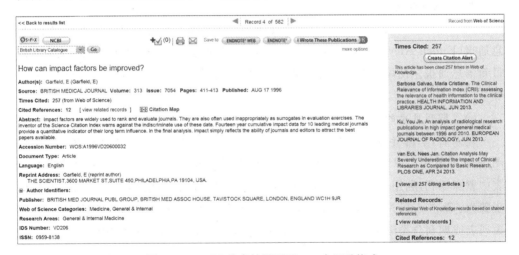

图 5-3-6　WOS 检索结果页面——全记录格式

在全记录格式下，系统提供了以下三个链接。

• References 链接：列出该篇文章所引用的参考文献。

• Times cited 链接：列出引用该篇文章的所有文献。

• View Related Records 链接：列出至少具有一篇相同参考文献的文献群。如果两篇论文引用相同的参考文献越多，则可以推断这两篇论文的主题也相关。借此可以了解不同领域的研究人员对同一主题的研究情况。

以上三个链接提供了一个相关文献的集合。同时由于这三个链接所存在的时间关系链，使我们可以获得不同时期的相关文献：Times cited 链接提供较新的文献，View Related Records 链接可查找同期文献，References 链接提供较早的文献。

（2）条目的标记与输出

在检索结果列表页面上，可逐条标记记录，勾选记录前的复选框，然后单击 Add to marked list 完成标记。也可采用批处理的方式进行标记，具体操作为：①设定标记范围，选项有当前页上所选的记录（Selected records on page）、当前页上的所有记录（All records on page）、给定记录号范围。

标记好要输出的记录后，单击导航条上的 Marked List 图标，进入结果输出页面。单击相应的输出方式按钮完成输出。系统提供了三种输出方式：打印（Print）、电子邮件发送（E-Mail）以及输出到个人文献管理系统（Export to reference software）中。结果输出的操作步骤为：①标记需要输出的记录。②选择输出格式。系统提供了两种格式：题录＋文摘；全记录；③选择输出方式（Select an option）。单击相应的输出方式按钮即可完成输出。

4. 个性化服务

用户注册后，可免费获得以下个性化服务：将检索式保存在 WOS 服务器上；信息通报（E-mail Alert），包括期刊目次的通报、文献被引用最新信息的通报、检索式的最新信息通报。使用个性化服务需要登录，按系统提示输入个人 E-mail 地址和密码登录。

（1）期刊目次的通报

登录后，单击导航条中的 My Journal List 链接，进入个人期刊管理页面（见图 5-3-7），从中可以删除或添加期刊。利用 Modify Settings 按钮可以从个人期刊列表中删除期刊，利用 Add More Journals 按钮可以添加新的期刊。添加期刊的操作步骤为：单击 Add More Journals 按钮，进入刊名索引页面，用户可以用检索、刊名字顺列表或期刊分类浏览三种方式查找某种期刊，并完成期刊目次通报的设置。

My Journal List			
<< Done			
Your changes have been made			
Journal Name (Click to a journal name to view latest table of contents in WOK Current Contents Connect.) Add Journals Modify Settings		RSS Feed	Alerting (Click "Modify Settings" to change the alert e-mail settings.)
COLLEGE & RESEARCH LIBRARIES COLL RES LIBR		▧	Status: On Expires: 2014-07-02 Renew
ELECTRONIC LIBRARY ELECTRON LIBR		▧	Status: Off Expires: --

图 5-3-7　Web of Knowledge 个人期刊管理页面

（2）文献被引用最新信息的通报

在全记录页面上可设置某篇文献被引用最新信息的通报服务。设置步骤为：单击 Create Citation Alert 按钮，进入个性化服务登录页面并登录后，进入 Citation Alerts 信息提示页面，确认相关信息后，单击 Done 按钮完成设置。

在 Web of Knowledge 首页上，通过链接 My Citation Alerts 可查看用于最新信息通报的被引文献列表。

（3）检索式的最新信息通报

设置步骤为：①单击导航条上的 Search History 链接，进入检索历史页面。②单击 Saved History/Create Alert 按钮，进入检索式通报设置页面设定通报服务。在 Web of Knowledge 首页上，通过链接 My Saved Searches 可查看检索式的最新信息的通报设置。

四、引文检索及应用

已知一篇有影响力的文章，如何通过它获得一批相关文章？引文检索（Cited Reference Search）提供了一个有效途径。单击导航条上的 Cited Reference Search 进入引文检索页面。系统提供了被引作者（Cited Author）、被引文献来源（Cited Work）、被引文献发表年代（Cited Years）、被引卷（Cited Volume）、被引期（Eited Issue）、被引页（Cited Pages）、被引篇名（Cited Title）等 7 个检索字段。

【例 1】 已知 Eugene Garfield 发表的一篇文章如下：Citation Indexes for Science—New Dimension in Documentation through Association of Ideas. Science，Vol. 122，No. 3159，1955，p108-111。要求：①利用 SCI 引文检索获取一批文献计量（bibliographic metrics）方面的相关文献。②提供一篇影响力较大的综述文章。

【解答】 ① 检索式：cited author＝(Garfield E) and cited work＝(Science) and cited year＝1955。命中 582 条，即相关文献共 582 篇。

② 利用二次检索功能，从以上相关文献中获得综述文章 30 篇。将它们按被引频次降序排列，获得被引频次最高的一篇综述文章如下：Visualizing knowledge domains. Borner，K；Chen，CM；Boyack，KW. ANNUAL REVIEW OF INFORMATION SCIENCE AND TECHNOLOGY，2003. Vol 37，p179-255.

Times Cited：203

五、检索结果分析功能及应用

1. 检索结果分析页面

在检索结果列表页面上，单击 Analyze Results 按钮，进入结果分析页面（见

图 5-3-8),从中可对检索结果进行分析。

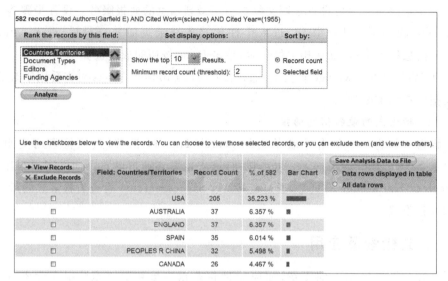

图 5-3-8　WOS 结果分析页面

结果分析页面上各栏目说明如下。

① Rank the records by this field：选择数据分析项目。系统提供多个分析项目,如作者(Author)、国别(Country/Territory)、会议名称(Conference Title)、文献类型(Document type)、机构名称(Institution Name)、语种(Language)、出版年代(Publication Year)、刊物名称(Source Title)及学科类别(Subject Category)等。

② Set display options：设置分析结果显示范围。通过第 1 项设定显示分析数据的个数,显示前 n 项($n=10,25,50,100,250,500$);由第 2 项设定显示的下限,当记录数小于某个数后,分析数据不显示。

③ Sort by：按记录数多少排序显示,或按所选字段的字母顺序显示。

2. 分析功能的应用实例

（1）确定单位名称在数据库中的表示形式

【例 2】　在 SCI 数据库中,查找中国科学技术大学发表的文章在 2006 年被收录的情况。

【解答】　对于机构名称检索,首要问题是确定机构名称在数据库中的表达形式,它即为检索词。可用机构名称中的关键词试检,然后从检索结果中找检索词。

先用百度从网上查到中国科学技术大学的英文名称为 University of Science and Technology of China。然后,到 SCI 库中检索。检索过程见表 5-3-5。

表 5-3-5　检索过程

检 索 式	命中数	说　明
Ad＝（University of Science and Technology of China），1985—2008	0	调整检索式。将常用词 University、Science 改用系统提供的缩写
Ad＝（Univ and sci and technology and china），1985—2008	1	查到的记录不是所要的记录,再次调整检索式
Ad＝（Univ and sci and china），1985—2008	＞100 000	对结果进行机构分析,得知中国科技大学在数据库的表达形式为：UNIV SCI & TECHNOL CHINA
Ad＝USTC,1985—2008	337	USTC 是该学校的缩写
Ad＝（UNIV SCI & TECHNOL CHINA or （USTC and hefei）），2006	2 152	查看结果后知全为该校的记录

结果：2006 年中国科学技术大学共有 2 152 篇文章被 SCI 收录。

（2）快速了解研究现状

利用引文索引的结果分析功能可以快速地了解某一领域的研究现状。下面以碳纳米管的研究为例,说明这一功能的应用。[①]

【例 3】　碳纳米管于 1991 年由日本科学家饭岛（S. Iijima）博士发现。[②] 碳纳米管由于其优良的电学与力学性能,被科学家称为未来的"超级纤维"。目前,碳纳米管的研究相当活跃,有大量的论文发表。请用 SCI 的结果分析功能初步了解碳纳米管领域的研究情况。

【解答】　先在 SCI 数据库中完成检索,然后用分析功能对检索结果进行分析。

检索式为 ts＝（carbon nanotube*），1985—2009

命中记录 39 439 条（检索日期为 2009-4-5）。将检索结果按国家、年代及机构进行分析,结果分析见表 5-3-6、表 5-3-7 和表 5-3-8。其中,表 5-3-6 给出了发文较多的前 10 个国家,表 5-3-7 给出了文章的年代分布,表 5-3-8 给出了发文较多的研究机构。

---

① 花芳. 利用 Web of Science 数据库的分析功能评估我国碳纳米管领域的研究实力[J]. 图书情报工作,2006(4)：110-112,63.

② Iijima S. Helical microtubules of graphitic carbon. Nature. 1991,354(6348)：56-58.

表 5-3-6　发文较多的前 10 个国家

序号	国家地区和名称（英文）	国家地区和名称（中文）	发文量	以 39 439 条为基数的百分比（%）
1	USA	美国	11 500	29.2
2	PEOPLES R CHINA	中国	9 022	22.9
3	JAPAN	日本	4 929	12.5
4	SOUTH KOREA	韩国	2 592	6.6
5	GERMANY	德国	2 327	5.9
6	FRANCE	法国	1 881	4.8
7	ENGLAND	英格兰	1 816	4.6
8	TAIWAN	中国台湾地区	1 281	3.2
9	RUSSIA	俄罗斯	1 113	2.8
10	ITALY	意大利	1 029	2.6

表 5-3-7　文章年代分布

年代	1992 年以前	1992	1993	1994	1995	1996	1997	1998	1999	2000
发文量	0	10	54	121	158	224	297	468	695	1 009

年代	2001	2002	2003	2004	2005	2006	2007	2008	2009-4-5	
发文量	1 391	2 157	2 731	3 749	4 573	5 617	6 663	7 726	1 796	

表 5-3-8　发文较多的前 10 个研究机构

序号	研究机构名称（英文）	研究机构名称（中文）	发文量	以 39 439 条为基数的百分比（%）
1	CHINESE ACAD SCI	中国科学院	2 012	5.1
2	TSING HUA UNIV	清华大学	728	1.8
3	RUSSIAN ACAD SCI	俄罗斯国家科学院	630	1.6
4	RICE UNIV	莱丝大学	550	1.4
5	PEKING UNIV	北京大学	489	1.2
6	UNIV CAMBRIDGE	剑桥大学	489	1.2
7	MIT	麻省理工学院	472	1.2
8	TOHOKU UNIV	日本东北大学	469	1.2
9	OSAKA UNIV	大阪大学	447	1.1
10	NASA	美国宇航局	445	1.1

　　从上述三个表中可知，有关碳纳米管的研究成果较多的前五个国家分别是：美国、中国、日本、韩国及德国。研究成果较多的前五个单位是：中国科学院、清华大学、俄罗斯国家科学院、莱丝大学和北京大学。有关碳纳米管最早的研究成果大约发表于 1992 年，此后成果数量逐年增加，到 2008 年为止，这一主题被 SCI 收录的文章

一年多达 7 000 多篇。

六、讨论

1. Ei 与 SCI 功能的比较

（1）标引方式不同导致检索功能不同

下面通过实例说明 Ei 与 SCI 在检索功能上的不同。

【例4】 有一位读者要了解 1990 年以来，国外电力系统的优化建模仿真技术的研究情况，希望查找该主题的综述性文章。

【解答】 从课题名称中提取概念如下：电力系统、优化、建模、仿真。

通过金山词霸以及中文文章中收集英文词汇：电力系统 electric power systems，优化 optimization，建模 modeling，仿真 simulation。

选用数据库：Ei，SCI。在 Ei、SCI 数据库中的检索过程分别见表 5-3-9 和表 5-3-10。

表 5-3-9　Ei 检索过程记录

检索途径	检 索 式	命中数
主题检索	(modeling or simulation) WN KY AND （"electric power systems" and Optimization ） WN CV，General review only，1990—2009	114
分类检索	(723.5 and 706.1) wn CL and Optimization wn CV ，General review only，1990—2009	63

说明：分类检索时，从 Ei 叙词表中查到相关的分类号为 723.5 Computer Applications，706.1 Electric Power Systems。

表 5-3-10　SCI 检索过程记录

检 索 式	命中数	说 明
TS = （（ modeling or simulation ） and electric and power and system* and Optimization），review，1990—2009	1	由于检索结果太少，故删除 electric，以扩大检索
TS=（（modeling or simulation) and power and system* and Optimization），review，1990—2009	20	由于 SCI 以收录基础研究成果为主，对于工程技术应用方面的成果收录较少，故检索结果较少

由于 Ei 对来源文献采用人工标引，标引后给出分类号和叙词，故 Ei 提供分类检索和叙词检索。SCI 对来源文献采用机器标引，标引词直接选自文献的篇名和摘要中的关键词。因此 SCI 仅提供篇名或包含摘要在内的主题检索，而没有规范词检索和分类检索。

（2）SCI 可查文章的被引用情况

SCI 对来源文献的参考文献给予揭示,故它有参考文献检索途径,可用于了解文献的被引用的情况。在例 4 中,如果该读者还想进一步了解在所查到的文献中,谁最受关注、谁的影响力较大,那么从 SCI 中可以方便地获得这一信息,而那些未对参考文献进行揭示的检索工具,如 Ei、INSPEC 就无能为力了。在例 4 中将检索结果按被引次数排序可知,在所查到的综述类文章中,最受关注的文章是意大利 Univ Bologna 和美国 Stanford Univ 的两位作者在 2000 年发表的合著文章,被引用 104 次。文章信息如下：System-level power optimization：Techniques and tools. Benini L,De Micheli G. ACMTransactions on Design Automation of Electronic Systems,2000,vol 5,no 2,p115-192. 单击结果列表页面上的"引文报告"链接,还可进一步了解该文章被引用次数的年代分布。

2. 易混淆的问题

在 SCI 中,文章的被收录与被引用是容易混淆的问题。它涉及来源文献、被引用文献以及论文被收录与被引用两者的关系。

所谓来源文献是指 SCI 数据库收录的期刊所刊载的文章,它们均被 SCI 收录,可以用 SCI—general search 方式查到。而被引用文献是指 SCI 来源文献所用的参考文献,它们可以用 SCI—cited search 方式查到。被 SCI 来源文献引用的文献可以是多种类型,除了期刊文章外,还可以有学位论文、会议文章、专著、图书、专利、标准等。而 SCI 仅收录期刊文章,其他类型的文献均不收录。因此,文献被 SCI 收录与被 SCI 引用之间没有必然联系。

第四节　其他常见的科技类英文文摘数据库一览表

表 5-4-1 列出了其他常见的科技类英文文摘数据库。要了解更多的文摘数据库,请参见 Dialog 系统的蓝页,网址为：http://library.dialog.com/bluesheets/。

表 5-4-1　其他常见的科技类英文文摘数据库一览表

数据库名称	内 容 简 介
Aerospace & High Technology Database	由美国剑桥科学文摘社(CSA)提供的《高新技术与宇航数据库》,内容涉及航空航天学、空间科学以及相关的科技开发与应用等领域。文献来源于 3 000 多种期刊、会议记录、科技报告、商业杂志/时事通信、专利、书籍和新闻发布信息。1962—
Aluminium Industry Abstracts	由美国剑桥科学文摘社(CSA)提供的《铝工业文摘》数据库,收录了世界上有关铝及其生产工艺、产品、应用、商业开发等信息。1972—

数据库名称	内 容 简 介
ANTE：Abstracts in New Technologies and Engineering	由美国剑桥科学文摘社(CSA)提供的《高新科技与工程文摘》数据库,文献来源于 350 多种期刊、会议记录、科技报告、商业杂志/时事通信、专利、书籍和新闻发布信息。1981—
ASFA 3：Aquatic Pollution and Environmental Quality	美国剑桥科学文摘社(CSA)的《水污染与环境质量》文摘数据库,提供有关海洋、湖、江河、河口等污染的研究和政策信息。1990—
Bacteriology Abstracts (Microbiology B)	美国剑桥科学文摘社(CSA)的《细菌学文摘》数据库,全面覆盖了细菌学领域,主题涉及细菌免疫学、疫苗接种。数据主要来源于 465 种连续出版物。1982—
Ceramic Abstracts/World Ceramics Abstracts	《陶瓷/世界陶瓷文摘》数据库由美国剑桥科学文摘社(CSA)联合英国陶瓷研究协会(CERAM)共同制作,提供普通陶瓷与高性能陶瓷在生产、制作工艺、应用、性能与测试方面的国际间信息。文献来源于 3000 多种期刊、会议记录、科技报告、商业杂志/时事通信、专利、书籍和新闻发布信息。1975—
Chemical Abstracts(CA)	《化学文摘》由美国化学学会文摘社编辑出版。内容涉及化学化工、材料、生物等领域。文献来源于 1 万多种期刊、50 个专利授权机构的专利文献、会议录、技术报告、图书、学位论文、评论、会议摘要、e-only 期刊、网络预印本等。数据每日更新,在 SciFinder Scholar 平台上使用。1907—
Computer and Information Systems Abstracts	由美国剑桥科学文摘社(CSA)提供的《计算机与信息系统文摘数据库》,文献来源于 3000 多种期刊、会议记录、科技报告、商业杂志/时事通信、专利、书籍和新闻发布信息。1981—
Conference Papers Index (CSA)	由美国剑桥科学文摘社(CSA)提供的《会议论文索引》,信息来源于世界各地科技会议议程、文摘出版物和已出版的会议录。1982—
Copper Data Center Database	美国剑桥科学文摘社(CSA)的《铜资料中心》数据库,提供来自世界各地的有关铜、铜合金及铜技术方面的文献信息,主题包括铜冶炼与湿法冶金技术、铜与铜合金的性能、铜金属应用。1965—
Corrosion Abstracts	美国剑桥科学文摘社(CSA)的《腐蚀文摘》数据库,提供世界上有关腐蚀科学与工程方面的文献信息。主题包括普通腐蚀、测试、腐蚀特征、防腐蚀方法、材料结构与性能、工业装置。1980—
Environmental Sciences & Pollution Management	美国剑桥科学文摘社(CSA)的《环境科学及污染管理》数据库,以收集环境保护和污染质量治理的文献为主,兼及生态学、细菌学、能源等学科的文献,包括以下学科：农业生物工艺学、大气质量、水生物污染、细菌学、生态学、能源、环境生物工艺学、环境工程、环境影响评价报告书、危险废弃物、工业卫生、工业与环境问题中的微生物学、污染、风险评价、安全科学、毒物学与有毒性排放、水污染废物治理、水资源课题等。1967—

数据库名称	内 容 简 介
EconLit	由美国经济学会提供。收录了各类经济文献,涵盖的主题有经济(学)理论、经济(学)史、货币理论金融机构、劳动经济、国际/地区及城市经济等。文献类型包括期刊、学位论文、专著及会议录的部分章节。可在美国剑桥科学文摘社(CSA)的检索平台上检索。1969—
ERIC	由美国教育部(U. S. Department of Education)委托 Educational Resources Information Center(ERIC)制作,为世界最大的教育资源数据库。可在 EBSCO 平台及 OCLC 平台上检索。1966—
MathSciNet	由美国数学学会(American Mathematical Society)提供的《数学评论》(Mathematical Reviews)数据库,内容涉及数学及数学在统计学、工程学、物理学、经济学、生物学、运筹学、计算机科学中的应用等,数据来源于期刊、图书、会议录、文集和预印本等。1864—
Medline	由美国国家医学图书馆(National Library of Medicine,NLM)所属的国家生物技术信息中心(NCBI)开发的《医学文摘》数据库,收录了世界各地的 4 800 多种期刊,内容几乎覆盖了所有医学领域,包括临床医学、实验医学、牙科学、护理、健康服务管理、营养学以及其他学科。数据每天更新。数据库可免费访问。1965—
METADEX	美国剑桥科学文摘社(CSA)的《金属文摘》,由美国金属学会(American Society for Metals)和英国金属学会编辑出版。1966—
PQDT	《国外博硕士论文文摘数据库》由美国 ProQuest 公司提供。它收录了欧美 1 000 余所大学的硕士、博士学位论文。数据每周更新。1861—
PubMed	1997 年 NLM 在 Internet 上免费开放 Medline 数据库,并取名为 PubMed,其意为"向公众免费开放的 Medline"。PubMed 主要由以下三部分组成:MEDLINE、PreMEDLINE(一个临时数据库,所存放的数据用 MeSH 主题词进行主标引后,将导入 MEDLINE 数据库)、OldMEDLINE(回溯库,提供 1950—1965 年的数据)。此外,PubMed 还提供 MEDLINE 中未收录的基础科学与化学文献(如 Nature,Science),以及由出版商向 PubMed Central 提供的、未被 MEDLINE 收录的电子文献全文。目前,PubMed 通过集成检索平台 Entrez 提供服务。该平台提供一系列生物医学数据库的检索。网址为:http://www.ncbi.nlm.nih.gov/sites/entrez
Scopus	Scopus 是目前世界上最大的具有引文检索功能的文摘数据库,由荷兰 Elsevier 出版商提供。该数据库收录全球 5 000 多家出版商的 18 000 种出版物,涵盖了 WOS、Ei 及 Medline。收录内容来源地域更加均衡,以充分体现"多样性"与"地域均衡性"。网址为:http://www.scopus.com/home.url

习　　题

1. 请查浙江大学 2010 年被 Ei 收录的文献。要求查准并尽可能全。

2. 一读者要投稿，想了解会议 IEEE sensors conference 的会议录是否被 Ei 收录。请从 Ei 库中了解该会议录被收录的情况。

3. 请从 Ei 库中分别用刊名和 ISSN(国际标准刊号)检索清华大学 2004 年在期刊"Jisuanji xuebao"(《计算机学报》)上发表的文献。说明哪个更好?

4. 请用 Ei 库中的 Thesauras 方式检索抗震结构方面的文章(要求结果少于 100 篇)。请提供检索式及命中记录数。

5. 从 Ei 库中查找人脸识别(Face recognition)方面的综述文章(要求结果少于 100 篇)。请提供检索式及命中记录数,并将相关记录导入 NoteExpress 库中。

6. 以下文献是一篇影响力极高的论文：Hermann Steller,"Mechanisms and genes of cellular suicide". *Science*,267(5203)：1445-1449,1995。(1)请查找它的被引次数;(2)查找该作者 1995—2002 年被 SCI 收录的论文篇数。

7. 爱因斯坦(Albert Einstein,1879—1955)因成功解释了光电效应,于 1921 年获得诺贝尔物理奖。请利用 SCI 数据库查找他在这一方面的代表性文章。(1)请提供检索式及命中篇数;(2)给出一篇爱因斯坦在"光电效应"方面的代表性文章的信息及被引次数。

8. 检索引用了 Pablo Picasso 的油画 Gertrude Stein 作为插图的文章。请提供检索式,以及所查到的文章篇名、作者和出处。

9. 已知一篇有关人脸识别方面的文章：EIGENFACES FOR RECOGNITION. TURK,M; PENTLAND,A. JOURNAL OF COGNITIVE NEUROSCIENCE, 1991,vol.3(1)：71-86.

(1)请用 SCI 数据库的"引文检索"方式获得一批相关文献。(2)如何了解该文发表之后,相关主题后续的研究情况? (3)说明如何获得较新的、较早的、同期的相关文献。(4)将其中的 5 篇保存到 NoteExpress 库中。(5)用 NoteExpress 库的导出功能,按国标"文后参考文献著录规则"(GB/T 7714—2005)格式给出这些文献。

10. 利用 SCI 的分析功能选择人脸识别(Face recognition)的相关英文期刊。请给出检索式以及相关期刊的刊名和 ISSN 号。

11. 利用 SCI 中的限定条件——文献类型"correction"查看有关人脸识别(Face recognition)的反引情况。

C HAPTER 6
第 六 章
工具书的利用

【学习目标】
- 了解工具书的定义、类型及特点
- 了解并掌握各类工具书的作用方法
- 掌握工具书数据库的使用方法

【内容框架】

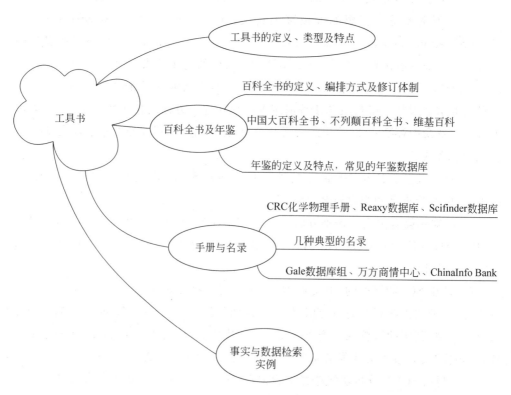

第一节 概 述

我们每天都会碰到许多不知或知之甚少的问题。如某个概念是什么,某种材料的物理参数如何等。这就是本章要解决的问题——事实与数据的检索。有关数学公式、数据图表、化学分子式等属于数据检索的范畴。而查询某一事件发生的时间、地点、过程,查询某类产品由哪些厂家生产等则属于事实检索的范畴。解决这些问题都要用到工具书。

一、工具书的定义及类型

《现代汉语词典》对工具书给出的定义是"专为读者查考字形、字音、字义、词义、字句出处和各种事实等而编纂的书籍,如字典、词典、索引、历史年表、年鉴、百科全书等"。它把内容广泛的知识或资料,按照特定方式加以编排以备查检。18 世纪英国作家约翰逊(Samuel Johnson)说过:知识有两类,一类是我们自己知道的,另一类是我们知道在什么地方能找到的。[①] 他所指的另一类知识,即指利用工具书可找到的知识。从本质上说,工具书就是回答问题的书。人们所能问的问题归纳起来不外乎为 6 个 W,即 what(何事物)、who(何人)、where(何地)、when(何时)、why(何故)、how(如何)。工具书就是为回答这六大类问题编纂的。不同的工具书回答不同的问题。图 6-1-1[②] 大致表示了各种工具书所要回答的主要问题。如字典、词典(dictionaries)主要回答"是什么";年鉴(annual,almanacs,year book)和历史年表(chronology)主要回答"什么时间";手册(handbooks)和指南(manuals)主要解决"如何做";名录(directory)和传记性资料(biographical sources)主要回答"是谁";地理性资料(geographical sources)主要回答"在什么地方"。而百科全书(encyclopaedias)涉及了上述六类问题,它是一个荟萃精华、广收博蓄、条理整

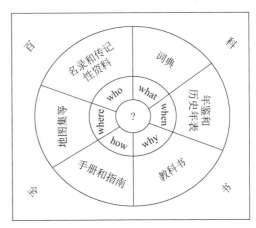

图 6-1-1 工具书的类型及作用示意图

---

① 邵献图. 西文工具书概论[M]. 第 3 版. 北京:北京大学出版社,1998:8.

② 金常政. 百科全书学[M]. 北京:中国大百科全书出版社,2000:63.

齐、取用方便的知识库，故人们将其称为"没有围墙的大学"。

二、工具书的特点及编排

工具书作为专供查找特定情报资料的书籍，其特点是内容广泛，叙述简明扼要，并以易于检索的方式编排，以便使用者能快速找到所需内容。

印刷型工具书的编排方式大致可分为字顺编排和分类编排两大类，其中字顺编排法（alphabetization）最常用。它有两种排法：逐词排列（word-by-word system of alphabetization）和字母顺序排列（letter-by-letter system of alphabetization）。

第二节　百科全书及年鉴

一、百科全书概述

1. 百科全书的定义

百科全书概述了人类的知识，是人类文化科学技术的结晶。"百科全书"的英文词 encyclopaedia 来源于古希腊文，由 enkyklios 和 paedeia 两个词合成。如果把这个词分解为三部分，en 表示"在……之中"，cycle 表示"圆圈"或"范围"，paedia 表示"基本学识"，合起来的意思就是："基本的学问尽在其中。"百科全书既反映了过去的历史，又反映了现代的科学文化新成就，包括各学科的重大发现、重大事件、著名人物及原理方法等。缺点是出版周期长，难以反映最新的科学技术成果。

2. 百科全书的编排方式及修订体制

为了查找方便，目前绝大多数百科全书都采用条目字顺方式编排内容。按此方式编排的百科全书检索性好但知识的系统性差，为了克服这一缺点，百科全书通常提供内容分类目录。如《不列颠百科全书》的"百科类目"卷（propaedia）。

由于科学文化的发展和知识的更新，百科全书还有一个不断修订的问题。百科全书的修订有三种方法：再版制、连续修订制和补卷制。其中，再版制是传统的修订方法，为大多数百科全书所采用。百科全书再版周期是若干年。连续修订制是每年修订少量时间性较强的条目，而不必重编重排全书。如《不列颠百科全书》从第 14 版起开始采取连续修订体制。而补卷制则常作为再版之前的过渡办法。此外，出版百科年鉴也是修订百科全书的手段。百科全书内容中的许多修订和补充，先在年鉴中完成，然后再引入百科全书下一版或下次修订重印本中。因此，大多数百科年鉴是在百科全书框架的基础上由同一个编辑部编纂的。

3. 百科全书与其他出版物的比较

百科全书作为人类文化知识成果的记录,具有自身的特点。表6-2-1至表6-2-4分别给出了百科全书与专著、教科书、手册及科普读物的不同点,从中可以进一步了解百科全书的特点。

表6-2-1　百科全书与专著的不同点

类型 比较项目	百科全书	专著
读者	面向普通读者,语言叙述通俗易懂	面向专业读者
编写目的	供人寻检查阅,而非系统阅读	供研究人员系统研读
知识成熟度	对已有知识的整理和汇总,具有系统性、成熟性	对未知领域的探索,是开拓性的研究成果,较新颖
知识汇总	荟萃众家之说,而不是作者个人观点的阐述	属于一家或一派之言

表6-2-2　百科全书与教科书的不同点

类型 比较项目	百科全书	教科书
编写目的	供人释疑解惑	供系统学习
编排方式	以条目的形式介绍知识	分章节循序渐进地讲述知识
叙述方式	采取浓缩、提炼和概述的方式解说知识	采取论证、推导和详述的方式讲解知识

表6-2-3　百科全书与手册的不同点

类型 比较项目	百科全书	手册
读者	供普通读者释疑解惑	供专业人员工作用之
知识整理的侧重点	重知识性,提供基本概念、基本事实和基本资料,一般不解决实用性问题。概括全面的知识,强调系统性	重实用性和指导性,它汇集了公式、规则、图表等资料;不强调知识的全面性和系统性,有资料则收,无资料则略

表6-2-4　百科全书与科普读物的不同点

类型 比较项目	百科全书	科普读物
阅读目的	可以浏览,但主要用于遇到问题随时查检	在浏览中增长知识
学术性	强调资料的可靠性,可引以为据	使人"开窍",但不作为依据
叙述风格	用科学语言说明问题,讲究规范与严谨	常用形象比喻来解释深奥的问题,重趣味性

二、典型的百科全书

1.《中国大百科全书》

《中国大百科全书》于 1980—1993 年由中国大百科全书出版社编辑出版,全书 74 卷。内容包括哲学、社会科学、文学艺术、文化教育、自然科学、工程技术等 66 个学科和知识门类,按学科分卷,如《中国文学》卷、《电子学与计算机》卷。各分卷结构一般为:前言、学科(或知识门类)概述性文章、条目分类目录、正文、插图(页)、大事年表、条目汉字的笔画索引、条目外文索引和内容索引等。正文条目按汉语拼音字母顺序编排。

1999 年,《中国大百科全书》图文数据光盘由中国大百科全书出版社和北京东方鼎电子有限公司共同制作。24 张光盘浓缩了 74 卷中国大百科全书的全部内容,提供浏览及检索功能。查询结果可以编辑、存盘或打印。

2004 年,《中国大百科全书》的网络版数据库问世。正式订购的用户可通过以下网址访问:http://www.cndbk.com。从中国大百科全书出版社的网页(http://www.ecph.com.cn)中的"数字出版"栏目,也可以访问该数据库。

2008 年,《中国大百科全书》第二版正式出版,共 32 卷,5 000 万字,80 余个学科,6 万个条目,3 万幅配图。除内容全面更新外,编排方式也由原来的大类分卷改为按条目统一编排。ISBN:978-7-5000-7958-3。

2.《不列颠百科全书》及 EB Online

(1)《不列颠百科全书》印刷版简介

《不列颠百科全书》(*Encyclopaedia Britannica*,EB)最早于 1768 年在英国出版,故我国也将其称为《大英百科全书》。20 世纪初,美国获得了该书的版权,于 1974 年由芝加哥"不列颠百科全书公司"(Encyclopaedia Britannica Inc.)出版了第 15 版。此后每年修订重印一次。第 15 版全书共 30 卷,分为三部分:《百科类目》(*Propaedia*)1 卷,是全书知识分类目录;《百科简编》(*micropaedia*)共 10 卷,它既可作全书的条目索引,又是一部可供独立使用的简明百科全书;《百科详编》(*macropaedia*)共 19 卷,较系统地介绍了各学科及重要人物、历史、地理等知识。该书问世 200 多年,素以学术性强、权威性高著称,也是我国知识界最熟悉的百科全书。1985 年中国大百科全书出版社和美国不列颠百科全书公司合作,以第 15 版为蓝本,编译出版了中文版《简明不列颠百科全书》。全书 10 卷,前 9 卷是正文及附录,最后一卷为索引;共收条目 7.1 万余条,附有图片约 5 000 幅。

(2)EB Online 简介

Encyclopaedia Britannica Online(EB Online)以印刷版的《不列颠百科全书》为

基础建成。此外,它还整合了众多的资源,包括视频资料、图片、文献数据库和网站等。EB Online 的主要栏目见表 6-2-5。

表 6-2-5　EB Online 的主要栏目

栏 目 名 称	说　　　明
Encyclopaedia Britannica	包含了《不列颠百科全书》印刷版的全部内容
Britannica Concise Encyclopaedia	对应《不列颠百科全书》印刷版的简明版
Multimedia	提供很多视频剪辑、照片及插图。可用关键字检索,可在线浏览和下载
Merriam-Webster's Dictionary and Thesaurus	《韦氏大词典及英语同义词字典》收录了 215 000 个词条、340 000 种词类变化,每个词条提供定义、发音规则、词汇来源、同义词和反义词等。当在一个百科全书的条目中看到生字时,只需双击该字即可在弹出窗口中看到该词条的解释。另外,单击高亮显示的单词,可对该词汇进行查询
Journals and Magazines	在检索结果页面上以及在每个百科条目的顶部,EB Online 还提供从 EBSCO 和 ProQuest 两个数据库检索到的相关文章链接
The Web Sites	这些网站都由《不列颠百科全书》的编辑审查推荐,它们作为百科全书的补充
World Atlas	交互式世界地图。收录了 200 多个国家的信息,包括国旗、政府机构、地理自然状况、民族、人口及宗教等
World Data	世界各国统计资料数据库。提供地理、人口、经济、交通、教育、贸易、军事、健康等方面的信息。此外,还可对多个国家的数据进行比较
Timelines	大事记年表。按以下专题展开:宗教、文学、艺术、音乐、建筑、科学、技术、医药、妇女和儿童等。单击 Timelines 链接,系统弹出交互式页面,通过页面下端的活动字幕选定专题,然后拖动窗口中的时间标尺,或在输入框中输入年代,可浏览相关时期的大事件简介及相关图片。单击窗口中的链接"learn more",可转到百科全书的相关条目,获得更详细的资料
Notable Quotations	提供名人格言。有 4 000 多条古代和现代引语。可以检索或按照作者、主题浏览
Gateway to the Classics	提供有关文学、艺术、科学、历史等主题的经典文献简介

除上述栏目外,EB Online 还提供了若干个专题资料供读者浏览。如 Biography of the Day(今日传记)、The day in History(历史上的今天)、Britannica Blog(大英博客)。

订购用户可以通过以下网址访问该数据库:http://search.eb.com/。系统提供浏览与检索功能。

3. 维基百科

维基百科是一部内容开放的网络百科全书,它由维基媒体基金会(Wikimedia Foundation Inc.)提供。其特别之处在于任何人都可以免费使用、创建或编辑维基百科中的条目,它体现了一种知识共建共享的理念。维基百科英文网站(http://www.wikipedia.org)创建于2001年,维基百科中文网站(http://zh.wikipedia.org)创建于2002年。截止到2009年4月,维基英文网站的条目已超过270万条,维基中文网站条目已超过24万多条。

三、年鉴概述

1. 年鉴的定义及种类

年鉴是逐年发行、概述前一年的重要事实与数据的工具书。它主要回答6W中的when,即时间性问题。年鉴可分为两大类:综合性年鉴和专业性年鉴。专业性年鉴针对某一学科或领域做介绍,如《中国出版年鉴》、《中国教育年鉴》。综合性年鉴涵盖各个学科,并有新闻年鉴、百科年鉴和统计年鉴。新闻年鉴大多由报刊出版部门编辑出版,带有新闻年刊的性质,重视新闻性,但知识性不及百科年鉴。百科年鉴是百科全书的产儿,由百科全书出版社所编。著名的《不列颠百科全书》、《美国百科全书》都逐年出版单独的百科年鉴。统计年鉴是以各种统计数字为主体的工具书,如《中国统计年鉴》。

2. 年鉴的基本内容

年鉴所包含的基本内容(通常设置为主要栏目)见表6-2-6。

表6-2-6　年鉴的主要栏目

栏目名称	说　　明
大事记	注意编排形象化,以引起读者的兴趣
综述	包括专题报告和特稿。综述是对人们关心的重大事件和发展的概要评述
事实概览	年鉴的主体部分
统计资料	是年鉴的基本内容
索引	一般采取主题索引形式,是检索年鉴内容的重要途径

3. 百科全书与百科年鉴的比较

年鉴是一种按年出版的连续出版物,可称之为"年刊",而百科全书修订周期一般是若干年。年鉴是对于前一年的报刊信息的整理,百科全书则是在年鉴的基础上,对知识的归纳与整理。百科年鉴兼有新闻报道的性质,它提供一年内的重要事实资料,是百科全书的补充。在查阅百科全书之后,还可以从逐年发行的百科年鉴中查阅以下信息：一年的大事记；专论或综述，包括专题报告和特稿；事实概览；统计资料。百科年鉴一般都编有主题索引，便于查检，用法与百科全书类似。

四、常见的年鉴数据库

常见的年鉴数据库参见表6-2-7。

表 6-2-7　常见的年鉴数据库

年鉴数据库名称	简　　介
中国统计数据库	由香港中国资讯行有限公司（China INFOBANK Limited）提供。该数据库收录了 1995 年以来国家及各省市地方统计机构的统计年鉴及海关统计、经济统计快报等。订购用户可以通过网址 http://www.infobank.cn/访问。在系统首页上，单击"中国统计数据"进入该数据库检索页面，系统提供浏览与检索功能。在检索页面上，限定起止时间，但不输入检索词，可浏览该时间段内的条目
CNKI《中国年鉴全文数据库》	收录国内公开发行的中央、地方和企业等各类统计年鉴 396 种。数据回溯到 1999 年。CNKI 系统的网址为：http://ckrd.cnki.net/grid20/。订购用户在系统首页上，单击"中国年鉴全文数据库"进入中国年鉴全文数据库数页面，系统提供年鉴整刊浏览与检索功能
World Almanac（世界年鉴数据库）	由美国 World Almanac Education Group 提供，它由以下五种年鉴组成： • *Funk & Wagnall's New Encyclopedia*《芬克与瓦格纳百科全书》，季更新 • *The World Almanac and Book of Facts*《世界年鉴》，年更新 • *The World Almanac of the U.S.A.*《美国年鉴》，年更新 • *The World Almanac of U.S.A. Politics*《美国政治年鉴》，年更新 • *The World Almanac for Kids*《儿童年鉴》，年更新 该数据库通过 OCLCFirstSearch 平台提供服务。订购用户可以通过以下网址访问：http://firstsearch.oclc.org/fsip？language＝en。在系统首页上，单击 Databases 进入数据库选择页面，勾选 World Almanac，单击 Select 按钮，进入世界年鉴数据库检索页面。数据回溯到 1998 年

第三节　手册与名录

一、手册

1. 概述

手册（Handbook）是汇集某一范围内的基本知识和数据的工具书。它提供诸如图表、数据、公式等技术性资料，具有较强的专业性和实用性。手册就其内容来说，可分为数据手册、图表手册、产品手册等。其中，数据手册包括各种数据汇编和数据表。这类手册以表格形式列出大量的数据，用简要的文字说明。数据手册常用来查找各种物质、材料、器件的物理、化学数据等。图表手册专门汇集各种图表,包括各种设计图、线路图、产品装配图、流程图、曲线图、光谱图等。产品手册是厂商用于宣传推销产品的,有产品样本、产品目录和产品说明书三类。产品样本和产品目录内容包括产品名称、型号、外观造型及尺寸、主要性能、参考价格及其他说明。产品说明书是厂商用来说明产品性能和实验方法的技术资料,内容包括产品的性能、规格、用途、结构、工作原理、操作方法、安装维修方法、零部件目录等。

物质的物理化学数据,如熔点(melting point)、沸点(boiling point)、密度(denesity)、蒸气压(vapor)、比热容(heat capacity)、熔化焓(enthalpy of fusion)、蒸发焓(enthalpy of vaporization)、溶解度(solubility)、表面张力(surface tension)、热导率(thermal conductivity)、介电常数(dielectric constant)、黏度(viscosity)是经常需要查阅的数据,可用《CRC 化学物理手册》(*CRC Handbook of Chemistry and Physics*)和《蓝氏化学手册》(*Lange's Handbook of Chemistry*)等查找。

2. 查找材料的物理与化学数据的常用数据库

（1）Reaxys 数据库

由 MDL 公司(MDL Information Systems)提供的 Reaxys 数据库包含以下三个子库:Beilstein Database、Gmelin Database 以及 Patent Chemistry Database。其中,Gmelin Database 是关于有机金属化学和无机化学的数据集合。数据来源于《Gmelin 无机和有机金属化学手册》(*Gmelin Handbook of Inorganic and Organic Metallic Chemistry*)(1772—1975),以及 1975 年以来的材料科学的主要期刊。该库目前收集有 254 万个化合物,包括配位化合物、合金、玻璃与陶瓷、高分子和矿物等化合物类型。记录提供的数据有以下种类:表征数据,包括材料组分和结构数据;化学性质,包括制备与反应的详细资料;凝聚态数据;电、磁、热、机械、分子以及光学性质;电化学;相转变数据;量子化学计算;光谱;系统性质,如溶解度和溶液蒸气压;热力学;迁移现象;热性质。Beilstein 是有机化学数值和事实数据库。数据来源于《Beilstein 有机化学手册》(*Beilstein Handbook of Organic Chemistry*)。提供了可供检索的化学结构和化学反应、物质的化学物理性质、详细的药理学和生物活性数据。Patent Chemistry Database 选自 1976 年以来有机化学、药物、生物杀灭剂、染料等的英文专利。

（2）SciFinder 数据库

SciFinder 是关于化学及相关学科(包括生物医学、工程、材料、农业等)研究的重要信息来源。用户通过 SciFinder 可以同时检索美国化学文摘社(CAS)的多个数据库和 MEDLINE 数据库。

二、名录

名录（directory）是将个人或各种教育文化机构、民间团体、公司名称等进行系统编排，用以指示地址、电话及其他基本资料，以供联系用之。名录是进行学术交流、科技合作、选择就业单位和导师等不可缺少的参考工具。机构名录提供机构名称及其概况介绍，包括机构的组织结构、业务范围、人员、地址等信息。人名录收录的是知名人士的个人资料，包括姓名、生卒年月、学历、职称、国籍、民族、工作单位、从事的专业、成就、论文和著作等。

1. 几种有代表性的印刷型名录

表 6-3-1 给出了几种有代表性的印刷型名录。

表 6-3-1　几种有代表性的印刷型名录

名 录 名 称	简 介
World of Learning 《学术世界》	原为《欧罗巴年鉴》（*Europa Yearbook*）的一部分，1947 年起单独出版，每年出一版。全书分为国际学术组织和各国学术组织两大部分。先介绍国际组织，然后按国家字顺分别介绍各国的教育、文化和科研机构。卷末附有机构名称的原文字顺索引。2006 年该书改名为 *Europa World of Learning*。网址为：http://www.worldoflearning.com
World List of Universities 《世界大学名录》	由国际大学协会（The International Association of Universities）提供。两年出版一次。提供世界各国大学的名称，国家性和国际性高等教育组织的名称，以及负责大学协作交流的机构名称及情况介绍。全书共分两部分：①大学、高等学院、国家学术和学生团体的情况；②国际性和区域性高等教育组织的情况。书末附有国际大学协会、国家索引、国际性和区域性组织索引
Research Centers Directory 《研究中心指南》	由 Gale Research Company 提供。介绍了美国和加拿大的 1 万多个研究机构。书末附有研究中心字顺索引、教学机构字顺索引和主题索引
The International Who's Who 《国际名人录》	由伦敦 Europa Publications Ltd. 出版，年刊，是一本常用的国际名人录。收录世界各国政治、经济、文艺、法律、外交、教育、宗教、科学界的著名人物。内容包括生平、国籍、简历、荣誉称号、业余爱好及通信地址等
Thomas Register of American Manufacturers 《托马斯美国制造商名录》	由美国托马斯出版公司（Thomas Publication Co.）编辑出版。初版于 1905 年。提供北美地区的公司信息，包括产品和服务项目。1997 年推出网络版 ThomasNet。网址为：http://www.thomasnet.com

2. Gale 集团的人物传记及名录数据库

Gale 集团是著名的传记工具书及机构名录出版机构。表 6-3-2 给出了由它提供的人物传记及名录数据库产品。

表 6-3-2　Gale 集团的人物传记及名录数据库

名 录 名 称	简　　介
Gale-Biography Resource Center （人物传记数据库）	收录了从公元前至今的人物的传记资料,约 100 多万个人物,涵盖文学、历史、政治、商业、娱乐、体育和艺术等领域的知名人物和重要事件。信息来源于 Gale 集团出版的 90 多个传记出版物(共 700 多卷)、280 多种刊物以及 *Marquis Who's Who*(《马奎斯名人录》)
Gale-Business & Company Resources Center （商业及公司资源中心）	提供美国和国际大公司的信息。目前已收录 50 多万个公司的信息,包括公司概况与历史、产品和各类统计资料、投资报告及行业排名等
Gale-Literature Resource Center （文学资料中心）	收录了 12 多万位小说家、诗人、戏剧作家、电影电视作家和记者的传记资料和作品目录
Gale's Ready Reference Shelf （Gale 常用参考工具）	主要涉及三大部分:组织/协会、出版商/出版物/广播媒体、数据库

3. 国内机构名录数据库

"万方商情中心"为万方数据股份有限公司的产品。它主要包含的数据库见表 6-3-3。

表 6-3-3　国内机构名录数据库

名　　　称	简　　　介
万方—中国企业、公司及产品数据库	收录国内近 20 万家企业的信息
万方—中国科研机构数据库	收录国内近一万家地、市级以上及大学所属主要科研机构的信息,包括通信方式、负责人、产品信息、科研成果、获奖情况等信息
万方—中国科技信息机构数据库	收录国内科技信息单位和高校图书情报单位 2 000 多家
万方—中国高等院校及中等专业学校数据库	收录了国家公布的有招生资格的高校信息以及部分中专学校。内容包括学校的专业设置、重点学科、研究机构、通信方式等
万方—中国百万商务数据库	收集了国内工商企业、事业机构、学校、医院等机构上百万条
China Infobank 中国企业产品库	收录了中国 27 余万家各行业企业基本情况及产品资料

第四节　事实与数据检索实例

本节将用实例说明辞典、百科全书、年鉴、名录手册等工具书及相关数据库的使用。

【例 1】　查找 Korteweg-de Vries 微分方程的定义和类属。

【解答】 此类问题可以选用各种数学辞典、数学手册或教科书等查找。本例选用由日本数学学会1983年编辑出版的《数学百科辞典》①查找。该书按分类方法编排内容,书末附有中文主题索引和英文主题索引。

Korteweg-de Vries 微分方程又称 KdV 微分方程,用"微分方程"作为检索词,查找中文主题索引。在第1629页的主题索引中查得:

微分方程

KdV 方程　957

从第957页上可得问题的答案:

Korteweg-de Vries 微分方程属于非线性问题,在水波理论和等离子体物理中都有应用。其方程为:$u_t + u u_x + u_{xxx} = 0$。

【例2】 在表示城市人口分布密集程度时,常用"城市人口密度"这一概念,它还可以进一步分为毛密度和净密度,请问它们分别是什么含义?

【解答】 通常可以用相关的辞典或百科全书查找各种名词概念的解释。本例用《中国大百科全书》来查。首先用条目名称"城市人口密度"查总索引,在总索引第98页上查得该条目在《建筑·园林·城市规划卷》第71页上。从该卷第71页上可得相关内容如下:

城市人口密度(卷名:建筑·园林·城市规划)

urban population density

城市用地单位面积上的居住人口数,是表示城市人口分布密集程度的综合指标,计算单位为人每平方公里。城市人口密度分为毛密度和净密度。毛密度是以城市或城市中一个区域的全部用地为计算基数;净密度通常是以城市中的生活居住用地为计算基数。

【例3】 私人股权投资(private equity investment)的中文解释是什么?

【解答】 由于这个概念较新,在中国大百科上没有查到相关条目。故用维基百科中文网站来查。从中获得相关解释如下:

私人股权投资(又称私募股权投资,或私募基金)是一个很宽泛的概念,用来指任何一种股权资产不能在股票市场自由交易的投资。被动的机构投资者可能会投资私人股权投资基金,然后交由私人股权投资公司管理并投向目标公司。私人股权投资可以分为以下种类:杠杆收购、风险投资、成长资本、天使投资、和夹层融资以及其他形式。私人股权投资基金一般会控制所投资公司的管理,而且经常会引进新的管理团队以使公司价值提升。

---

① 日本数学学会. 数学百科辞典[M]. 马忠林,等,译. 北京:科学出版社,1984.

【例4】 了解 2002—2005 年间中国、印度、巴西、俄罗斯、日本及美国六国国内生产总值和国民人均收入情况。

【解答】 方法一：利用《中华人民共和国年鉴》可以获得相关数据。

方法二：从"高校财经数据库"中的"中国统计数据库"查找。

检索词：国内生产总值和国民人均收入，2002-1-31 到 2005-12-31

检索结果：9 条记录。从中可以获得相关数据，如表 6-4-1 所示。

表 6-4-1　2002—2005 年间六国国内生产总值和国民人均收入情况

年代 国家	2002		2003		2004		2005	
	生产总值	人均收入	生产总值	人均收入	生产总值	人均收入	生产总值	人均收入
中国	12 371	940	14 099	1 100	16 493	1 290	22 289	1 740
印度	5 150	480	5 990	530	6 919	620	7 855	720
巴西	4 524	2 850	5 057	2 760	6 049	3 090	7 941	3 460
俄罗斯	3 465	2 140	4 301	2 610	5 824	3 410	7 637	4 460
日本	39 788	33 550	43 264	34 510	46 234	37 180	45 059	38 980
美国	104 168	35 060	108 816	37 610	116 675	41 400	124 551	43 740

注：国内生产总值单位为亿美元，国民人均总收入单位为美元。

【例5】 一读者由于课题研究需要了解欧洲电力生产的基本情况，包括火电、水电、核电、风电等所占的比例。请问应该到哪儿查？

【解答】 这类问题可查年鉴。此例要用欧洲统计年鉴(*Eurostat Yearbook*)。

查找过程：

① 目前有越来越多的国家实行政务公开，将国家的相关数据放在网上供人查阅。此例先用 Google 查欧洲统计局名称及网址，然后从网站中获得欧洲统计年鉴。

检索词：欧洲统计局

从搜索结果中得欧洲统计局名称为：the Statistical Office of the European Communities。

网址为：http://epp. eurostat. ec. europa. eu/portal/page/portal/eurostat/home。

② 欧洲统计局(eurosta)主页→ Publication→ Eurostat Yearbook，从 Energy 部分查到答案。

【例6】 微软公司(Microsoft Corp.)成立于哪一年？目前有多少员工？给出按经营性收入(operating revenue)的行业排名。

【解答】 在 Gale-Business & Company Resources Center 数据库中查找。

检索词：microsoft

从检索结果中得知，微软公司成立于 1975 年，目前有员工 91 000 人。

从 rankings 栏目中进入,可知在软件行业中,按经营性收入(operating revenue)排名时,微软公司排名第 9。

【例 7】 在万方—商务信息子系统中查看同方股份有限公司的信息。给出以下信息:①该公司专利申请数量;②在 2007 年中国企业 500 强中的排名;③2007 年中国企业 500 强中排名第一的企业名称及利税总额。

【解答】 在万方数据库—商务信息子系统中查找。

检索词:同方股份有限公司

从检索结果可知:

① 该公司专利申请数量约为 395 项。

② 该公司在 2007 年中国企业 500 强中的排名为第 311 名。

③ 2007 年中国企业 500 强中排名第一的企业名称及利税总额为:中国石油化工集团公司,利税总额为 2 650 000 万元。

【例 8】 溴化银具有见光分解的性质,故用来制造变色镜。请提供溴化银的物理特性参数:分子式(molecular formula)、密度(density)、25℃ 时的折射率(refractive index)及波长(length),300℃ 时的电导率(electrical conductivity)。

【解答】 首先确定检索词:溴化银的英文名称或分子式。

用 Baidu 在网上查得溴化银的英文名称为 silver bromide;用 Reaxy 数据库查溴化银的物理特性参数的路径为:Query → standard → Substances → Names & Formulas→Chemical name,输入"silver bromide"。

查得溴化银的分子式 AgBr,密度为 $6.476g/cm^3$,25℃ 时的折射率为 2.2318,波长为 671.04 nm,300℃ 时的电导率为 0.019S/cm。

习 题

一、中国大百科

1. 请写出巴黎圣母院的英文名称。它是什么建筑风格?

2. 贝聿铭的代表作有什么?他的建筑风格主要受哪一位建筑师的影响?

3. 哪一个国家是世界上最早制定隔声标准的国家?

4. 采光标准主要包括采光系数和采光质量。请解释"采光系数"和"采光质量"。

5. 什么是版税?以图书为例,说明版税的计算方法。

6. 请就自己选题中的相关概念,从百科全书或其他辞典中查找相关解释,并给出资料来源。

二、缩略语辞典

1. 请查 ASEA 的英文全称和中文名称,并给出资料来源。

2. 请用本校图书馆的馆藏目录查找缩略语词典的收藏情况。

(1) 提供查找时所用的检索式及检索结果数。

(2) 对一本较新的缩略语词典做简要介绍,并提供书目信息(包括书名、索书号、出版者及出版年)。

三、统计年鉴

1. 请利用中国知网—年鉴数据库查找以下数据与事实:

(1) 我国汽车出口数据。

(2) 2011 年中国驻荷兰使节。

(3) 各国的中央政府财政支出数据。

2. 有一位即将毕业的计算机专业的同学想了解自己毕业后的工作待遇,希望知道北京市近几年计算机软件行业的个人收入情况。请用"北京统计年鉴"查找北京市各行业城镇单位在岗职工平均工资情况,回答以下问题:(1) 2011 年计算机软件业人均年工资;(2) 2011 年收入最高的行业名称及人均年工资。

四、名录

1. 请就本校图书馆的馆藏,简介一种自己感兴趣的名录,要求提供书名、索书号、出版者、出版年,并用实例说明该名录的用途及使用方法。

2. 请从 Gale 库中检索一家自己感兴趣的公司信息,提供公司的中英文名称、成立时间、公司网址以及按经营性收入的世界排名。

五、手册

1. 用 Scifinder 查奎宁的分子式、分子量、熔点、沸点、致命剂量。该药物主要用于治疗何种病?并想了解用奎宁治疗该病时抗药性的问题,请查相关文献。

2. 请就本校图书馆收藏手册的情况做一个介绍。(1) 提供检索式及检索结果数;(2) 就自己感兴趣的一种手册做简要介绍,要求提供该手册的书目信息,包括书名、索书号、出版者和出版年。

六、法律、法规

1. 在"高校财经数据库"(China InfoBank)的"中国商业报告库"中查中国互联网络发展概况。

2. Ann 在一个中美合作项目中负责法律咨询工作。请通过"高校财经数据库"(China InfoBank)的子库——中国法律法规库,帮助 Ann 查找 1992 年中美签订的有关知识产权保护的谅解备忘录。请提供检索式,以及该谅解备忘录的名称。

第三部分
文献分析与利用

C HAPTER 7
第七章

文献定量分析初步

【学习目标】

- 初步掌握文献定量分析的基本方法
- 了解引文分析中的基本概念,掌握引文分析方法
- 了解 JCR 和 ESI 的基本功能及使用方法

【内容框架】

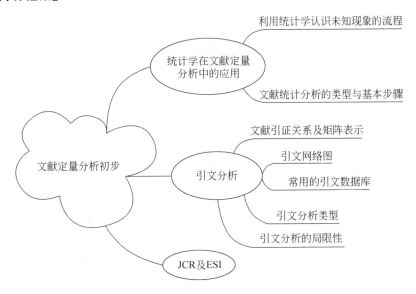

第一节 统计学在文献定量分析中的应用

一、概述

1. 文献定量分析的必要性

文献作为科技情报最主要的来源,由它构成了一个浩繁、复杂的情报系统。文献资源不仅数量庞大,而且变化快,文献既增长又老化;情报服务用户不仅要求不同,而

且吸收情报的能力各异,对情报的需求既是大量的又是随机的,既涉及文献情报本身,又与情报用户的个体意志和选择行为有关等。借助于统计学所提供的数据收集、分析的方法与技术,使人们能够从大量随机的文献情报数据中,探索文献情报系统的本质特征和内在规律,以达到对这一客观事物的认知。

2. 统计学简介

统计学(statistics)是一门收集数据、分析数据、解释数据并从中得出结论的科学。[①] 统计学分为描述统计(descriptive statistics)和推断统计(inferential statistics)两部分,前者要解决的问题是数据的收集、处理和描述,而后者要解决的问题是根据样本数据去推断总体。描述统计对所搜集到的大量数据资料进行加工整理、综合概括,通过图表和数字,如编制频次分布表、直方图,计算各种特征数等,对数据资料进行描述;而推断统计则是在描述统计的基础上,利用样本数据建立一个解释其随机性的数学模型,用来对总体的未知数量特征做出概率推断。如对总体的数字特征量的估计,对于未来观察的预测,关联性的预测(相关性),或是将关系模型化(回归)等。

3. 利用统计学认识未知现象的流程图

图 7-1-1 给出了利用统计学认识未知现象的过程。该过程包含两部分内容:①获取数据资料。通过观察或实验取得分析所需要的数据资料。②分析数据资料。通过分析数据资料认识未知现象。其中,获取数据资料分为两步:首先了解未知现象的背景知识,明确分析目标,确定要达到目标需要观测哪些指标,如何获得这些指标值;然后按照安排好的方法获取数据资料。分析数据资料可以按以下步骤进行:

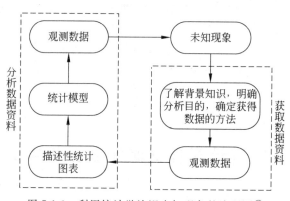

图 7-1-1　利用统计学认识未知现象的流程图[②]

---

① 李勇,张淑梅. 统计学导论[M]. 北京:人民邮电出版社,2007:2.
② 李勇,张淑梅. 统计学导论[M]. 北京:人民邮电出版社,2007:3.

对样本的各项统计指标、散点图进行分析,再结合研究对象的背景确定描述问题的统计模型;根据样本资料估计统计模型中的不确定部分(如参数估计等),建立经验公式;分析经验公式的实际含义,对未知现象进行统计推断。

【例 1】 彩票摇奖机是中奖号码的"产生地",摇奖机能否公平、公正地摇出中奖号码是亿万彩民关心的问题。请设计一个检验摇奖机是否能公平摇奖的方案。

【解答】 (1)了解背景知识,明确分析目标。

要想考察一台摇奖机是否能公平摇奖,首先要了解公平的含义,以确定用什么量来刻画公平,以及如何得到这个量。

这里"公平"的含义是指摇奖机能够将机器内的号码球都以相同的可能性摇出,即摇出每个号码的概率相等。因此,本题要解决的问题转化为判断机器内各个号码球被摇出的概率是否相等。根据频率稳定于概率的思想,可以用摇出各个球的频率来近似概率,故可采用观测频率的方法来检验这台摇奖机是否能公平摇奖。

(2)设计数据搜集与分析方案。根据以上分析,可以设计检验摇奖机公平性的方案如下:①将全部号码球装入摇奖机后,开动摇奖机摇出一个球,记录下该球的号码;②重复第①步,考察摇出的各个号码的频率的稳定性;③当所有号码摇出的频率都比较稳定之后,考察各个号码的频率的接近程度,以此来判断这台摇奖机的公平性。

4. 常用的统计分析软件

表 7-1-1 给出了几款常用的统计分析软件。

表 7-1-1 几款常用的统计分析软件

软件名称	简 介
Excel	Microsoft Office 中的 Excel 是目前应用最普遍的电子表格软件,具有较强的数据处理与分析功能以及丰富的图表功能
SPSS	是一款由 SPSS 公司开发的统计软件,使用 Windows 的窗口方式展示各种管理和分析数据的功能,操作界面友好
MATLAB	是一款由 MathWorks 公司开发的数值计算软件,为一种计算机编程语言。MATLAB 的统计工具箱提供了常用的统计函数。它把数值计算和可视化环境集成到一起,非常直观。它良好的编程环境,方便的程序调试方法,是一般统计软件所不能比拟的

二、文献统计分析的类型与基本步骤

1. 文献统计分析的主要类型

按照统计的对象和内容来划分,文献统计分析主要有以下几种类型。

（1）文献数量统计

文献数量统计（simple document counting）是最常见的文献定量分析之一。统计对象包括图书、期刊、科技报告、专利文献等各类文献。主要统计某一学者、机构、地区、国家发表文献的数量随时间的分布来分析其发展趋势；也可以统计某一学科、主题领域的文献数量，按时间或地域的分布来分析其发展趋势或进行横向比较。统计时多用各种文献数据库，如 CNKI、SCI 等收集数据资料，按作者、机构、地区、国家、学科、主题等统计文献数量即可。

（2）作者数量统计

作者人数反映了"科学研究"队伍的大小，而作者的发文量则反映了作者的"科学生产力"大小。通过对不同学科、不同国家的作者数量的统计分析，可以了解这些学科、国家的研究发展水平、侧重点等。此外，对高被引作者的统计则为人才学、科学学研究提供数据。

（3）词频分析

词频分析（word frequency analysis）是文献内容分析的常用方法，主要以词频的高低揭示研究主题受关注的程度。这里的"词"是指能够表达文献主题特征的各类主题词，如用于主题标引的叙词。一般而言，某一主题词出现的频次越高，表明该主题的研究受关注的程度越高，可代表相关领域的研究热点。

学术论文一般要求在摘要之后给出 3～7 个关键词，这些关键词可作为词频分析的数据资料。可利用各类文献数据库收集数据资料，用 Excel 进行词频统计分析。

（4）引文数量统计

学术论文或著作所附的参考文献是文献被利用情况的客观记录，对它们进行统计分析就可以了解文献被利用的程度。

2. 文献统计分析的基本步骤

文献统计分析包含以下几个基本步骤：①设计统计方案；②收集数据资料；③数据的整理与加工；④分析统计结果。

（1）设计统计方案

根据所要研究的问题，设置统计指标，并提出收集、整理和分析数据的方案。

【例 2】 为了对我国科技期刊的国际化程度进行定量评价，请设计一个统计方案。

【解答】 （1）了解背景知识，明确统计分析的对象以及统计指标。

期刊的国际化程度如何表征？国际化期刊具有以下典型特征：语言国际化、编委国际化、出版发行全球化、作者国际化、读者国际化。其中，语言国际化、编委国际化、出版发行全球化属于非关键特征，它们可以通过制定办刊政策等方法在短期内得以实现；而作者国际化和读者国际化则是期刊国际化的关键特征。这是因为读者利用或作者投稿都体现了用户对某一期刊的肯定与选择。而作者的国际化和读者的国际化，则是期刊参与国际市场竞争的结果，体现了国际市场对期刊的选择与认可。

（2）定义以下 8 个定量指标用以描述期刊的国际化程度：

- 期刊的发文量 AA：某一期刊登载原创性论文及综述文章的数量。
- 期刊的国际论文量 IAA：某一期刊登载非本国作者的论文篇数。
- 期刊的被引频次 CT：某一期刊被引频次。
- 期刊的国际引用频次 ICT：某一期刊被非本国作者引用的频次。
- 期刊的国际论文比 R_{IA}：指某个期刊刊载的论文集合中，国际论文量 IAA 占该集合论文量 AA 的百分比。
- 期刊的国际引用率 R_{IC}：指某个期刊刊载的论文集合的国际引用频次 ICT 占该集合的总被引频次 CT 的百分比。
- 期刊的稿源国数量 N_{AC}：指某个期刊刊载的论文集合中，发文量超过某个阈值的国家数量。
- 期刊的引用国数量 N_{CC}：指引用某个期刊刊载的论文集合的频次超过某个阈值的国家数量。

（3）选择收集数据资料的工具为：科学引文索引 SCI 以及 JCR。

（4）分析对比中国、日本两国 JCR 科技期刊的 8 个指标，统计年代为 2003—2011 年，从中了解我国重要科技期刊的国际化程度。[①] 说明，从 2003 年起我国实施了"走出去"的出版战略，目的是推动我国文化、科技出版事业走向世界。

（2）**收集数据资料**

如果是小范围的文献统计，一般要求全面统计，即对统计对象的全体进行统计，这样获得的数据代表性强，可靠性高。如果是大范围、长时间的统计，一般则采用随机抽样统计等。在统计时，根据不同的研究目的、要求和条件，可以采用直接或间接方法获取数据资料。前者是直接统计各类出版物数量或直接利用原始期刊统计文献量等，后者则是利用文摘、目录等检索工具获取所需要的数据资料。

（3）**数据的整理与加工**

对数据资料进行汇总与归纳，包括计算平均数、累积数、百分比等。常用的统计分析工具包括 Excel、SPSS 等。用 Excel 对数据进行处理，整理成规范的格式（或其

---

① 花芳,冯玉林. 期刊国际化程度的量化指标研究. 中国科技期刊研究,2013,24(6)：1104-1108.

他软件可读的格式），也可做简单的统计分析，如绘图、相关分析、回归分析。如果 Excel 不能满足需求，可采用高级统计分析工具 SPSS，它具有相关分析、因子分析、聚类分析、多维尺度分析等功能。

将统计结果用统计表图的形式表示出来，用以说明统计指标之间的关系。统计结果用表格表示比较简洁明了，用图形显示则比较直观。

（4）分析统计结果

分析统计结果包括结论分析和统计数据的误差分析。前者是从统计数据出发，通过分析判断得出规律性的结论；后者是对结果的准确性和精确度进行分析。

文献统计分析的要领：①收集有代表性的数据资料是得到正确结论的前提；②分析数据要充分挖掘数据所蕴含的未知信息；③正确解释结论的含义。

三、应用实例

下面以张明等研究者对我国情报学文献量的统计分析为例，[①]进一步说明文献统计分析方法的基本步骤。

【例3】 利用文献数量统计方法分析我国 2001—2005 年情报学研究的发展。

【解答】

（1）设计统计方案

《全国报刊索引数据库》，即原《中文社科报刊篇名数据库》，由上海图书馆编辑出版。该库提供分类检索。由《中图法》可知，情报学的分类号为 G350。数据年代为 2001—2005 年。

（2）收集数据资料

以分类号 G350 检索我国 2001—2005 年情报学研究的相关文献共 950 篇。

（3）数据的整理与加工

制作论文的年代分布图表、作者分布图表、期刊分布图表和主题分布图表。其中，图 7-1-2 为 2001—2005 年间我国情报学研究论文的年代分布。表 7-1-2 为 2001—2005 年间我国情报学研究论文的主题分布。

表 7-1-2　2001—2005 年间我国情报学研究论文的主题分布

主题 计数	情报学 研究	方法 研究	组织 管理	情报 技术	分析 评价	定量 研究	用户 研究	情报 教育	交叉 学科	其他 各类
论文量（篇）	156	126	116	75	150	89	44	53	123	18
百分比	16.42	13.26	12.21	7.89	15.79	9.37	4.63	5.58	12.95	1.89

---

① 张明，仲东亭. 2001—2005 年我国情报学研究文献计量分析[J]. 情报科学，2007(11)：1746-1750.

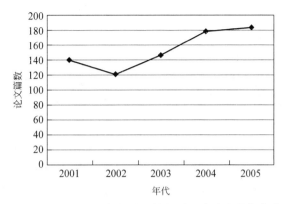

图 7-1-2　2001—2005 年间我国情报学研究论文的年代分布

（4）分析统计结果

　　某一领域研究论文的数量在一定程度上可以反映该领域所处的发展阶段和研究水平。由论文的年代分布（见图 7-1-2）可知,2001—2005 年间我国情报学研究的发文量保持增长趋势,年均发文量为 155 篇。

　　由论文的主题分布（见表 7-1-2）可知,2001—2005 年我国情报学研究涉及的内容相当广泛,主要有以下几个方面：①情报学基础理论研究,排第一位,相关论文共计 156 篇,占论文总数的百分比为 16.42%。其中又以总论情报学、情报学热点与发展趋势研究、情报学学科定位和学科体系建设三类主题发文居多。②情报分析预测和评价,排第二；情报方法研究,排第三；情报学交叉学科研究（如情报学与医学、法学、经济学、传播学、认知学等学科相结合）,排第四；而情报组织管理、情报技术以及情报定量研究也占有重要地位。③用户研究（用户需求、用户行为、情报意识）、情报服务和情报教育发文量相对较少,是情报学研究领域中有待发展的部分。

第二节　引文分析方法

一、引文分析的基本概念

　　引文分析是指利用统计学、图论、模糊数学等工具,从文献的引证关系入手对文献规律进行定量研究的方法,目的在于揭示文献的数量特征以及科学研究活动的内在规律性。①

---

　　①　王崇德. 文献计量学引论[M]. 桂林：广西师范大学出版社,1997：371.

1. 文献引证关系

文献引证关系指的是文献的引用与被引用关系。作为科技论文的一个重要特征,作者会在文中采用尾注或脚注等形式与正文对应地列出所引用的文献,即"参考文献",用以说明事实的出处。文献存在引证关系的原因归纳起来大致有四个方面:①归誉与起源;②提供证据和说明;③提供背景阅读材料;④评价或更正以前的著作。[①]

通常将存在引证关系的两篇文献称为引证对,其中施引文献称为来源文献,而被引文献即参考文献,称为引文。引证对在内容上存在着相关性是显而易见的。首先,研究者不会在论文中无缘无故地引用与其主题无关的文章。其次,在科学文献的结构体系中,每一篇文献都是科学发展进程中一个特定事件的记录,正如著名的英国学者吉曼(J. M. Ziman)所说:没有一篇科学论文是孤立存在的,它是被深嵌在整个学科文献的系列之中。[②] 而文献被引用说明了相关知识和情报的利用,标志着科学的发展。因此说,存在引证关系的文献在内容上是相关的。

将文献的引证关系加以揭示,无论是对文献检索还是文献定量分析都有着现实意义。如人们常常从已知文献的参考文献出发搜集相关文献,即引文检索。此外,文献的引证关系反映了文献在学科上的有机联系,构成前后连贯的脉络。通过引文分析可以求本溯源,建立论文或期刊的学科联系,从而进行文献与科学结构的研究。

2. 引文网络图

文献的引证关系可以用图来表示。约定:在一个文献集合 D 中,每篇文献称为一个结点,若两篇文献之间存在引证关系,则可用带箭头的有向线段表示"引用",箭头由施引文献指向被引文献。由此得到的有向图称为引文网络图(citation network)。

图 7-2-1 为一引文网络示意图。图中的每篇文献按发表年代编号,用圆圈加编号表示,图中纵轴对应于论文的发表年代。

由图 7-2-1 的引文网络可知:①有边直接连接的两个结点存在着引证关系,箭头由施引文献指向参考文献。如文献 9 引用了文献 2,3,5,6。②文献的参考文献篇数、被引次数均可从图中获得。某文献的参考文献篇数为"流出"该结点的边数,而被引次数则为"流入"该结点的边数。③引文网络图可以直观地体现一篇文献在文献集合中的重要性。如图中的结点 2 有多个箭头"流入",表示它被多篇文献引用,因而在该文献集合中占有重要位置。

---

① Weinstock M. Citation indexes. Encyclopaedia of library and information science. New York:Marcel Dekker,1971,vol.5:16-40.

② 王崇德. 文献计量学引论[M]. 桂林:广西师范大学出版社,1997:370.

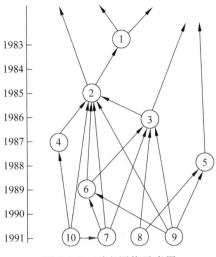

图 7-2-1　引文网络示意图

此外,从引文网络图中还可以看出两篇文献基于第三篇文献所建立的"间接"关系。如文献 7、9,由于它们共同引用了文献 2、3、6,可以推断它们的内容也许有相关性。与此类似,文献 2、3 同时被文献 6、7、9 所引用,在内容上也可能有相关性。前者称为引文耦合(bibliographic coupling),后者称为同被引(co-citation)。具有引文耦合的两篇文献,其内容的相关性大小可以用引文耦合频次来表征,它是指这两篇文献具有相同参考文献的篇数。显然,两篇文献的引文耦合频次越多,它们在内容上的相关性越大。与此类似,具有"同被引"关系的两篇文献在内容上的相关性可以用同被引频次来表征,它是指同时将这两篇文献作为引文的文献篇数。显然,两篇文献的同被引频次越高,这两篇文献在内容上的相关性越大。

在图 7-2-1 中,文献 7、9 具有三篇相同的参考文献,故它们的引文耦合频次为 3。文献 2、3 同时被文献 6、7、9 引用,故同被引频次为 3。

用引文图表示文献引证关系的第一人可以说是曾经在美国国立卫生研究院(the National Institutes of Health)工作的遗传学家 Gordon Allen 博士。1960 年,他给加菲尔德送去了一张手工绘制的核酸染色引文网络图(见图 7-2-2)。[①] 图中共有 15 篇论文,每篇论文都代表了该研究主题中的一个重要问题。从图中不仅可以看出核酸染色方法在 20 世纪 40—60 年代的发展过程,同时也能清楚地看出各篇文献的相对重要性。例如文献 2(Michaelis,1947)应是该领域中最重要的一篇文献,因为它曾多

---

①　尤金·加菲尔德. 引文索引法的理论及应用[M]. 侯汉清, 陆宝树, 马张华, 译. 北京: 北京图书馆出版社, 2004: 69-70.

次被不同时期的文献所引用。

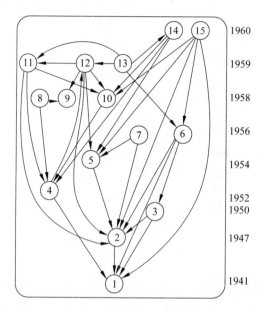

1. Rabinowitch 1941   2. Michaelis 1947   3. Michaelis 1950   4. Zanker 1952
5. Northland 1954   6. Lawley 1956   7. Peacocke 1956   8. Appel 1958
9. Appel 1958   10. Steiner 1958   11. Steiner 1959   12. Bradley 1959
13. Bradley 1959   14. Bradley 1960   15. Loseser 1960

图 7-2-2　由 15 篇有关核酸染色的论文构成的引文网络①

3. 文献引证关系的矩阵表示

文献集合 D 的引证关系可以用引用关系矩阵（citation matrix）$C = (c_{ij})$ 来描述，其中矩阵元素 c_{ij} 的取值如下：$c_{ij} = \begin{cases} 1, & \text{文献 } d_i \text{ 引用了文献 } d_j \\ 0, & \text{文献 } d_i \text{ 未引用文献 } d_j \end{cases}$

此时，引用关系矩阵 C 中的第 i 行表示第 i 篇文献引用其他文献的情况；而第 j 列则表示第 j 篇文献被其他文献引用的情况。

当然也可以用被引关系矩阵来描述文献集合 D 的引证关系，被引关系矩阵是"引用"矩阵的转置。

【例1】　请给出引文网络图 7-2-1 对应的引用矩阵，并说明元素 c_{92} 的含义。

【解答】　图 7-2-1 中的文献集合 D 共有 10 篇文献 $d_i (i = 1, 2, \cdots, 10)$。根据它们的引证关系，列出引用矩阵如下：

---

①　丁学东. 文献计量学基础［M］. 北京：北京大学出版社，1993：326.

引用＼被引	d_1	d_2	d_3	d_4	d_5	d_6	d_7	d_8	d_9	d_{10}
d_1	0	0	0	0	0	0	0	0	0	0
d_2	1	0	0	0	0	0	0	0	0	0
d_3	0	1	0	0	0	0	0	0	0	0
d_4	0	1	0	0	0	0	0	0	0	0
d_5	0	0	0	0	0	0	0	0	0	0
d_6	0	1	1	0	0	0	0	0	0	0
d_7	0	1	1	0	0	1	0	0	0	0
d_8	0	0	1	0	1	0	0	0	0	0
d_9	0	1	1	0	1	1	0	0	0	0
d_{10}	0	1	0	1	0	0	1	0	0	0

其中元素 $c_{92}=1$ 表示第 9 篇文献引用了第 2 篇文献。

4. 文献引证参数的计算

设文献集合 D 由 n 篇文献构成。其中,任一篇文献 $d_i(i=1,2,\cdots,n)$ 的参考文献篇数及被引频次等参数均可由引用矩阵求出。

（1）文献的参考文献篇数

文献 d_i 的参考文献篇数为引用关系阵 $\boldsymbol{C}$ 中第 i 行元素之和,即

$$\sum_{j=1}^{n} c_{ij} = (\boldsymbol{C}\boldsymbol{C}^T)_{ii}$$

其中,$\boldsymbol{C}^T$ 为引文矩阵 $\boldsymbol{C}$ 的转置。

（2）文献的被引频次

文献 d_j 的被引频次为引用关系阵 $\boldsymbol{C}$ 中第 j 列元素之和,即

$$\sum_{i=1}^{n} c_{ij} = (\boldsymbol{C}^T\boldsymbol{C})_{jj}$$

（3）引文耦合频次

文献 d_i 与 d_j 由于引用了相同的参考文献而形成引文耦合,其耦合频次为引用关系阵中两行元素乘积之和,即

$$\sum_{k=1}^{n} c_{ik} c_{kj} = (\boldsymbol{C}\boldsymbol{C}^T)_{ij}$$

（4）同被引频次

文献 d_i 与 d_j 由于被若干篇（来源）文献共同引用,而在这些（来源）文献的参考文献列表中同时出现,其同被引频次为引用关系阵中两列元素乘积之和,即

$$\sum_{k=1}^{n} c_{ki} c_{kj} = (\boldsymbol{C}^T\boldsymbol{C})_{ij}$$

二、常用的引文数据库

引文分析是基于文献引证关系的定量分析,主要工作分为两部分:①收集分析数据,包括来源文献及引文数据,通常借助于引文数据库来完成。②数据分析,需要借助于各种统计分析工具,如 Excel、SPSS 等。表 7-2-1 给出了几个常用的引文数据库。

表 7-2-1　常用的引文数据库列表

数据库名称	简　介
Web of Science	简称 WOS,由美国科技信息研究所 ISI 提供。它是最常用的引文数据库。但用它来收集引文数据存在诸多不足,其中最突出的问题是收录范围不均衡,非英语国家的出版物收录偏低
Scopus	Scopus 是目前世界上最大的、具有引文检索功能的文摘数据库,由荷兰 Elsevier 出版商提供。该数据库收录全球 5 000 多家出版商的 18 000 种出版物,涵盖了 WOS Ei 及 Medline。收录内容来源地域更加均衡,以充分体现多样性与地域均衡性。网址为:http://www.scopus.com/home.url
Google Scholar	由 Google 公司提供的免费学术搜索工具。它的一大亮点是提供引文链接。用户单击条目下方的"Cited by"(引用次数)即可搜索引用文献。这些文献不仅包括引文数据库中的引用文献,同时还包括在书籍中和各类非联机出版物中的引用文献。网址为:http://scholar.google.com.hk
《中国科学引文数据库》(Chinese Science Citation Database,CSCD)	由中国科学院文献情报中心提供,创建于 1989 年,目标是打造中国的"SCI"。目前通过 ISI 的 Web of Knowledge 提供服务。CSCD 收录我国科技类期刊 1 200 种
《中国科技论文与引文分析数据库》(Chinese Science and Technology Paper and Citation Database,CSTPC)	由中国科技信息研究所提供,创建于 1989 年。其收录范围为中国自然科学统计源刊和主要社会科学类核心源刊
《中文社会科学引文索引》(Chinese Social Sciences Citation Index,CSSCI)	由南京大学中国社会科学研究评价中心提供,创建于 1998 年。其收录范围为中国大陆出版的中文人文科学、社会科学学术期刊 419 种
《中国人文社会科学引文数据库》	由中国社科院文献情报中心提供,学科范围涉及人文社会科学研究的各个领域。收录的来源期刊有 600 多种
CNKI《中国引文数据库》(Chinese Citation Database,CCD)	由中国学术期刊(光盘版)电子杂志社提供。收录范围来源于中国学术期刊电子杂志社出版的源数据库产品中的文献和参考文献

三、引文分析

1. 引文统计分析

引文统计分析以来源文献及其参考文献作为统计对象,对文献的各种特征进行数量统计分析。此处以期刊为例说明引文统计分析的一般流程:①明确学科范围。首先根据需要确定学科范围,然后挑选一组本学科具有代表性的刊物作为统计对象(来源期刊)。②明确统计时间范围。为使统计数据能够客观地反映学科发展的动态规律,统计时间跨度应适中。在来源期刊数量足够的情况下,统计时间取 1~2 年为宜。当学科范围过窄导致来源期刊量太少时,可适当延长统计时间。③数据统计及引文分析。在统计对象确定后,应根据引文分析的实际需要,选择相应的著录项进行统计。

国内学者丁学东以 1985 年 46 种中国化学期刊所刊载的文章及参考文献作为统计数据源,进行了引文分析。[①] 表 7-2-2 为他用于引文分析的数据资料。丁学东将 46 种期刊按主题分为八类,并给出这八类期刊的种数、期数、来源文献量(篇)、引文量(篇)、无引文的来源文献量(篇)数据。

表 7-2-2　丁学东用于引文分析的数据资料

类别	期刊数	期(册)数	来源文献量(篇)	引文量(篇)	无引文的来源文献(篇)
无机	4	12	188	1 198	26
有机	1	6	103	1 451	11
分析	9	59	1 196	8 273	245
物化	10	48	541	4 966	27
高分子	1	6	91	867	0
应化	1	4	67	550	0
环化	2	11	117	919	8
综合	18	124	1 171	9 918	110
总计	46	270	3 474	28 144	427

丁学东将以上数据集合按各种文献特征进行统计分析,如将引文按语种、文献类型等进行统计分析,以获得引文语种分布、引文类型分布等。表 7-2-3 是丁学东所做的 1985 年我国 46 种化学期刊论文所引用的文献类型分布。

引文是研究者使用各类文献情况的客观记录,其引用差异必然会反映在所使用的各类文献的数量分布上。因此从引文类型分布中可以了解该学科研究者使用各类

---

① 丁学东. 文献计量学基础[M]. 北京:北京大学出版社,1993:313.

表 7-2-3　　1985 年 46 种国内化学期刊引文类型分布

类别/文献类型	J	RB	TB	CD	RP	Pt	IM	THs	ST	Ab	O	总和
无机	907	116	14	55	19	93	42	3	5	3	1	1 198
有机	1 202	153	2	14	0	11	17	0	1	41	10	1 451
分析	6 960	678	75	264	47	42	96	13	40	35	23	8 273
物化	3 412	774	81	242	58	176	131	21	12	26	33	4 966
高分子	706	100	9	19	2	4	18	0	0	5	4	867
应化	421	71	2	26	3	3	11	2	2	4	0	550
环化	722	116	6	30	15	12	5	2	8	1	2	919
综合	7 444	1 409	176	254	53	179	193	36	14	112	48	9 918
总计	21 774	3 417	365	904	197	455	513	77	82	227	131	28 144

符号说明：J 期刊、RB 阅读性图书、TB 工具书、CD 会议文献、RP 科技报告、Pt 专利、IM 内部资料和非公开出版物、THs 学位论文、ST 标准、Ab 检索性刊物、O 其他。

文献的情况等。丁学东对表 7-2-3 中的数据分析如下：①在我国化学工作者所使用的文献中，期刊所占的比例最高，占总引文的 77.37%（21 774/28 144）。由于期刊出版周期短，报道速度快，故较能反映当前的科研水平，所以期刊使用量所占的比例能直接反映学科的发展水平。②就化学各专业而言，引用期刊文章比例较高的有分析化学（84.13%）、有机化学（82.84%）、高分子化学（81.43%），而物理化学（68.71%）、无机化学（75.71%）、应用化学（76.55%）、环境化学（78.56%）相对较低，其主要原因是各专业的特点及发展不平衡所造成的。③非公开出版物及学位论文的引用率分别为 1.82% 和 0.27%，所占比重非常低。据了解，造成这种情况的主要原因在于文献交流的渠道不畅。

2. 引文时序可视化

引文时序可视化是指用引文网络图展示某个研究主题的论文源流、最初著者以及该研究主题发展的来龙去脉，并从中探讨科学技术的发展历史和研究规律。这方面以加菲尔德的引文编年图法（histography）为代表。该研究方法的独到之处在于把科学历史的发展看作是在不同的时间点上发生的一系列的历史事件，而科研论文是科学发展过程中特定事件的记录，科学文献的引用体现了这些事件的由来和发展。2001 年加菲尔德和他的同事推出了一款免费软件 Histcite。[①] 该软件可以自动对从 WOS 搜索到的某一专题方面的文献的引文数据进行处理，对其中的被引文献按照被引频次的高低进行排序。每篇文献被看作是一个结点，单击该结点，可以看到引用该文献的所有文献以及被该文献引用的所有文献。软件基于文献的互相引用关系，

---

① Histcite 软件下载网址. http://interest. science. thomsonreuters. com/forms/HistCite，2013-08-03.

按照年份顺序生成有关这一专题研究的引文编年图。该软件还可以把所查到的文献按照期刊名称、著者、年份分别进行排序。借助于这种引文编年图,可以对某一领域的研究渊源有一个大致的了解。相关文献见参考文献列表中的[34-37]。

3. 共现分析

同被引又称为共现。若两篇文献同时被 n 篇文献($n=1,2,\cdots$)引用,则称这两篇文献具有共现关系,而 n 称为共现强度。显然 n 越大,则这两篇文献的关系越密切。1973 年,美国情报学家 Small 在《美国情报学会杂志》上撰文,最先提出了共现概念。[①] 共现反映的是两篇文献之间的关系,这种关系是建立在后发表的文献对先发表文献的共同引用之上,因此,共现关系及其强度不能预先确定。随着时间的推移,原来没有共现关系的文献可能会建立这种关系,而已有共现关系的文献它们之间的共现强度也会不断加强,所以共现强度只会增强,不会减弱。因此可以说,共现反映的是文献之间的一种动态的、展望性的关系。

共现分析(co-citation analysis),也称共现聚类分析(co-citation cluster analysis),是指以具有一定学科代表性的一批文献作为分析对象,通过研究其间的共现现象,以揭示文献之间的相互关系。为此,它首先需要找出文献间的共现关系,在此基础上对文献进行聚类处理,把错综复杂的共现网状关系简化为数目相对较少、清晰可辨的类群关系,然后对聚类所形成的一个个文献类团做分析,以揭示存在于科学文献之间的内在联系,进而探讨一个学科的结构以及发展水平等。1982 年 White 和 Griffith 合作发表的《作者共现:科学结构的文献测量方法》一文将文献共现分析扩展到作者共现分析(author co-citation analysis,ACA),开创了 ACA 的先河。该文通过对1972—1979 年 39 位情报学家的共现情况描绘了他们在学科中的位置和情报学的学科结构。[②] 1999 年,C.Chen 把路径寻找网络尺度分析(pathfinder network scaling)技术引入作者共现分析,[③]并生成了超文本的作者共现图。该方式采用原始同被引频次,将作者视为结点,结点间的路径代表作者与作者之间的同被引强度。当许多作者与某个核心作者的同被引强度很高时,专业分支自动形成,而不需要单独聚类。有关共现分析更多的内容见参考文献列表中的[38-41]。

① Small H. Co-citation in scientific literature-new measure of relationship between 2 documents[J]. Journal of the American Society for Information Science,1973,24(4):265-269.

② White H D,Griffith B C. Authors as markers of intellectual space- co-citation in studies of science, technology and society[J]. Journal of Documentation,1982,38(4):255-272.

③ Chen C M. Visualising semantic spaces and author co-citation networks in digital libraries. Information Processing & Management,1999,35(3):401-420.

四、引文分析的局限性

文献引证是一种复杂的思维过程,而基于文献引证关系的引文分析法,把复杂的引证关系简化为"有"与"无",即"0"与"1",这必然存在着局限性。首先,文献是否被引用并不完全等价于文献的重要性。例如,有错误观点或结论的论文,人们出于批评指正而引用,由此产生的被引用不能说明文献的价值。而未被引用的文献也不能一概认为不重要。文献被引用受到许多因素的影响,如文献发表的时间、语种、可获得性等。索普(M. E. Soper)研究指出,作者引用的文献大部分是个人收藏的文献,小部分是本部门和就近图书馆的资料,而其他城市和国家的资料所占的比例甚小。[①] 这说明作者选用参考文献通常以方便为原则,所引用的文献并不一定是最好的。总之,被引次数上的微小差别不能说明文献质量的优劣,它有很大的随机性,只有当这一差别很大时,才能说明问题。其次,引文分析没有考虑引文在文中的位置。参考文献可能出现在文中的任何位置,如出现在前言、实验方法部分、结论或讨论中。参考文献出现的位置不同,其作用和目的不同,它们对来源文献的重要程度也不同,但引文分析时均把它们同等对待。

第三节 期刊引证报告 JCR 及基本科学指标 ESI

一、期刊引证报告 JCR

1. JCR 简介

期刊引证报告(journal citation reports, JCR)是一个综合性、多学科的期刊分析与评价工具,由美国科学情报研究所(ISI)编辑出版。它以 ISI 引文索引数据库两年的数据为统计周期,对期刊的引用与被引用情况进行系统归类、整理和分析。它从期刊的载文量、论文的被引用频次等原始数据出发,利用统计方法对期刊在相关学科中的相对重要性做出定量评价。[②] JCR 分为科学版(Science Edition)和社会科学版(Social Science Edition)两部分。2013 年 JCR 共收录期刊 11 527 种。其中,科学版收录科技期刊 8 411 种;社会科学版收录人文社科期刊 3 016 种。

---

① Soper M E. Characteristics and use of personal collections. The Library Quarterly, 1976, Vol. 46, No. 4:397-415.

② 苏玉华. 期刊引用数据库及其应用[J]. 大学图书馆学报,2001 (1):40-43.

2. JCR 的主要定量评价指标①

以下给出了 JCR 用于期刊评价的定量指标及其含义。

（1）期刊总载文量

某期刊的总载文量(total articles)是指期刊从创刊到统计年所刊载的论文总数。由于文献是研究成果的客观记录,故 JCR 用该指标表征某种期刊"情报生产"能力的大小。JCR 在计算该指标时,仅统计原创性论文(article)和综述文章(review),其他类型如社论(editorials)、快报(ietters)、新闻条目(news items)、会议摘要(meeting abstracts)等不在统计之列,因为它们一般不被引用。

（2）期刊总被引频次

某期刊的总被引频次(total cites)是指期刊自创刊以来所刊载的全部论文在统计当年被 ISI 来源期刊所引用频次的总和。由于某期刊的被引用频次是该刊实际利用的客观记录,故 JCR 用期刊在某一时段内的被引用频次来表征期刊的影响力。该指标为绝对指标,受期刊总载文量的影响。显然,办刊时间长的"老刊"以及载文量大的"大刊"总被引频次较"新刊"以及"小刊"有优势。

（3）期刊影响因子

某期刊在统计年的影响因子(impact factor)是指该刊前两年发表的论文在统计当年被引用的频次之和与该刊前两年的载文量之比。该指标实际上是期刊所刊载的论文在一定时期内的平均被引频次。它是一个相对指标,用来消除总被引频次受载文量的影响。在同一学科中,期刊的影响因子越大,那么它在该学科的影响力也越大。

【例 1】 已知 *Science* 2005—2006 年发表的文章数量以及它们在 2007 年被引用的情况见表 7-3-1。请计算 *Science* 2007 年的影响因子。

【解答】 根据影响因子的定义可计算出 *Science* 在 2007 年的影响因子为 26.372。

表 7-3-1　*Science* 2005—2006 年发文数量以及在 2007 年被引用的数据

项目 年代	期刊载文量	在 2007 年被引频次	2007 年 *Science* 的影响因子 IF
2005	931	27 016	
2006	885	20 876	IF＝47 892/1 816＝26.372
两年合计	1 816	47 892	

---

① JCR 联机帮助. http://admin-apps.webofknowledge.com/JCR/help/h_toc.htm, 2013-07-21.

（4）期刊即时指数

某期刊在统计年的即时指数（immediacy index）是指该刊在统计当年发表的论文被引用的频次与该刊统计当年发表的论文数之比。它反映了期刊当年发表的论文在当年被引用的情况，是测量期刊出版后能否取得快速响应的重要指标。即时指数较高的期刊所刊载的文章主要是多学科的、在某方面具有突破性和开创性的研究文章（如 *Nature*、*Science*），这些文章一旦发表就很快受到关注。即时指数从一定程度上揭示了当代的研究前沿。

（5）被引半衰期

某期刊在统计年的被引半衰期（cited half life）是指该刊达到统计当年总被引频次的一半所需要的年数。为了更好地理解被引半衰期，下面用实例说明其计算。

【例2】 表 7-3-2 是 *Science* 从创刊（1880 年）至 2006 年总的被引频次及其年代分布。请计算该刊 2006 年的被引半衰期。

【解答】 根据 *Science* 总的被引频次及年代分布，计算被引频次按年代的累积百分比，并填入表 7-3-2 中。

表 7-3-2 *Science* 总的被引频次及年代分布（创刊—2006 年）

年代	创刊—2006	2006	2005	2004	2003	2002	2001	2000	1999	1998	1997—1880
各年被引频次	361 389	4 916	21 815	28 482	27 659	31 081	27 528	23 589	23 069	23 378	149 872
累积百分比（％）	100	1.36	7.40	15.28	22.93	31.53	39.15	45.68	52.06	58.53	100

从表 7-3-2 中可知，从 2006 年推至 1999 年这 8 年内发表的文章，累积被引频次已达到总被引频次的 52.06％。*Science* 在 2006 年的被引半衰期为 7.7 年。

被引半衰期从定量的角度描述了某种期刊的老化速度。如 *Science* 在 2006 年的被引半衰期为 7.7 年，意思是指以 2006 年为基准年被引频次达总被引频次的一半的较新的那部分论文是在 2006 年以来 7.7 年内发表的。某种期刊的被引半衰期越大，则意味着其老化的速度越慢，该刊上的文章被利用的时间越长。一般情况下，理论性期刊较应用性期刊的被引半衰期长，年载文量多的期刊较年载文量少的期刊的被引半衰期长，发行量大的期刊较发行量小的期刊的被引半衰期长。[①]

（6）引用半衰期

某种期刊在统计年的引用半衰期（citing half life）是指该刊在统计当年所引用的

---

① 罗式胜. 期刊被引半衰期的概念及其应用. 情报科学,1994(1)：23-25.

文献中的较新的一半的平均出版年。如 *Science* 2006 年的引用半衰期是 4.8 年,这表示 *Science* 在 2006 年一年内所引用的文献中,有一半是在近 4.8 年(即 2006 年、2005 年、2004 年、2003 年以及 2002 年的一部分)内发表的。

期刊引用半衰期是衡量某种期刊引用"历史"文献的时效性指标。它表示某种期刊对多长时期内发表的文献感兴趣。期刊引用半衰期短,意味着该刊对较短时期内发表的文献较为感兴趣。反之,若期刊引用半衰期长,则意味着该刊对较长一段历史时间内发表的文献较感兴趣。一般来讲,应用性或技术性期刊的引用半衰期较理论性期刊的引用半衰期要短,因为前者往往需要参考借鉴较新的科研成果才能保证自己研究的先进性。[①]

(7)期刊自引率

某种期刊的自引率(self-citing rate)是指在某期刊的全部参考文献中,来源于该刊的论文所占的百分比。

(8)期刊自被引用率

某种期刊的自被引用率(self-cited rate)是指在引用该刊的全部文献中,来源于该刊的论文所占的百分比。

3. JCR 的使用方法

JCR 通过 ISI Web of Knowledge 平台提供服务。在 ISI Web of Knowledge 平台首页的导航条中,单击"选择数据库",进入数据库选择页面,选择 Journal Citation Reports,进入 JCR 数据库的首页(见图 7-3-1)。选择版本、数据年代及浏览期刊的方式后,就可查看期刊的相关信息。

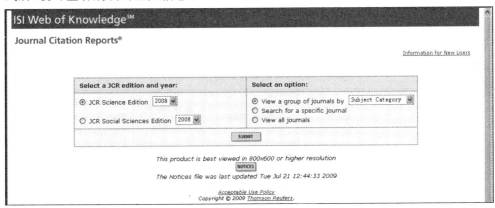

图 7-3-1　JCR 数据库首页

---

① 罗式胜. 期刊引用半衰期的概念——一种与期刊被引半衰期对应的指标. 图书与情报, 1995(2): 20-21.

系统提供了以下三种浏览期刊信息的方式。

（1）浏览某一类期刊（View a group of journals by）：可以按学科（Subject Category）、出版商（Publisher）、国家（Country/Territory）浏览某一类期刊。

（2）查看某一种期刊（Search for a specific journal）：此时可输入刊名全称（full journal title）、刊名缩写（journal abbreviation）、国标标准刊号（ISSN）查看某一种期刊。

（3）浏览所有期刊（View all journals）。

此外，利用 JCR 与 Web of Science 之间的链接，用户可以从 Web of Science 检索结果的显示界面直接进入 JCR，查看相关期刊的信息。

4. 应用实例

【例3】 有一读者想就藏羚羊保护的问题进行研究，故希望了解：（1）与该主题相关的英文期刊；（2）这些期刊在相关学科的影响力。

【解答】 这类问题可综合运用 Web of Science 引文索引数据库和 JCR 解决。思路是：先在 Web of Science 中查出相关文章，然后用结果分析功能进行期刊分析，找出相关期刊。最后用 JCR 了解这些期刊所属的学科以及在相关学科的影响力。

本课题涉及的概念有：（藏）羚羊（tibetan）antelope，保护 protection。

检索式为：TS＝[（tibetan antelope*）and protection*]

Databases＝SCI-EXPANDED，SSCI，A&HCI；1900—2009

命中记录 4 条。检索结果太少，删除限定词 tibetan 以扩大检索。

调整检索式为：TS＝（antelope* and protection*）

Databases＝SCI-EXPANDED，SSCI，A&HCI；1900—2009

命中记录 24 条。

通过刊名分析得出相关期刊，然后利用 JCR 了解期刊所属学科以及在学科中的排名。与课题相关的期刊及影响力见表 7-3-3。

表 7-3-3　与课题相关的期刊及影响力

刊　　名	ISSN	所在学科	排序/学科期刊数	该学科所有期刊的平均影响因子	2007 年影响因子
Biological Conservation	0006-3207	Biodiversity Conservation	4/27	1.295	3.296
Biodiversity and Conservation	0960-3115	Biodiversity Conservation	13/27	1.295	1.421
African journal of Ecology	0141-6707	Ecology	96/116	1.532	0.688
ORYX	0030-6053	Ecology	79/116	1.532	1.037

在本例中,期刊 *Biological Conservation* 和 *Biodiversity and Conservation* 同属于生物多样性保护这一主题范畴。该主题下共有 27 种刊,平均影响因子为 1.295。按影响因子排序时,期刊 *Biological Conservation* 排名第 4,而 *Biodiversity and Conservation* 排名第 13,显然在该主题范畴中前一种刊的影响力较大。

二、基本科学指标 ESI①②

基本科学指标数据库(essential science indicators,ESI)由美国科技信息所(ISI)于 2001 年推出的一个文献评价分析工具。它以 Web of Science 引文数据库的数据为基础,将 10 年间发表的论文的被引情况按作者、研究机构、国家及期刊进行统计分析,由此给出有影响力的科学家、研究机构、国家(地区),有影响力的期刊以及论文等信息。主要统计指标包括:论文数量、论文被引用频次总和以及论文篇均被引频次。

图 7-3-2 为 ESI 数据库首页。ESI 分为四大模块:引文排名(Citation Rankings)、突出的论文(Most Cited Papers)、引文分析(Citations Analysis)以及评论报道(Commentary)。

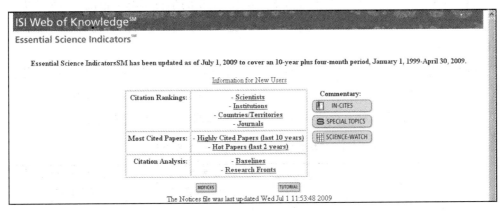

图 7-3-2 ESI 数据库首页

1. 引文排名

ESI 根据个人、机构、国家及期刊文章的被引用情况,分别给出了世界前 1% 的

---

① 邱均平,马瑞敏. 引文索引的功能与科学评价——以美国《基本科学指标》引文数据库为例[J]. 评价与管理,2006,4(2):1-8.

② 王颖鑫,刘德洪,刘清. Essential Science Indicators 应用浅析[J]. 图书情报工作,2006,50(6):137-140.

科学家排名(Scientists),前1%的科研机构排名(Institution),22个学科中前50%的国家(地区)排名(Countries/Territories),前50%的期刊排名(Journals)。在ESI首页的引文排名(Citation Rankings)模块中,系统提供了入选的科学家、机构、国家以及期刊四个索引。单击某个索引即可查看相应的排名。图7-3-3为入选ESI的机构索引。

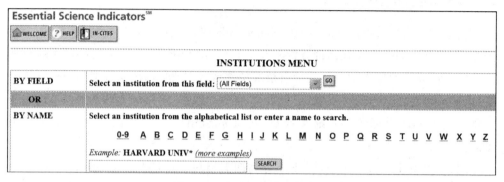

图 7-3-3　入选 ESI 的机构索引

【例4】　利用ESI数据库了解清华大学2009年的学科影响力情况,并回答以下问题:(1)有几个学科入选ESI数据库?(2)提供一个入选学科的名称及清华大学在该学科的排名。

【解答】　(1)在ESI的首页上,单击引文排名(Citation Rankings)中的机构索引(Institution),进入机构索引页面,输入清华大学名称:tsing hua univ,单击Search,可看到2009年清华大学入选的学科有8个。入选的学科及相关情况见表7-3-4。

表 7-3-4　清华大学 2009 年入选 ESI 数据库的学科

学 科 名 称	入选文章(篇)	入选文章的被引频次(次)	入选文章的篇均被引频次
Chemistry	4 737	32 692	6.90
Biology & Biochemistry	893	5 726	6.41
Physics	5 171	29 161	5.64
Environment/ Ecology	366	1 816	4.96
Materials Science	4 524	22 305	4.93
Engineering	4 491	15 410	3.43
Mathematics	754	2 262	3.00
Computer Science	1 637	3 076	1.88

(2)以材料学科为例,清华大学入选的论文共有4 524篇,被引用22 305次,入

选论文的篇均被引频次为 4.93 次/篇。将该学科的论文按篇均被引频次排序时,清华大学在入选的 621 个机构中排名第 515。

2. 突出的论文(Most Cited Papers)

(1)高被引论文与热门论文的定义

高被引论文指的是近十年间发表的且被引频次位于前 1% 的论文。一般来说,论文的被引用高峰出现在论文发表后的第 2～4 年,某些论文会被持续引用多年。ESI 为 22 个领域各年发表的论文设定了入选阈值,以保证入选的论文在相应的领域和年份里,其被引用频次位于前 1% 的范围内。

热门论文指的是在某学科领域内近两年发表的,而且在当前两个月里被引频次位于前 0.1% 的论文。热门论文与该学科的其他论文相比,在发表后很短的时间内就得到关注而获得较高的被引频次。热门论文的入选条件是将某学科领域近两年发表的论文在最近两个月内被引用的频次与相应的阈值比较,大于者入选。每一领域及时间段都设定了入选阈值,以保证前 0.1% 的论文得以入选。

需要说明的是,高被引论文和热门论文的选择条件不同。高被引论文是从近十年加上当年月份的所有论文中挑选出来的,而热门论文则只是根据近两年内发表的论文在最近两个月内的被引频次挑选。

以下为一篇入选 ESI 的热门论文:Enhanced charge-collection efficiencies and light scattering in dye-sensitized solar cells using oriented TiO2 nanotubes arrays. NANO LETT 7 (1):69-74 JAN 2007.它在发表当年就被引用 21 次。到 2009 年 4 月 30 日为止,已被引用 122 次。

(2)查找高被引论文和热门论文的方法

在 ESI 首页的高被引论文(Most Cited Papers)模块中,分别提供了近十年来的高被引论文(Highly Cited Papers)和热门论文(Hot Paper)链接。单击某一链接,就可进入相关页面。查看这两类论文的方法相似。下面以查高被引论文为例,说明操作步骤。

单击 ESI 首页的突出的论文(Most Cited Papers)栏中的"Highly Cited Papers"链接,进入高被引论文检索页面(见图 7-3-4)。在该页面上,可以通过研究领域索引或科学家姓名索引浏览高被引论文,也可以通过检索方式查看高被引论文。系统提供的检索字段有篇名、作者姓名、机构名称、国家和刊名。

3. 引文分析

在 ESI 首页的引文分析(Citations Analysis)模块中,提供了入选基准(Baselines)及研究前沿(Research Fronts)两个链接。其中,前者提供了 ESI 论文的

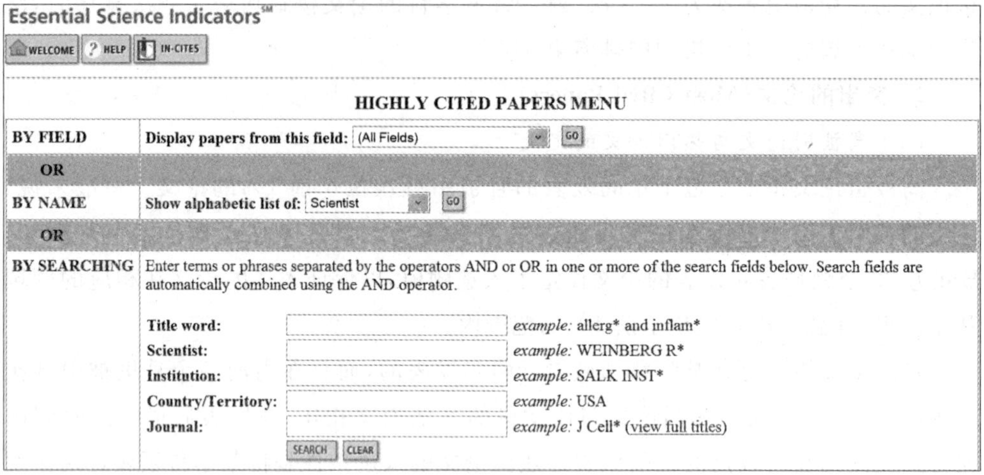

图 7-3-4　高被引论文检索页面

入选标准,后者提供了若干个主题的高被引论文组。

（1）入选基准

单击 ESI 首页的引文分析（Citations Analysis）栏中的 Baselines 链接,进入入选基准页面（见图 7-3-5）。系统提供了 by averages、by percentiles 和 by field rankings 三个链接。其中,"by averages"给出了近十年间各学科的世界平均水平,它为近十年间各学科各年发表的论文的篇均被引频次（Average Citation Rates）;"by percentiles"给出了 ESI 的入选标准,它为各学科各年发表的论文达到某个百分点对应的被引频次;"by field rankings"提供了各个学科入选论文的总数和被引频次。图 7-3-6 和图 7-3-7 分别给出了 2003—2013 年间各学科各年的世界平均水平以及 ESI 的入选标准。

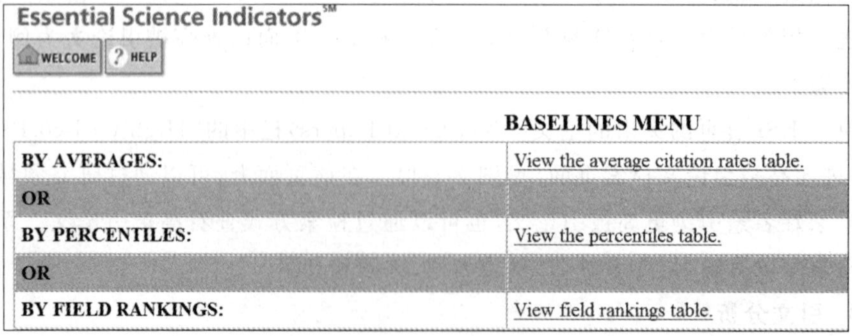

图 7-3-5　入选基准页面

Average Citation Rates for papers published by field, 2003 - 2013 (How to read this data)											
Fields	**2003**	**2004**	**2005**	**2006**	**2007**	**2008**	**2009**	**2010**	**2011**	**2012**	**2013**	**All Years**
All Fields	20.96	19.85	17.88	15.58	13.81	10.92	8.74	6.18	3.43	1.03	0.12	10.52
Agricultural Sciences	16.26	15.45	13.55	12.31	10.26	7.48	5.79	3.93	2.08	0.59	0.05	7.24
Biology & Biochemistry	31.75	29.37	25.68	22.10	19.61	15.98	12.53	8.62	4.87	1.44	0.17	16.10
Chemistry	20.75	20.16	18.77	16.46	14.78	12.64	10.53	7.64	4.44	1.43	0.11	11.66
Clinical Medicine	25.38	24.16	22.14	19.11	16.69	12.87	10.06	7.24	3.83	1.13	0.13	12.43
Computer Science	7.20	5.55	5.38	4.41	6.60	5.49	4.31	3.02	1.47	0.38	0.04	4.21
Economics & Business	15.95	14.99	12.94	10.88	9.20	6.44	4.66	3.01	1.53	0.42	0.08	6.45
Fields	**2003**	**2004**	**2005**	**2006**	**2007**	**2008**	**2009**	**2010**	**2011**	**2012**	**2013**	**All Years**
Engineering	9.62	9.59	8.60	7.72	7.37	5.76	4.96	3.38	1.88	0.54	0.06	5.20
Environment/Ecology	24.53	22.98	20.38	17.75	15.71	12.25	9.40	6.37	3.61	1.01	0.15	11.36
Geosciences	19.80	18.41	16.43	15.55	11.96	9.93	8.09	5.51	3.20	0.94	0.17	9.73
Immunology	38.23	37.09	32.94	29.00	25.90	21.11	16.85	11.28	6.33	1.80	0.15	20.65
Materials Science	14.46	13.40	12.40	11.46	10.54	8.83	7.51	5.66	3.32	1.01	0.08	7.90
Mathematics	7.36	6.83	6.32	5.57	4.68	3.88	3.06	2.04	1.10	0.35	0.05	3.52
Microbiology	30.30	28.91	27.08	22.33	18.94	15.20	11.80	8.32	4.46	1.34	0.11	14.79
Fields	**2003**	**2004**	**2005**	**2006**	**2007**	**2008**	**2009**	**2010**	**2011**	**2012**	**2013**	**All Years**
Molecular Biology & Genetics	47.34	43.91	38.21	33.51	28.83	23.20	18.34	12.47	7.02	2.06	0.18	22.81
Multidisciplinary	7.36	5.88	14.89	15.15	13.35	12.57	8.44	7.02	4.04	2.21	0.41	8.41
Neuroscience & Behavior	35.91	33.93	30.89	26.86	23.07	18.25	14.16	9.65	5.25	1.53	0.15	18.46
Pharmacology & Toxicology	23.79	23.91	20.34	19.47	16.57	13.38	10.08	6.72	3.65	1.09	0.11	11.93

图 7-3-6　2003—2013 年间各学科各年的世界平均水平

Percentiles for papers published by field, 2003 - 2013 (How to read this data)											
All Fields	**2003**	**2004**	**2005**	**2006**	**2007**	**2008**	**2009**	**2010**	**2011**	**2012**	**2013**	**All Years**
0.01 %	1543	1308	1209	988	892	752	598	379	199	80	11	896
0.10 %	558	501	442	382	337	268	210	147	79	29	6	321
1.00 %	182	169	148	128	112	90	71	50	29	11	3	103
10.00 %	49	46	42	36	32	26	21	15	9	3	1	26
20.00 %	29	28	25	22	19	16	13	9	5	2	1	14
50.00 %	9	9	8	8	7	6	5	3	2	1	0	4
Agricultural Sciences	**2003**	**2004**	**2005**	**2006**	**2007**	**2008**	**2009**	**2010**	**2011**	**2012**	**2013**	**All Years**
0.01 %	634	708	831	281	321	204	134	101	51	29	4	361
0.10 %	313	241	208	162	148	109	78	48	30	12	3	153
1.00 %	119	106	90	76	63	51	36	26	14	6	2	62
10.00 %	39	37	32	29	24	19	15	10	6	2	1	20
20.00 %	25	24	21	19	16	12	10	7	4	2	0	11
50.00 %	9	9	8	7	7	4	4	3	1	0		3
Biology & Biochemistry	**2003**	**2004**	**2005**	**2006**	**2007**	**2008**	**2009**	**2010**	**2011**	**2012**	**2013**	**All Years**
0.01 %	1671	1093	1115	1048	1117	1016	692	451	276	94	19	987
0.10 %	688	551	493	428	409	328	244	154	89	34	7	395
1.00 %	237	213	184	155	138	117	86	58	32	12	3	137
10.00 %	70	65	57	48	42	35	28	19	11	4	1	39
20.00 %	44	41	36	31	27	22	18	13	8	3	1	23
50.00 %	18	17	15	13	12	10	8	6	3	1	0	7

图 7-3-7　2003—2013 年间各学科各年的入选标准

【例 5】 有两篇农业科学的论文分别发表于 2003 年和 2006 年,若要入选 ESI 的高被引论文,至少要被引用多少次?

【解答】 ESI高被引论文为被引频次位于前1%的论文。从 BY PERCENTILES 中查 ESI 的论文入选标准(见图 7-3-7)。从中可知,2003 年发表的学业科学的论文要入选 ESI,至少要被引用 119 次;2006 年发表的文章至少要被引用 76 次。

（2）研究前沿

研究前沿(Research Fronts)由若干组高被引论文构成。ESI 利用论文间的共被引频次来计算高被引论文之间的相关性,并进行聚类,由此形成各主题的核心论文组。研究前沿的命名通过对核心论文组进行词频分析给出。

单击 ESI 首页的引文分析 (Citations Analysis)栏中的 Research Fronts 链接,进入研究前沿索引页面。在该页面上,通过 by field 栏中的下拉菜单选择学科后,可以浏览学科的研究前沿。在 by name 栏中提供查找功能。输入关键词后,可查看与该主题相关的高被引论文组。

【例 6】 请问从何处可以了解有关碳纳米管研究的核心论文?

【解答】 利用 ESI 研究前沿可以获得相关信息。在研究前沿索引页面的 by name 栏中输入"nanotubes",系统将显示碳纳米管研究的核心论文共有 83 组。按篇均论文排序时,排名第一的核心论文组名称为 single-walled carbon nanotubes; fundamental electronic properties; molecular electronics; synthesis; integration. 该集合由 3 篇高被引论文组成,它们的平均发表年代为 2003 年,共被引用 830 次,篇均被引用达 276.67 次。该组核心论文组是关于单壁碳纳米管的基本电性质研究的。相关文献信息如下:

1. Carbon nanotubes: synthesis,integration,and properties. Dai HJ. Accounts of Chemical Research,35 (12): 1035—1044 DEC 2002. Stanford Univ,Dept Chem, Stanford, CA 94305 USA.

Field: CHEMISTRY Citations: 371

2. Molecular electronics with carbon nanotubes. Avouris P. Accounts of Chemical Research, 35 (12): 1026—1034 DEC 2002. IBM Corp, Div Res, TJ Watson Res Ctr,POB 218,Yorktown Hts, NY 10598 USA.

Field: CHEMISTRY Citations: 313

3. Fundamental electronic properties and applications of single-walled carbon nanotubes. OUYANG M; HUANG JL; LIEBER CM. Accounts of Chemical Research,35 (12): 1018-1025 DEC 2002 Harvard Univ,DeptChem&BiolChem,12 Oxford St,Cambridge, MA 02138 USA.

Field：CHEMISTRY Citations：146

4. 评论报道

评论报道（Commentary）提供了以高被引论文为线索的访谈资料，包括访谈录（In—Cite）、特殊话题（Special Topics）、科学观察（Science Watch）。

《访谈录》为 ESI 的编辑对高被引作者的采访记录。在这个栏目中，科学家本人讲述了有关高被引论文的幕后花絮，以及对研究成果的应用展望等。此外，"专栏文章"（feature articles）还指出新兴的学科领域、高被引研究机构、不同国家的研究状况、具有高影响因子的期刊以及其他话题。该栏目内容定期更新。

《特殊话题》对选定的领域采用联合词汇检索和研究前沿分析结合的方法来确定话题。单击某一给定话题，会显示该话题的相关数据，包括该领域的高被引论文、科学家、研究机构以及国家等。

《科学观察》是 ISI 于 1990 年推出的反映科学进展和成就的新闻周刊，可看到 1989 年以来的内容。《科学观察》以最近和最热门的基础研究的引文分析为取材依据，提供选定领域的高被引科学家、机构排名，检视热点领域或者新兴领域，跟踪国家或者国际科研趋势。该刊的另一个特色是刊登国际顶尖科学家的访谈录。此外，每一期都提供生物学、医学、物理学以及化学的十大热点论文及相关专家述评。

习　题

1. 利用 SCI 了解近五年全球重要期刊的发文情况。请制作发文年代分布、国家分布、机构分布以及刊名分布，并做简要分析。

2. 就自己感兴趣的一个主题用万方数据库收集相关文献进行定量分析。请制作发文年代分布、机构分布以及刊名分布，说明该主题研究的发展情况。

3. 选择本专业的一个核心期刊，利用"中国科学引文数据库"CSCD 了解该刊近五年被引用的情况。求：该刊的被引率以及篇均被引频次。（说明：某刊的被引率定义为该刊被引用的论文量（篇数）占该刊发文总量的百分比；某刊的篇均被引频次等于该刊的被引频次之和除以该刊的发文量。）

4. 有一文献集合 D 由 9 篇文献 A～I 构成。已知文献 A 被 B、C、I 引用，文献 B 被 D、F 引用，文献 C 被 E、F、G、H、I 引用，文献 E 被 G、H、I 引用。请给出该文献集合 D：(1)引文网络图；(2)被引用矩阵；(3)试用引文耦合频次说明哪两篇文献的相关性最大。

5. 在 JCR-Science 版中查看 2011 年中国期刊被收录的情况。请提供以下信息：(1)收录的中国期刊数量；(2)影响因子最高的期刊的名称及 ISSN 号；(3)该刊所属的学科范畴名称及其在该学科中的影响因子排名。

6. 在 ESI 数据库中查看北京大学近十年来发表的论文的影响力情况。有几个学科榜上有名？提供相关学科的名称。

CHAPTER 8
第八章
批判性思维方法及应用

【学习目标】

• 了解批判性思维的特征、原则与方法

• 掌握证据可靠性鉴别以及论证的构造方法

• 掌握批判性阅读的方法

【内容框架】

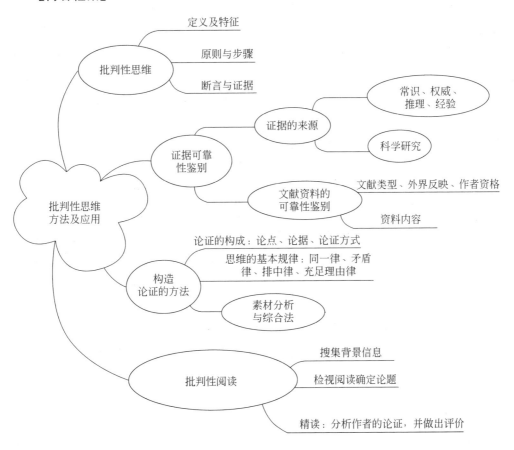

第一节　批判性思维

一、批判性思维的定义与特征

批判性思维是什么？是一种专挑他人思维毛病的技巧，或是避免受他人观点影响的方法？美国学者、批判性思维运动的倡导者罗伯特·恩尼斯（Robert Ennis）给出的定义是"Critical Thinking is reasonable, reflective thinking that is aimed at deciding what to believe or what to do."。即"批判性思维是理性的、反思性的思维，其目的在于决定该相信什么或做什么"。①

下面对定义中的几个关键词 critical thinking，reasonable，reflective 进行解读。首先，从字典可知，critical 指的是分清正确的和错误的，有用的或无用的，去分别对待。如批判性地继承人类的文化遗产。可见该词的含义为"分辨，评判"，它并无否定之义。critical thinking 强调的是质疑。由于任何思想和观点都是基于论证者的认识，具有明显的主观性，而且由于论据的真实性是相对的，因此，质疑是必须的。思想只有经过严厉的质疑与拷问才能成熟与完善。其次，reasonable 的词义是"合理的、讲道理的"。批判性思维是理性的，不管是信念还是行动，都是基于充分的理由做出的决定。为此，它强调对论据以及论证过程的考察。reflective 的词义是"反思的"。批判性思维通过寻找自己以及他人思维上的不足，以实现自我调整。综上所述，批判性思维是一种理性抉择的方法，一个深思熟虑的思考过程，它公正地对待正反两方面的证据，分析与综合多种观念，从中得出合理的结论，因而它是富于建设性的。当然，批判性思维不能保证料事如神、一定正确和成功，因为历史的、知识的和信息等方面的条件会制约人们接近真理的程度。但批判性思维是以可靠的方式，即通过质疑与反思，寻找问题的答案，因此它可以保证在现有的条件下所得出的结论是最佳的，因而成功的可能性更大。从这一点来说，批判性思维是接近真理、获得新知的有力工具。

1. 专家关于"批判性思维"的共识声明

20 世纪 90 年代，美国的 46 位批判性思维学者共同制定了"批判性思维的共识

---

① Ennis，Robert H. A Taxonomy of Critical Thinking Skills and Dispositions[C]// Baron，Joan Boykoff (Ed)；Sternberg，Robert J. （Ed）. Teaching thinking skills：Theory and practice. Series of books in psychology. New York，NY，US：W H Freeman/Times Books/ Henry Holt & Co，xi，1987：9-26.

声明",①对其定义、作用以及批判性思维者所具有的特征进行了说明。译文如下：
"我们认为批判性思维是有目的的、自我调整的判断。这种判断导致解释，分析，评价，推理以及对作为判断基础的证据、概念、方法、标准或语境的说明。批判性思维是一种不可缺少的探究工具，是教育的解放力量，是个人生活和公共生活的强大资源。尽管批判性思维并不完全等同于好思维，但它是一种具有自我修正能力的思维方法。理想的批判性思维者喜欢探索、全面了解、信任理性、思想开放、立场灵活、评价公正、诚实面对个人偏见、判断谨慎、愿意重新思考、清晰理解论题、有条理地思考复杂问题、不倦地搜集相关的信息、选择合理的标准、专注考察，并且不懈地追求条件所容许的最精确的结果。培养好的批判性思维者就是朝这个理想努力，把发展批判性思维的技能与品质的培养结合起来，这些品质除了能不断地产生有用的洞见之外，它们同时也是理性和民主社会的基石。"

2. 批判性思维的价值

为什么要进行批判性思维？它在人们的生活中有什么作用？就个人层面而言，它让人理性地思考与处理问题，避免被"忽悠"。在进行批判性思维时，人们会去分辨信息的真实性，考察推理的充足性和论证的全面性，避免被诱惑做出不明智的决定。人生就是在不断地思考问题与解决问题中度过的，个人的生活质量有多高取决于他解决问题的能力有多强，而批判性思维为人们理性抉择提供了有效方法。掌握批判性思维的本领将使人受益终生。就社会层面而言，理性的批判就是要破除迷信、偏见、成规、误导、封闭、单一和绝对的观点。它要求人们不要根据直观的感觉来接受信念和结论。因此，批判性思维能有效地产生知识、公正和进步，是理性与民主社会的基础。

批判性思维的价值体现在以下两个方面。首先，它让人学会理性思考。它帮助人们在面临问题时弄清自己应该相信什么或做什么。换句话说，具有批判性思维能力的人，在面临问题需要抉择时，能明白自己应该思考什么，如何通过思考得出合理的结论。理性的特征规定了批判性思维适用于人们需要做出合适的决策与行动的一切地方。如获取新知、解决重要问题等，所涉及的范围包括从私人问题，比如最好应该购买哪一辆车，到学术问题，比如对抑郁症的最合理的解释是什么。其次，批判性思维能帮助人们得出一个合理的结论与最佳的答案。因为它是通过质疑与反思的方式来寻找问题的答案。当然，这并不是说所推出的结论都是正确的。如果不是根据事实来推论，那么结论就只是简单地建立在道听途说的信息基础之上。如果得出的

① Facione, Peter A. Critical thinking: A Statement of Expert Consensus for Purposes of Educational Assessment and Instruction. http://assessment. aas. duke. edu/documents/Delphi_Report. pdf. 2012-11-20.

结论与事实不符,那么答案肯定是也错的。

二、批判性思维的原则与方法

1. 批判性思维的原则

美国学者库恩(Dennis Coon)则将批判性思维界定为一种分析、评价、比较和综合信息的能力,并将批判性思维的基本原则归纳如下。[①]

（1）即便是"真理"也须要质疑

世上并不存在绝对的真理。任何理论都是有瑕疵的。此外,对于同一个问题,可能会存在更好的理论或假设。例如,地球虽然不是严格意义上的球体,但是"地球是圆的"假设就比"地球是扁的"更合理,因为由它产生的错误更少。因此在容许一种观念或一个结论进入自己的大脑前,有必要用理性和公正的标准对它们进行一番评判。

（2）独立思考,不盲从权威和专家

"独立思考"要求一个观点的获得纯粹是基于自己对事实的思考,而不是他人的影响。我们可以相信名人和权威是好人、可信的人,但这并不意味着他们所说的每一句话都是对的。即使是权威或专家的话也不能自动成为真理。我们仍要问自己:"这位专家凭什么这么说？这个观点合理吗？还有更好的解释吗?"对专家观点的盲从是一种自我贬低的做法。

（3）不抱偏见

偏见是指偏于一方面的见解,成见是指对人或事物所抱的固定不变的看法。两者都会导致判断错误。不抱偏见是一种能力,它需要开放心灵。它意味着在下结论前能够考虑所有的可能性,公正地考察所有已知的事实和不同的观点,并能够在一种新的、更具说服力的证据到来时接受这种观点。事实上,思考的独立性正是通过认真考察对立面而建立起来的,因此独立思考应该包括自我反思,把别人的观点当作镜子,以便发现和突破自己的成见。

（4）证据有质量差异

不同的证据在质量上有差异,而证据质量的好坏将关系到所得出的结论是否正确。下节将介绍如何判断证据的质量。

2. 批判性思维的方法

（1）与批判性思维有关的术语——断言与证据

断言,也称为主张,它是指某人对事或人的主观看法。在日常生活中,常会听到

---

① （美）Dennis Coon. 心理学导论:思想与行为的认识之路[M]. 郑钢,等,译. 北京:中国轻工业出版社,2007:31-33.

或看到有人对某事情下结论,或提出某种主张。它们可能对,也可能错,需要质疑并做出判断。以下是人们对待断言的几种做法:①"随大流"。将他人的观点作为自己的观点。此法很简单,但它相当于放弃了自己"质疑与评判"的权利,会导致自己成为他人思想的"木偶"。②经验方法。根据直接观察所获得的事实来判断断言。③理性方法。采用逻辑推理,由已知的前提推出结论。④科学研究。为经验方法与理性方法相结合,具有"纠错"功能。由逻辑推理所得的结论将接受实验的检验,错误的结论将通过系统的观察得到发现与纠正。

证据是指能够证明某事物真实性的有关事实或材料。[①] 它是为了证明断言真所提供的理由。证据来源于共识或常识、事实和研究结果。所谓共识是指人们对事物的共同认识。当人们对某些观点、事物达成一致看法时,共识就产生了。事实是指真实的事件,即所观察到的真实而不会改变的事情。

(2)批判性思维的步骤

1)表述断言

搞清楚断言的含义是什么,识别和理解它所涉及的基本概念和术语,这样就知道需要从哪些方面去考察与质疑它。

2)搜集证据

寻找与断言有关的各种证据,包括正、反面证据。

3)判断证据的可靠性

证据的来源有很多,如众人的看法、权威的观点、直接观察、公开发表的研究资料等。不同来源的证据在质量上有差异,而对证据质量的判断至关重要。一般情况下,来源于科学研究的证据质量相对较高。

思考以下问题对证据的可靠性做出判断:这些证据是否有说服力? 是否经过验证? 验证者是谁? 是否有资格? 是否有利益关系?

4)考察作者的论证

批判性阅读并思考以下问题。

• 判断证据的质量。如当证据来源于科学实验时,可以问实验方法是否可信? 是否可以重复?

• 考察论证过程。证据与断言是否相符? 如果由证据推出的结论与断言对立,那么,由最有说服力的证据得出的结论是什么?

---

① 中国社会科学院语言研究所词典编辑室.现代汉语词典[M].北京:外语教学与研究出版社,2002:2450.

- 得出的结果是否客观？是否有其他研究者得出相同的结果？

5）做出结论

断言的可信度有多高？很可信,不可信,或仍然是似是而非？当对某一断言的证据进行认真评判后,就能得出一个合理的结论。

第二节　证据可靠性鉴别

一、证据的来源及特点

证据是用来证明某事物的真实性的材料。证据的来源有很多,包括权威的观点、公开发表的研究资料、直接的科学观察和偶然观察中的发现等。不同来源的证据质量不同。下面将讨论证据的来源及特点。例1摘自 Dennis Coon 所写的《心理学导论:思想与行为的认识之路》一书第31页。

【例1】　一个母亲对孩子爱吃糖的问题很担忧,因为她听说吃糖多了会使孩子变得躁动不安。为了寻找答案,她广泛搜集证据,包括询问其他父母,搜集专家的看法以及研究者的研究成果。试分析这些来源不同的证据的特点。

【解答】　这里的断言是:吃糖过量会对孩子的行为有不良影响。证据来源如下:

（1）逸事证据。多指无正式记载的证据。如一些事例、故事、例证等。其他父母对孩子吃糖问题的看法只能算是逸事证据,不一定是客观观察的结果;而且"多吃糖对孩子不好"是一种普遍的观点,被问的父母也许受到这种观点的影响。

（2）偶然观察。比如孩子们在生日晚会上的表现,因为此时孩子们要吃掉大量的甜食。情况真的就像断言那样:孩子们吃过蛋糕、冰淇淋和糖果后开始大声喧哗,闹个不停。这种证据有说服力吗？事实上,这是个无效证据。生日晚会使孩子们置身于灯火辉煌、喧闹嘈杂的环境中,此时,任何一个孩子都会"躁动不安",而与吃糖无关。

（3）权威的观点。一直以来,有很多医生、营养学家和其他"专家"都在强调多吃糖对儿童的行为发展有不良影响。你该相信他们吗？刨根问底地的了解得知,原来大多数专家的意见也仅仅是根据逸事和偶然观察得出的。

事实证明,父母们提供的信息、偶然观察的结果和许多权威人士的观点并不可靠。

（4）科学证据。美国儿科专家沃尔拉伊齐(Mark Wolraich)博士和他的同事就"吃糖对儿童行为的影响"进行了十多年的系统研究。他们研究的依据是:如果吃糖会对儿童的行为产生影响,那么,孩子吃糖后将会在行为上表现出一些可以测量到的变化。在研究中,沃尔拉伊齐团队让孩子们吃掉一定量的糖,之后对他们的行为进行观察。研究结果表明:吃糖与攻击行为、心境、运动或认知能力无关。[①] 由于这些结论都是在系统观察的基础上得出的,这样的证据才令人信服。

结合以上实例,表 8-2-1 给出了证据来源的各种途径以及特点。

表 8-2-1　证据的来源途径以及优缺点[②]

证据来源		优　　点	缺　　点
直接途径	经历、经验(感性)	直接体验或观察获得新知	错误的观察会导致错误的结论
间接途径	专家或权威	其观点可能是基于相关的知识、推理和经历	可能是基于个人的信仰,会受传统文化的影响而造成偏向;无法纠正错误的信念
	常识	由人们日常非系统的观察、经历以及解释这些经历的看法所组成。它意味着某个众人接受或众所周知的观点是对的。其优势是考虑了多数人的意见	无法纠正不正确的意见;会有文化上的偏向
	推理(理性)	强调问题的解释合乎逻辑,所采用的规则、方法一致	当证据或推理有错时,无法得到可靠的结论;不能根据经验进行修正
综合途径	科学研究(感性+理性)	在严格控制的条件下进行观察,根据所获得的事实进行推理,具有自我纠错功能。对科学研究来说,观察是证据的基本来源,错误的结论将通过观察而得到纠正	仅适用于可以重复观察的现象和事件

二、证据的可靠性判断

证据的价值在于它的真实可靠性。尽管在一般情况下,应该相信科学研究所提供的证据,因为这种证据的质量最高。但这并不是说研究者给出的结论就是对的,还须要考察其所用的证据以及论证过程的可信度。由于科学证据多以文献资料的形式存在,故科学证据的可靠性鉴别即变为文献资料的可靠性鉴别问题。

在判断证据的可靠性时,我们可以遵循胡适的提问法:"我们对于证据的态度是:一切史料都是证据。但史家要问:(1)这种证据是在什么地方寻出的?(2)什么时候寻出的?(3)什么人寻出的?(4)在地方和时候上看起来有做证人的资格吗?

---

① Mark L Wolraich, David B Wilson, J Wade White. The Effect of Sugar on Behavior or Cognition in Children: A Meta-analysis. JAMA, 1995;274(20):1617-1621.

② D. Alan Bensley. 心理学批判性思维[M]. 李小平,等,译. 北京:中国轻工业出版社,2005:25-27.

(5)这个人虽有证人资格,而他说这句话有作伪(无心的,或有意的)的可能吗?"[①]在回答了这几个问题后,对证据的可靠性也就有了相应的判断。下面将采用胡适的提问法对文献资料以及网络信息的可靠性进行判断。

1. 文献资料的可靠性鉴别[②]

文献资料的可靠性可以从文献类型、外界反映、作者资格、资料内容四个方面进行判断。

(1)文献类型

不同类型的文献产生于知识形成与发展的不同阶段,并且有各自不同的写作目的。根据文献类型,可以判断其可信度。以下为参考标准。

- 专业书刊比科普读物的可信度高,科普读物比新闻报道的可信度高。
- 机密资料多为向上级主管部门汇报的资料,其可信度比公开资料高。
- 技术档案和技术图纸是科研技术人员日常工作的记录,是继续深入研究的依据,其可信度高。
- 标准文献是经过公认的权威机构批准与颁布的,具有法律效力,其可信度高。
- 百科全书、年鉴等工具书,通常由专家组成的编纂委员会编撰,词条都经过了严格的审核,因此,资料翔实,内容可靠。
- 图书影响广泛而久远,作者对于出书一般都持比较认真和谨慎的态度,如作者在写书时,会反复推敲和考证书中涉及的问题,因此,图书的内容比较可靠。
- 学位论文和学术讨论会的文稿多是针对探索性的课题,内容比较新颖,但其结论一般尚需实践来验证,其可靠性不如同行评审的期刊文章高。

(2)外界反映

根据外界对资料的评价及使用情况判断资料的价值。

1)文章被引用的情况

一般说来,反复被他人引用的文章,其可信度高。换言之,文章的可信度与其被引用相关。资料被他人引用,即可认为产生了影响,被引用的次数越多,所产生的影响也就越大,其资料的价值也就越高。

2)评论文章

某一新理论和新技术出现一段时间以后,社会上必然有一些相关的评论。凡是被社会舆论肯定了的,其可信度一般较高。文章发表时编辑部所写的编者按语,以及

---

① 胡适.古史讨论的读后感[M].见胡适文集.第3卷.北京:北京大学出版社,1998:86.
② 秦铁辉.情报研究概论[M].北京:北京大学出版社,1991:146-159.

文章发表后,读者就此文章所写的评论或者给编辑部的信,都可以用来判断资料的真实性。

此外,已经用于生产实践的理论和技术的可信度较高。

（3）作者资格

通过考察作者的身份与资历,判断作者是否有资格做此事。如通过文中所记载的作者的简历,了解其专业背景,所从事的工作,以及所具有的职务、职称和研究方向,从而判断作者是否具备相关知识,是否为该领域的专家,是否值得信赖。

外此,文献的出版单位不同,其可靠性也不一样。如著名的出版机构,为了维护自己在出版界的声誉,会对自己的"产品"进行质量控制,其出版物质量相对较高。又如由专业学会创办的刊物,有专家组成的编委会,有基本的作者队伍,有严格的审稿制度,其文章的可信度较高。还有著名研究机构和大学的出版社,由于编辑部的力量较强,因而出版的图书和期刊的质量也比较高。

（4）资料内容

采用批判性阅读方法对资料内容进行判断,看作者的论证是否充分、合理。

采用比较法对同一类资料进行对比分析,以确定资料的正误和优劣。例如,把资料本身的论点和论据相比较;把正在阅读的资料和已经确认可靠的资料相比较;把宣传性广告和产品目录相比较等。此外,注意学术观点不同的文章。这类文章由于观点不同,有时会产生针锋相对的争论。争论中往往会发现其中的不足,甚至错误之处。

就学术著作而言,其可信度的一个重要标志是看作者引用资料时是否忠实于原著,并准确注明出处。凡是准确标明出处的,则说明作者的治学态度是严谨的。

2. 网络信息的可靠性鉴别

与学术期刊文章不同,网上的信息并没有同行评审这一质量把关过程。因此,尽管网上有许多有用的信息,但仍需要谨慎对待。对网络信息的可靠性仍可以从"作者"资格以及信息内容等方面加以判断,如网站提供者的资格、资料的时效性及来源的准确性、网站内容的观点是否中立等。下面给出了对网络信息进行评估的一些建议[①]。

（1）网站是谁提供的?

从网上获取信息最大的风险是倾向性。网络开放且缺乏审查制度,任何人都可

---

① Babbie Earl. 社会研究方法[M]. 邱泽奇译. 北京:华夏出版社,2005:471-475.

以在网上搁点什么。所以，首先应该关注谁是网站的"作者"，一个组织或者个体？

在政府等的官方网站上搜寻资料通常是一个好办法，如国家统计局。虽然官方机构给出的资料并不必然"真实"，但它们起码要保证客观性，而且还有专门的审查机构和制度来保证其客观性。

与政府研究机构一样，大专院校的研究中心通常都是比较可靠的信息源，它们都有追求"真知"的使命，并且还有相应的同行评审制度等作保证。

（2）资料的客观性、准确性与时效性

了解网站更新是否及时，提供的资料是否过时。

看到资料时，能够说出其来源吗？它们是如何得来的？网站是否给出了准确、完整的参考文献？如果网站上的资料是由其他人收集的，它是否提供原始研究者的联系方式？如果资料是网站编辑汇编的，那么网站是否对其研究方法给出了充分的详细描述？如果资料来源不清楚，那么就跳过找下一个链接吧。

1）该网站是否支持某特定立场？

有很多网站都是得到特定的政治或宗教团体支持的。此时，要注意网站内容是否客观或者网站是否有解决倾向性的机制。

2）该资料是否与其他网站的资料相一致？

只要可能就要核实资料。网络搜索的结果通常都不止一个。花点时间去比较一下各个网站上的资料。如果几个网站上所提供的资料都是一样的，那就可以放心地使用其中的任何一个。

三、原始资料与间接资料

原始资料，也称为第一手资料，是由当事人形成的；间接资料，也称为第二手资料，[1]是由他人依据原始资料所形成的。傅斯年在其著作《史料论略及其他》中说："史料在一种意义上大致可以分做两类：一、直接的史料；二、间接的史料。凡是未经中间人手修改或省略或转写的，是直接的史料；凡是已经中间人手修改或省略或转写的，是间接的史料。……自然，直接的材料是比较最可信的，间接材料因转手的缘故容易被更改或加减；但有时某一种直接的材料也许是孤立的，是例外的，而有时间接的材料反是前人精密归纳直接材料而得的；这个都不能一概而论，要随时随地地分别看待。"[2]在研究中，由于原始资料有限，而不得不使用间接资料时，要注意鉴别间接

---

① 徐有富. 治学方法与论文写作[M]. 南京：南京大学出版社，2003：156.
② 傅斯年. 史料论略及其他[M]. 沈阳：辽宁教育出版社，1997：4.

资料的可靠性。

第三节　构造论证的方法

论证是指根据一个或一些命题的真实性,进而断定另一命题真实性的思维过程。[①] 命题是指对事物是否具有某种属性所做出的判断,通常用句子表示。如"人总有一死。"[②]通俗地说,论证是诉诸推理的说理方式,它运用若干真实的理由,通过逻辑推理证明某个结论是对的,以便让人理解和接受它。因此,论证要解决的核心问题是如何保证结论真实可信。这有赖于两方面的条件:①论据必须真实。虚假的理由不能为论点的真实性提供任何支持;②在论据真实的条件下,如何通过正确的推理来获得可靠的结论。本节将针对条件②展开讨论。首先讨论当论据真实时,推理在多大程度上保证了论点的真实性,然后介绍论证的构造方法。

一、论证的构成与基本规则

1. 论证的构成

论证由论题、论据和论证方式构成。

论题是论证者所主张的且通过论证来确立其真实性的命题。它对应的问题是"要证明什么"。论题在论证过程中,既是开端又是终结。作为论证的开端,论题就是需要证明的命题;作为论证的终结,论题就是结论。在实际论证中一个大的论题通常被分解为若干个小命题,它们称为论点。如论题"学位论文是学生独立完成的且未发表的版权作品",论证时会将其分解为三个论点进行论证:学位论文是版权作品;学位论文不是合作作品;学位论文是未发表的作品。

论据指用来确定论题真实性的那些命题,即用来支持论题为真的理由。一个命题成为论据的必要条件是该命题是真实的。论据对应的问题是"用什么来证明"。论据可以是一般性原理、定理、常识,也可以是事实性的断言。

论证方式是指论据与论题之间的联系方式,它要解决的问题是"如何证明",即如何将论点、论据以合乎逻辑的方式组织起来。它通常表现为一定的逻辑推理形式,目的在于从逻辑上确定论题的真实性。

---

① 金岳霖. 形式逻辑[M]. 北京:人民出版社,1979:281.

② 谷振诣. 论证与分析[M]. 北京:人民出版社,2000:45.

2. 推理的类型以及证据支持度

推理是指由一个或一些命题得出另一命题的思维过程。[①] 其中,用作推理依据的命题称为前提,经推理得出的命题称为结论。根据前提与结论之间的联系方式,推理可以分为演绎推理与归纳推理两大类,对应的论证方式则分别称为演绎论证和归纳论证。

(1)演绎推理与归纳推理

【例1】 凡人皆有死,

苏格拉底是人,

因此,苏格拉底终有一死。

本推理所用的前提之一是一般规律"凡人皆有死",而结论"苏格拉底终有一死"的信息已包含在其中。

演绎推理通常是从一般到个别的推理,即根据某个一般性原理,得出关于个别事例的结论。演绎推理的结构可表示为:

如果 p,那么 q,

q,

所以 p。

【例2】 乌龟有自卫本领,它遇到敌害时会把头、尾、四肢缩到硬壳里;壁虎、蜥蜴遇到敌害时,会采用"丢卒保车"的方法自卫,即舍去自己身体的某个部分来保存生命;而豪猪、刺猬遇到敌害时,则会将身上的长硬刺刺向敌害;乌龟、壁虎、蜥蜴、豪猪、刺猬都是动物,由此可见,所有的动物都有自卫本领。

归纳推理通常是从个别到一般的推理,即从一定数量的个别事实抽象、概括出一般性原理。归纳推理的结构可表示为:

S_1 是 P,

S_2 是 P,

S_3 是 P,

S_1,S_2 与 S_3 都是 S,所以,所有 S 是 P。

(2)推理的证据支持度

"证据支持度"用来描述前提对结论为真支持的程度。[②] 根据它可将推理分为必然性推理和或然性推理。证据支持度为 100% 的推理称为必然性推理,小于 100% 的称为或然性推理。必然性推理具有"保真性",满足:如果前提真,则结论不可能假。

---

① 金岳霖. 形式逻辑[M]. 北京:人民出版社,1979:139.

② 谷振诣. 论证与分析[M]. 北京:人民出版社,2000:87.

而或然性推理不具有保真性,即使前提真也不能保证结论真。一般说来,演绎推理是必然性推理,归纳推理是或然性推理。

【例3】 铜加热后,体积增大;铝加热后,体积增大;铁加热后,体积增大;铜、铝、铁都是金属;所以,金属加热后,体积会膨胀。

【解答】 本例为归纳推理。虽然论据和论题都是真实的,但两者的必然性尚未建立起来,因为人们没有也不可能对世上所有的金属都进行观察。若要证明论题"金属加热后,体积会膨胀"是真实的,还需要增加一个演绎推理,即从物质结构对金属体积膨胀的原因给出解释:金属体积取决于分子之间距离的大小;金属受热会使分子之间的吸引力减弱,而使分子之间的距离变大,从而导致金属的体积膨胀。这样一来,就使论据与论题之间具有了必然性。

由例3可知,归纳论证必须与演绎论证相结合,才能确保结论的可靠性。即根据可靠的观察和实验,以及已有的科学知识才能对现象做出正确的分析,如果离开了这些条件,归纳论证就不能确立论题的真实性。

尽管归纳论证不具有保真性,但如果论据能为论点提供相当的支持,这样的推理称为"归纳强的"。一般而言,如果一个推理的证据支持度大于60%,这样的推理就被视为可靠的,并广泛应用于日常生活中。如果一个推理的证据支持度小于60%,则称为"归纳弱的"。归纳弱的推理仍具有一定的合理性和说服力,只是支持度有限。如简单枚举、类比归纳,一般都认为是归纳弱的推理方式。

3. 论证规则

(1)思维的基本规律①

从本质上说,论证就是用理由证明结论的逻辑思维过程,而一个正确的思维必须遵循以下基本规律:同一律、矛盾律、排中律以及充足理由律。

1)同一律

同一律可以表述为:任何思想如果反映某一客观对象,那么,它就反映这个客观对象。思想是人的意识对现实事物的反映。同一律要求保持思想的确定性,做到首尾一贯。它要求在同一论证过程中,如果一个词组表达某一概念,它就必须表达这个概念,并有确定的意义。

【例4】 鲁迅的小说最长不过三万字,

　　　　　三万字的书是可以一天读完的,

　　　　　所以,鲁迅的小说可以一天读完。

① 金岳霖. 形式逻辑[M]. 北京:人民出版社,1979:265-278.

【分析】 此题看似一个演绎推理，但实为错误推理，因为它违反了同一律，将集合概念与非集合概念混为一谈。前提中的"鲁迅的小说"为非集合概念，指的是一篇篇具体的小说；而结论中的"鲁迅的小说"为集合概念，不可数，指的是鲁迅全部小说的集合。

2）矛盾律

矛盾律可表述为：任何思想不能既是真实的又是虚假的。矛盾律要求在确定的思想中不能包含矛盾，如果思维过程中出现了互不相容的思想内容，那么，这些思想不可能同时真，而必须否定其中的一个。

3）排中律

排中律可以表述为：任一思想或者是真实的，或者是虚假的。排中律要求在同一思维过程中，任一思想和对这一思想的否定不能同时为假，而必须肯定其中一个为真。

4）充足理由律

充足理由律指在同一思维过程中，一个思想基于充足的理由被确定为真。[①] 理由充足的含义是理由真实且充分。它可以表示成：A 真，因为 B 真，并且由 B 可以推出 A 真。

客观事物之间的因果联系构成了充足理由律的基础。因为，任何事物的出现都有它产生的原因，而不是无缘无故的。因此，正确的思维无论做出什么论断，都不是简单的断定，而必须有它的理由，并且由这些理由必然能够推出所作的论断。

（2）论证的基本规则

由思维的基本规律可知，人们的思维只有是明确的、首尾一贯和具有充分理由的，才可能是正确的。据此可将论证的基本规则归纳如下。

1）论点清楚并保持首尾一贯

论点必须清楚明确，并且在论证过程中要始终保持一致。为此，论证时首先需要定义概念，避免歧义。其次，将论点用概念表述为陈述句。如果论点含混不清，让人不解其意，那就谈不上让人接受了。最后，保持概念、论点首尾一贯。概念在论证过程中要始终保持同一，防止出现"转移论题"或"偷换概念"的错误，尤其是在辩论中，辩论双方各抒己见，论证自己的主张，如不紧紧围绕论题，就可能"跑题"。

2）论据真实且彼此相容

首先论据必须真实。论据的作用就是以自身的真实性，为论点的真提供支持。

---

① 刘江. 逻辑学　推理和论证[M]. 广州：华南理工大学出版社，2010：40.

但由于认识过程的复杂性,作为论据的命题往往只具有相对的真实性,或是论证者以为它是真的。其次,论点、论据之间不能存在矛盾。这要求论据和论点之间、论据与论据之间必须具有一致性和相容性。

最后,论证方式必须是演绎推理或是归纳强推理。

二、用素材分析与综合法构造论证

分析与综合是人们认识和理解事物的重要思维方法。所谓分析是指把一件事物、一种现象分解成为较简单的组成部分(称为基本单元),以便找出这些部分的本质属性和彼此之间的关系。[①] 而综合则是指把分析过的对象或现象的各个部分、各属性联合成一个统一的整体。[②] 分析的目的是为了认识构成一个复杂事物的基本单元。通过分析使事物由复杂化为简单、由多样性化为单一性,从而使我们能对事物的本质进行认识。而综合则与之相反,它将事物的基本单元组合起来,使之构成一个有机的整体。事实上,人们的每一个认识活动都可以看成是一次分析与综合的过程。

下面我们将介绍如何通过对素材的分析与综合,即素材分析与综合法,来构造论证。所要完成的任务是:寻找论点与论据的组织方式,使之建立逻辑关系,并对导出结论的推理过程做出清晰的刻画。利用素材分析与综合法构造论证包括四步:①明确论题表述论点;②论据分析;③论据综合;④将论点与论据间的逻辑关系表示为等级结构。下面对它们加以说明。

1. 明确论题表述论点

论证过程实际上是运用概念、命题进行判断、推理的过程。概念用词组表达,命题用陈述句表达,论证则用一组有联系的语句来表达。为此,首先需要确定论证的对象是什么。它包含以下三步:明确论题;给出论题所涉及的重要名词概念的定义;将论题分解成论点,并用概念表示为陈述句。

【例5】 论题为"学位论文是学生独立完成的且未发表的版权作品",请将它分解为论点。

【解答】 (1)给出重要概念的权威定义

---

① 中国社会科学院语言研究所词典编辑室. 现代汉语词典[M]. 北京:外语教学与研究出版社,2002:571.

② 中国社会科学院语言研究所词典编辑室. 现代汉语词典[M]. 北京:外语教学与研究出版社,2002:2554.

本论题所涉及的重要概念是：版权作品、合作作品、发表。它们的权威定义如下：

根据我国《著作权法实施条例》第二条，版权作品是指"文学、艺术和科学领域内具有独创性并能以某种有形形式复制的智力成果"。

由我国版权法可知，合作作品是指由两人及以上合作创作的作品。合作作品的版权由合作者共同享有。

我国版权法将发表定义为"公之于众"。发表权是指作者有权决定作品是否公开、以何种方式公开、在什么范围内公开。公开是指他人能从合法的渠道获知。

（2）将论题分解成论点，并用概念表示如下：

论点1：学位论文是版权作品；

论点2：学位论文不是合作作品；

论点3：学位论文是未发表的作品。

2. 论据分析

（1）制作素材卡

本书将素材卡定义为记录有资料内容以及出处的电子资料"卡片"。以下是一个素材卡样例。

　　爱因斯坦说："提出一个问题往往比解决一个问题更重要，因为解决一个问题也许仅是一个数学上或实验上的技能而已。而提出新的问题，新的可能性，从新的角度去看旧的问题，却需要有创造性的想象力，而且标志着科学的真正进步。"

　　摘自：A. 爱因斯坦，L. 英费尔德. 物理学的进化. 上海：上海科学技术出版社，1962：66.

将论证要用的材料分解成基本单元，它们称为素材，在论证中用作论据。素材来源于资料摘抄、自己的感想以及从调查、实验中得到的材料。

说明：制作素材卡时应做到一张素材卡只记录一个基本内容，以方便后续的分析与综合。素材内容若为直接引语，则需要用双引号。

（2）素材卡分析

分析素材卡的目的是为论点寻找合适的理由，即论据。分析素材卡与论点的关系，并根据此关系为素材卡取标题，即将素材卡的内容归纳为一个短句。如上述素材卡可用来支持"提出问题对科学研究很重要"这一论点，故素材卡标题直接取为"提出问题对科学研究很重要"，并列在素材卡上方。

素材卡——提出问题对科学研究很重要

> 爱因斯坦说："提出一个问题往往比解决一个问题更重要,因为解决一个问题也许仅是一个数学上或实验上的技能而已。而提出新的问题,新的可能性,从新的角度去看旧的问题,却需要有创造性的想象力,而且标志着科学的真正进步。"
>
> 摘自:A. 爱因斯坦,L. 英费尔德. 物理学的进化. 上海:上海科学技术出版社,1962:66.

3. 论据综合

论据综合的目的是确定论点、论据的组织方式,使之建立逻辑关系。由于论据来源于素材,故论据的综合实际上就是素材的综合。它可以概括为:素材卡分组聚类,归纳内容取标题。

（1）素材卡分组

首先把内容相近或相关的素材卡集中到一起,形成素材卡小组;然后判断分组是否准确。细读每张素材卡,琢磨把它们放到一起的理由。通常,素材卡的内容本身就会说明把它们编成一组的理由。但有时会发现某一素材卡的分组是错的,它与该组之间并没有太大的关系,此时需要调整。

（2）素材卡组群聚类取标题

对素材卡小组进行组群聚类。思考每个素材小组说明的问题,将其归纳为一个标题。这一步与素材卡分析相似,同样都是对素材内容的归纳,不同之处是素材卡标题是对一张素材卡内容的归纳,而小组标题则是对一组素材卡内容的归纳。此后,对素材组群再次进行由小到大的"聚类"。下面以素材中组的形成为例说明素材组群聚类的过程。由于素材卡小组的内容已概括为小组标题,故由小组到中组的聚类可直接从小组标题入手。浏览小组标题,把内容相关或相近的小组集中到一起形成素材中组,归纳中组内容取标题,即将素材中组的内容归纳为一句话。然后再由素材中组编制出素材大组。不断重复这一组群聚类过程,直到将所有的素材卡整理成为数不多的几个大组。每个大组都用一个标题来说明其内容。换句话说,当素材组群聚类结束时,所有的素材卡已被分为几类,其内容也被归纳为几个要点。

对素材卡进行组群聚类时要注意:①每个素材卡组群无论大小,都要紧紧绕着一个中心、一个观点。②素材卡聚类必须由小到大进行。因为只有从原始材料出发,不抱任何成见,不带任何框框,将素材卡由小到大地逐级聚类才有可能产生新意。否则,按照头脑中已有的观点分类,先分大类再分小类,就不可能产生新的见解。③对各层次的标题用不同等级加以区分。使用 Word 的目录功能可以很容易地做到这一点。

4. 将论点与论据间的逻辑关系表示为等级结构

利用 Word 目录功能"标题设置"→"生成目录"可以构造一个等级结构,用来表示论点与论据间的逻辑关系。其操作步骤如下:①分析素材卡,将每个素材卡的标题设置为目录中最小的级别,(第九级标题),表示该级别下的内容已是不可再分的基本单元,并生成目录;②对素材卡进行分组聚类形成素材小组。将小组组标题设置为第八级标题,然后更新目录;③重复素材卡操作聚类。每进行一次组群聚类,都需要将素材组群标题设置为更高级别并更新目录。当素材卡被聚类成为数不多的几个大组时,组群聚类过程结束。此时由素材组群的标题就可以直接推出论题,更新目录,论证方式将被表示成一个逻辑等级结构。

三、应用实例

下面通过实例说明素材分析与综合法在实际论证中的应用。

人们在对学位论文的版权属性进行研究时,会想到以下几个问题:1. 学位论文是什么?它是如何产生的?它是版权作品吗?2. 学位论文是在导师指导下完成的,那么导师是合作作者吗?3. 本校读者可以使用本校的学位论文,如清华的学位论文可以在校园网上浏览,纸本的可以到图书馆阅览,那么,学位论文是已发表的作品吗?为了回答上述问题,通过资料阅读,收集整理了以下 6 个素材卡。

素材卡 1—摘录—学位论文的定义

"学位论文是高等学校或研究机构的学生为取得学位,在导师指导下完成的科学研究、科学试验成果的书面报告。"

摘自:中国大百科全书总编辑委员会,《图书馆学·情报学·档案学》编辑委员会. 中国大百科全书(图书馆学·情报学·档案学卷). 北京:中国大百科全书出版社,1992:520.

素材卡 2—个人的思考—撰写学位论文的原因

学生在课程学习结束后,学校为考核其研究能力,要求学生在毕业之前完成学位论文并进行答辩,只有通过此项考核才能授予学位。因此,学位论文既是学生专业知识及研究能力的综合反映,也是学校授予其相应学位的主要依据。

素材卡 3—摘录—博士论文的特点

在《中华人民共和国学位条例》第五、六条中对博士学位授予条件做出了明确规定,"高等学校和科学研究机构的研究生,或具有研究生毕业同等学力的人员,通过博士学位的课程考试和论文答辩,成绩合格,达到下述学术水平者,授予博士学位:(1)在本门学科上掌握坚实宽广的基础理论和系统深入的专门知识;(2)具有独立从事科学研究工作的能力;(3)在科学或专门技术上做出创造性的成果。"

中华人民共和国学位条例. 北京:法律出版社,2004:6-7.

素材卡 4—摘录—导师指导行为的性质

作为指导者,导师有义务对学生学位论文的创作提供指导。

《著作权法实施条例》第三条第二款:"为他人创作进行组织工作,提供咨询意见、物质条件,或者进行其他辅助工作,均不视为创作。"创作行为是指为完成一部作品而拟定提纲、整理素材、行文、内容修改等活动。

董涛. 中华人民共和国著作权法实施条例释义. 北京:法律出版社,2003:99.

素材卡 5—摘录—法律所指的发表

法律所指的发表是一种状态,它包含几层含义:①只要公众有可能通过正常合法的渠道获知即为公开,而不以是否一定有公众知道为要件。②仅仅基于特定关系的获知不为发表。发表权作为一项精神权利,判断其行使与否应取决于作者意愿。公开的潜在目的是让一般公众获知,如果作者对作品的使用仅限于有限的主体范围,而没有让更多的人获知的意愿,则不该视为发表。③并非所有的事实公开都会导致发表权丧失。

张嘉林. 知识产权诉讼判例的法官评注. 北京:中国政法大学出版社,1999:125-138.

素材卡 6—个人的思考—学位论文的事实公开的性质

为了对学位论文的质量进行把关,学校要求学生将学位论文呈交给评审人;此外,学生还有义务将学位论文呈交给培养单位的图书馆和国家法定的保存机构进行保存。这使得学位论文在有限的范围内形成事实公开,但这都是学生应尽的义务,而非本人意愿。

【例6】 请用以上6个素材卡构造一个论证证明以下断言成立:学位论文是学生独立完成的且未发表的版权作品。

【解答】

（1）确定论题涉及的重要概念，并给出权威定义

本论题即为所要证明的断言：学位论文是学生独立完成的且未发表的版权作品。它所涉及的重要概念是：版权作品、合作作品、发表。它们的权威定义如下：

① 版权作品的必要条件：智力成果、可复制、独创性

根据我国《著作权法实施条例》第二条，版权作品是指"文学、艺术和科学领域内具有 独创性 并能以某种 有形形式复制 的 智力成果 。"由此推出作品的必要条件是：智力成果，可复制独创性。

② 合作作品的必要条件：两人及以上共同创作

由我国版权法可知，合作作品是指由 两人及以上合作创作 的作品。因此，合作作品的必要条件是：两人及以上共同创作。

③ 发表的必要条件：作者意愿＋公开

我国版权法将发表定义为"公之于众"。发表权指作者 有权决定作品是否公开 、以何种方式公开、在什么范围内公开。 公开是指他人能从合法的渠道获知 。由此推出发表的必要条件是：作者意愿以及公开作品。

（2）**素材卡分析**

① 分析每个素材卡的内容，结合它要论证的问题取标题

分析素材卡时要紧紧围绕所要论证的三个问题：学位论文是版权作品吗？是合作作品吗？是已发表的作品吗？

素材卡 1—学位论文是智力成果、可复制

> "学位论文是高等学校或研究机构的学生为取得学位，在导师指导下完成的科学研究、科学试验成果的 书面报告 。"
>
> 摘自：中国大百科全书总编辑委员会，《图书馆学·情报学·档案学》编辑委员会. 中国大百科全书（图书馆学·情报学·档案学卷）. 北京：中国大百科全书出版社，1992：520.

【分析】 素材卡 1 给出了学位论文的权威定义。由其中的关键词"书面报告"可知，学位论文是智力成果，而且可复制。满足作品的两个必要条件。

素材卡 2—撰写学位论文是为了考核学生的研究能力，应由学生自己完成

> 学校为了考核学生的研究能力，要求学生在毕业之前完成学位论文并进行答辩，只有通过此项考核才能授予学位。因此，学位论文既是学生专业知识及研究能力的综合反映，也是学校授予其相应学位的主要依据。

【分析】 素材卡 2 给出了学生撰写学位论文的原因是：学校为了考核学生的研究能力,故理应由学生自己完成。

素材卡 3—博士论文具有创造性

> 在《中华人民共和国学位条例》第五、六条中对博士学位授予条件做出了明确规定,"高等学校和科学研究机构的研究生,或具有研究生毕业同等学力的人员,通过博士学位的课程考试和论文答辩,成绩合格,达到下述学术水平者,授予博士学位:(1)在本门学科上掌握坚实宽广的基础理论和系统深入的专门知识;(2)具有独立从事科学研究工作的能力;(3)在科学或专门技术上做出 创造性的成果 。"
>
> 中华人民共和国学位条例.北京:法律出版社,2004:6-7.

【分析】 素材卡 3 给出了博士论文的特点,即它具有创造性。满足作品的第三个必要条件"独创性",故它将与素材卡 1 共同证明学位论文是版权作品。

素材卡 4—导师的指导行为不视为创作

> 作为指导者,导师有义务对学生学位论文的创作提供指导。
>
> 《著作权法实施条例》第三条第二款:"为他人创作进行组织工作,提供咨询意见、物质条件,或者进行其他辅助工作,均不视为创作。"创作行为是指为完成一部作品而拟定提纲、整理素材、行文、内容修改等活动。
>
> 董涛.中华人民共和国著作权法实施条例释义.北京:法律出版社,2003:99.

【分析】 由素材卡 4 可知导师的指导行为不视为创作,这主要是为了从根本上调动学生创作的积极性。它与素材卡 2 共同证明学位论文的作者只有学生一人。

素材卡 5—法律所指的发表必须满足两个条件:公开＋作者意愿

> 法律所指的发表是一种状态,它包含几层含义:①只要公众有可能通过正常合法的渠道获知即为 公开 ,而不以是否一定有公众知道为要件。②仅仅基于特定关系的获知不为发表。发表权作为一项精神权,判断其行使与否应取决于 作者意愿 。公开的潜在目的是让一般公众获知,如果作者对作品的使用仅限于有限的主体范围,而没有让更多的人获知的意愿,则不该视为发表。③并非所有的事实公开都会导致发表权丧失。
>
> 张嘉林.知识产权诉讼判例的法官评注.北京:中国政法大学出版社,1999:125-138.

【分析】 素材卡 5 说明了法律上的发表所必须满足的两个条件:公开以及作者意愿。从中可知,事实公开不一定是发表。

素材卡 6—学位论文的事实公开是义务而非作者意愿

> 为了对学位论文的质量进行把关,学校会将学位论文交给评审人评审;此外,学生还有义务将学位论文呈交给培养单位的图书馆和国家法定的保存机构进行保存。这使学位论文在有限的范围内形成事实公开,但这都是学生应尽的 义务,而非本人意愿 。

【分析】 素材卡 6 说明了学位论文的事实公开并非作者意愿。它与素材卡 5 共同证明学位论文是未发表的作品。

② 将每个素材卡的标题设置为目录中的第九级标题,并生成目录如下:

（3）素材卡的综合

① 将素材卡分组

当素材卡分析结束时,所有的素材卡内容都已被归纳为简洁明了的素材标题,并生成了相应目录。此时可直接利用所生成的目录对素材进行分组。素材卡 1 与 3 共同证明学位论文是版权作品,素材卡 4 与 2 共同证明学位论文的作者只有学生一人,素材卡 5 与 6 共同证明学位论文是未发表的作品。按照素材卡所能论证的问题,将它们分组如下:

素材组 1

素材卡 1—学位论文是智力成果、可复制

素材卡 3—博士学位论文具有创造性

素材组 2

素材卡 4—导师的指导不视为创作

素材卡 2—撰写学位论文考核学生的研究能力,要求独立完成

素材组 3

素材卡 5—法律上的发表必须满足两个条件:公开＋作者意愿

素材卡 6—学位论文的事实公开是义务而非意愿

② 对素材卡进行组群聚类

对素材卡进行逐级聚类归纳,并将标题设置为相应级别,然后生成目录。当素材组群聚类结束时,论证过程被表示成如下一个符合逻辑的等级结构:

学位论文是学生独立完成的版权作品

    学位论文是版权作品

        素材卡 1—学位论文是智力成果、可复制

        素材卡 3—博士学位论文具有创造性

    学位论文不是合作作品

        素材卡 4—导师的指导不视为创作

        素材卡 2—撰写学位论文考核学生的研究能力，要求独立完成

  学位论文是未发表的作品

        素材卡 5—法律上的发表必须满足两个条件：公开＋作者意愿

        素材卡 6—学位论文的公开是义务而非意愿

通过论证证明了以下结论成立：学位论文是学生独立完成的且是未发表的版权作品。

由于版权法中的合理使用条款仅限于已发表的作品中，故不适用于学位论文。这意味着对学位论文的任何使用都必须征得作者的同意。

第四节　批判性阅读

一、阅读概述

1. 主动阅读

阅读是指从书面材料中获取信息的活动。通过阅读能获得资讯，如阅读报纸、杂志等，以增进自己对世界的了解；阅读也能提升理解力。

主动阅读是指阅读时主动地与作者进行思想交流。有许多人认为，比起充满主动的写与说，读与听完全是被动的事。演说者及作者起码要花力气写稿子，而听众或读者却什么也不必做。他们被当作接收器，"接受"演说者及作者所"给予"的讯息。其实，在以书面材料进行思想交流的活动中，作者与读者的关系就好比棒球运动中的投手与捕手，两者都是活动的参与者，仅仅是参与的形式不同而已。投手的任务是发球，让球动起来；捕手则是接球，让球停下来。如果说投手的艺术在于控球，则捕手的艺术在于能够接住投手发出的任何一种球——快球、慢球、曲线球和变化球等。同样地，阅读的艺术在于尽可能抓住作者在作品中所发出的各种讯息。

只有当捕手与投手密切合作时，才能打出好球。作者与读者的关系也是如此。成功的沟通都发生在作者想要传达的讯息，刚好被读者"接住"。作者不会故意"投"对方接不到的"球"，尽管有时看来是如此。一个好的作者知道如何"控球"，知道自己

要传达什么，也知道如何正确地传达出去。因而，他的作品比较容易被读者"接住"。而读者想"接住"多少讯息则完全取决于自己在阅读时的主动性。作者的技巧与读者的技巧融合起来，便能达到"成功沟通"的目标。因此，如果阅读的目标是有所收获——心灵或精神上的成长，阅读时就得保持清醒，同时还要尽可能主动地做一番努力。阅读越主动，阅读的效果就越好。

2. 阅读的层次

阅读根据特点和目标，可以分为以下四个层次：基础阅读、检视阅读、分析性阅读、主题阅读。

（1）**基础阅读——无生字及语法困难**

基础阅读所关注的只是词、句层面。一个人只要能熟练地进行基础阅读，能认出阅读材料中的字，无文法结构困难，就摆脱了文盲状态。基础阅读要搞清楚的问题是"这个句子在说什么？"

（2）**检视阅读——快速地了解一本书**

检视阅读是在有限的时间内充分了解一份材料的艺术，它对应于人们常说的快速阅读。在书店中选书就是典型的应用场合。它的目标是用最短的时间找出一本书的重点，要回答的问题是："这本书在谈什么？""这本书包含哪些部分？""这本书的架构如何？"

（3）**分析性阅读——精读一本书**

分析性阅读就是人们常说的精读，其的目是追寻理解。弗兰西斯·培根说："有些书可以浅尝即止，有些书要生吞活剥，只有少数的书要咀嚼与消化。"① 分析性阅读就是要咀嚼与消化一本书。在这个阅读层次上，读者会紧紧地抓住一本书，一直读到这本书成为自己的为止。分析性阅读多用于搜集研究素材。此时读者会提出许多问题，也会写下读书笔记。

（4）**主题阅读——对多份资料的分析与综合**

主题阅读也称为比较阅读，它是检视阅读与分析性阅读两种方式的综合应用。在做主题阅读时，会同时阅读多份资料，分析比较它们之间的相关处。主题阅读的目标是就某个主题，能够构造出自己的论证。为撰写文献综述搜集素材就是一个典型的主题阅读活动。

---

① 莫提默·J.艾德勒，查尔斯·范多伦. 如何阅读一本书[M]. 郝明义，朱衣，译. 北京：商务印书馆，2004：21.

二、批判性阅读的两个阶段

批判性阅读是指将批判性思维应用于阅读活动中,它永远是一种专注的活动。如果说阅读的本质是"捕捉作者的意图",那么,一个具有批判性思维的读者,还会对作者的说法进行质疑。因此,可以说批判性阅读是一个"理解—思考—超越"的过程,它包含忠实读和批判读两个阶段。忠实读时,需要追随作者的思考和论证过程。除了知道作者所说的话之外,还要明白他的意思,懂得他为什么这么说,这需要搜寻作者的论证要素:结论、理由、例子、假设以及它们之间的相互关系。最后,在忠实读的基础上,质疑作者是否对。

1. 忠实读:读出"是什么和为什么"

忠实读不仅要读出作者说什么,还要读出他这么说的理由。从作者的观点和立场出发找出他推理的脉络以及论证的全貌。

在挖掘作者的论证时,应该做到:

- 准确:发现作者怎么说,不要先入为主,把自己的想法强加于作者。
- 完整:寻找作者的理由以及推理过程,识别重要的概念和相互间的关系。
- 深入:寻找作者论证的出发点和意图,发现论证背后的假设和原则。

2. 批判读:质疑作者"是否对"

跳出作者的视角,有意识地运用自己的经验挑战作者,提问并质疑。对作者的论证进行审查:理由是否真实,推理是否相关、一致、充足,是否有偏见,是否有不同的观点、解释和论证,是否有例外和反例等。

最后,对所阅读的内容做出一个完整的评价:是否可接受,哪些可以哪些不能,哪些需要修改……最终形成自己的观点。

批判读的要领:

- 以我为主,联系自己的经验和视角。
- 持怀疑和开放的态度,从多种角度看同一问题。
- 对作者的论证做出综合判断。

三、批判性阅读的步骤

批判性阅读分为以下三步:①搜集背景信息;②检视阅读,寻找论题;③精读,分析作者的论证,并做出评价。

1. 搜集背景信息

搜集背景信息,了解作者以及出版物的背景,判断其是否客观中立,有无偏见。

- 作者。搜索有关作者的信息，比如他的生平和所发表的作品，这些将有助于了解他的专业、写作题材、资格、权威性、一贯立场、风格等。
- 出版物。了解刊物的类型、读者层次和倾向。每种刊物都无一例外地声称自己是中立和多元的。但这并非客观事实，而且发现它们的大方向并不难。

2. 检视阅读，寻找论题

阅读文章的标题、引言、结尾段落，了解文章的题材、所涉及的问题、结论和主要结构，形成一个整体概念。此时，有什么问题、心得和要点，应简略地记下来。

- 标题。标题有时代表着文章的主题或论点。不过，名不副实的现象也是常有之事，标题正好是掩盖主题和论点的第一招，不要被迷惑。
- 主题即文章的论题以及主要观点或论点。这是抓住文章的主要问题和作者立场的地方。如果对此模糊不清，一切理解和分析都会走入歧途，千万不要在此搞错。
- 写作目的。搞清楚作者的写作意图是追踪论证的一个重要线索。写作的目的是报道、个人表达，还是劝说或证明？如果是报道，比如报纸、杂志上的新闻，其目的是叙述和解释事件或观念，要求尽量客观。如果是个人表达，比如回忆录、日记，目的是叙述个人的主观感觉。如果是劝说，包括各种知识、观念和行动的论证文章，目的是要说服读者接受作者的立场和主张。三种类型的文章有边界模糊的地方，但一篇文章的主要目的只有一个。不同类型的文章有不同的评价标准。

3. 精读，分析作者的论证，并做出评价

精读的步骤如下。

（1）标记重要概念和主要论点

标出重要的词句，记录论点、证据和重要的例子。如圈出不明其意的词句，圈出表示理由和结论的词，如"因为"、"所以"，用〈〉把前提一个个地框起来，在结论句下画线。需要标出的内容：

- 重要的概念，用法奇怪的、模糊的词语；
- 论证成分：理由、例子、结论、解释、说明；
- 不理解的地方。

以下是几种常用的标记方法：①重要内容画直线。如在关键字或重要的句子下画直线；在重要段落处画竖线；在模糊或疑难部分画曲线。②疑问部分画问号；精彩部分画感叹号。③用星号强调最重要处。要慎用，一般只有十来处。将星号页折角，或夹书签。这样每当自己从书架上拿起这本书，打开做记号的地方时，就能唤醒自己的记忆。④用 Cf 表示内容相关的页码。强调作者在书中其他部分也有类似的论点，或是与此处观点不同。这样做能让分散在书中各处的想法集中起来。

（2）构造作者的论证

1）寻找论点、论据及论证方式

寻找作者的论证，其核心可以简单地归纳为提问题找答案。向一切方面提问：概念是否清楚，是否具有一致性；理由是否真实，是否有偏见，假设是否合理，推理是否有效。为了敦促自己思考，可以借助以下问题帮助自己寻找和理解作者的论证过程：

这个词的定义是什么？作者这样说的假设是什么？作者的出发点和立场是什么？例子是什么？是真的吗？这个情况有例外吗？这个原则在另一个情况下会如何，比如……是否因人和情况而异？

2）对阅读内容进行批注

在阅读材料上做批注，针对文章中的词、句子、断言、证据和推理各个部分提出疑问，表达自己与作者观点之间的异同。在页边写下自己的观点，用问号或问题表达对作者陈述和推理的疑问，对作者论证的精彩处或者不足处写下评论……这些都有助于理解和分析。图 8-4-1 是一份批注的样例。

3）概括作者的论证过程

对作者的论证过程做概括将有助于全面地理解原文。尝试用本章第二节介绍的素材分析与综合法重建作者的论证。一个有用的概括应该包括作者的论题、论点、论据和推理过程：

- 用一句话表达文章的论题或中心思想。
- 用一句话表达作者用来阐明、发展或证明论题的步骤或要点。
- 用一句话叙述文章的结论。

（3）评价：自主思考，质疑作者

批判性阅读要求读者保持自己的想法，不盲目跟随作者，能与之针锋相对。因此，在概括作者的论证之后，要对其进行评价。这是批判性阅读的主要工作。

如果合上书本，能想起文中论证的轮廓，并且对论证的好坏已经有了一些想法，甚至知道该从哪里入手来修补或发展作者的论证，这意味着批判和超越作者的时候来到了：质疑作者的论证，评价论证的可信程度。下面的问题可以引导自己对作者的评价和判断：

- 文章的论点是否明确？
- 作者是否提供了足够的细节、例子和证据？

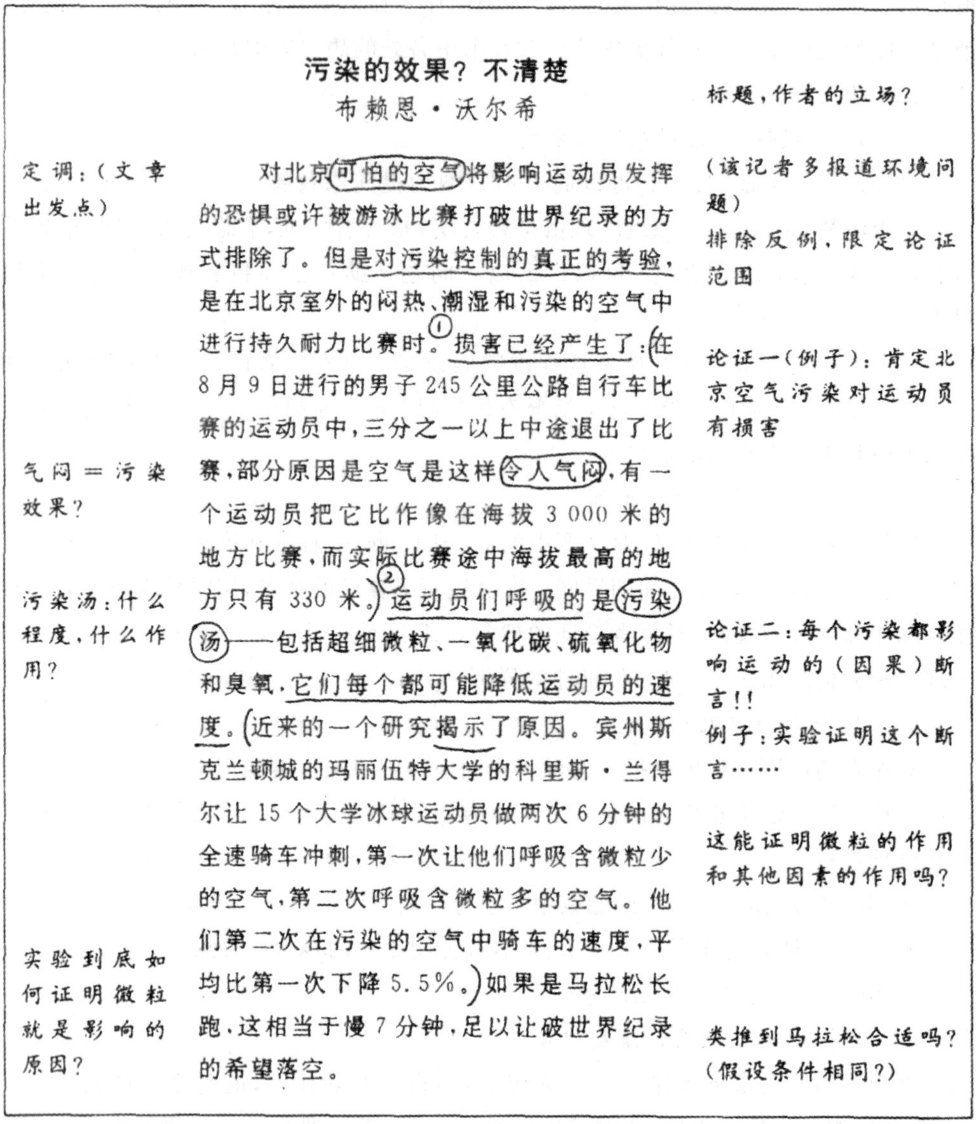

污染的效果？不清楚

布赖恩·沃尔希

标题，作者的立场？

定调：（文章出发点）

对北京可怕的空气将影响运动员发挥的恐惧或许被游泳比赛打破世界纪录的方式排除了。但是对污染控制的真正的考验，是在北京室外的闷热、潮湿和污染的空气中进行持久耐力比赛时。①损害已经产生了：在8月9日进行的男子245公里公路自行车比赛的运动员中，三分之一以上中途退出了比赛，部分原因是空气是这样令人气闷，有一个运动员把它比作像在海拔3 000米的地方比赛，而实际比赛途中海拔最高的地方只有330米。②运动员们呼吸的是污染汤——包括超细微粒、一氧化碳、硫氧化物和臭氧，它们每个都可能降低运动员的速度。（近来的一个研究揭示了原因。宾州斯克兰顿城的玛丽伍特大学的科里斯·兰得尔让15个大学冰球运动员做两次6分钟的全速骑车冲刺，第一次让他们呼吸含微粒少的空气，第二次呼吸含微粒多的空气。他们第二次在污染的空气中骑车的速度，平均比第一次下降5.5%。）如果是马拉松长跑，这相当于慢7分钟，足以让破世界纪录的希望落空。

（该记者多报道环境问题）
排除反例，限定论证范围

论证一（例子）：肯定北京空气污染对运动员有损害

气闷 = 污染效果？

污染汤：什么程度，什么作用？

论证二：每个污染都影响运动的（因果）断言！！
例子：实验证明这个断言……

这能证明微粒的作用和其他因素的作用吗？

实验到底如何证明微粒就是影响的原因？

类推到马拉松合适吗？（假设条件相同？）

图 8-4-1　阅读批注样例①

- 这些证据是否令人信服？
- 作者的表达和论证是否清楚和有条理？
- 作者的推理符合逻辑吗？

---

① 董毓. 批判性思维原理和方法[M]. 北京：高等教育出版社，2010：76.

- 作者是否完全满意地达到了他论证的目的——说服了你？

评价时，要自主思考：根据自己的经验，应怎么看这个问题？自己对这个议题的感觉、立场和观点是什么？会如何论证？作者的证据真实吗？推理有没有反例和例外？他的结论有什么后果吗？等等。

四、辩论的礼节

1. 只有了解了才有评论的资格

一个好的读者应熟悉辩论的规则。在辩论时既要有礼貌又要有智慧。除非完全了解了阅读材料的内容，否则不应该评论。毫不理解便同意是愚蠢，还不清楚便反对是无礼。总之，在说出"我同意"，"我不同意"，或"我暂缓评论"之前，自己一定要能肯定地说"我了解了"。

每位作者都有被瞎批评的痛苦经历。有些批评者并不觉得自己在批评前有责任了解。你也许就遇到过这样的情况：一个人在台上讲话，台下的人最多听了一两句后就冒出来："我不知道你在说什么，但我想你错了。"对于这样的批评，作者唯一能做的就是有礼貌地请批评者复述自己的观点，再请他们说明非难的理由。如果他们不能重述你的观点，你就知道他们其实并不了解你在说什么，在这种情况下，不用理会他们的批评。只有当你发现某个人知道你在说什么，你才需要在意他的评论。

2. 为自己的否定评价找出依据

当不同意作者的观点时，要为自己的反对找到依据，理性地表达自己的意见，不要无理地辩驳。可以从论证的三个要素入手提出反对理由。例如：①论据不足。做出这一评价时，需要说明作者的论证缺少什么方面的论据，为什么说这些论据与作者所论证的问题有关，如果补充这些论据会如何得出一个不同的结论。②论点错误。它是指作者的论点与事实相反。要下这样的结论，必须给出事实。③推理不合乎逻辑，无法令人信服。此时，一定要列举出作者推理缺陷之所在。

五、批判性阅读实例

以下文章是梁实秋 1929 年 11 月 10 日发表在上海《新月》（月刊）第 2 卷第 9 号上的一篇文章原文。[①] 请构造作者的论证，并对其进行评价。

---

① 黎照.鲁迅/梁实秋论战实录[M].北京：华龄出版社,1997：301.

"资本家的走狗"

梁实秋

1930 年 3 月

写完前一段短文，看见了《拓荒者》第二期第六七一页起有一篇文章，题目是《阶级社会的艺术》，也是回答我的《文学是有阶级性的吗？》那篇文章的。《拓荒者》的态度比较鲜明，一看就晓得一套新名词又运用出来了——马克思、列宁、唯物史观、阶级斗争，等等。但是文章写得笨拙，远不如鲁迅先生的文章有趣。

这篇文章使我感得兴味的只有一点，就是，这篇文章的作者给了我一个称号——"资本家的走狗"。这个名称虽然不雅，然而在无产阶级文学家的口里这已经算是很客气的称号了。我不生气，因为我明了他们的情形，他们不这样的给我称号，他们将要如何的交待他们的工作呢？

"资本家的走狗"。那意思很明显，他们已经知道我不是资本家了，不过是走狗而已。我既不是资本家，我可算是哪一个阶级的呢？不是资产阶级，便是无产阶级了。究竟什么是资产阶级，什么是无产阶级呢？查字典是不行的，《韦伯斯特大字典》是偏向资产阶级的字典，靠不住。最靠得住的恐怕还是我们的那部《拓荒者》。第六七二页上有一个定义（我暂时还不知道哪里发售无产阶级大字典，所以暂以这个定义为准）：

"无产者——普罗列塔利亚（proletariat）是什么呢？它是除开出卖其劳动以外，完全没有方法维持其生计的，又不倚赖任何种类的资本的利润之社会阶级。"

这个定义是比《韦伯斯特大字典》的定义体面多了，中听多了！我觉得我自己便有点像是无产阶级里的一个了，因为我自己便是非出卖劳动便无法维持生计。我可不晓得"劳动"是否包括教书的事业，我的职业是教书，劳心，同时也劳力，每天要跑十里路，每天站立在讲台上三四小时，每天要把嘴唇讲干，每天要写字使得手酸，——这大概也算是劳动的一种了罢？我不是不想要资产，但是事实上的确没有资产，一无房，二无地，那么，照理说我当然是无产阶级的一分子了，我自己是这样自居的。为什么无产阶级文学家又说我是"资本家的走狗"呢？假如因为我否认文学的阶级性，无产阶级文学家便说我是资本家走狗，那么，资本家又何尝不可以同样的理由说我是无产阶级的走狗呢？也许无产阶级不再需要走狗了，那么，只好算是资本家的走狗了。

大凡做走狗的都是想讨主子的欢心因而得到一点点恩惠。《拓荒者》说我是资本家的走狗，是哪一个资本家，还是所有的资本家？我还不知道我的主子是谁，我若知道，我一定要带着几份杂志到主子面前表功，或者还许得到几个金镑或卢布的赏赉呢。钱我是想要的,因为没有钱便无法维持生计。可是钱怎样的去得到呢?我只知道不断地劳动下去,便可以赚到钱来维持生计,至于如何可以做走狗,如何可以到资本家的账房去领金镑,如何可以到╳╳党去领卢布,这一套的本领,我可怎么能知道呢?也许事实上我已做了走狗,已经有可以领金镑或卢布的资格了,但是我实在不知道到哪里去领。关于这一点,真希望有经验的人能启发我的愚蒙。

【批判性阅读过程】

(1)搜集背景信息——鲁迅与梁实秋论战简介

20世纪30年代中国文坛发生了一次论战。论战的两位主将,分别是时称"匕首"的鲁迅和"豹隐诗人"的梁实秋。当时,鲁迅已是文坛巨擘,声名卓著,是文学界、思想界公认的权威,被称为中国无产阶级文化革命的伟大旗手;而比鲁迅小22岁的梁实秋则是一个24岁的青年,刚从美国学成归来,才初露头角。然而就是在如此大反差的两者之间,展开了长达8年之久的论战(1927—1936年,1936年10月19日鲁迅逝世),共发表文章130多篇,内容涉及教育、文学、翻译、批评、政论等诸多方面,包含人性、阶级性、普罗文学、翻译理念、文艺政策等诸多论题。这些文章"论、辩、讥、骂"四味俱全,颇显作者批判性思维的功力。鲁迅与梁实秋论战所写的相关文章见"黎照.鲁迅/梁实秋论战实录[M].北京:华龄出版社,1997."。

文中提到的《阶级社会的艺术》一文的作者是冯乃超。与鲁迅一样,冯乃超极其反感梁实秋《文学是有阶级性的吗》一文中的一些主张。1930年2月,他在蒋光慈等主编的《拓荒者》第二期上发文"阶级社会的艺术",批驳梁实秋的某些观点,并送给了梁实秋"资本家的走狗"的称号。[①]

(2)明确作者的论题: 否认自己是资本家的走狗

(3)搜集作者的论点、论据

从文中摘录重要概念和句子,制作素材卡如下。

素材卡1:恩格斯对无产阶级的定义:靠自己的劳动生存

作者首先给出冯乃超《阶级社会的艺术》一文中所引恩格斯关于无产阶级的定义如下:"无产者——普罗列塔利亚(proletariat)是什么呢?它是除开出卖其劳动以外,完全没有方法维持其生计的,又不倚赖任何种类的资本的利润之社会阶级。"

素材卡2:自己靠劳动生存,且没有资产

觉得我自己便有点像是无产阶级里的一个了,因为我 自己便是非出卖劳动便

① 黎照.鲁迅/梁实秋论战实录[M].北京:华龄出版社,1997:307.

无法维持生计。我可不晓得"劳动"是否包括教书的事业，我的职业是教书，劳心，同时也劳力，每天要跑十里路，每天站立在讲台上三四小时，每天要把嘴唇讲干，每天要写字使得手酸，——这大概也算是劳动的一种了罢？我不是不想要资产，但是事实上的确没有资产，一无房，二无地。

素材卡 3：当"走狗"的必要条件：知道主子是谁

作者就"走狗"定义道："大凡做走狗的都是想 讨主子的欢心 因而得到一点恩惠。"

隐含命题：因为要讨主子欢心，因此走狗必须要知道自己的主子是谁。

素材卡 4：不知自己的主子是谁

《拓荒者》说我是资本家的走狗，是哪一个资本家，还是所有的资本家？我还 不知道我的主子是谁 ，……

（4）对素材卡进行分析与综合，构造作者的论证如下：

论题：否认自己是资本家的走狗

论证过程

    自己属于无产阶级

        恩格斯对无产阶级的定义：靠自己的劳动生存

        自己靠劳动生存，且没有资产

    自己不满足走狗的条件

        当"走狗"的条件：知道主子是谁

        自己不知道主子是谁

（5）质疑作者的论证

在作者的论证中，包含了一个隐含命题：如果不知道自己是哪个资本家的走狗，自己就不是资本家的走狗。该命题违反了同一律以及充足理由律。首先，命题中的第一个"资本家的走狗"为非集合名词，可以"指"，可以"说"。如"这个资本家的走狗"，"那个资本家的走狗"。而第二个"资本家的走狗"为集合名词，不可"指"，但可以"说"。尽管无法具体指出某人是哪个资本家的走狗，但仍可以说他是资本家的走狗。其次，命题"不知道自己的主子是谁"并非是断定"某人不是走狗"的充足理由。

在文中，作者接着这个隐含推论说：你们说我是走狗，却不能指出我的主子是谁，你们才是走狗呢！我不但能指出你们的主子是谁，还能证明你们在主子那里领到了金镑和卢布。这一论证已经违反了相关性原则，超出了文学批评的范围。

故鲁迅针对梁实秋在文中的论证缺陷,写了一篇题为"丧家的资本家的乏走狗"的反驳文章。① 在鲁迅看来,论敌连自己的主子都不知道是谁,不是丧家的吗? 并同时用"乏"字形容对手在文学批评上已无计可施的状态。

第五节 写阅读笔记的方法

一、写阅读笔记的意义

在以获得新知和提升理解力为目的的阅读活动中,一项重要的工作是写阅读笔记。写笔记的意义可以从提高阅读效果和资料积累两个方面加以说明。

1. 提高阅读效果

对于写阅读笔记的作用与意义,严家炎说:"读书要有效果,一定要做笔记。笔记的作用,不仅是消极的,不仅是为了记下读书的当时产生的那些闪光的思想和精彩的语言,使之不要被遗忘;它还有更积极的意义,即可以促使我们在整理自己原始想法的过程中把思想系统化和深刻化,促使我们摆脱那种'学而不思'的状态,不做思想懒汉。我自己有这样的体会:一些本来尚处于朦胧状态的思想,经过做笔记过程中的加工整理,不仅明确了,而且丰富了,升华了,于是变得一发而不可收,记下一大篇东西来,犹如从蚕茧上理出一个丝头,能得到一大堆蚕丝一般。这就是记笔记的好处。我们应该养成这个习惯,不要偷懒,不要把它看做可有可无的事情。"②

2. 积累资料

做学问必须依靠准确可靠的资料。资料是指作为参考或提供依据的材料。③ 常言说得好:"好记性不如烂笔头。"如果读书不记笔记,单凭一些模糊印象来做研究,当然不可能获得成功。写读书笔记是积累资料最可靠、最有效的方法。故有话说:不动笔墨不读书。对此,梁启超说:"我们读一部名著,看见他征引那么繁博,分析那么细密,动辄伸舌头说道这个人不知有多大记忆力记得许多东西,这是他的特别天才,我们不能学步了;其实哪里有这回事。好记性的人不见得便有智慧,有智慧的人比较的倒是记性不甚好。你所看见者是他发表出来的成果,不知他这成果原是从铢积寸累,困知勉行得来的。大凡一个大学者平日用功总是有无数小册子或单纸片,读书看见一段资料觉其有用者,立刻抄下来。短的抄全文,长的摘要,记书名、卷数、页

① 黎照.鲁迅/梁实秋论战实录[M].北京:华龄出版社,1997:309.

② 严家炎自述. //高增德,丁东编. 世纪学人自述(第一卷). 北京:北京十月文艺出版社,2000:473.

③ 中国社会科学院语言研究所词典编辑室. 现代汉语词典[M]. 北京:外语教学与研究出版社,2002:2537.

数。资料渐渐积得丰富再用眼光来整理分析,他做便成一篇名著。想看这种痕迹,读赵瓯北的《廿二史札记》、陈兰甫的《东塾读书记》最容易看出来。这种工作笨是笨极了,苦是苦极了,但真正做学问的人总离不开这条路子。"①

二、笔记方法

1. 笔记内容

胡适在《读书》一文中给出了阅读笔记应记什么。他指出:"札记又可分为四类:①抄录备忘。②作提要,节要。③自己记录心得。④参考诸书,融会贯通,作有系统的著作。"②从胡适这段话可知,笔记记录的内容除了文章的观点、结果以外,还可以有自己的评论、分析比较。如果阅读的是外文资料,还需要摘译重点内容,以求准确理解。具体来说,笔记的内容可以包括:①复述作者的观点。用自己的语言复述作者的思想和观点。复述时注意不要失去原意。②摘抄重要内容。直接引用,一字不漏地抄录下来,甚至包括标点符号。如有省略,必须用省略号;如有补充,必须使用方括号([ ]);引语的出处必须以脚注的形式标出。③自己对文章的评论。通常阅读时是评价的最好时间,因为那时材料中的上下文在自己的脑海中最清晰。

2. 三种阅读层次的笔记

就读书而言,依照阅读层次有三种做笔记的方法。③

(1)结构笔记

结构笔记用来记录全书的架构,产生于检视阅读阶段。所要回答的问题是:这是什么样的一本书? 整本书谈的是什么? 作者是借着怎样的整体架构来陈述他对这个主题的理解的? 做结构笔记的最好地方是目录页或是书名页。

(2)概念笔记

概念笔记产生于分析阅读阶段,用来记录自己对所阅读的图书的判断与评价。此时所做的笔记不再与结构有关,而是与概念、命题有关。这些概念与命题表达了作者的观点,而当阅读越深越广时,自己的观点便会出现了。做概念笔记包括以下几步:①做资料卡,摘抄重要概念;②查字典了解重要名词的含义;③原文翻译。

下面是阅读一份有关批判性思维的资料时所做的概念笔记。

---

① 徐有富. 治学方法与论文写作[M]. 南京:南京大学出版社,2003:137.

② 欧阳哲生. 胡适文集(第4卷). 北京:北京大学出版社,1998:126.

③ (美)莫提默·J.艾德勒,查尔斯·范多伦. 如何阅读一本书[M]. 郝明义,朱衣,译. 北京:商务印书馆,2004:47.

资料卡——学者 Ennis 对批判性思维的定义——原文摘抄及中文译文

"Critical Thinking is reasonable, reflective thinking that is aimed at deciding what to believe or what to do."

Ennis, Robert H. A Taxonomy of Critical Thinking Skills and Dispositions//Baron, Joan Boykoff (Ed); Sternberg, Robert J. (Ed). Teaching thinking skills: Theory and practice. Series of books in psychology. p9-26. New York, US. 1987.

译文："批判性思维是理性的、反思性的思维，其目的在于决定该相信什么或做什么。"

重要名词：

reasonable 合理的，讲道理的；reasonable 理性的，与推理、判断有关的。

reflection 反思。思考过去的事情，从中总结经验教训。

（3）辩证笔记

所谓辩证指的是辨析考证。辩证笔记产生于主题阅读阶段，它是针对一个论证过程所做的笔记。在这个论证过程中有多个作者共同"参与"，因为用作论据的素材是从多本书中摘录出来的，因而需要为每一个素材制作素材卡。然后再用概念、命题的结构形式，将这些素材按逻辑关系组织起来，它即为某一论题的论证框架。

3. 笔记要领

（1）勤笔免思

我们在读书时常有这样的经历：读得非常起劲时，往往不愿意停下来摘录有关资料。而书读完了，时过境迁，往往又找不到想摘录的资料，或者没有兴趣去摘录有关资料了。较好的办法是随读随记，或一边读一边写下需要摘录的资料的页码并用铅笔做上记号，待读完了再摘录。

刘乃和在介绍陈垣的治学经验时说："他凡是看到有用的资料，马上就写，随手抄录，绝不耽搁。在思考问题时，也是偶然想起什么，或有何心得，也即刻写在'另纸'。他经常教导我要随手写，'勤笔免思'，不管是材料或想法，有时稍纵即逝，不及时记下，考虑的问题就会忘掉，翻到的东西，当时未写下，再找时会很久也找不到。"[①]

（2）**严格区分引文与自己的话**

在摘录材料时，往往会写上自己的感想，或加上自己转述的话，如果对摘录的内容不用引号加以区分，那么以后在用这些材料时，将难以反映引文的原貌。

---

① 陈智超. 励耘书屋问学记：史学家陈垣的治学[M]. 北京：生活·读书·新知三联书店，1982：141.

（3）注明出处

做研究写论文要做到言之有据，注明资料出处是最基本的要求。而要做到这一点，在写读书笔记时就应当不厌其烦地详细注明出处，包括文献题名、作者、出版时间、页码等。在注明出处时还要做到详细而准确，否则复查起来非常困难。

习　题

1. 阅读以下文献：（美）Dennis Coon 心理学导论：思想与行为的认识之路[M].第 9 版.郑钢，等，译.北京：中国轻工业出版社，2004：31-33。根据 Dennis Coon 有关"批判性思维与科学的发展"的论述，对"批判性思维的步骤"进行总结。

2. 据商家的广告介绍，其产品"痘速消"的主要成分为西伯利亚积雪草，请问该产品可信吗？为什么？以下是广告内容：

痘速消：主要成分有西伯利亚积雪草、天山雪莲、葛根、金盏花等植物提取液，富含大量活性物质及营养成分。具有快速渗透皮肤、平衡肌肤皮脂分泌；迅速溶解粉刺（青春痘）脂栓，消灭并清除青春痘的生长根源，有效治疗各种面部痤疮、粉刺等青春痘类皮肤病，不伤害皮肤及皮下组织，见效快，防复发；同时疏通毛孔、消除印痕，令皮肤光滑细腻。

3. 请从网上搜索"Dr. Plopper's Guide To Critical Reading of Primary Literature"一文。精读该文，总结批判性阅读学术论文的步骤。

4. 阅读以下材料，给出文中的论点、论据以及论证方式。

水上滑板风驰电掣，五彩缤纷，它正受到人们的广泛喜爱。它能驶向任何地方，年轻人对此大为青睐。这项运动的普及引出了水上滑板的管理问题。我们倾向于对此项运动严格管理。

水上滑板是水上娱乐项目中最危险的项目之一。滑板与游船相撞时有发生。曾有两名妇女乘坐木筏在岸边不远处飘荡时，被一只快速驶来的滑板撞死。还有不少玩水上滑板的人，在与其他船只相撞时惨死或严重伤残。还有人在离岸很远的地方滑板沉没，被困远海。大多数人虽然使用水上滑板，但毫无经验，更不懂航行规则，致使发生事故的可能性进一步增加。水上滑板的日益增多造成水道拥挤，这又仿佛是灾难的同谋。

除去水上滑板操作上固有的危险外，它也造成了极大的环境干扰。海滩上的居民纷纷抱怨滑板带来可怕的噪声。太平洋鲸类基金会也指出，水上滑板很可能会吓走濒临灭绝的座头鲸回游到夏威夷产仔，这使人深感忧虑。

因此,制定诸如最低操作年限、限制操作区域,以及水上安全强制性教育等管理规则势在必行。没有这些管理规则,水上滑板导致的悲剧会一再重演,赏心悦目的海滩将变得危险丛生。

5. 请查找以下文章,对它进行批判性阅读,并完成以下任务:(1)翻译文章;(2)重建作者的论证;(3)对作者的论证给予评价。Pollution's Effect? It's Unclear. Walsh,Bryan. Time,August 25,2008,Vol. 172(8):42。

文献调研方法

【学习目标】

- 了解选题的原则及选题流程
- 了解文献调研的步骤
- 掌握撰写文献综述的方法

【内容框架】

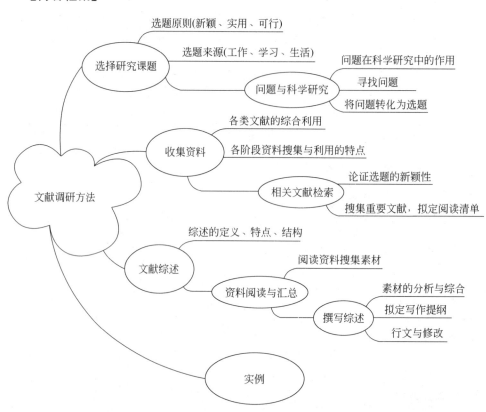

第一节 概　　述

一、文献调研

　　科学研究的目的是为了认识自然和解释自然,其成果的价值在于创新。科学研究与体育竞赛不同,它只承认第一,不承认第二,重复研究对科学进步的贡献为零。只有充分掌握了前人的成果才谈得上创新。为此,在开始一项新的研究之前,有必要进行充分的文献调研,以了解研究现状。

　　文献调研要解决以下问题:①确定研究的"起点"。通过文献检索了解他人已经进行了哪些探索,得到了什么结果,有哪些问题还需要进一步研究等。对研究问题还不太明确的研究者来说,查阅文献可以启发和帮助确定选题,而对已经基本确定研究问题的人来说,可以调整和修订自己的研究方向和范围,避免重复研究。②寻找可以借鉴的方法。同一个问题可以从多种角度研究。通过查阅文献,可以借鉴他人的思想与方法。③确定名词概念的定义。最好引用前人的定义,这样才能进行有效的比较。

二、调研流程

　　选题阶段的文献调研主要是为了论证选题的价值,因此,它的具体任务可以归纳为以下三项:①搜集相关文献;②制作相关文献年代分布表,论证选题的新颖性;③对重要文献进行整理与汇总,制作文献主题分布表,撰写文献综述。图 9-1-1 给出了文献调研的流程。从图中可以看出,对选题进行广泛而全面的资料收集,资料整理与汇总,包括资料的

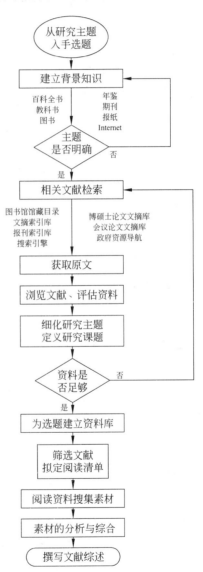

图 9-1-1　文献调研流程

筛选、阅读、素材的分析与综合,掌握参考文献的引用规范,所有这些都是顺利完成文献调研工作的必要条件。

第二节　选择研究课题

选择研究课题(简称"选题"),就是确定研究对象与研究目的。选题的重要性在于,它是研究活动的第一步,正确的选题是通向成功的基石。科学学创始人、英国物理学家贝尔纳(J. D. Bernal)指出:"课题的形成和选择,无论作为外部的经济技术要求,抑或作为科学本身的要求,都是研究工作中最复杂的一个阶段。一般来说,提出课题比解决课题更困难……所以评价和选择课题,便成了研究战略的起点。"[1]科学史表明,决定研究成功的因素有很多,但其中一个关键的因素就是选题得当。由于选题合适,研究者可以把自己的学识、智慧有效地用到研究中去。事实上,选题的好坏是研究者才能的具体体现。因为要选出一个有价值的课题,研究者不仅要了解课题的价值,还要有相当的知识储备、丰富的想象力以及对选题有浓厚的兴趣等。故美国物理化学家威尔逊(E. B. Wilson)在他所写的《科学研究方法论》一书中说:"所谓优秀的科学家在于选择课题时的明智,而不在于解决问题的能力。"[2]下面从选题原则、选题来源等方面说明如何选择一个好的研究课题。

一、选题原则

我们首先从国家自然科学基金的申请条件看一个好选题的标准。国家自然科学基金来源于国家财政拨款,用于支持基础研究,以促进我国的科学和技术的进步与繁荣。在《国家自然科学基金面上资助项目申请办法》中给出了项目申请的必要条件:"①有重要科学意义或有重要应用前景,特别是学科发展前沿的研究……②学术思想新颖,立论根据充分,研究目标明确,研究内容具体,研究方法和技术路线合理、可行,可获得新的科学发现或按期可取得重要进展的研究。③申请者与项目组成员应具备实施该项目的研究能力和可靠的时间保证,并具有基本的研究条件。④经费预算实事求是。"[3]从中,我们可以将一个好选题的标准概括为六个字:新颖、实用、可行。

---

①　J. D. 贝尔纳. 科学研究的战略[M]. 见中国社会科学院情报研究所编译. 科学学译文集. 北京:科学出版社,1980:28-29.

②　威尔逊. 科学研究方法论[M]. 石大中,等,译. 上海:上海科学技术文献出版社,1988:1.

③　国家自然科学基金委员会项目指南. http://www.nsfc.gov.cn/nsfc/cen/xmzn/index.htm,2009-03-10.

1. 科学性原则

科学性原则是指选题必须以科学理论为依据,观点正确,经得起推敲。科学性原则保证了研究从一开始就有一个正确的方向。一个违反科学性原则的典型例子就是所谓的永动机。很久以来,有不少人梦想设计出永动机,希望它消耗少、做功多,甚至不消耗也做功。尽管不同时代的人所提出的具体设想各不相同,但是永动机的研究最终归于失败。原因很简单,因为它违反了科学原理,无论是热力学还是能量守恒定律都早已证明:要制造出实际效率大于1的设备是不可能的。

2. 新颖性原则

新颖性,简单地说就是未被公开公用过的。创新是科学研究的价值所在,没有创新就没有科学的进步与发展。我国著名学者程千帆谈道:"究竟什么叫科学研究,我想,就是从现在已经有的研究成绩,向前发展。如果没有发展,那就不能叫做研究。"[①]因此在评价研究成果的价值时,新颖性是重要的判断条件。如一项发明专利能否获得授权,新颖性是必要条件之一。再如学术期刊对论文的选用标准之一也是看其创新性。

3. 实用性原则

实用性原则是指研究成果有利用的价值。选题的实用性有大有小,实用性大意味着研究成果有利于人类文明的进步;实用性小指对自己的工作、学习和生活有指导意义。

4. 可行性原则

可行性原则是指要完成课题研究所必需的主客观条件。其中,主观条件是指研究者为完成该项研究所必须具备的知识结构、研究能力、兴趣爱好以及时间和精力等。客观条件指的是进行研究所需要的人力、物力、设备、文献资料、协作条件、社会环境及相关学科的发展程度等。遵循可行性原则的意义在于确保研究能够顺利进行。

二、选题来源

归纳起来,研究课题不外乎来源于工作、学习和生活三个方面。

1. 工作选题

工作选题即从实际工作中寻找需要研究的问题。这类选题与工作密切相关,可以最大限度地利用工作中的各种有利因素,较好地满足可行性原则;同时研究成果可

---

① 程千帆. 治学小言[M]. 济南:齐鲁书社,1986:11.

直接用于工作,有较高的实用价值。因此这类选题容易得到单位的支持,也最容易成功。典型的工作选题有以下几种:①工作中的困惑。如作者在承担图书馆的虚拟参考咨询工作中,曾一度对咨询问题回答的深度与广度存在着困惑。为此将其作为课题进行研究,通过对具体咨询案例的分析,从中找到相应的服务对策。②工作的延伸。对工作中出现的新问题进行研究。如在文献课的教学过程中,我们发现学生对版权法缺乏了解,故结合电子教学参考资料系统的服务应用,对版权法进行了深入的研究,并将其研究成果用作教学素材。③具有创新性的研究。此类选题除了要求有扎实的专业知识、深厚的研究积累外,同时还需要跟踪专业的发展动态。我们可以通过阅读文献、参加学术会议等来追踪当前重要的发展方向,也可以参考各种项目申请指南。如自然科学基金委员会为了引导我国自然科学研究工作的开展,每年都根据国家的发展需要,编制申请项目指南。它们对于选择研究课题均有重要的指导意义和参考价值。

2. 学习选题

将学习中的问题作为选题进行探究。严格来说,此类选题不同于一般意义上的科学研究,而是一种以学为本的探究性学习。这类选题的意义在于学会一套科学研究的方法。因此,选题一定要在自己的知识结构和能力范围内,以便经过适当准备后就可以着手进行研究,并最终获得一个完整的过程体验。对这类选题而言,选题的新颖性并不重要,重要的是使整个以学为目的的探究过程得以顺利完成。典型的学习选题如:结合专业课学习的课程报告、毕业设计题目、根据兴趣和专业方向选定的题目等。

3. 生活选题

我们可能从来都没有想过自己会从事研究活动,其实在日常生活中,就有很多做研究的机会。所谓研究是指探求事物的真相、性质、规律等。① 简单地说就是提出问题寻找答案。因此我们可以将自己身边那些不懂又想弄懂的问题作为选题进行研究。强烈的好奇心和浓厚的兴趣有利于探究活动的开展,也容易有所收获。如一个大学一年级的同学上文献课时,将猫的生活习性作为选题进行研究。她在说明选题原因时说,她非常喜欢小动物,曾在家里养了一只宠物猫,不幸的是这只小猫得了猫瘟死了。小猫的死让她很伤心,同时也激发了她了解猫的愿望,故将猫的生活习性作为研究课题。她从百科全书、中文电子书、CNKI 数据库以及 SCI 数据库中查到了许多相关资料。从资料中她不仅找到了答案,出色地完成了文献课的课程报告,也使得

---

① 中国社会科学院语言研究所词典编辑室. 现代汉语词典[M]. 北京:外语教学与研究出版社,2002:2206.

她对图书馆的资源与服务有了一个全面的了解。她在总结自己的学习收获时说到，是兴趣引导她对选题进行了深入探究。

最后需要指出的是，无论是哪一类选题，都要特别强调兴趣，因为研究不同于一般的工作，它需要进行独创性的思考，这要求研究者要十分敏感。如果对于所涉及的问题不感兴趣，则很难产生新见解。

三、"问题"在研究活动中的作用

1. 提出问题对科学研究的重要性

问题是指须要研究讨论并加以解决的矛盾。[①] 问题通常被人们称为"疑难"、"困惑"。凡是令人怀疑的、难断是非的，都是问题。问题对科学研究的重要性，可以用爱因斯坦（Albert Einstein）的一段话加以说明："提出一个问题往往比解决一个问题更重要，因为解决一个问题也许仅是一个数学上或实验上的技能而已。而提出新的问题，新的可能性，从新的角度去看旧的问题，却需要有创造性的想象力，而且标志着科学的真正进步。"[②]事实上，能提出一个有科学意义的问题，本身就是了不起的成就。1900 年 8 月，数学家希尔伯特（David Hilbert）在巴黎召开的第二次国际数学家代表大会上做了《数学问题》的演讲。他站在当时数学发展的最前沿，提出 23 个问题。这些问题吸引了不少数学家从事研究，并为之奋斗终生。到目前为止，国际上获得菲尔兹奖的 20 多位数学家中，有不少人正是由于解决了"希尔伯特问题"中的某个问题而获奖。[③]

2. 寻找问题

对于刚刚从事研究的新手来说，在寻找研究问题时，由于缺乏经验，往往感到无从下手。在这种情况下，可以向专家咨询，或通过文献调研寻找研究问题。

（1）向专家咨询

向专家咨询可以获得许多启迪。专家知识渊博，经验丰富，熟悉相关学科的现状和前沿，知道该领域内亟待解决的问题。但是，一位专家只专长于某一领域，因此，应该尽量听取不同专家的建议和指点。

（2）文献调研

从现有的文献中发现研究问题是一条常用的途径。通常，一篇好的论文都会在讨论部分提到本研究尚有哪些不足，有哪些问题需要进一步探讨，有的作者还会提出

---

① 中国社会科学院语言研究所词典编辑室. 现代汉语词典［M］. 北京：外语教学与研究出版社，2002：2011.

② 爱因斯坦，英费尔德. 物理学的进化［M］. 上海：上海科学技术出版社，1962：66.

③ 孙丽霜，刘法文，刘汉全，等. 二十世纪重大事件备忘录［M］. 哈尔滨：黑龙江人民出版社，1993：9.

对下一步研究的建议，它们对选题都有参考价值。因此在自己对选题毫无思路的情况下，不妨浏览本专业的核心期刊，从中寻找感兴趣的题目。

（3）做一个有心人，随时搜集问题

问题的搜集主要靠自己平时留心发现与积累。参加各种学术交流活动、读书、与人交谈等都是获取选题信息的有效途径。在各种交流活动中，要做一个"有心人"，细心观察，并将所见所闻与交流感受及时写下来，以便形成有价值的资料，供选题参考。

3. 将问题转化为选题

选题来源于问题，但并不是所有的问题都可以成为一个值得研究的课题。那么什么样的问题可以成为研究课题呢？先看以下三个问题：①确定某一类型的数学题有几种解法；②环境污染和环境保护；③氧化铜处理汽车尾气中的一氧化碳的研究。

在以上三个问题中，仅有第三个问题是一个合适的研究选题。理由说明如下：问题①是我们在学习过程中经常遇到的问题，但只要善于归纳和总结，就可以找到问题的答案，故无创新性可言，而且这个问题不具备普遍性，因此不能成为一个有价值的研究课题。问题②尽管具有普遍性，但问题涉及的范围很大，人们可以从许多不同的角度来进行研究，它是一个值得探索的领域，但不是一个合适的课题。问题③是一个人们普遍关心的问题，同时研究对象（汽车尾气中的一氧化碳）和解决办法（氧化铜）都比较明确，这样的问题可以作为一个研究课题。

从上面的例子可知，一个问题要成为研究课题必须具备以下四个条件：①问题具有普遍性；②研究成果有现实意义；③有明确的研究对象与范围；④通过研究能够使问题得到解决。条件①与②体现了课题研究的价值，条件③与④体现了课题研究的可行性。只有那些有价值且又有条件研究的问题才能成为选题。

4. 论证选题的价值

要判断问题是否能成为选题，实际上就是要论证问题的研究价值以及可行性。它应从新颖性、实用性和可行性三个方面进行分析，需要回答以下几个问题：①选题的创新性如何？对于一个问题，如果他人已研究过且有公认的结论，那就不需要重复研究，除非有不同的见解。重复他人的结果，作为学习是可以的，但作为研究则是浪费时间。一句话，研究必须要有新意，要避免完全重复他人的工作。②选题是否有现实意义？③完成选题所需要的投入与所取得的成果是否相当？在着手进行研究之前，必须不断地问自己："在众多的研究者中，为什么不是别人，而是由自己来搞这个研究？"对这个问题可以有多种回答。你的经验可能使你认为，无论在实验技术上还是在理论知识上你都是合适的。或许因为你拥有独一无二的设备；或者你有一个"智囊团",能给你出主意;或许你有独到的新见解或足够的经验;或者由于这个课题引起了你强烈的兴趣,你毫不惋惜研究所花费的时间和精力。所有肯定的回答都为研究的成功奠定了基础。

5. 用 5W 陈述选题

问题在成为研究课题前,还必须明确研究的目的和任务,即明确回答:要研究的问题是什么? 为什么研究? 要达到什么目的? 所要解决的问题越明确,也就越容易找到研究的突破口。然后,尝试着用新闻记者常用来收敛新闻主题的 5W 方法进一步明确选题:who(何人)、what(何事)、when(何时)、where(何地)和 why(何因)。

what:从什么角度来进行研究? 例如,研究主题是 AIDS,是要从医学的角度探讨,从心理学的角度来探讨,还是从社会政策的角度探讨?

where:是否限于特定的地区? 中国? 亚洲? 美国?

when:是否从特定的时间段来探讨? 古代? 现代?

who:是否涉及特定的群体或是个人? 女性? 男性? 青少年?

why:这个研究主题有什么重要的含义? 为什么值得研究?

四、成功选题的关键

1. 把握好选题的大与小、难与易的关系

成功选题的关键是把握好选题的大与小、难与易的关系。一般说来大题、大选题往往比较有价值,成果影响大,但它们涉及的面广、比较复杂,进行研究的条件高,不易出成果;小题涉及范围小,目标集中,容易把握,容易出成果。此外,选题太大,可能让我们淹没在书海中,陷入难以取舍的困局;选题太小,则可能找不到足够的资料作为佐证,陷入孤立无援的窘境。

要想做一个大题目,最好先完成一些小题目,由小到大,逐步实现最终目标。其次,要发挥自己的专业特长。学问之大,无所不包。一个人的时间和精力总是有限的,不可能在许多领域都有独到的见解,选题时应扬长避短。

2. 细化研究主题

(1)研究主题

所谓研究主题通常是指某一类现象或某个领域,比较宽泛。一般来说,一个研究主题会涉及多个方面。例如,主题"导弹制导与控制"涉及导弹制导控制系统、弹道模拟、飞行动态仿真、末端制导、最优控制、制导精度、抗干扰设计、引导控制等,可以形成多个研究课题。

(2)细化研究主题的方法

利用文献调研选题时,通常是从一个较为宽泛的研究主题入手,检索相关文献,对它们进行分析,从中寻找研究的"切入点"。因此从研究主题入手选题的任务是细化研究主题。可以采用以下方法细化研究主题:①利用主题词表或分类表。利用文摘索引库提供的主题词表或分类表,了解研究主题所涉及的方面,从中寻找更细的类目。注意研究主题从一般到专指的变化,选择自己愿意深入研究的方面。可以查看百科全书的索引,了解相关主题是如何细分的。此外,还可以将主题限于某一时期或某一地区。②文献分析。在文章阅读与分析的基础上,制作论文主题分布表,细化研究主题。一个建筑系的同学结合专业和兴趣选择了房地产作为研究对象。在资料查找与阅读的过程中,他发现房地产所涉及的面很广,涉及的学科有建筑学、经济学、管理学、工程技术学等。如果将房地产作为选题,由于牵涉的知识面过多,将无法研究透,最终的结果只能是泛泛而谈。此时需要细化研究主题,将选题限定在一个针对性很强的问题上。他通过查找并阅读有关房地产方面的文章,感觉到对于国外成功经验的借鉴还大有文章可做。故最后将选题确定为"国外成功经验对中国房地产开发的借鉴意义"。

第三节　搜集资料

资料是指用作参考或依据的材料,而文献是资料的主要来源。下面首先介绍不同研究阶段资料搜集与利用的特点,然后介绍从文献中搜集资料的方法。

一、概述

1. 各类文献的综合应用

在前面的章节中,通过对检索工具的系统学习,我们已经知道了各种检索工具的用途。如要查找与选题相关的书籍时,会用到馆藏目录;要查找相关文章时,会用到文摘索引数据库。在查找资料的过程中,要针对问题选择合适的检索工具,只有这样才能顺利地查找所需要的资料。

在研究过程中与资料工作有关的典型问题归纳起来有以下几类:如何选择一个合适的研究课题? 怎样获取与选题相关的背景知识? 如何快速地查找相关资料? 如何了解研究现状? 如何跟踪研究动态? 如何获取原文? 针对这些问题,搜集资料的一般步骤是:首先通过百科全书等工具书获得背景知识、汇集查找线索;其次通过各种文摘数据库来搜集有价值的文献信息,诸如期刊文章、会议文献、学位论文、专利文献等;最后是获取有价值的原文。

（1）建立背景知识

每一学科的背景知识可以分为两部分:一部分是成熟的、可靠的知识,这类知识比较系统，称为该学科的基础知识；另一部分则是沿着学科专业的主要方向，由已知向未知延伸的知识，这类知识一般是不成熟、不系统的。随着学科的发展，这部分知识会不断地向成熟、系统的方向转化。所谓选择前沿性课题，就是指在已知与未知的边界区选择研究课题。[①]

对于不熟悉的研究主题，研究的第一步是建立背景知识。背景知识提供整体架构或轮廓，可以帮助我们了解研究主题。一开始可能会觉得背景知识好像不是那么重要，但当所搜集到的资料越来越多，内容越来越专深时，就会发现背景知识的作用了，因为它可以帮助我们判断资料的价值，筛选文献，并提供一个清楚的架构来串联文献间的关系。

有两种类型的出版物可以提供背景知识。

1）百科全书

百科全书提供各主题的系统性介绍与历史回顾，通常由该领域的专家学者撰写，因而具有权威性和代表性。百科全书的条目末尾通常都附有参考书目，它们是该主题的重要著作。除了综合性百科全书如《大英百科全书》以外，几乎每个学科领域都有专业百科全书，它们更是帮助我们建立背景知识的好工具。在综合性的百科全书中查找与选题有关的综述，再参考专业性的百科全书了解技术和专业方面的知识。但要记住，百科全书只是资料搜集的起点。

利用图书馆的馆藏目录查专业百科全书时，用关键词检索，输入学科及 Encyclopaedia。例如用 management and encyclopaedia 可以查找管理方面的英文百科全书。

2）精读几本相关的经典著作

每个学科都有一些经典教材和著作。它们通常是由相关领域的学者专家所撰写的。一些著作可以为同行或学生提供完整的知识，而另一些则旁征博引以阐述一个新的观点或是综述该领域的发展。这些专业书籍提供完整的参考书目，可以作为我们搜集研究资料的基础。如果是新近出版的图书，其参考文献实际上就是我们撰写论文所需要参考的书目。

此外，上课笔记以及教师的指定参考书，都是建立背景知识的好来源。

（2）**利用文摘数据库搜集相关文献**

1）利用期刊搜集较新、较详细的专业资料

期刊文章有三个优点：①较新颖。与图书相比，期刊论文有较强的时效性。

---

① 秦铁辉. 科学活动与科研方法［M］. 北京：北京大学出版社，1993：35.

②较专。因为受篇幅的限制,所以文章必须针对某一主题的特定层面加以探讨。③较详细。由于有特定的焦点,每篇文章可以深入详细地探讨。因此当需要更为新颖、专门和特殊的研究信息时,我们必须利用期刊。其中,核心期刊是获得有价值的文章的最佳来源。据统计,某专业的核心期刊数量通常只占本领域期刊总数的 1/5～1/4,阅读了这部分期刊,可以掌握本领域的大部分重要信息。对于核心期刊,除了记住刊名以外,还应当掌握它的主要特点,例如经常刊登哪些内容的文章、学术水平如何,以方便利用。

此外,会议录、博硕士论文、专利、标准、政府出版物等对研究也是很有帮助的。

2）利用综述文章了解研究主题的发展现状

综述性文章,尤其是由某一领域的专家学者撰写的评论性综述,通常是对某一研究主题的大量的文献资料进行筛选、归纳综合后所得到的研究成果。由于综述对文献信息的高度浓缩,使我们能在较短的时间内全面地了解研究课题的发展历史、现状以及发展方向等,是极有价值的参考资料,是资料搜集的重点。这类文章通常发表在期刊、会议录、专著丛书、年鉴等出版物上。

综述文章的检索方法如下:①利用数据库的检索功能查找综述文章。一些数据库提供了专门检索综述文献的选项。如 Web of Science 数据库,将文献类型选择为 Review 就可以很容易地检索到综述文章。如在 Ei 数据库的 Treatment Type 栏目中用 General Review 检索。②用综述等特征词作为检索词查找。在综述文章中往往会有“综述”、“概述”、“动态”、“进展”、“鸟瞰”、“评论”等特征词,可将它们作为检索词用于查找综述文章。

（3）利用 Alert 跟踪研究动态

很久以来,研究人员为了了解最新的研究动态,通常定期到图书馆浏览最新到馆的期刊,而数据库的最新信息通报服务——Alert 改变了这种传统的跟踪模式。通过 Alert,用户只要将自己感兴趣的期刊、检索式等保存在系统中,由系统完成检索跟踪任务,一旦查到最新的相关文献信息,就会发到用户的邮箱中。以下给出了一个利用 Alert 获取最新文献信息以及对这些信息处理的相关过程。

2007 年 11 月 9 日,作者收到了由 Elsevier 系统发来的有关信息科学与图书馆方面的最新文章信息。浏览文章篇名及摘要,从 Elsevier 期刊全文库中获取感兴趣的文章原文。阅读文章,并做资料卡如下:

为了了解本科生选择信息源的特点,本文作者于 2005 年秋对 USA University of Wisconsin-Madison 的本科生进行了问卷调查,从以下三个方面了解学生的信息行为:①各种信息源使用的频率;②选择信息源的依据;③对各种信息源感知与认识的程度。共回收 225 份调查问卷(网上＋纸张)。通过对调查结果的统计分析,得出以下结论:Internet 简单易用,方便快捷,成为本科生用得最多的信息源。本科生认为选择信息源的标准首先是准确性,其次是易于获取和使用方便。在对各种信息源的综合性评价时,本科生对字典和百科全书评价最高。

Kyung-Sun Kim and Sei-Ching Joanna Sin. Perception and Selection of Information Sources by Undergraduate Students: Effects of Avoidant Style, Confidence, and Personal Control in Problem-Solving. The Journal of Academic Librarianship, Volume 33, Issue 6, 2007, 655-665.

(4) **数据与事实的查找**

撰写论文时,时常会需要一些事实与数据,它们通常来自工具书;一些人名和地名的对译也要借助于工具书来解决,因此,工具书是撰写论文不可或缺的情报源。需要用工具书解决的问题有如下几类:①名词术语的解释。为了辨认和理解冷僻的字或词,陌生的学科名词、术语等,可以利用辞源、辞海、中外文对译词典、学科专业词典、百科全书等。一般性的名词定义可使用普通的词典查找,而专业名词的定义和术语则可使用专业词典查找。②物质的化学物理性质及相关参数,可用各种化学物理手册查找。③各类统计数据,如国民生产总值、人均收入、科研或教育数据、科学家和工程技术人员数目,除了可以查找各种统计手册外,年鉴也是统计资料的重要来源。此外,政府公报及其网站也提供与业务相关的统计资料。④要了解与所选主题有关的重要人物等信息,可以查找传记词典和百科全书。要了解地理方面的事实,可查找地图集或地名词典。如果要了解科研机构、企业的规模,机构设置、科研方向、产品系列等情况,可以利用科研机构名录、企业名录等。使用名录时应注意其新颖性、时效性。Internet 上丰富的名录资源可提供个人或机构的最新资料,值得参考。

(5) **其他资源的利用**

不论我们准备的是短文、演讲还是长篇研究论文,文摘数据库都是很好的工具。但是,有些专门收录报纸文章的数据库更适合撰写短文时参考。这类数据库有些只提供书目信息,有些则提供全文。以下是三种常用的国内报刊索引。

- 《全国报刊索引》,收录 1 000 多种杂志和报纸所刊载的文章。
- 《中国人民大学书报资料中心复印报刊资料索引总汇》。
- CNKI 报刊全文数据库,收录 400 多种杂志所刊载的文章。

在 Internet 上可以找到图书和期刊中找不到的最新信息。但是 Internet 的资讯品质良莠不齐,利用时要多加选择。Internet 对查找下列信息特别好用:新闻和最新事件;政府信息(包括世界各国、各地的统计);大学、公司和非营利机构的信息。

2. 各阶段资料搜集与利用的特点

对于科学研究,英国物理学家及化学家法拉第(Michael Faraday)认为它包含三个阶段:首先是开始,其次是完成,最后是发表。① 因此,一个研究过程大致可以分为选题、研究及撰写论文三个阶段。这三个阶段中都会涉及资料的搜集与利用,但不同阶段侧重点不同。表 9-3-1 对不同阶段资料搜集与利用的特点进行了归纳。

表 9-3-1　各阶段资料搜集与利用的特点

名称	资料使用目的	资料搜集特点	资料的分析与利用
选题阶段	文献调研,了解研究现状,确定研究的"切入点"	尽可能全面地搜集资料。搜集资料的方式是开放的、发散的	通过论文年代分布了解发展趋势,从论文主题分布中寻找研究的切入点
研究阶段	获取所需要的基本思想,解决方案;获取各种事实与数据	搜集与选题相关的、有价值的资料,强调资料的相关性	资料的筛选与研读,制作资料卡片,撰写阅读笔记
撰写论文	为论点搜集素材	素材的汇总与归纳。阅读资料从中搜集素材	遴选和提炼资料,为归纳和论证结论服务

3. 资料搜集要领

（1）脑子里要有问题

季羡林在谈到搜集资料的体会时说:"大概我们都有这样的经验:只要你脑海里有某一个问题,一切资料,书本上的、考古发现的、社会调查的等等,都能对你有用。搜集这样的资料也并不困难,有时候资料简直是自己跃入你的眼中。反之,如果你脑海里没有这个问题,则所有这样的资料对你都是无用的。"②

（2）有明确的目的性

资料搜集切忌没有明确目标,只凭自己一时的兴趣。只有比较集中的课题资料积累,就像聚焦镜那样聚集到一个点上,才有可能产生创造性的见解。集中精力专门研究一个名人、一部著作、一种社会现象,都可成为专门的人才。因此,平时搜集与积累资料应有明确的目的性。积累什么,怎样积累,都要经过自己的思考。可以围绕选题,从纵向和横向两个方面进行资料的搜集。纵向是指这个选题从历史到现实的发展状态,横向则指与这个选题有关的各种流派、学说。

（3）随时记录有用的信息

吕叔湘在回忆朱自清治学经验时说:"朱先生身边经常备个小记事本,听到别人说一句话他认为值得注意的,马上记下来,积累多了,自然从中发现好多值得研究的问题。"③

① 王生荣. 科技论文写作基础[M]. 兰州:甘肃科学技术出版社,2006:4.
② 季羡林研究所. 季羡林谈读书治学[M]. 北京:当代中国出版社,2006:25.
③ 徐有富. 治学方法与论文写作[M]. 南京:南京大学出版社,2003:151.

（4）切忌贪多求全、游离主题

有人在搜集资料时往往认为多多益善，结果眉毛胡子一把抓，不分主次。实际上，一个人的精力有限，要将各类资料统统收全，是不可能的。应"有所不为，才能有所为"，选择典型的、重要的材料即可。另一个很容易犯的毛病是：搜集这一问题的资料时，看到另一问题的好文章，就乘兴阅读，流连忘返。结果游离主题，越滑越远，影响当前的主攻任务。碰到这种情况时，一定要注意收住。对那些与主题无关但感兴趣的文章，不妨作一个备忘录，以便日后查找。

二、相关文献检索

1. 文献调研计划

拟定文献调研计划是资料搜集前的准备工作，它使我们做到心中有数。文献调研计划的内容主要包括：①检索课题名称以及背景介绍；②要检索的文献类型；③检索工具名称及检索要求；④文献调研的最终成果。

文献调研的核心任务之一是搜集相关文献，其目的是了解研究现状，故对检索要求较高，既要查准也要尽可能查全。在文献资料的搜集过程中，要充分利用以下文献资源：①各种书目数据库，如联机目录、文摘数据库；②各种原始文献，如期刊、会议文献、学位论文、专著、科技报告、专利文献等。③利用三次文献，包括综述、述评、百科全书、年鉴和手册等。利用第四章第二节"相关文献检索"方法检索相关文献。它涉及选库、选词以及检索式的编写等问题。

检索方法可将常规的主题检索与引文检索结合使用。就一个新课题而言，往往既不知著者姓名，也不知文献来源，这时只有从文献的内容特征入手，采用主题途径查找相关文献，并利用高被引文章获得更多的相关文献。

2. 论证选题的新颖性

论文是研究成果的记录，故根据论文数量的年代分布，可以判断选题的新颖性。

【例 1】 用 Web of Science 数据库收集文献计量方面的文献，判断该研究主题的发展趋势。

【解答】 （1）制作相关文献集合。用常规检索以及引文检索收集相关文献。

① 检索式：主题＝（bibliometrics or（bibliographic and metrics））OR 作者＝（garfield e），1900—2013，7，12．SCI-EXPANDED，SSCI，CPCI-S，CPCI-SSH。命中 2 989 条，做标记。

② 将命中条目按被引频次排序，通过高被引文章的被引频次链接收集更多的相关文献，做标记。

③ 最终收集到相关文献共 4 767 条。

（2）利用数据库的结果分析功能，对相关文献集合进行年代分析。分析结果见图 9-3-1。

图 9-3-1　文献计量研究的发展趋势(1954—2013)

从论文数量年代分布可大致了解一个研究主题的发展趋势。一般来说，事物的发展过程可归纳为三个阶段：零点突破→上升阶段→下降阶段。三个阶段的选题各有特点：①零点突破。此阶段的选题为开创性工作，新颖性突出，此处选题需要具备深厚的背景知识和长期的学科信息积累，需要仔细论证选题的可行性。②上升阶段（论文数量增加）。随着人们对该主题的关注，会有越来越多的研究成果出现，逐渐形成研究热点。有许多研究问题提出，有容易的，也有困难的，同时由于可以参考的资料丰富，较容易出成果，故在此阶段选题较合适。③下降阶段（论文数量减少）。研究逐渐成熟，剩下的问题通常是难度较大的问题。此阶段的研究难度较大。当然，这也可能是下一个零点突破的前兆。科学发展往往是螺旋式上升的，一个"冷"了很久的研究主题，可能会由于一个新的开创性成果的出现而重新"热"起来。

从图 9-3-1 可知，文献计量是一个人们越来越关注的研究主题。

3. 搜集有价值的文献，拟定阅读清单

（1）重要文章的来源

在了解研究主题变化趋势的基础上，进一步收集与选题相关的好文章，以了解该主题所涉及的研究问题。好文章能在有限的篇幅内提供大量有价值的信息。它们通常是高被引文章。

搜集重要文献的方法：检索核心期刊近年发表的文章，通过阅读从中选出好文章;然后再以这些好文章的参考文献为线索,收集更多的相关文章。在发现重要作者时,则可以查找他的相关文章。另外综述文章也是极有价值的参考资料。

（2）利用 NE 库拟定阅读清单

在文献调研过程中,会查到大量的相关文献。此时用 NoteExpress 建立专门的资料库可以提高工作效率。下面给出了利用 NE 库拟定阅读清单的步骤:①在各个文摘数据库中检索,保存相关条目。浏览检索结果,标记感兴趣的条目并它们导入到 NE 资料库中。②浏览 NE 库中的相关条目选择有价值的文章。用 NE 库中的"综述"显示格式,可浏览文章的篇名、摘要(见图 9-3-2)。在 NE 资料库中逐条浏览文章信息,快速了解文章的主题及要点,并对文章的价值做出进一步判断。标记有价值的相关文献,获取原文。若原文为电子版,可下载浏览,并以文章篇名命名文件。对于印刷版的文章,则需要查找馆藏信息,获取全文。③拟定阅读清单。从 NE 资料库中导出标记的重要条目,它们就是后续需要研读的文献清单。

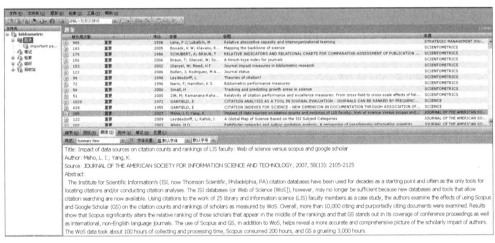

图 9-3-2　在 NE 库中浏览和标记重要条目

4. 检索日志

检索日志是资料查找活动的记录。随着资料搜集工作的深入,以日志的方式记录资料搜集过程是明智之举。检索日志可以帮助我们追踪研究历程。此外在请图书馆馆员帮忙时,如果馆员知道我们做过哪些努力,则能有效地帮助我们。更重要的原因是,在最后撰写论文和报告时,我们须要引用他人的研究成果,并正确提供资料来源,因为言之有据是做学问的基本态度。因此,每次检索完,应写一个检索日志记录以下信息:①所检索的数据库,包括数据年代、检索日期;②检索式;③命中记录数;④所查到文章的书目信息。

以下是一个检索日志的样例。

【例2】 查找清华大学图书馆收藏的有关版权方面的印刷型图书。

【解答】 使用的数据库为馆藏目录,检索日期为 2009-3-9。

在关键词检索页面下,输入检索式:题名(版权 or 著作权)

检索结果:218 条

几本感兴趣的图书信息记录如下:

1. 刘春田主编. 案说著作权法. 北京:知识产权出版社,2008. 中文社科区 D923.415 L596

2. (加)迈克尔·盖斯特(Geist,Michael Allen)主编,李静译. 为了公共利益:加拿大版权法的未来. 北京:知识产权出版社,2008. 中文社科区 D971.13 G014

3. 秦珂著. 期刊的著作权问题. 北京:知识产权出版社,2008. 中文社科区 D913.04 Q411

4. (美)保罗·戈斯汀著. 著作权之道:从谷登堡到数字点播机. 北京:北京大学出版社,2008.11

5. 王迁著. 著作权法学. 北京:北京大学出版社,2007. 中文社科区 D913.01 W315

第四节 文 献 综 述

一、综述的定义及特点

文献综述是指针对某一主题,就一定时期内发表的相关文献进行归纳汇总后形成的书面成果。所谓"综"即收集"百家"之言,进行整理归纳,使材料更加精练明确;"述"即对文献的观点、结论等进行评论。由于综述是在广泛阅读和理解的基础上,对某一领域的研究成果的综合思考,故也有人将其称为文献阅读报告。

综述出现有以下几点原因:①文献数量太多,需要浓缩。文献数量太多,致使人们没有足够的时间来阅读自己所感兴趣的文献,由此产生了对原始文献归纳提炼的需要,即将其中有价值的信息以压缩的形式提供出来。通过对综述以及参考文献的数量进行统计分析后发现,综述与其所用的参考文献的数量比通常为 1:30～1:40。从某种意义上,可将这一结论理解为:在出现了三四十篇普通论文后,就有必要用 1 篇综述来"汇编"或"代替"这些论文。②文献分散、质量不一,需要筛选。一方面,有价值的文献资料往往分散于不同时期、不同文字以及不同类型的文献之中;另一方面,资料中有许多信息是陈旧的、不可靠的,甚至是不正确的。因此不仅需要对原始文献中的资料数据进行收集整理、自然"凝聚",而且还有必要进行筛选与概括。

综述是为了分析、评价、总结已发表的文献资料而撰写的,属于三次文献,它具有以下特点:①全面综合,高度提炼。综述通过对某一时期关于某一主题众多的原始文献的归纳提炼，以集中反映该主题各发展阶段的主要研究成果。综述通常既有纵向描述，例如课题研究的历史与发展纵观，又有横向对比，例如目前各国的研究水平，从而使读者对课题的历史、现状以及未来的发展趋势有一个全面概括的了解。而且由于它是将大量的文献汇总压缩成一篇文献，使读者需要阅读的文献数量减少到最低限度，因此综述是极具价值的参考资料。②具有较高的学术价值。综述，尤其是评论性综述，通常由某一领域的专家所编写，多发表于年鉴、期刊或综述性刊物等出版物中，如《中国经济年鉴》、*Annual review of materials research* 等。这些综述文章学术性强，论述的主题集中于当前学科研究的重点、热点，因而具有较高的学术价值。③具有较多的参考文献。综述在文后列出了较多的参考文献，指明资料的来源，因而具有较强的真实性、可靠性。同时也为读者进一步阅读提供了线索。④时效性较长。综述凝聚了大量的文献精华，信息量大，其利用时间远大于单篇文献。据有关统计，学术期刊上发表的一般性论文的有效使用期约为 3～5 年，而综述性的文章的有效使用期则可达 5～8 年。

二、综述的结构

1. 从学位论文的引言看文献综述的内容

学位论文作为研究成果的记录，需要回答以下问题：①是什么；②为什么做；③如何做；④得到什么结果。其中，问题①②作为对课题价值的论证，是引言部分需要回答的问题。下面对一篇博士学位论文的引言进行剖析。该学位论文的书目信息如下：核机器学习方法研究. 周伟达. 西安电子科技大学，2003. CNKI博士学位论文全文库可下载。以下是该学位论文的引言部分。

核机器学习方法研究

第一章　绪论

让机器拥有可控的类似人类的智能——人工智能（Artificial Intelligence，AI 或机器智能），是人类一直的梦想，而让机器具有类似人类的学习能力——机器学习（Machine Learning，ML），则是人工智能的关键。正如一些人工智能的专家所说："智能机器很可能是这样一种机器，它能仿真孩童的大脑，具备学习程序，并像孩童一样能接受教育"。[1]"如果机器只能机械地根据人类简单的指令行事，而不能学习新的事物，获取新的知识，适应新的环境，这样的机器绝不是智能的机器"。[2]按理说我们应该在此对机器学习下一个定义，但是要对机器学习给出一个具体的精确的定义并非易事，即使是人工智能的专家都认为这是一件妄自菲薄的事情，因为"机器学习"这一名词的含义与人工智能一样包含广博的专业知识，甚至许多是未知的领域。所以本文作者更无能力为之,我们在此仅对本文所涉猎的机器学习中一个重要内容——统计机器学习(Statistical Machining Learning,SML)给出一个定性的定义。统计机器学习研究的是基于数据的问题求解方法,它与人工智能中许多基于知识的学习方法,如机器定理证明、问题求解器、专家系统不同,主要包括人工神经网络(Artificial Neural Networks, ANNs)、Bayes 网络(Bayes Networks,BNs)、正则网络(Regularization Networks,RNs)、统计信号处理(Statistical Signal Processing,SSP)、统计学习理论(Statistical Learning Theory,SLT)以及最近提出的核机器学习方法(Kernel Machines,KMs)和一些基于知识发现和数据挖掘(Knowledge Discoverying and Datamining,KDD)的机器学习方法。为了对统计机器学习有一个全面的认识,我们先请大家从统计机器学习的发展过程窥其一斑。

    §1.1　人工神经网络的发展(略)

    §1.2　Bayes 网络的发展(略)

    §1.3　正则技术的发展(略)

    §1.4　统计学习理论的发展(略)

    §1.5　核机器学习方法的发展(略)

    §1.6　本论文的主要工作(略)

【分析】　该学位论文的引言内容分为以下几部分:①给出本论文的重要概念"统计机器学习",它"研究的是基于数据的问题求解方法"。②文献回顾。作者在引言部分引用了 250 篇参考文献,文献年代为 1943—2002 年,并将这些文献按主题分类,从以下五个方面给予介绍:人工神经网络、Bayes 网络、正则网络、统计学习理论以及核机器学习方法。③介绍自己所做的工作。它主要包括两大部分:基于统计学习理论的核机器学习方法,特别是支撑矢量机方法的分析以及改进;提出了四类基于统计学习理论的核机器学习方法,包括支撑矢量机参数优化、复值支撑矢量机、基于父子波正交投影核的支撑矢量机以及隐空间的核机器学习方法。

从这篇学位论文可知,引言(前言、绪论)要回答的问题是:研究什么? 为什么研究? 如何做? 具体内容包括:①阐明问题。定义重要概念,界定研究范围。②文献回顾,借此证明研究的价值。③简述本研究要解决的问题及研究方法。

2. 综述例文

以下给出另一篇综述例文,受篇幅限制,部分正文省略。该例文取自《中国图书馆年鉴》编委会编. 中国图书馆年鉴[M]. 北京:北京图书馆出版社,2003:65-76。读秀数据库有该文电子版。

国外图书馆学情报学 2001—2002 年研究热点

中国科学院文献情报中心　初景利　常唯

前言：近些年来，以英美为代表的国外图书馆学情报学研究非常活跃。网络的发展、信息技术的广泛应用和用户迫切的信息需求的结合，为图书馆学情报学研究提供了肥沃的土壤。图书馆学情报学无论在理论上还是在技术方法的应用上，都发生了重大的变化。本文追踪国外主要专业核心期刊上 2001—2002 两年来发表的重要论文，以管窥国外同行图书馆学情报学研究的进展。

1. 基本理论

图书情报学(LIS)如何定义是南卡大学图书情报学院的 Curran 教授关注的一个问题，他认为对图书情报学如何定义是能否将实践与理论结合起来的关键。他在《图书馆员和情报学家的职责》一文中，将图书情报学定义为"研究信息的创建、采选、管理和传递的学科"，并提出图书情报学研究信息的下列方面：产生、传递、获取、特性、分类、存储、检索、表征、利用。[1]D. Bawden 讨论了在英语环境下"信息"一词的不同含义，重点分析了信息与相关概念之间的不同的关系，特别是与数据、知识的关系。在此基础上，论述了信息技术、信息素质、信息管理、知识管理、文献管理以及作为虚拟的信息空间的"图书馆"的含义的变化。[2]

L. Robinson 和 D. Bawden 考察了图书馆和信息服务机构在促进开放社会中的作用。在开放社会的发展中，图书馆和信息机构的作用体现在提供知识与信息，提供新技术，特别是因特网，提供有判断力的思维和数字文化，并提出了 7 条一般性原则，以指导图书馆寻求对开放社会的建立和维护的支持：提供对各种资源的利用，而不要对资源进行消极性限制或检查；根据开放和客观的标准，对资源的利用提供积极的指导；认识到信息的自由流动尽管必要，但是不够的；认识到提供事实性信息尽管是有价值的，但是不够的；需要特别关注新的信息与通信技术的影响，特别是因特网；促进理性思维和数字素质；需要深入思考图书馆的伦理价值观。[3]

国外同行对图书馆的发展抱有积极、乐观主义的看法。耶鲁大学图书馆馆长认为现在是"图书馆的黄金时代"，主要是因为计算机技术可以大大地促进图书馆的教育使命。为了实现这个时代的全部潜能，图书馆员必须加强数字资源的公共利用，保存数字资料，使信息系统能为民众的学习享用得起。他还提出了图书馆在这个黄金时代的三个主要责任(三大挑战)：存取、保管和规模化。[4]针对大学图书馆的教育功能有处于边缘化的危险，有作者提出加强信息素质教育的必要性，指出，如果我们不仅向用户提供信息服务，而且使用户能够自己在日益发展的电子时代满足其信息需求，图书馆和图书馆员的作用将会显著增强。[5]D. Stallings 预言，将来多数的交流与学习将在远程实现,虚拟大学的形成是不可避免的。但人(而不是计算机)将继续主导中学以后的学习,不管这种学习是联机形式,还是在校园里。他还分析了知识工作者所起的越来越大的作用和联机教育市场的前景。[6](本节其余内容省略)。

2. 知识管理(略)。

3. 图书馆管理(略)。

4. 资源建设(略)。

5. 学科门户(略)。

6. 用户服务(略)。

7. 服务质量评价(略)。

8. 数字图书馆(略)。

9. 信息伦理(略)。

10. 情报学(略)。

【分析】

篇名直接给出文章的主题是"国外图书馆学情报学近年的研究热点"。

引言简要说明文章所涉及的问题、写作目的和意义、资料来源等。

主体部分:作者将108篇文章分为10个主题进行介绍:基本理论;知识管理;图书馆管理;资源建设;学科门户;用户服务;服务质量评价;数字图书馆;信息伦理;情报学。

文末给出参考文献共108篇,并在正文中用角标给予标注。

3. 综述的结构框架及写作特点

(1)综述的结构框架

从以上例文可知,综述主要由以下几部分构成:①标题。通常在标题中就直接冠以"综述"、"概述"、"动态"、"进展"、"鸟瞰"、"年度评论"、"现状与前景","survey"、"overview"、"review"等字样,使人一看就能明了文章的性质。②引言。说明文章所涉及的问题、写作的目的、有关概念及其定义以及资料的来源,使读者对该篇综述所涉及的问题、资料范围及写作目的有一个大致了解。③主体。包括主要的观点或学术流派、技术路线介绍;各种观点的评价;④结语。包括值得关注的若干问题、目前该领域尚需探索的重大空白等。⑤参考文献。

(2)综述的写作特点

综述文章通常较长,典型的是在10~50页之间。如果你以前曾写过科研论文,而今着手写综述,那么不妨将它视为一篇具有如下特点的科研论文:大大地扩充引言;删除材料与方法;删去结果;扩充讨论。

综述是已发表文献的汇总，然而，好的综述文章远非只是文献列表及注释。它们对已发表的文献加以分析评价，并提供由这些文献所得出的重要结论。综述的主体部分对各种主要观点或学术流派进行介绍。首先是对该课题研究历史的回顾，然后是研究现状，最后到"发展趋势"。即按时间顺序，讲清下面几个问题：课题研究的主要方面，历史过程；已解决的问题，主要的困难和存在的问题。需要注意的是，写历史的目的是为了说明现状，因此要有所选择，不能写成编年体。对发展现状介绍时多用横向对比方式。此时常采用小标题的方式将综述的问题一一罗列出来。每个小标题相当于主题下的一个小议题。小标题之下往往先举出关于此议题已形成的各家学说、各派观点，再列出解决问题之各种方式和见解。通过横向对比，可以分辨出各种观点、方法的优劣利弊，使人获得全面的印象。最后是未来预测。在广泛综合文献资料的基础上，通过对比与分析，勾勒出事物的来龙去脉和发展轨迹，从中找出课题的发展方向，做出可靠预测。

为读者写作。综述与原创性论文的一个差异是读者对象不同。原创性论文具有高度的专业性，读者主要是同行。而综述则可能包罗若干个专业性的论题，以便更多的同行以及相关领域的研究者阅读，因为阅读好的综述是保持个人广博兴趣的最佳方法。由于综述可能有广泛的读者，因此，写作方式应比一篇科研论文所需的写作方式浅显得多。对于专业术语应给予解释。

三、阅读资料搜集素材

1. 精读重点文章

所谓精读，现代史学家郑天挺说："精读要一字不遗，即一个字，一个名词，一个人名、地名，一件事的原委都清楚；精读是细读，从头到尾地读，对照地读，反复地读。要详细作札记；精读不是只读一书，是同一时间只精读一本，精了一书再精一书。"[①]

对于与选题密切相关的重点文章需要精读。将批判性思维方法应用于阅读中，它要求回答以下问题：①文章在谈什么？这要求找出文章的主题及论点。②作者是如何论证的？这要求找出论据以及论证的过程。③结论正确吗？是否有意义？这要求对资料做出评价。

时刻牢记研究对象及研究目的。在开始阅读之前，花点时间思考一下自己期望

---

① 徐有富. 治学方法与论文写作[M]. 南京：南京大学出版社，2003：117.

从这篇文章中得到什么，不要让文中的论点转移了自己的注意力。

　　首先读文献的摘要和结论，确定它与自己的研究是否有关系，是否需要将它包括在文献综述中。其次，根据需要详细记录文献中研究的问题、目标、方法、结果和结论，及其存在的问题、观点的不足与尚未提出的问题；将相关的、类似的内容归类；对结论不一致的文献，要对比分析，并做出评价。通常可以从以下五个方面评价作者的观点：①观点的含义。每个观点的含义是什么，尤其是作者忽略的含义是什么？②研究假设。作者提出的假设是什么，尤其是作者没有告诉读者或自己没有意识到的假设是什么？这些假设合理吗？它们是增强了还是减弱了观点？③观点的合理性。作者论证的基础是什么？观点是如何证明的？正确吗？④观点内在的一致性。各个观点互相矛盾吗？各个观点与作者的总论点矛盾吗？要特别注意观点和论据之间的关系，以及与其他观点之间的一致性。⑤观点的重要性。某个观点重要吗？是作者在文中详细描述还是一带而过的观点？

　　严格说来，精读已不是一个单纯的阅读过程，而是已经步入了研究阶段，故也称为研究性阅读。

　　（1）提问

　　提问有助于以积极的态度精力集中地处理资料。阅读时脑海里应该有一些特定的问题，它们可能比较宽泛，也可能比较明确。将问题清单记在脑海里可以加强自己的分析能力，同时也助于对所阅读的资料保持客观态度。以下列举了阅读实验方法类的文献可提出的问题。

- 为什么该研究如此重要？
- 作者试图发现什么？
- 数据是如何收集的？从样本中获得了什么信息？结果是什么？
- 作者得出了什么结论？结论是否成立？
- 作者的贡献什么？如何将作者的成果应用于自己的工作中？

　　对于不同文献中的结果有冲突时，以下提问非常有用：所用的程序有何相似之处？衡量工具有区别吗？项目是如何评估的？

　　在阅读过程提问会减慢阅读速度，因为要花时间去思考。然而，批判性阅读开始得越早，后续的文献综述工作就会越容易。如果能在阅读和思考的同时，用自己的话做些详尽的笔记，那么，到开始写作时，手头就已经有了不少成文的东西了。

　　（2）写阅读笔记

　　笔记的内容：①用自己的语言将文献的精髓摘录下来，总结作者的结论和论据。②记录自己对阅读内容的思考，包括所得到的启示、体会和想法等。如与其他作者的观点的对比分析;资料的用途,把自己的课题与所读的文献联系起来;对该资料的评价,甚至"论证混乱"或者"这一点我不明白"之类的评语也可以用上。

（3）复习与思考

完成阅读的第二天最好再查看一下笔记。及时复习,以便长期记住所读过的资料。复习同时会给自己一个重新思考资料的机会,必要时增加评语。仔细检查是否注明了出处。复习过程也就 10 分钟左右。

（4）利用 NE 保存资料及阅读记录

用 NE 保存资料及阅读记录。在 NE 资料库中,用文件夹按主题分类保存资料及阅读笔记,标记文献的重要性。需要说明的是,尽管做笔记很花时间,但它们作为研究素材的主要来源,其中绝大部分的都可以直接利用,因此,用电脑代替手写记笔记会更加实用。

2. 资料阅读顺序

在阅读过程中若能恰当地运用以下几个"先"的原则,将有助于提高文献阅读的效率:①先中文后外文。这样可以最大限度地克服语言障碍,提高阅读速度,也有助于对文献内容的理解。②先综述后普通文章。对于不熟悉的课题,可以先阅读百科全书中的概述性文章,对相关背景有一个初步的了解;后读期刊中与选题有关的比较通俗的文章;然后是综述性的文章,或有关该主题的史料;最后读较为专业的文章,以快速了解课题的研究情况。③先读近期文献,后读较早期的文章,这样有助于尽快了解最新的研究动态。

3. 阅读难点的处理

（1）反复读

在面对一份难读的资料时,可以采用反复读的策略:第一遍通读。从头到尾地先读一遍,只注意能理解的部分,略过不懂之处,不要企图了解每一个字、每一句话。然后重读。用前一遍的理解帮助理解所略过的部分。当回头再读时,深奥之处已变得容易了,甚至理解已不成问题。

（2）暂时避开难点

对阅读资料中某些特别难懂但不影响后续阅读之处,可以暂时避开。这样做有以下诸多益处:①如果不急于立刻处理这些难点,大脑就会有时间集中注意力去解决这些难点。许多人考试时会有这样的经验,有些题目一时难以解答,但当做完其他题目再回头看时,答案却自己蹦出来了。②如果晚一点再攻难点,那么还可以从"上下文"中得到启示,正如拼图中难拼的板子。这样大脑自动"补缺"的优势将得到充分发挥。③撇开难点,可以放松精神继续向前。④使学习过程更具创造性。

（3）阅读过程中工具书的使用

阅读时最常用的工具书有两种：字典与百科全书。要想有效地利用工具书，首先要清楚自己想要知道什么，自己的问题属于哪一类。其次，要知道哪一类工具书能解答这类问题。没有一本工具书能回答所有的问题，工具书都是针对特定问题而编撰的。因此在有效运用工具书之前，必须对工具书有一个全盘了解：知道一本工具书能回答哪类问题，它是怎么组织的，如何使用。

1）明智地使用字典——只查重要词汇

阅读资料时，另一只手拿着字典，其实是个坏主意，因为这样会降低阅读效率。如果一开始阅读就要查很多生字的话，一定无法跟上作者的思路。当然这并不是说在碰到生字时不用查字典。只有在碰到一个影响内容理解的重要词汇时，如专业术语，才需要借助字典。

2）利用百科全书的引言与索引

任何一本好的百科全书都有引言，指导读者如何有效地利用该百科全书。通常，在翻阅百科全书的内容之前，应该先查一下索引。索引提供词条名称及所在页码，其作用是把分散在书中各处的、与某一主题有关的内容都集中起来。

3）查看多种百科全书

百科全书是阅读好书的辅助工具，但不要被百科全书所限制。百科全书可以一劳永逸地解决有关事实的争论，因为百科全书所记载的全是事实。但百科全书对事实的说明却不尽相同。因此，如果你对某个主题很感兴趣，而且要靠百科全书来理解的话，不要只看一本百科全书，要看多种，并选择在不同时间里被重复写过多次的解释。

四、撰写文献综述

1. 文献综述的目的

文献综述作为文献调研成果的书面记录，它通过文献回顾，说明关于某个主题的研究现状，包括已有的成果以及存在的问题，为课题的研究提供准确的定义和框架。因此，撰写综述的目的体现在以下几个方面。

- 定义研究问题，限制范围，避免重复研究。
- 将自己的研究与以往的知识联系起来，为自己的研究提供历史的延续性。
- 评估有潜力的研究方法，为后续研究提供建议。

需要说明的是，阅读权威专家所写的综述文章，可以高效地获得有益的观点和建议。但是，这类集中介绍研究成果的综述文章只能作为新研究的参考，不能用来替代自己的文献阅读与汇总工作。

2. 撰写综述的步骤

当对某一主题现有的成果进行了阅读并有心得时,就可以写综述了。边读边写综述草稿可以检验自己对相关研究领域现状掌握的程度,它也有助于决定是否还需要继续阅读下去。对素材进行分类与汇总,把综述的结构确定下来,从自己认为比较容易的部分着手写,不必一口气写完整个综述。

(1)**组织素材,构建自己的观点**

文献综述并不仅仅是现有研究成果的"摘要",它需要将这些研究结果概念化并进行整合。为此需要将各种观点分类,并使它们以合乎逻辑的方式组织起来,以确保它们在上下文中易于理解。以下是完成这项工作的要领。

- 把有相同结论的作者放在一起。
- 突出经典研究;突出研究中的差距。
- 比较和对照不同作者对某一问题的观点;留意观点之间的分歧。
- 说明自己的研究与以往的研究之间的关系。
- 总结文献,得出自己的结论。

(2)**用 Word 目录功能拟定提纲**

为了保证综述的整体连贯性,必须事先对综述的结构进行安排。最好的方法就是在对素材进行分析与综合的基础上,拟定写作提纲。同时,还需要考虑读者的水平,以决定哪些名词需要给出定义。

用 Word 目录功能编制提纲的步骤如下:①素材分组。将素材按论点分组,并将每组素材的内容用标题或一个完整的句子加以概括。标题要直接、具体、醒目,且描述的方式应适合于目标读者。②使用 Word 的目录功能制定论点陈述的最佳顺序。将标题按逻辑关系排列,其中一些标题构成主标题,一些构成小标题,另外一些则嵌入这些小标题下。然后根据逻辑关系写出各段落的先后顺序。③检查论点和论据。所用的论据都能很充分地说明论点吗? 如果否,则需要补充相应的素材。所要呈现的论点是否前后连贯? 如果不连续,加上一些承上启下的观点以及使文章流畅的过渡性标题。④确保提纲合乎逻辑,每一大段和小段要有重点,各部分之间要有联系。剔掉与论文无关的材料。最后,在提纲中加入引言和结论。

(3)**行笔与修改**

写作时,按提纲的各级标题将内容逐项展开,并注意观点与内容的一致性。在写作过程中,可根据需要调整结构和补充内容。初稿写出后,要反复修改,力求做到主题明确、层次清楚、文字精练、表达准确。

1)**使用连接词**

在撰写综述时,常见的问题是介绍一个作者的观点,然后是另一个作者的,接着是下一个作者的……为了避免这类问题的发生,可以把观点相似的作者放在一起,用一些连接词把他们的观点串起来。比如:也是,另外,再者,同样地。当作者之间存在着不同看法时,可用以下连接词:然而,相反地,从另一方面来说,虽然如此。这些词实际上是告诉读者你对资料是做过分析的。此外,还可以使用"明确地"、"通常地"或者"一般地"这样的字眼来说明某一学者研究的程度,或者使用"因此"、"也就是说"、"比如说"等字眼来举例。这样就可以保证自己是在对资料进行总结,而非简单地描述已有的研究成果。

2)避免使用个人口气

用正式的学术语言撰写综述。在讨论他人的研究成果时,必须保持尊敬的、学术性的口吻。学术性语言最基本的标准是客观性,对他人成果的评判必须公正,尽量避免使用强烈的或者富有感情色彩的语言,如"想"或者"感觉"之类的字眼。应尽量使用中立化的语言。如"张三认为……""根据李四所说……"或者"作者在这里提到……"等。

3. 撰写综述的注意事项

综述不是文献资料的堆积,而是在广泛阅读和理解的基础上,对某一领域的研究成果的综合思考。故在撰写文献综述时应注意以下几个问题。

(1)搜集资料应尽量全

掌握全面、大量的文献资料是写好综述的前提,否则,随便搜集一点资料就动手撰写是不可能写出好综述的。

(2)展示不同的学术观点

把有关该主题所有的重要学术观点,包括不同的观点和见解都加以论述,便于读者对该专题有较全面的了解,避免只介绍符合作者自己观点的材料,切忌主观臆断。对于评述性综述,要围绕主题对文献的各种观点做比较分析,而不是将其简要地汇总陈述一遍。

(3)忠实原文,只引用研究结果和结论

撰写综述时有自己对文献的评论分析,应分清自己的观点和文献的内容,不能篡改作者原意。由于综述篇幅有限,一般只引用主要研究结果和结论性观点,不详细列举具体细节,如研究材料、方法、过程等。

(4)**参考文献不能省略**

作为综述的重要组成部分,参考文献列表有着特别的意义。它除了表示对他人研究的尊重、为自己的论点提供依据外,同时也为读者提供相关文献的线索。所引用的文献应是自己读过的原著全文。

由于文献综述是对他人的研究成果的汇总，因此必须非常小心地区分原作者的观点与自己的观点。综述列出的参考文献应为文中所引用的全部参考文献。凡是引用的文章，必须在文中标示出来，参考文献的编排应做到条目清楚，信息准确无误，所列参考文献的序号要与正文引用的顺序一致。

第五节 研 究 实 例

本节作为对前面几节的综合应用，将通过一个具体的实例来说明文献调研选题的过程。

一、选题背景

研究主题：图书馆的虚拟参考咨询服务。

从研究主题入手，通过文献调研细化研究主题。在了解研究现状的基础上，确定研究课题。

1. 相关概念——参考咨询的定义

1876 年，美国伍斯特公共图书馆馆长 S. S. 格林提出"图书馆和用户个别帮助"的命题，开创了图书馆的"参考咨询工作"。它作为图书馆的一项核心业务，以文献为基础，通过个别解答的方式，指导用户利用图书馆。[①] 随着用户需求的增加与信息技术的发展，国内外越来越多的图书馆建立了基于网络的虚拟参考咨询台(包括表单咨询及实时咨询)，使图书馆这一传统的服务工作能够延伸到更多更远的用户。

2. 选题来源——工作中的困惑

由于网络的开放性，使得虚拟参考咨询会面对各种各样的用户，会遇到五花八门的咨询问题。这使得咨询解答的深度和广度成为令人困惑的问题。以下给出了几个典型的咨询问题。

问题 1：电器元件安全触点的保护外壳的"防护等级(IP4X)"、"爬电距离"分别是什么意思？防护等级分几级？具体包括哪些？

问题 2：为什么中国四大发明没有让中国进入资本主义社会，却让欧洲进入资本主义社会？

问题 3：请问间质性肺纤维化的发病机理是什么？诊断方法是什么？如何治疗以及如何用药？谁能治疗间质性肺纤维化？对于间质性肺纤维化的病人如何护理？

---

① 中国大百科全书编辑委员会. 中国大百科全书(图书馆学·情报学·档案学卷)[M]. 北京：中国大百科全书出版社,1992：23.

3. 研究计划

研究目的：面对越来越广泛和越来越专深的用户提问，寻找服务对策。

研究优势：承担图书馆虚拟参考咨询工作，熟悉该工作的形式与流程。

预计的研究成果：①拟在核心期刊上发表论文1篇；②建立有关虚拟参考咨询方面的资料库。

下面以国内期刊文章为例说明文献调研过程。

二、文献检索

通过文献调研，了解研究主题的变化趋势及所涉及的问题，从中寻找选题。要完成的具体任务为：①论文数量及年代分布，了解变化趋势，确定研究的价值；②了解现有论文的主题分布，细化研究主题，从中寻找研究切入点。

1. 所用数据库

利用 CNKI《期刊库》了解国内的研究成果。

2. 检索相关文献，了解变化趋势

（1）选词

一般从研究主题入手选择相关概念作为检索词。对于"图书馆的虚拟参考咨询"这一主题而言，可用"虚拟参考咨询"进行初步检索，然后从检索结果中收集相关词。检索过程记录如下：

数据库：CNKI《期刊库》

数据年代：1994—2004

检索式1：主题＝虚拟参考咨询，模糊检索

检索结果：97 条记录（2005-2-10 检索）。

浏览文章篇名、关键词及摘要，从中收集相关词汇如下：数字化参考咨询、数字参考咨询、虚拟参考咨询、网络参考咨询、电子参考咨询、现代参考咨询。为了确定这些词汇的重要性，用它们逐一在主题字段中检索，并记录结果数量（见表9-5-1）。根据各个词汇检索命中的数量可以确定词汇的重要性。命中数量较多的是较重要的词汇，它们将用于后续检索。

表 9-5-1　各词汇在主题字段中检索的命中记录

数字化参考咨询	数字参考咨询	虚拟参考咨询	网络参考咨询	电子参考咨询	现代参考咨询
87	116	97	38	5	12

（2）编制检索式

检索式2：主题＝（数字化参考咨询 or 数字参考咨询 or 虚拟参考咨询 or 网络

参考咨询），模糊检索，数据年代为 1994—2004

检索结果：281 条记录。

（3）论文数量年代分布

用检索式 2 进行逐年检索，得论文数量年代分布，见表 9-5-2，检索日期为 2005-2-10。

表 9-5-2　论文数量年代分布

年代	1996 年及以前	1997	1998	1999	2000	2001	2002	2003	2004	合计
数量	0	3	2	5	12	25	65	134	188	434

由表 9-5-2 可知：国内关于数字参考咨询的研究大约开始于 20 世纪 90 年代末，此后论文数量逐年增长。由于论文数量呈上升趋势，因此这是一个值得研究的主题。

3. 搜集有价值的文章，拟定阅读清单

在了解研究主题变化趋势的基础上，进一步收集与选题相关的重要文章，以了解该主题所涉及的研究问题。

要查找重要文章可先从核心期刊入手。此处利用《中文核心期刊要目总览》，确定国内图书情报专业的重要期刊为：《中国图书馆学报》、《图书情报工作》、《大学图书馆学报》等。检索核心期刊近年发表的文章，通过阅读从中选出好文章。然后再以这些好文章的参考文献为线索，收集其他文章。在发现重要作者时，则可以查找他的相关文章。另外综述文章也是极有价值的参考资料。

以下给出一次具体的检索记录及结果列表。

【例 1】　在《中国图书馆学报》上查找 2003—2004 年发表的有关参考咨询方面的文章。

【解答】

检索式：（主题＝参考咨询）and（刊名＝中国图书馆学报），模糊检索

检索年代：2003—2004。

检索结果：14 条。

检索日期：2008-12-25。

浏览文章篇名及摘要，初步筛选检索结果。如本次检索选出以下 7 篇相关文章。将它们的信息及原文下载保存到个人资料库中。

[1]王云娣. 利用电子邮件开展信息服务的实践与思考. 中国图书馆学报，2004(6).

[2]焦玉英，胡一俊. 网络环境中合作数字参考咨询的收益成本及其补偿机制探讨. 中国图书馆学报，2004(6).

[3]郑章飞，涂湘波. 文献信息数字化与图书馆发展趋势研究. 中国图书馆学报，2004(6).

[4]袁琳，徐璟. 论图书馆实时解答服务的特点及发展趋势. 中国图书馆学报，2004(4).

[5]林曦,张燕.传统参考咨询与网络参考咨询的比较研究.中国图书馆学报,2003(6).

[6]初景利,孟连生.数字化参考咨询服务的发展与问题.中国图书馆学报,2003(2).

[7]张曙光.谈复合式图书馆参考咨询馆员的博与专.中国图书馆学报,2003(1).

重复以上过程,直到查出所有重要期刊中的相关文章为止。

浏览原文,筛选文章,拟定阅读清单。就数字参考咨询这一主题,共选出重要文章 44 篇。以下为部分文章的信息。

[1]罗琳,晏凌.电子参考咨询的功能成本分析.图书馆论坛,1999(2):22-24.

[2]张晓林.数字化参考咨询服务.四川图书馆学报,2001(1):34-40.

[3]张晓林.基于网络的交互式智能化咨询服务机制.情报理论与实践,2001(3):217-219,202.

[4]韩志萍.数字化参考咨询服务的质量标准.大学图书馆学报,2002(1):57-59.

[5]文庭孝.论图书馆网络信息咨询模式.大学图书馆学报,2002(3):55-57.

[6]赵凤.虚拟参考(VR)的发展及几种方式的应用.大学图书馆学报,2002(3):58-60,64.

[7]黄敏,杨宗英.数字参考咨询服务的主要形式与发展趋势——兼谈上海交通大学 VRS 实时解答系统.大学图书馆学报,2003(1):33-36.

[8]罗丽丽.虚拟咨询服务的两种类型.图书情报工作,2003(3):86-88,31.

[9]张鹰.数字化参考咨询服务研究.图书情报工作,2003(2):75-79,43.

[10]花芳.网络环境下的全球合作虚拟参考咨询服务系统——QuestionPoint.图书情报工作,2003(10):88-90.

[11]金明华.论图书馆数字参考咨询服务中的 FAQ.图书馆,2001(6):53-54,69.

[12]莫少强,谭志超.数字图书馆参考咨询服务的实践与研究.图书馆论坛,2002(5):106-108.

[13]刘鸿.网络环境下参考咨询的服务模式.图书馆,2002(5):63-64,73.

[14]焦玉英,胡一俊.网络环境中合作数字参考咨询的收益成本及其补偿机制探讨.中国图书馆学报,2004(6):48-51.

[15]袁琳,徐璟.论图书馆实时解答服务的特点及发展趋势.中国图书馆学报,2004(4):40-42.

三、文章阅读与分析

1. 研读重点文章,做阅读笔记

【笔记样例 1】 张晓林.基于网络的交互式智能化咨询服务机制.情报理论与实践,2001(3).本文专门探讨了基于网络的交互式智能化咨询服务机制。

【笔记样例 2】 袁琳,徐璟.论图书馆实时解答服务的特点及发展趋势.中国图书馆学报 2004(4).本文讨论了目前图书馆较流行的几种虚拟参考咨询服务形式以及特点,如 E-mail 服务、BBS、实时解答。

2. 将所阅读的文章按主题分类

在研读的基础上,将文章按主题分类,得论文主题分布表 9-5-3。

表 9-5-3　国内数字参考咨询论文主题分布

主题	概述	系统软件与实现	服务模式	实践	成本分析	标准规范	运行管理	其他	合计
论文数量	15	10	5	6	3	3	1	1	44
百分比/%	34	23	11	14	6.8	6.8	2.3	2.3	100

3. 文献分析,确定值得研究的"点"

由表 9-5-3 可知,国内数字参考咨询的研究涉及以下几个方面:概述、系统软件与实现、服务模式、实践、成本分析、标准规范。从现有的成果来看,首先,概述性的文章最多,占全部论文(44 篇)的 34%,反映了人们对这一现象的关注。概述性的文章主要是对数字参考咨询做一般性的介绍,包括国外情况介绍,并从不同角度论述开展数字参考咨询的必要性和可行性。其次,数字参考咨询系统软件与实现方面的文章占全部论文的 23%。而服务模式(如联合咨询)、质量标准规范、成本分析、运行管理方面的论文较少,说明人们刚开始重视这些方面的问题。它们可以作为选题进行研究。

四、撰写论文与发表

1. 确定论文选题

通过文献调研得知,对于质量标准范畴中的咨询案例研究国内还是空白,具有新颖性,故将它作为论文选题。拟定论文题目:图书馆虚拟参考咨询质量问题的研究——基于清华的案例分析。

2. 研究过程

(1)对咨询案例进行分类统计

汇总清华大学图书馆虚拟参考咨询问题,从以下三个方面进行分类统计:①清华大学虚拟参考咨询系统访问量统计;②按用户身份统计咨询问题,以了解服务对象及范围;③咨询问题分类统计,以了解咨询问题的类型与特点。

(2)咨询案例的统计分析及研究结论

通过对咨询案例的统计分析,得出以下研究结论:①对咨询解答深度的把握。在表单咨询中,典型提问是查找课题资料、课题咨询、事实与数据、名词及概念解释,占总提问的 29.8%,这表明用户在这方面有较大的需求。而这类问题的回答也是最难最费时的,因为要想给用户一个充分的解答,它不仅包含了对资料具体内容的查找,往往还需要对问题做深入的研究。由于图书馆人力、物力上的限制,目前对咨询问题的解答只限于提供相关的资料线索而不提供答案。对于深层次的研究问题,则将其引导至图书馆收费的课题研究与文献传递服务部门。②对咨询解答广度的控制。不解答诸如竞赛题、课程作业、法律咨询、医学问题和投资指导等提问,但提供相关的文献信息或解决问题的途径,这是图书馆的优势所在。而对于侵害他人隐私等的非法问题则不予回答。

3. 拟定提纲行文

文章名称:虚拟参考咨询质量问题研究——基于清华的案例分析

1. 引言:图书馆参考咨询产生及作用、所面临的问题

2. 对用户问题进行分类统计

3. 分析统计结果,寻找服务对策

    服务范围的拓展——校外读者

    FAQ 库的重要性及建库要求

    解答策略:对咨询问题的深度与广度的把握

4. 选择投稿期刊

该研究从清华大学图书馆具体的服务案例出发,探讨虚拟参考咨询服务策略,具有一定的新颖性,故选择了图书馆学与情报学专业的第 2 号期刊《图书情报工作》投稿,2005 年发表。①

五、搜集重要的情报源

对好文章的期刊、单位等进行汇总,获得重要"情报源",它们将作为后续研究跟踪的对象。如图书馆学与情报学专业方面研究水平较高的单位有:中国科学院文献情报中心、武汉大学信息管理学院、北京大学信息管理系、上海交通大学信息管理系。

课程报告模板

请就自己的选题完成一份课程报告。以下为课程报告的模板。

一、选题简介

1. 课题名称(中、英文)。

---

① 花芳,刘蜀仁. 清华大学图书馆虚拟参考咨询案例分析与服务对策——表单咨询问题统计分析[J].图书情报工作,2005,49(8):127-131.

2. 选题来源(项目或工作选题、学习选题、兴趣选题)。

3. 选题理由。

4. 希望文献调研达到的目的。

5. 选题过程中是否遇到问题? 是如何解决的?

二、利用图书馆或因特网搜集资料

1. 所用检索工具的名称,简要说明选择理由。

2. 以表格形式给出资料搜集情况,包括检索工具名称,检索式及命中数。

3. 总结并简要说明自己资料搜集过程中的经验教训。

三、建立与选题相关的资料库

1. 建立资料库。用 NoteExpress 等资料管理软件为有用的资料建立书目记录。

2. 提供与选题相关的重要资料清单。要求从 NoteExpress 资料库中选出重要资料,按国标"文后参考文献著录规则"(GB/T7144—2005)导出。

四、研读资料搜集素材

1. 就选题涉及的重要概念或名词,提供权威解释及资料来源,英文解释要给出中文译文。

2. 研读资料,搜集素材。请提供一个自己制作的素材卡。

3. 用几个特征词简要说明学术文章的一般格式。

五、素材的整理与汇总

1. 就选题确定一个题目。

2. 利用素材分析与综合法对所搜集的素材进行汇总,将素材卡集合组成一个逻辑等级结构。

3. 就选题给出自己的研究结论。

六、提供与选题相关的重要情报源

1. 重要期刊:刊名及 ISSN;说明选刊理由;提供该期刊最新一期的内容简介。

2. 重要的研究机构:名称及网址;机构简介。

3. 重要作者:姓名、单位、联系方式、作者简介。

第十章

论文写作与发表

【学习目标】

- 了解论文的定义及特点、写作步骤
- 了解科技论文的结构以及好文章的标准
- 掌握论文写作方法及参考文献的标注方法
- 掌握投稿选刊的方法
- 了解论文的出版过程

【内容框架】

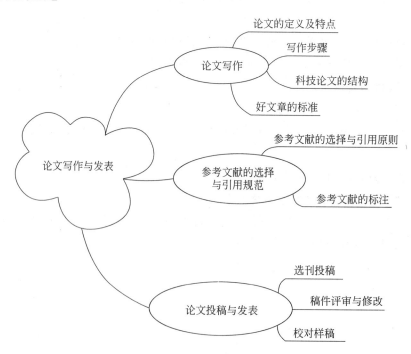

第一节　论文写作

一、论文写作步骤

论文是讨论或研究某种问题的文章。[①] 论文作为研究成果的书面记录，具有以下四个特点：①科学性。要求论点正确，材料可靠，推理符合逻辑。②创新性。这是由于科学研究是对新知识的探求，论文如果没有创造性、没有独到的见解，就没有学术价值。③理论性。论文属于论说文，即以说明和说理为主要表达方式，但它与一般的论说文不同，它必须有自己的理论依据，不能只是材料的罗列，应对大量的事实数据进行分析研究，使感性认识上升到理性认识。④可读性。这要求论文要用通俗易懂的语言表述科学道理，文字表达要准确简洁。

写论文的步骤包括论文选题、准备素材、行笔及编制参考文献列表。下面分别对它们进行简要说明。

1. 论文选题

论文选题是指选择论文的论题，即确定所要论证的问题，并就它提出有价值的结论。与论题相关的概念还有研究课题及论文题目。研究课题是指研究并企图得到答案的问题。它通常包含许多论题，而论文选题是就其中的某个论题进行阐述。一个研究课题的成果可以写成一篇或多篇论文。论文题目是指论文的标题，它是在论文选题的基础上拟定的，是论题的高度概括和具体化。

要成功地写出一篇好文章，首先要确定一个好题目。"题好文一半"是很多作者写作经验的总结。题目一经选定，表明作者头脑里已经有了论文的大致轮廓。正如我国著名哲学家张世英所说："能提出像样的问题，不是一件容易的事，但这对于决定一篇论著的内容和价值来说，却是一件很重要的事。说它不容易，是因为提问题本身就需要研究；一个不研究某一行道的人，不可能提出某一行道的问题。也正因为要经过一个研究过程才能提出一个像样的问题，所以我们也可以说，问题提得像样了，这篇论文的内容和价值也就很有几分了。这就是选题的重要性之所在。"[②]论文选题应考虑以下几个问题：①决定论文的目的。是提供情报、说明研究进展，还是对某一事件、形势的分析？②自己对这一主题是否很感兴趣，从而也能使读者感兴趣？③题

---

① 周文骏. 图书馆学百科全书[M]. 北京：中国大百科全书出版社，1993：308.

② 张世英. 谈谈哲学史的研究和论文写作[M]. 见王力，朱光潜. 怎样写学术论文. 北京：北京大学出版社，1981：59.

目新一点。"文贵于新"。一篇好文章总是见别人之所未见,言别人之所未言。④能否找到足够的资料撰写论文?所选主题是否太新、太专,以至于无法找到参考资料?

2. 准备素材

首先从想要写什么以及希望得出什么结论入手,将要表达的论点简要地罗列出来,然后根据论点,从阅读笔记等资料中选择相关素材。

3. 行笔

（1）拟定提纲

1）提纲的作用

写作与阅读都是思想交流的形式。所不同的是,读者阅读时身边没有作者相伴,一旦遇到交流障碍,无法与作者直接沟通。为了实现有效交流,写作时一定要多考虑读者。换句话说,帮助读者弄清楚阅读的内容是作者的责任。为了做到这一点,利用提纲来组织论点和论据是一个有效的方法。提纲作为文章的框架,它由一个论题和一系列相关论点按一定的逻辑方式组成,其作用在于使论文骨架视觉化,这有助于制定出陈述观点的最佳顺序,并保证涵盖所有要点,避免无关内容。总之,提纲的好坏对于能否成功地传达文意、传达的程度如何极为关键。

2）标题顺序的编排

编制提纲的关键是寻找各个标题间的相互关系及排列方式。首先列出文章的主要论点,将其设置为第一级标题。浏览这些论点,看它们之间的相互关系,思考怎样排列才符合逻辑,才能更鲜明、更有力地表达所论述的主题。在此基础上,安排论点出现的先后顺序。这相当于把文章的几个大部分安排出来;接下来排列各大部分中所包含的分论点,并将其设置为第二级标题。然后是分论点中各个小论点的排列,将它们设置为第三级标题。最后是每个小论点所包含的素材卡的排列,将素材卡上的标题列出,按逻辑关系排列好,并将其设置为第四级标题。

3）生成目录确定文章的结构框架

在设定好各级标题的基础上,生成目录以了解各级标题的排列顺序是否合适。根据目录中各级标题的顺序试着把相关内容说一遍,如果能够通顺流畅地、有条理地说明其意义上的联系,那么可以断定该排列是合适的。此时,一个符合逻辑、条理清楚的文章结构就出来了。如果说得别扭,意思不清或者缺乏逻辑性,就说明其中某些标题的顺序不合理,这时就应该调整标题的排列顺序并重新生成目录。一旦各级标题的逻辑排列方式能用目录满意地表示出来,就使原来零散的、繁多庞杂的内容成为一个清楚明了的意义结构。这个目录实际上就是文章的提纲。有了满意的提纲,就可以按此结构开始写作了。

（2）行笔要领

写作时应谨记以下几个问题：要表达什么？应该从哪里入手，如何入手？应该在哪里结束，如何结束？只有这样才能确保读者在阅读文章时，能够记住看过了什么内容，能够明白正在阅读的这部分内容与前面的内容有什么关联。为此写作时应做到以下几点：①按提纲写作。提纲一旦确定了就要坚持下去。这样，即使是长篇论文需要分段写作，也能保证前后思想一致。②读书与写作分开。读书时认真读书做笔记。在写作时，尽量用自己的话来表达，除引用、查证外，最好不要再参考别人的东西，避免被人"牵着鼻子"走。③注意论述的顺序。从简单到复杂，从具体到抽象，从已知到未知，从亲近的到疏远的，从与读者有关的到关系不大的，从读者兴趣浓厚的到兴趣淡薄的。④对文章进行分段，即将文章分解成若干个大意群。一个新的段落为读者提供了一个稍作停顿的机会，并且分段通常标志着写作方向上的转折，如提出一个新观点。分段的依据是一个部分有一个主要观点，各段是为了说明这个主要观点而形成的分论，或者是利用不同的材料阐述观点的自然分段。不要在意义前后紧密联系的内容中另起一段。段与段之间，除了逻辑上的联系外，在语言上也要前后呼应，使用转折、过渡等词语。⑤使用标题。运用标题辅助指明各个论点之间的联系。标题就好像公路上的路标，它对论证过程提供一种词语上的或结构上的指引，有助于读者弄清楚文章的目标是什么。标题还助于防止出现与文章主要论点无关的材料。

（3）修改论文

文章不厌百回改。对已写好的文章要反复地阅读与修改，包括观点订正、材料增删、结构调整、文字润色等几个方面。在修改文章时，应牢记以下几个关键问题：是什么？为什么？什么地点？什么时间？如何？同时针对每段每页的内容都有必要问问自己：这些内容是否有助于回答问题？如果该部分内容不起什么作用，就删掉。

回答以下几个"开启思想"的问题，有助于找出哪儿有必要多加解释或补充材料。

- 文章是否回答了所提出的问题？是否表达出自己的观点？对问题的阐述是否清晰？
- 论据是否充分？列举的事例和说明有用吗？论证过程严密吗？
- 文章中有不相关的内容或不必要的重复吗？
- 读者容易读懂文章的内容吗？

此外，修改文章时常采用"冷处理"，即初稿写完后放一段时间，让头脑冷静下来，再行修改。这样容易突破原来的框框，发现问题，产生新的看法。此外，请他人对文稿的可读性提出意见也是常用方法。

4. 编制参考文献列表

对论文中所用的材料以及推荐的阅读资料均应作为参考文献在文后列出。下节将介绍参考文献的标注方法。

二、科技论文的结构

科技论文是论文的一种,所涉及的对象是自然科学和工程技术方面的问题。

在撰写科技论文时,使用公认的格式将有助于文章的组织,提高文章的可读性。根据国家《科学技术报告、学位论文和学术论文的编写格式》(GB7718—87)的规定,科技论文应包含以下几部分:题名(title)、著者及工作单位(author and affiliation)、关键词(keyword)、摘要(abstract)、引言(introduction)、主体(main body)、致谢(acknowledgement)、参考文献(reference)。下面就这些部分及写作要领做简要说明。

1. 题目

题目是论文内容的高度概括,也是文章的重要部分。如同我们看报纸先浏览标题一样,在阅读期刊时,我们通常也是通过浏览期刊目次页中的论文标题来了解是否有感兴趣的文章,进而决定是否要读全文的。因此作者值得为选择一个好题目费一番功夫,以保证这个题目会引起所有想了解该主题的读者的注意。题目选取原则是:准确、醒目、简练,在能准确反映论文特定内容的前提下,字数越少越好。

2. 著者及工作单位

在论文中给出作者的姓名及单位(详细的通信地址)。它的作用如下:①作为拥有版权的声明。②表示文责自负。论文一经发表,署名人即应对论文负法律责任。③便于读者联系。署名应坚持实事求是的原则,署名者只限于直接参加研究工作并做出贡献的人。多人署名,按贡献大小来排列。而对于在论文写作过程中给予过帮助的人可在致谢中写明。

3. 关键词

关键词用来表示文章的主题,可从论文标题和摘要中选取。一篇论文一般选取3～5 个关键词。

4. 摘要

摘要是一篇论文内容的缩写,它用有限的文字对论文所涉及的问题及其解决方法做一个简短的描述。认真撰写摘要的重要性在于:首先阅读摘要的人要比看全文的人多。一篇好的摘要能使读者快速而准确地了解论文的基本内容,确定论文是否符合自己的兴趣,是否要通读全文。其次,在审稿过程中,编辑和审稿人一般会先阅读摘要。通常,审稿人只要通过阅读摘要,就能对原稿的内容和水平做出初步的评判。如果摘要不能达到发表的标准并引起审稿人的兴趣,他会寻找理由建议主编退稿。

摘要应回答以下问题:研究什么、如何做以及得到什么。要求内容简明扼要,篇幅一般不超过论文字数的 3%。简洁明了的摘要将博得编辑和审稿人的好感,为此,要惜字如金,仔细斟酌所用的每一个字。摘要不讲研究过程,不列举例证,忽略实验细节;省略对以前工作的引用以及对背景知识的说明;不做自我评价。摘要可以待结论写完以后再写。

5. 引言

引言又叫前言、绪论。作为论文的开头,引言要回答:研究什么? 为什么研究? 将如何研究? 具体内容包括:①阐明问题。提出要研究的问题是什么。②文献回顾。目的是论证此项研究的价值。文献回顾使读者了解前人对此做过哪些重要的工作,存在什么问题,本文打算解决哪些问题。③简述研究方法。简明扼要地给出研究工作的基本原理及撰写论文的目的。此外,引言还是对所用的专业术语给出定义的合适地方。需要强调的是,在引言中一定要尽可能清晰地介绍本文讨论的问题。因为如果作者没有提出耐人寻味的问题,读者就不会耐着性子读这篇论文,也就不会对作者是如何解决问题的感兴趣。从某种意义上说,一篇科学论文就像一篇新闻写作,在引言中要设一个"钩子"来钓住读者的注意力:为什么选这个题目? 它为什么重要? 其次,在引言中应提供足够的背景信息,使读者不必参考以前相关的文献也能理解和评价文中的研究结果。因此主要的参考文献要放在引言中,而不是其他地方。此外,编辑很可能会根据引言中的参考文献选择审稿人。总之,在撰写引言时,一定要仔细挑选参考文献以提供最重要的背景信息。

6. 主体

主体即一篇论文的主体部分,它将详细地回答如何做以及所得到的结果。要求层次清晰,合乎逻辑,有理有据,顺理成章。为了达到这些要求,常常将主体分成材料与方法(material and method)、结果与讨论(result and discussion)、结论(conclusion)等几个逻辑段,每个逻辑段可包含几个自然段,并在必要处冠以适当的标题。

(1)材料与方法

在论文的引言中简要叙述了研究方法,而在材料与方法部分,则必须写出全部细节,让有能力的研究者能够重复这个实验。大多数读者或许会跳过这部分,因为他们从引言中已经知道了作者所用的方法,而且他们可能对实验细节没有兴趣。然而,认真写这一部分至关重要且有科学价值，因为实验能被重复是科学研究的基石。为了使结果能被重复，论文必须提供足够详细的信息，否则，它就算不上一篇地道的科学论文。在审阅论文时，一个好的评审人会仔细阅读这一部分，如果对文中的实验能否重复这一点产生怀疑，那么无论结果怎样令人赞赏，评审人都会建议退回原稿。

（2）结果与讨论

结果是论文中最需要清楚、简洁地叙述的部分，它体现了作者自己的贡献。结果部分需要对实验做概括性描述，提供一个"概貌"，但不要重复在材料与方法部分已提供的实验细节。

讨论的目的是要说明所观察到的事实之间的关系。它通常包含：给出由结果所揭示的原理、联系和普遍性；指出未解决的问题，包括所有的例外或缺乏相关性的地方。与以前的成果做比较，说明文中的结果与以前成果一致或相反，说明研究成果的意义，如指出自己对公认的假说、原理做了哪些改进，有哪些可能的实用价值。

（3）结论

结论是对实验结果和讨论部分所做的总结，它是对引言部分所提问题的答复，是读者明确了解作者独到见解之所在。这部分要清楚地陈述结论，总结每一结论的证据。但对于有争论的部分和尚未解决的问题不能草率下结论。此外还要说明结论适用的范围。最后就工作意义做一个简短的总结。

7. 致谢

对曾经在研究和写作过程中给予过支持、帮助和指导而又不符合署名条件的单位和个人表示感谢。致谢的对象包括：对论文的选题、构思或撰写给予过指导的人员；对实验过程做出贡献的人员；对研究工作给予资助的学会、基金会、合同单位以及其他组织或个人；对曾经给予过技术、信息、物质等帮助的单位或个人。而对一般例行的劳务，如编辑、校对不必专门致谢。

8. 参考文献

在撰写论文时，每当引用他人作品，无论是观点还是具体的事实与数据，或是引语，都要给出出处，其目的在于承认对他人研究成果的借鉴，同时为读者提供阅读线索。

以上给出了一篇科技论文必须包含的项目。此外，一些论文还提供附录（appendix）作为正文的补充。有些材料编入正文会有损于编排的条理性和逻辑性，但对正文又是非常重要的补充，那么可将其作为附录列于参考文献之后。如为使正文结构紧凑而把大量的图表及其他说明材料作为附录单列，供读者参考。对于期刊论文而言，由于篇幅有限，一般不列附录。

上面简单介绍了科技论文的结构。有话说："组织得法乃是一佳作的关键。"实际上，不管是写什么样的论文，最有效的组织方式，归纳起来就是依次回答以下四个方面的问题：①问题是什么？要做什么？为什么做？对它们的回答就是引言。②如何做？即材料及方法。③发现了什么？即结果。④它们意味着什么？就是讨论。

三、好文章的标准

在众多的投稿中，能发表的稿件总是少数。事实上，期刊社为了确保所刊载的文章都是来稿中质量较高的文章，都要对投稿进行评审。因此从期刊文章的评审标准中，我们可以了解好文章的特点。评审人通常会从创新性、可读性、信息量、参考文献等几个方面对文章进行评价。[①]

1. 创新性

创新性是科技期刊选用论文的首要条件。那么学术论文的创新性究竟是指什么呢？表 10-1-1 给出了两种著名的期刊 *Nature* 与 *Science* 对创新性的定义。

表 10-1-1　杂志 *Nature* 和 *Science* 对创新性的定义

杂志名称	对创新的定义
Nature	成果新颖，引人注意，而且该项研究看来具有广泛的意义，而使其他领域的科学家感兴趣[②]
Science	提出新见解，内容激动人心并富有启发性，具有广泛的科学兴趣[③]

不难看出，要达到上述要求并不容易，即使是已发表在这两种刊物上的论文，也并非都达到了这个要求。显然这种要求是办刊人员的奋斗目标和期刊的最高标准。

2. 可读性

论文作为学术信息交流的手段之一，可读性至关重要。*Nature* 对可读性是这样要求的：清楚简练，以便让其他领域的读者和母语为非英语的读者能够读懂。为了确保可读性，许多期刊都制定了自己的论文格式。以下是 *Science* 对文章格式的要求：摘要应概括说明论文的主要观点及结果或结论，字数约为 100 个单词。正文应以描述文章重要性的简短引言开始。所用的标题和小标题应采用描述性短语而不是完整的句子。专业术语、符号及缩略词在第一次出现时要给出定义。所有的图表应

---

① 熊小芸. 优秀科技论文的五要素[M]. 科学(中文版). 2000(1)：49-51.

② Criteria for publication of *Nature*. http://www.nature.com/authors/editorial_policies/peer_review.html，2009-03-10.

③ *Science*. Instructions for Reviewers：Research Articles. http://www.sciencemag.org/about/authors/RAinstr.pdf，2009-05-14.

按文中提到的顺序编号。应有参考文献和注释以及致谢。

3. 信息量

信息量是指作者在有限的篇幅内应尽可能向读者提供较多的相关信息。许多著名的期刊对文章的篇幅都做了限制。限制论文篇幅隐含着对信息量的要求,它会促使作者想方设法删除那些与文章主题关系不大的或次要的内容,选择最重要的素材,采用最恰当的方式表述。论文的主题鲜明、内容充实、信息量增加后,论文的质量也就相应地提高了。

以下是 *Science* 对文章的篇幅要求:(1)报告(Reports)栏目发表新的有广泛意义的重要研究成果,报告长度不超过 2 500 单词或 *Science* 版面的 3 页。报告要包括摘要和引言。参考文献应在 30 条以内。(2)研究文章(Research Articles)栏目发表反映某一领域的重大突破的文章,文章长度不超过 4 500 个单词或 5 页,包括摘要、引言、加有简短小标题的内容。参考文献最多不超过 40 条。(3)研究评述(Perspectives)(1 000 个单词以下)评论分析当前研究的发展,但作者不以讨论自己的研究工作为主。(4)综述(Review)文章(一般长度为 4 页)讨论具有跨学科意义的最新进展,侧重于尚未解决的问题以及未来可能的发展方向。这类文章的要求与研究文章相同。[①]

4. 参考文献

将参考文献作为评价一篇论文质量的标准之一,可能会使人感到惊讶。然而作者所提供的参考文献是否具有代表性、标注是否规范都反映了作者的学风是否严谨。

以上讨论了一篇好文章必须具备的四个要素。它们应当是每位作者努力实现的目标。编辑、审稿人实际上是与作者一起为实现这一目标在不懈地工作着,当然最关键的角色还是作者自己。

第二节　参考文献的选择与引用规范

一、参考文献的选择

1. 参考文献的作用

科学研究一个最显著的特征是继承性。作者在选题、研究以及论文写作过程

---

① *Science*. General Information for Authors-Categories of Signed Papers. http://www.sciencemag.org/about/authors/prep/gen_info.dtl#categories,2009-05-14.

中，都要利用文献，参考他人的成果。参考文献的作用归纳起来主要有以下几点：①归誉与起源。论文中有两个明确承认荣誉的地方，那就是署名和参考文献。作者在道德和专业上有义务把他人应得的荣誉给予他人，在使用他人的成果时要承认发现者的优先权。凡是对自己工作有启发、有帮助的文章，一定要在参考文献中列出，以表示对他人工作的承认与尊重。承认他人的工作，将自己的贡献与他人的成果区别开来，免除抄袭、剽窃之嫌。②为论文中的观点提供支持。一篇论文所代表的研究只能起到承上启下的作用，除了自己独创的那一部分内容外，在论文中不必也不可能对所涉及的全部问题逐个详细论述，这时给出参考文献，说明相关结论、观点及数据的来源，作为自己论文的补充和完善。因此，可以说参考文献是论文的重要组成部分，它与正文一起完整地表达研究的过程。③为读者进一步阅读提供线索。④给研究成果在科学发展的进程中定位。参考文献留下了研究的轨迹，万一出现问题，后续研究人员有迹可寻，对错误的根源追查到底。因此，除了荣誉之外，参考文献还意味着责任。由于参考文献如此重要，作者在提供参考文献的信息时应尽量避免错误。

2. 参考文献的选择与引用原则

一般来讲，一旦研究成果公开发表，任何人都可以自由地利用其中的信息作为研究的基础，当然要注明出处。因此，凡是已公开发表且作为自己的研究基础的文献均应列入参考文献。不过在许多情况下，同一主题的文献往往是太多而不是太少。因此，如何在大量的相关文献中，选出具有代表性的文献作为参考文献就显得很重要。引用有代表性的文献会提高论文的可信度和说服力。例如，在研究"航天飞机机械故障及安全可靠性"的问题时，往往会提到美国哥伦比亚号航天飞机的灾难事故，引用简单的新闻报道和引用权威刊物如 *Science* 上的分析文章，其说服力会截然不同。后者不但大大增强了文章的可信度，还为读者提供了深层次的信息。

参考文献的选择与引用原则可以归纳为相关性、公开性、时效性、准确性、适当性与规范性。①②③

（1）相关性

相关性是指引用的文献必须与论文的主题相关，这是因为参考文献的主要作用就是为文中的观点提供支持，它与正文一起完整地表达研究过程。

---

① 石朝云，游苏宁. 文后参考文献引用"公开性"原则的探讨[J]. 编辑学报，2008，20(3)：267,268.
② 王平. 参考文献引用原则的探讨[J]. 编辑学报，2004，16(1)：35,36.
③ 陶范. 学术论著应杜绝无效引用[J]. 编辑学报，2007，19(3)：173-175.

（2）公开性

公开性是指引用的文献应是公开发表的文献。非公开发表的文献获取困难,他人难于考证资料的正确性。公开发表的文献包括正式出版的文献,也包括网上的公开信息,典型的如网上开放获取资源(开放期刊、开放机构库以及预印本系统等),对于未公开发表的作品,如内部讲义,一般不宜作为参考文献。

（3）时效性

时效性要求所引用的文献要能反映当前最新的研究状况,原则上使用最新版本。

（4）准确性

准确性是指在引用文献时要尽量做到准确。引用不得改变或歪曲被引内容的原义。避免断章取义,给读者造成误解。

（5）适当性

适当性是指引用的量要有一个度,不是大段地抄录他人的作品。关于引用量,我国《图书、期刊版权试行条例实施细则》第十五条第一款给出了相关说明:"引用非诗词类作品不得超过 2 500 字或被引用作品的十分之一,如果多次引用同一部长篇非诗词类作品,总字数不得超过 1 万字;引用诗词类作品不得超过四十行或全诗的四分之一,但古体诗词除外。凡引用一人或多人的作品,所引用的总量不得超过本人创作作品总量的十分之一,但专题评论文章和古体诗词除外。"

（6）规范性

论文的作者对所列的主要文献均应认真阅读过,并保证论文中某处引用的参考文献的确与该处的内容有关,文献的名称及出处,如发表的刊物、年代、卷号、页码等应准确无误。

总之,参考文献的选用是一件极为严肃的事,它关系到论文的可信度和作者的声誉。它不仅反映了作者对前人研究成果的尊重,同时也反映了作者获取与利用文献信息的能力以及严谨的学风。编辑和审稿人会根据论文中所列的文献清单初步判断该论文的水平以及作者对有关学科的背景知识水平,在一定程度上也可以判断作者的学术道德。如果作者未能在论文中列出与研究密切相关的重要文献,这可能会被读者、编辑和审稿人看作是一种不良学风的表现,会对作者产生不良影响。

3. 对未公开发表的信息的使用

对待他人未公开发表的材料要特别小心,尤其是那些被特许使用的材料,不能将它们透露给可能利用它的人。

一种不道德的行为是:到其他研究室去,探得他人的想法后,赶紧拿回来接着搞下去,一做完就抢先发表,这是一种罕见的、赤裸裸的精神盗窃。但更经常发生的现象是,某种想法就这样被人拿去了,而在使用时,对它的出处却早已忘掉。许多个人之间的敌意正是这样产生的。因此,当所用的信息是通过私人交谈、通信、访问以及参阅别人的手稿而得到的时候,应持谨慎态度。若要以这些信息为基础着手进一步研究时,应事先征得所有者的许可,并且给予足够的致谢。

4. 引用失范

在引用他人成果时,常见的问题有:①用而不引。明明借鉴了他人的成果,但为了使自己的成果看上去"新颖",却不在参考文献中列出。这属于剽窃行为,而且会弄巧成拙,因为审稿人就是同行。②引文复制。没有读过原文,直接转抄其他文章的参考文献。③来源不实。根据参考文献列表中的信息找不到原文。最常见的错误是刊名标错、卷期错或页码错等。学者梁立明等人曾对 1970 年发表在 *Nature* 上的一篇高被引论文的被引用情况进行了研究,结果发现,这篇被引用高达几十万次的论文,竟然有 518 个不同的"出处"。[①] ④盲目自引。只引自己的论文,或过多地引用自己的工作成果。这给人的印象是你在一个没有人感兴趣的领域里工作,审稿人会认为你很自负,故意忽视他人的贡献。

二、参考文献的标注

1. 参考文献标注的基本原则

尽管所有的研究领域都一致赞成学术借鉴要注明出处,但到目前为止,对于参考文献如何标注并没有一个统一的格式。不同领域有不同的格式,不同的期刊对参考文献的格式要求也不同。不过如果抛开参考文献的具体格式不说,大家还是有一个共识:提供参考文献的基本信息,以保证他人能找到这份资料。所以每条参考文献应包括以下基本信息:作者、篇名及出处,这个格式也称为"题录"格式。它是目前大家公认的,也是最常见的参考文献编写格式。

【例 1】 一学生写论文时需要引用胡锦涛的十八大报告的相关内容,问参考文献列表中应该怎么写?

【解答】 这份资料在网上可以看到原文,另外,在 2012 年 11 月 9 日的《人民日报》上也有。根据获得这份资料原文的来源不同,其编写可以有以下两种方式。

1. 胡锦涛. 坚定不移沿着中国特色社会主义道路前进为全面建成小康社会而奋斗. ［2012-12-4］http://cpc.people.com.cn/18/n/2012/1109/c350821－19529916.html

---

① 梁立明,钟镇. 错引现象折射出的科学家群体引文失范行为[J]. 自然辩证法研究,2007,23(6):62-65.

2. 胡锦涛. 坚定不移沿着中国特色社会主义道路前进为全面建成小康社会而奋斗. 人民日报, 2012 年 11 月 9 日。

说明：若资料来源于网络，需要提供网址及访问时间。

2. 常见的参考文献标注格式

在国内，对于参考文献的标注普遍参照国家标准《文后参考文献著录规则》(GB/T 7714—2005)。而在国外，有三种广泛应用的格式：①CSE 格式，由美国科学编辑理事会(Council of Science Editors)制定，主要用于自然科学领域。②MLA 格式，由美国现代语言学会(Modern Language Association)制定，广泛用于人文科学领域，尤其是语言学、教育学、文学、艺术和医学。③ APA 格式，源于美国心理协会(American Psychological Association)旗下的 29 种期刊所用的格式，广泛用于社会科学领域。

根据国家标准《文后参考文献著录规则》(GB/T 7714—2005)，参考文献的标注方式为：文内标注与文后列出，且编码对应。即在正文中，按参考文献出现的先后顺序编号，将数字写于中括号内，并在文后按题录格式对应给出文献的出处。文后的参考文献列表与文中标注一一对应，二者配合，准确说明哪一部分正文参考了哪些文献。选取独立的文献单元作为描述对象，如图书中的一个章节、期刊及论文集中的一篇文章，或者网站中的具体网页等。

下面按国标(GB/T 7714—2005)说明常见文献类型的标注方法。

（1）文中标注

在正文中用到参考文献的地方，如提到的有关事实、资料时，要在叙述之后标注参考文献。标注方式有顺序编码制及著者—出版年两种方式。

表 10-2-1　文中参考文献标注方式与实例

文中标注	说明与举例
顺序编码制	按资料引用的先后顺序编号，并将序号置于方括号中
	例：裴伟[7]提出……
	例：莫拉德对稳定区的节理格式的研究[25,26]
著者—出版年	用作者姓氏加出版年标注
	例：The notion of an invisible college has been explored in the sciences (Crane, 1972). Its absence among listorians is notes by Stieg (1981). It may be, as Burchard (1965) points out...

说明：①多次引用标注。一篇文献若在文中被多次引用时，在正文中标注首次引用的文献序号，并在序号的 [ ] 外标出页码。②一处引用多篇文章时，用一个方括号列出各篇文献的序号，序号间用逗号隔开，若编号连续，可只给出引用文献的起止

序号,序号间用短横线连接。③图中引用参考文献,标注在图的说明或注释中,图中不应出现注释符号。④表中引用参考文献,按引文出现顺序,依次标记。

（2）文后参考文献列表

针对几类常见的文献,表10-2-2给出了国标（GB/T 7714—2005）参考文献格式示例,表10-2-3给出了常见文献类型标志代码。

表10-2-2　常见文献的国标标注格式示例

完整出版物

图书	沈固朝. 信息检索（多媒体）教程[M]. 北京:高等教育出版社,2002.
学位论文	张和生. 地质力学系统理论[D]. 太原理工大学,1998.
专利	Zaccarin, Andre and Liu Bede, Method and Apparatus for Determining Motion vectors for Image Sequences. US patent 5210605, 1993
标准	汉语拼音正词法基本规则. GB/T 16159—1996. 北京:中国标准出版社,1996.
报告	冯西桥. 核反应堆压力容器的LBB分析[R]. 北京:清华大学核能技术设计研究院,1997.
网址	王明亮. 中国学术期刊标准化数据库系统工程[EB/OL]. （1998-08-16）[1998-10-04] http://www.cajcd.cn/pub/wml.txt/9808 10-2.html

析出文献（出版物的内容）

图书章节	Schware, R. "Climate Change in Water Supply: How Sensitive is the Northwest?". Climatic Change and Water Supply. Washington, D. C.: National Academy of Sciences, 1986: 82-98
论文集中的文章	孙品一. 高校学报编辑工作现代化特征[M]. //中国高等学校自然科学学报研究会. 科技编辑学论文集(2). 北京:北京师范大学出版社,1998: 10-22.
期刊文章	陈光祚. 论网络时代的个人数字图书馆[J]. 图书馆论坛,2005,25(6): 164-170.
会议论文	Gough, P. A., et al., "Electrothermal Simulation of Power Semiconductor Devices" Proc. of the 3rd International Symposium on Power Semiconductor Devices & Ics. Ed. Shibib, M. A. New York: IEEE, 1991: 89-94

表10-2-3　常见文献类型和标志代码

文献类型	普通图书	会议录	汇编	报纸	期刊	学位论文	报告
标志代码	M	C	G	N	J	D	R
文献类型	标准	专利	数据库	计算机程序	电子公告		
标志代码	S	P	DB	CP	EB		

第三节 论文投稿与发表

一篇论文的发表通常要经过以下几个环节：选刊投稿、审稿、排版及校对、印刷出版,简单介绍如下。

一、选刊投稿

选刊投稿,即为自己的论文选择合适的期刊投稿。将研究成果发表出来是研究者的职责,但并非最终目标,论文的成功发表才是最终目标。它是指论文发表后,能够引起他人的关注,获得较高的被引用次数。

对选刊漫不经心会使自己的作品延误发表或被埋没在不适宜的期刊中。选刊不当会导致以下后果：退稿;即使文章有价值,也会因为编辑及审稿人对专业领域不太熟悉而得不到中肯的评价;若文章有幸得以发表,也会被埋没在同行们所不问津的刊物中而变得默默无闻。因此选择合适的期刊作为自己研究成果的展示平台极为重要。

不过,对于论文的成功发表,人们常常误以为,只有在顶级期刊上发表文章才是成功发表。但是美国的一位研究人员 Steven Wiley 最近在 *The Scientist* 上发表了一篇专栏文章[①]指出,也许不需要那么在意将文章发表在顶级期刊上。找准适合的期刊发表文章,会更有利于提高引用率。Steven Wiley 目前是美国西北太平洋国家实验室的研究员,生物分子系统计划（Biomolecular Systems Initiative）的主管。Wiley 自己发表了100多篇论文,被引用超过 6 000 次。Wiley 在对自己的发文情况进行分析后发现,相比他在 *Science* 和 *Cell* 上发表的论文,发表在 *Journal of Biological Chemistry* 或 *Molecular Biology of the Cell* 这类期刊上的文章被引次数更多。他指出自己的文章更多的是在高质量的专业期刊上被同行看到的,而不是 *Science*、*Nature* 或 *Cell*。那么如何找准期刊呢？Wiley 给出了建议：了解目标读者,这样就能容易地得到更多的引用。

下面简单介绍常用的选刊方法,以及选刊时应考虑的因素。

1. 选刊方法

（1）从本领域的期刊入手

首先用选刊工具找出本领域的期刊。常用的选刊工具,中文为《中文核心期刊要

---

① Steven Wiley. Don't Fight to be Cited—submit your papers to the journals read by your grant reviewers. The Scientist, Jan, 2009,23(1): 25.

目总览》和《中国科技期刊引证报告》，而英文则是《期刊引证报告》（*Journal Citation Reports*，JCR）。利用选刊工具中的分类目录可以快速了解某个学科领域中重要的期刊。通常根据刊名就可以大致确定该刊会发表什么领域的文章。也可以与同事交谈获得有用的信息。接下来还应该阅读相关期刊最新一期的刊头（通常在每一期的前面，给出刊名、出版者和期刊出版目的简介），从期刊的"作者须知"（Instructions to Authors，Author Guide）中了解征稿范围，仔细查看相关期刊最近一期的目录，进一步确定有哪些期刊可能发表自己的文章。

（2）利用 SCI 数据库的结果分析功能选刊

利用 SCI 数据库的结果分析功能可以方便地选择与某一主题相关的期刊。

【例1】 一位作者撰写了一篇有关微力传感器的英文文章。如何选择合适的期刊投稿？

【解答】 目标：寻找最佳的期刊投稿。

思路：①在 SCI 数据库中检索相关文章，进行刊名分析，找出相关期刊。期刊的相关性可根据其刊载的相关文章数量来判断。发文越多的期刊，相关性越高。②在 JCR 中查期刊的影响因子，并将相关期刊按影响因子排序。一般来说，期刊的影响因子越高，它所刊载的文章受关注的可能性也越大。

检索式为：TS＝(microforce* and (sensing or sensor*))，所有年份。

检索结果：命中 21 条(检索日期：2009-3-24)。

对检索结果进行期刊分析。选择发文较多的期刊，并由 JCR 查得其影响因子及学科排名，见表 10-3-1。

表 10-3-1 利用 JRC 查期刊的影响因子及学科排名

刊　　名	所属学科	按 IF_{2007} 排序	IF_{2007}
Review of Scientific Instruments	Instruments & Instrumentation	15/55	1.384
Journal of Microelectromechanical Systems	Engineering, Electrical & Electronic	28/227	1.964
Journal of Micromechanics and Microengineering	Engineering, Electrical & Electronic	29/227	1.930

说明：按 IF_{2007} 排序一栏中，分子为期刊在某学科按影响因子的排名，分母为该学科的期刊数。

通过分析可知，以上三种刊都是可以选择投稿的期刊。

2. 选刊应考虑的因素

在选择期刊投稿时，应考虑如下因素：①威望因素。发表在"垃圾"杂志上的文章难以与高威望期刊上的文章相提并论。为此需要确定期刊的等级。考察本领域的重要文章都发表在什么刊物上。如果多数创造性的成果都发表于期刊 A、B 及 C 上，那么选择就限于这三种期刊。而期刊 D、E 和 F 经查证后发现仅刊载一些无足轻重的文章，就不能作为第一选择，尽管其专业范围是对的。②期刊的影响力。这可以参照期刊的影响因子。JCR 提供了 Web of Science 所收录的期刊的影响因子。中国科技情报研究所的《中国科技期刊引证报告》提供了国内科技期刊的影响因子。期刊影响因子实际上是期刊所刊载的文章的平均被引次数。如果期刊 A 的影响因子是期刊 B 的两倍，那么，可以推定，文章发表在期刊 A 上受到关注的可能性较期刊 B 大。③主办者及发行量。假定 A 为商业出版社出版的期刊；B 是由一家有名气的机构主办的小期刊，牌子老且为大众熟知；C 则是由本领域的主要学术团体出版的期刊。一般来说，由学术团体出版的期刊 C 威望高，其发行量也大。在这样的期刊上发表文章，最有可能产生较大的影响。期刊 B 可能有同样威望，但发行量有限。如果它的大部分版面均由内部材料所占据，要想在它上面发表文章就很难了。商业化的学术期刊因其价格偏高，通常发行量较低，在这样的期刊上发表论文，其影响力会受到限制。④出版周期。如果审稿周期相同，那么季刊的出版时间将比月刊晚 2~3 个月。此外，很多期刊都有稿件积压现象。如果期刊提供收稿日期和采用日期，从中可以推算出从投稿到出版所需要的时间。

3. 向期刊社投稿

选好期刊后，就可以发送稿件了。在投稿时要附一封信，内容不用多，只需提供文章的篇名、作者、联系方式及所投期刊即可。

通常大多数期刊在收到投稿后会发出收悉通知。如果两周后未见通知，应与编辑部联系，询问稿件是否收到。大多数期刊会在 1~2 个月内告知作者投稿处理结果。假如过期未接到稿件的处理意见，应向编辑部询问。

二、稿件评审与修改[①]

1. 审稿过程

目前国外大多数期刊都提供网上投稿与评审，这使得投稿方便快捷，并能跟踪审稿过程。如果对审稿程序有些了解，就知道该怎样与编辑打交道，从而加快审稿过程，同时使稿件录用的机会增加。

（1）编辑对稿件初审

稿件初到编辑之手时，首先，他会确定稿件的题材是否在该期刊的登载范围内，

---

① Robert A Day. 论文指南[M]. 钱玉昆，等，编译. 北京：学苑出版社，1989：94-125.

如果不是,编辑会做出拒稿决定,并说明拒稿的原因。以这种理由被拒的稿件,并不意味着数据和结论有问题,完全可以转投其他期刊。接下来,编辑会检查稿件是否符合期刊的格式要求,图表和数据是否有遗漏。如果有一个否定的回答,稿件也会迅速退还给作者。期刊编辑部不会耗费编委会成员的宝贵时间来审阅一份不符合要求的稿件。只有题材合适、格式也符合要求的稿件,编辑才会考虑后续的审稿问题。

（2）审稿人的意见

同行评审(peer-review)的刊物对稿件的处理主要看审稿人的意见,一般都是匿名评审。审稿人应该是作者的同行,否则他们的评审意见将毫无价值。评审人除了给出评审意见外,还要就是否录用稿件给出自己的意见。如在美国 *Optical Engineering* 期刊的评审表中,就是否录用稿件提供了以下选项：Accept as submitted、Accept with only minor changes noted in substantive review、Can be made acceptable dependent on revision、Can be made acceptable dependent on revision and return to reviewer、Major revision and re—review required、Decline to publish、Not appropriate for OE.[①] 除了明确录用和拒稿外,如果审稿人选择的是 minor changes,则等到 accept,acceptance 的前景较为光明。如果是 major revision,意味着需要很大的修改,是否录用要看修改情况。

（3）编辑的决定

审稿结果归纳起来不外乎有三种情况：录用、退稿或修改。

- 录用函：收到稿件录用通知时应当庆贺,因为这是极为罕见的情况。许多有名的期刊其稿件录用率仅为 5%。

- 拒用函：在拒用函中,几乎所有编辑都用"不能采用"或"照现稿不能采用"等措辞。在英文拒稿信中,编辑一般会在信的开头对作者选择他们的刊物投稿表示感谢。一开始说稿子有价值,随后会来一个① "we regret to say that…",② "We suggest that you might submit it to another journal",③ "An increasing volume of submissions prevents us from publishing all worthwhile manuscripts we receive. Competition for space in our journal has increased sharply in recent months". 以上三种句式都是常见的格式化拒绝。

- 修改函：有编辑的回信及审稿意见。这封信可能会这样写："您的稿件已经审阅,现退还给您并附有一些意见和建议,我们相信这些意见会有助于改进您的稿件。"这是一封典型的修改函的措辞。

---

① Peer Review System for Optical Engineering. http://oe.peerx-press.org/cgi-bin/main.plex, 2009-05-14.

2．修改稿件

收到了修改函后，应当仔细阅读编辑来信及评审意见。

（1）按评审意见认真修改稿件

逐条回答审稿意见中的所有问题。尽量满足意见中需要补充的实验，如果补充实验很困难，不要回避，给出不能做的合理理由。审稿人推荐的文献一定要引用，并在文中加以讨论。

审稿人有时会有偏见，但两位审稿人均有同样的偏见是不大可能的。因此如果两位审稿人都对稿件中的同样问题提出质疑，这肯定就是问题。假如审稿人"理解错了"，那么读者也不会例外。在这种情况下，应找出毛病加以改正。对于论文中的原则性错误，应根据评审意见进行改写，对于小错误则应毫不犹豫地改正。

（2）对不恰当的评审意见的处理

审稿人和编辑均可能错判稿件。若确信评审意见不恰当，最简单的办法是把稿件投往另一家期刊，希望他们的评判会公正一点。但如果还希望投在原来的期刊上，就不要退缩，重新寄回稿件，并逐点澄清审稿人的疑问，冷静地向编辑说明审稿人错判，也许编辑会就此接受稿件，或把稿件送给另外的审稿人做进一步的审阅。

（3）在编辑指定的截止日期前寄回修改稿

多数编辑都会指定一个寄回修改稿的截止日期，因为很多退修的稿件不一定重新投回。只要截止日期一过，而稿件尚未返回，编辑就会认为作者已另有打算，该份稿件自然将从编辑的记事本上一笔勾销。因此，修改稿一定要在编辑指定的截止日期前寄回。若编辑在截止日期前收到修回稿，且满足或是驳回了先前的批评意见，稿件很可能被采用。反之，如果稿件未能在截止日期前到达编辑部，则会被当成新稿件处理，重新进行评审，可能会由另外的人来评审。为避免这种费时的双重评判，应对截止日期加以足够的重视。

给编辑寄修改稿时所附的信包括两个内容：感谢编辑的工作；逐条答复审稿人提出的问题。

3．分析拒用函

多数编辑常会把拒用分为三类：①完全拒用，稿件属于编辑"不愿再读的"；②稿件中有些可用的资料，不过还存在着严重缺陷，经过相当程度的修改后，编辑或许会加以考虑，但编辑不会建议作者修改后寄回；③属基本可用的稿件，但实验方面不足，或是稿件本身还不完善。

对于第三类退稿，应考虑按审稿人的要求做必要的修改，然后将修改稿再投给同一期刊。若能按要求补充实验对照，或是对稿件做重大修改，重投的稿件极有可能被采用。

对于第二类退稿,不应再重投回去,除非能使编辑确信是审稿人错判了稿件。但应在有充分的证据和明白无误的结论的基础上,再重投稿件。这份"新"稿重投回去后,应提一下原稿,并对"新稿"的特点加以说明。

对于第一类退稿,由于稿件确实太差,大可不必再投出,因为一旦出版可就坏了自己的名声。如果稿件尚存可挽救部分,重新组织一下,再作一试,不过得换一家期刊。

三、校对校样

有些作者在稿件录用后似乎很快就把它忘掉了,对寄来的校样不屑一顾,以为自己的文章会神奇地、准确无误地出现在期刊上。校样之所以要寄给作者,其主要目的是:查看是否有印刷错误,因为有很多印刷错误会导致文章无法理解。

如果以平时阅读论文的速度来读校样,就有可能漏掉大部分的排印错误。阅读校样的最好方法之一是:一阅读,二详审。阅读也许会漏掉错误,但可捕捉漏印。如果漏印一行,就只能靠阅读理解来发现。另一种方法是由两人阅读校样:一位朗读校样,另一位对照手稿。

认真核对每一个数字,尤其是检查图表。因为数字经常出错,表中的材料更是如此。而能找出这样的错误多半只有作者自己。

仔细检查插图。作者必须自己判断插图印刷效果是否良好。如果图片的某一部位特别重要,而复制片却失去了其中的许多细节,作者可以通过旁注或将该部分覆盖,准确地告诉印刷者,校样的哪一块结构显示不佳,而该处在原图片上是清晰的。这样,印刷者就会把你认为是重要的那部分精心处理好。

校对时使用各类出版物的通用语言校对符号,既能减少误解又能节省时间。

最后需要说明的是,校样寄给作者的目的是为了校对排版是否正确,而不是让作者改写、重写或加入新材料等。对校样不能做重大改动的主要理由是避免引入新的排版错误。除非必要,不要打乱已排好的材料。

习　　题

1. 请用 JCR 确定本专业的重要英文刊源。并提供以下信息:(1)本专业在 JCR 中对应的学科类别名称;(2)提供两种清华图书馆的有收藏的英文刊的相关信息,包括刊物名称、ISSN 号、出版周期、影响因子及排序、馆藏信息,并用中文简要说明刊物特点。

2. 请就自己的选题在 Web of Science 中检索,通过对检索结果进行刊名分析,确定与自己的选题相关的三种重要期刊,并利用 JCR 了解期刊所属学科。请提供:(1)研究课题(中英文名称);(2)研究课题在 JCR 中所属的学科名称;(3)给出这三种期刊在相关学科的影响因子及排名;(4)相关学科所包含的期刊数量及科学的平均影响因子。

第四部分

版权常识与学术规范

CHAPTER 11
第十一章

版权常识与学术规范

【学习目标】

- 了解版权的定义与产生,领会版权立法的宗旨
- 掌握版权法中的相关概念(合作作品、汇编作品、职务作品、合理使用、法定许可)
- 了解学术规范的基本内容,理解科学精神的实质
- 了解合作研究及荣誉分配、论文署名原则

【内容框架】

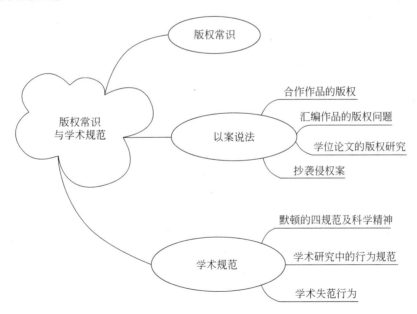

第一节 版权常识

我们大家或多或少地都有过创作的经历——写报告、写文章、写书、开发软件、翻译他人的作品。在创作过程中,我们会使用他人的作品。那么我们的使用是否需要

经过他人许可？是否做到了尊重他人的权利？无论你的疑问是什么，只要对版权法稍有了解，就会有助于问题的解决，并对问题的答案有一个较好的理解。在本节中，我们将走进版权法，认识和理解版权，最终合法地享有版权并自觉地保护版权。

一、版权的定义及特征

版权是指版权人对作品依法享有的专有权利。当人们在谈论作品保护和作者权益时，通常会用到"版权"和"著作权"这两个词。那么，它们是一回事吗？著作权和版权实际上是同一个概念，英文就是 copyright。在我国版权法第五十六条中明确规定著作权即为版权。著作权最早保护的对象是文字作品。随着技术的发展，新型作品不断出现，如摄影作品、电影作品、计算机软件，著作权的保护对象也随之扩展。不过，当著作权的保护涉及新型作品时，人们则习惯将其称为版权，如计算机软件的版权。

版权具有以下特征：①排他性（独占性），即排除他人无偿使用作品的可能性。②无形性，这是相对于诸如土地、房屋等有形财产而言。智力产品所具有的无形性使得它可以被反复地使用而不会降低其价值。③时间性，即对版权作品的保护有时间限制。作品保护期满即进入公共领域，成为社会公共财富。④地域性，指版权只能在一定的地域范围内有效。各国版权法一般都体现了这样一项原则，即在一国境内获得的版权，仅在该国境内有效，该国原则上没有保护外国作品的义务，除非该国法律另有规定。不过从版权保护的发展趋势来看，越来越多的国家倾向于通过双边或多边条约相互为在对方国家取得版权的作品提供保护。⑤可转让性，版权中的财产权可以继承或由版权人转让给他人。版权的特征与专利权、商标权的特征很相似，事实上，它们都属于知识产权的范畴，涉及的对象都是人的智力成果。

版权法是国家就智力产品制定的有关作者、传播者和公众三者之间权利义务关系的法律规范。人们很早就认识到对智力产品进行一定程度的"私有化"，会促进它的生产。首先，智力产品的生产成本很高，但复制、传递的成本相对较低。在一个不受管制的市场中，智力产品的生产者将难以收回其价值。这就要求有一个较强的保护措施，以保证智力产品的生产有足够的动力。其次，人们都愿意为有用的信息付钱。这在客观上为各种智力产品的成本收回提供了可能性。为此，许多国家均以立法形式对智力作品加以保护。如美国在宪法中明确指出："通过在一定期限内保障作者和发明者对其作品和发现的独占权，促进科学和实用艺术的进步。"[①]我国版权

---

① 吴汉东,等. 知识产权基本问题研究[M]. 北京：中国人民大学出版社，2005：187.

法的制定则遵循了以下三大基本原则：①保护作者的权益。例如版权法中明确规定了作者享有的各种权利,规定了侵权人应承担的法律责任。②鼓励作品的传播。例如,版权法规定了作品的主要传播者——书刊出版者、艺术表演者、广播电视组织以及制作者享有法定许可使用作品的权利,它们都是这一基本原则的具体体现。③促进社会主义文化科学事业的发展与繁荣。根据这一原则,对作者的权利进行了必要的限制,如在版权法中设置了合理使用条款,以保证公众接触和利用作品的权利。因为过度保护不利于智力产品的传播与利用。经济学对信息产权的设定有一个悖论：没有合法的垄断就不会有足够的信息产品产生,而垄断过度则会导致太多的信息产品不被使用。① 由于信息产权的垄断性,一方面会刺激生产者去开发新的信息产品；另一方面也会使生产者利用垄断特权对信息产品索取高价,导致信息产品的使用成为"有钱人"的特权,而广大的公众则因无支付能力被拒之门外,这显然不利于社会的文明与进步。因此版权立法需要在版权人利益与公众权益之间取得平衡,一方面,要保护版权人的合法权益,鼓励版权人创造出更多的作品,以丰富人类社会的精神财富；另一方面,也要保证公众享有接触、使用作品的权利,实现作品的有效传播与利用,促进人类文明的发展。为了实现这一目标,各国的版权法赋予版权人的权利均为有限垄断权。如美国版权立法时,为了同时兼顾版权人和公众的利益,遵循了以下三项政策：①促进知识的政策（the promotion of learning）,即著作权的首要目的在于促进知识传播和文化发展；②公共领域保留的政策（the preservation of the public domain）,即著作权被限制在一定时间和范围之内；③保护作者的政策（the protection of the author）,即宪法赋予作者对作品享有的专有权。②

二、版权法的基本内容

1. 谁是版权人

一般来说,作者就是作品的版权人,但为完成单位所交给的工作而创作的职务作品、受委托创作的作品以及版权转让的作品除外。由单位享有版权的职务作品是指由单位提供条件并承担责任的作品。这类职务作品有：工程设计图纸、地图、产品设计图纸等。受委托创作的作品以及版权转让的作品的版权由合同约定。

2. 版权保护的对象

作品是版权保护的对象,可以说没有作品就没有版权。那么,作品是什么？依照我国《著作权法实施条例》第二条,作品是指"文学、艺术和科学领域内具有独创性并

---

① 吴汉东. 著作权合理使用制度研究[M]. 北京：中国政法大学出版社,1996：66-67.
② 吴汉东,等. 知识产权基本问题研究[M]. 北京：中国人民大学出版社,2005：187.

能以某种有形形式复制的智力成果"。①

世界知识产权组织在论述作品受保护的条件时指出,"享有版权保护的作品必须是初创作品。作品中反映的思想不要求是新的,但其文学的和艺术的表现形式必须是由作者首创的……作品必须来源于作者,它们必须来源于作者的劳动。"②

由以上定义可知,要成为版权意义上的"作品",它必须满足以下三个条件:①是智力成果。②能够被他人客观感知,并可以以有形形式复制。这意味着,单纯停留在内心世界的思想感情或"腹稿"不是"作品",不受版权保护,只有将思想以有形的形式具体表达出来才受版权保护。③具有独创性。独创性是指作者独立创作且有别于其他作品,即使这种独创性并不大。这是智力成果获得版权法保护的实质性条件。

根据我国版权法,受版权保护的作品范围为:文字作品、口述作品、音乐作品、美术作品、建筑作品、摄影作品、电影作品、地图、工程设计图、计算机软件等。对于依法禁止出版、传播的作品,不受版权法保护。

3. 不适用于版权法保护的作品

有三类作品不属于版权法保护之列,人们可以以适当的方式自由地使用它们。这三类作品分别是:①法律、法规以及国家机关的行政司法文件等。作者创作这类作品的目的就是要让它们家喻户晓,以便公众遵守和执行。对它们的复制和利用不加限制,将有利于其传播和扩大影响。②时事新闻。它一般是指通过报纸、电台和电视等新闻媒体对某一事件的客观报道。时事新闻最大的特点在于它的时效性。任何使用上的限制将不利于新闻作品迅速、广泛地传播。③历法、数表、通用表格和公式。历法是指用年、月、日计算时间流程的方法,如年历。数表是指含有一定数字、体现数与数之间一定关系的表格,如三角函数表、对数表。通用表格是指普遍使用的、按一定项目编成的表格,如纳税申报表、企业管理中使用的财务报表。公式,如自然科学公认的许多公式。这些作品大多是人类文化的结晶,属于社会财富,也是人们经常用到的。如果用版权法保护这类作品,限制对它们的使用,就会妨碍人们的日常工作和学习,甚至阻碍科学技术发展和社会进步。版权法之所以这样规定是考虑到这三类作品本身的特点。

4. 版权作品的保护年限

根据我国版权法,对作品的保护期限为作者的有生之年加 50 年;如果是合作作品,则为最长寿的作者有生之年加 50 年;如果版权是属于单位的职务作品,则从作品首次发表时间起算 50 年。作品一旦超过了版权保护期限,就进入"公有领域",成为

① 著作权法实施条例.见陈进元.科技期刊著作权讲析[M].北京:清华大学出版社,2005:327.
② 世界知识产权组织.知识产权纵横谈[M].张寅虎,等,译.北京:世界知识出版社,1992:217.

社会财富,其使用权和发表权不再受到限制。由此我们可以推知:徐志摩于 1931 年 11 月 19 日因飞机失事遇难,到 1981 年 12 月 31 日,其作品就进入了"公有领域"。从这里我们可以看到对版权作品的时间限制,其目的是要在合法的前提下使作品能够更好地传播,从而促进人类文明的进步。需要说明的是作者的精神权没有保护期的限制。也就是说,一本书的原始作者是谁,不论多少年,也不论作者是否在世,永远都是被保护的。如大家熟知的古典名著《西游记》,作者永远是吴承恩。任何一个出版社出版该书时,都会在图书的封面上标出吴承恩的名字,这体现了对作者署名权的永远保护。

5. 版权人的权利

按照我国版权法,版权人享有的权利可分为精神权(也称为人身权)和财产权(也称为经济权)两大类。

(1)版权人的精神权

精神权是指作者通过作品来体现个人人格、思想、意识、情感等精神状态的权利,它不可以转让和继承。在我国版权法中,作者的精神权利共有 4 项:发表权、署名权、修改权和保护作品完整权。

1)发表权

发表权指的是决定作品是否公之于众的权利。是否将作品公开,在何时、何地、以何种方式公之于众,完全取决于作者。发表权具有以下三个特点:①在传统的出版模式下,发表权一般是一次性权利。典型的如向期刊投稿,一旦稿件被录用,作者就不能再将这一稿件投向其他期刊了。为了避免一稿多投的现象发生,许多期刊出版社也都明确要求"来稿是未公开发表过的"。不过对于图书,作者则有权同时向多家出版社授权出版,除非作者与某一出版社签署了独家出版的协议。而在网络这一新型的信息发布与交流平台上,作者对作品的发表权将不再受一次性发表的限制,他可以选择将自己的作品通过 Blog、预印本系统等多个渠道在网上发布,并同时将稿件投给期刊社,以获得最广泛的传播效果。②在传统的出版方式下,发表权的行使一般与作品的使用权密不可分。如一部文字作品的发表总是与出版发行联系在一起的。③发表权通常只能由作者本人行使。但也有例外,如作者死亡后,发表权则由继承人享有和行使。再如职务作品,其发表权则由持有版权的单位行使。

2)署名权

署名权是指作者在自己创作的作品上署名的权利。根据我国版权法,署名权至少包括以下内容:①作者可以在自己创作的作品上署真名、署笔名或不署名;②有权制止他人在自己的作品上署名;③有权制止他人盗用自己的名义;④有权要求作为原作者在演绎作品上署名,如在相应的改编本、翻译本、注释本、整理本等作品上署名;⑤有权要求在自己创作的职务作品上署名,如在工程设计图、产品设计图上署名。

3)修改权

修改权指的是修改作品的权利。根据我国版权法,只有作者才有权修改或授权他人修改自己的作品。但也有例外情况。如对工程设计或产品设计图纸等职务作品,作者只享有署名权,其他权利(包括修改权在内)都属于单位。报社、杂志社对其录用的稿件享有文字性修改权,如对作品中的错别字的更改。但对内容的修改,则应经作者许可。

4)保护作品完整权

保护作品完整权是指保护作品不受歪曲篡改的权利。作品发表后,他人可以以表演、翻译、改编、制片等多种方式使用作品。这有可能导致作品被歪曲或篡改,给作者的人格、名誉带来损害。例如,以商业目的临摹他人美术作品,这一行为不仅侵犯了作者的复制权,同时也侵犯了作品的完整权。因为,临摹作品毕竟不是原作品,临摹人同原作者在创作技法等方面肯定存在着差异,临摹与原作不符的地方都有可能被认定为是对原作品的歪曲和篡改。

(2)版权人的财产权

财产权是指作品的使用权以及获得报酬的权利,它可以转让、继承或放弃。根据我国版权法,财产权可以按作品的使用方式展开为以下 13 种:复制权、发行权、出租权、展览权、表演权、放映权、广播权、摄制权、信息网络传播权、改编权、翻译权、汇编权以及应当由版权人享有的其他权利。作者是享有这些权利的原始版权人。他人依法从作者那里获得这些使用权时,有义务付给作者报酬。例如出版社在从作者那里获得作品的复制权时,必须付给作者相应的稿酬。在版权人依法享有的全部权利(共17 项)中,财产权占了 13 项之多,这是由于版权法所要保护的主要是版权人的财产权,所以各国的版权立法都是围绕着财产权展开的。

财产权可以归纳为对作品复制、演绎和传播三个方面的权利。复制是指在有形物质载体上相对稳定和持久地"再现"原作,这种再现不增加创作内容。最常见的复制行为有静电复印、软件复制等。将印刷型的图书数字化也属于复制行为。演绎可以看成是对原有作品的再次创作。演绎作品作为原有作品的派生作品,它包含了后续作者的智力成果,但又没有改变原作的创作思想。如图书的翻译就是典型的演绎作品。演绎方面的权利包含了改编权、翻译权和汇编权(将作品或其片段汇编成新作品)。许多国家认为未经许可的演绎活动是侵权活动,侵权活动的主体无资格享有版权,因此相应的演绎作品无版权可言。① 版权保护一般并不过问创作成果的水平,但在确定再创作过程中是否有演绎作品产生时,则需要用再创作的水平来衡量。如果演绎者在再创作中付出的智力劳动很少,就不足以认为在原作之外产生一部演绎作品。传播是指向公众提供作品的原件或者复制件。传播方面的权利包含了发行权、出租权、展览权、广播权、信息网络传播权(即以有线或者无线方式向公众提供作品,使公众可以在其个人选定的时间和地点获得作品的权利)等。

6. 对版权的限制

（1）合理使用

合理使用(fair use)是指在特定条件下,允许他人不征得版权人同意,也不向版权人支付使用费,便可使用已经发表的作品,但使用时应当给出作者姓名、作品名称以及来源。这也称为版权豁免。最常见的例子是,为了学习和研究,个人对期刊文章的少量复制。这一行为属于合理使用,不用获得版权人许可,不用支付版权使用费。合理使用包括出于批评、评论、新闻报道、教学(含为课堂教学使用制作多份复制品)、学术或研究目的,以制作复制品或录音制品等方式使用版权作品。

我国版权法规定:"为个人学习、研究或者欣赏,使用他人已经发表的作品"以及"为学校课堂教学或者科学研究,翻译或者少量复制已经发表的作品,供教学或者科研人员使用,但不得出版发行"属于合理使用的范围。

版权法中的合理使用条款对于促进科学文化和社会公益事业的发展极为有益。其意义体现在以下方面:①保证了公众充分享有阅读权,如自由借阅图书馆收藏的版权作品;保证公众享有引用他人作品的权利。②促进知识与信息的传播,允许学校及科研机构为教学科研需要,翻译或少量复制已经发表的作品。③授予图书馆为陈列或保存目的而复制本馆收藏的作品的权利,这有利于图书馆发挥保存和利用文化遗产的职能。需要说明的是,所有这些使用都不能侵犯版权人依法享有的其他权利,且使用时必须尊重作者的署名权,并标明出处。

尽管合理使用是法律赋予使用者的权利,但是合理使用不是无限制的滥用。对合理使用的判断应当考虑以下四个因素②:①使用的目的与性质,包括是否是商业性使用或是私人使用。任何对版权作品的商业性使用都不满足合理使用条款。而私人使用,以及为了教学特别是非营利性的教学活动,则是适用于合理使用的一个重要理由。②被使用作品的性质。只要该作品是由公共领域的资料或与公共利益有关的资料所构成的,那么该作品的性质即满足合理使用的条件。③使用作品的程度,它包括

---

① 郑成思. 版权法[M]. 北京:中国人民大学出版社,1990:107-109.

② 吴汉东,等. 知识产权基本问题研究[M]. 北京:中国人民大学出版社,2005:307-308.

使用的数量和使用的实质性。大量引用原作或原作的精华部分，不能视为适当。④对作品的影响，即对版权作品的潜在市场或价值所产生的影响。

（2）法定许可

法定许可（statutory license）指在符合法定条件的情况下，使用已发表的版权作品，无须征得版权人的同意，但应向版权人支付报酬。我国版权法规定的法定许可共有四种情况：报刊转载法定许可、制作录音制品法定许可、播放作品及录音制品的法定许可、编写出版教科书的法定许可。另外，在国家《信息网络传播权保护条例》中规定了制作课件的法定许可。在法定许可使用条件下，使用者同样必须尊重作者的署名权，注明出处并支付报酬。

7. 合法使用版权作品

对于版权作品的合法使用通常有以下方式。

- 授权使用（许可使用）：即获得版权人的许可。
- 合理使用：有限度地无偿使用，要求使用者要遵守合理使用准则。
- 法定许可：有偿使用，但无须征得版权人的同意。
- 自由使用：保护期已满的作品属于社会公共财富，在不侵犯作者的精神权利的前提下，可以不受限制地使用。

8. 请求许可

在使用版权作品时，除版权法中规定的豁免条款外，都应该获得版权人的使用许可。因此，在难以判断使用行为是否属于合理使用的情况下，明智的做法是获得版权人的书面许可。如在向国外期刊投稿且文章已被录用时，如果文章引用了他人的图表等，期刊编辑则会要求投稿人就所引用的资料提供版权人的使用许可书。因为一旦遭到有关合理使用问题的诉讼，代价会很高。声称没有足够的时间获得许可或是版权人没有对许可请求做出回答等，都不能成为侵权行为的辩护理由。

在请求许可的信中应该说明准备使用的材料以及使用细节，包括这个材料将出现在何种类型的出版物中。如果可能的话，还应提供出版社的名称、出版日期和作品的定价等，这些信息都会有助于获得版权许可。①

9. 侵权及法律责任

当版权人以外的他人非法行使版权人的权利时，即发生侵权。如未经版权人许可而对版权作品进行复制、出版、翻译、表演、展出等均为侵权行为。而软件复制、将文件上载到服务器上、共享 MP3 文件则可能导致侵权行为的发生。

---

① 约瑟夫·吉鲍尔迪. MLA 文体手册和学术出版指南［M］. 北京：北京大学出版社，2002：45.

根据我国版权法,侵权人须承担以下民事责任:①停止侵害,消除影响,赔礼道歉。在侵权诉讼时,法院可以扣押侵权的复制品、所有印版以及用来生产复制品的原料。如果侵权行为还对版权人的名誉、声望、形象等造成影响的,还应责令其消除影响,向被侵权人当面或公开道歉。②赔偿损失。侵权者有责任对版权人所造成的损害做出赔偿。赔偿可以按照权利人的实际损失和侵权人的违法所得来计算。但是并非所有受到侵害的版权人都能证明他们所遭受的损失,而且并非所有的侵权者都能获得利润。此时,依照我国版权法,法院将根据情节严重程度,判决给予 50 万元以下的赔偿。③对于损害公共利益的侵权者,将依法追究刑事责任。

第二节　以案说法

一、合作作品及版权问题

1. 合作作品的定义及判断条件①②

合作作品是指由两人或多人合作创作的作品。根据我国版权法,没有参加创作的人不能成为合作作者。合作作品的版权由合作者共同享有。

产生合作作品的两个要件是合意和合创,即作者之间有合作创作的意愿,并且有共同创作的行为。共同创作是指:①合作作者直接参加了作品的创作,为作品的产生付出了创造性劳动。创作行为包括为完成一部作品而拟定提纲、整理素材、行文、内容修改等活动。②两个及多个作者按照约定共同创作作品,不论个人的创作成果在作品中被采用多少,都应当认定为共同创作。此外,在创作过程中有许多辅助性工作,如提供必要的工作条件,收集整理资料,负责抄写,誊印和记录,提供修改意见,提供咨询(指导他人撰写论文或向报纸、杂志投稿)。这些辅助性工作对一部作品的完成和出版极为重要,有时甚至起决定作用,但根据我国《著作权法实施条例》第三条,它们不能认定为创作行为,不能共享版权。

一件作品只有同时具备合意和合创两个要件才能称为合作作品。仅有合创行为,缺乏合意特征,不能视为合作作品。如乙在甲完成的作品上进行修改,并以两人的名义署名发表。如果乙的修改未征得甲的同意,那么他就侵犯了甲对作品的修改权。反之,若乙的修改行为得到了甲的同意,这就使得修改后的作品具有了合创和合

①　李景华,浦增平. 试论合作作品的划分[J]. 人民司法,1992(10):26-28.
②　曾兴华. 合作作品的构成条件及分类的比较研究[J]. 西南政法大学学报,1999(3):71-74.

意的特征,故可认定为合作作品。

2. 合作作品版权行使时应注意的问题

合作作品的版权由合作者共同享有。这意味着,单个作者无权单独行使合作作品的版权。如合作作品的版权转让应得到全部版权人的一致同意。合作作品按其性质可以分为可分割使用和不可分割使用两类。

(1)可分割使用的合作作品

可分割使用的合作作品,也称为组合作品,如歌曲作品中的曲和词、分章合著书中的各章节。对可分割使用的合作作品,作者对各自创作的部分可以单独享有版权,但在行使自己的版权时,不得侵犯合作作品的整体版权。如不得将合作作品以个人的名义发表,不得将合作作品的报酬据为己有,不得将合作作品中自己分工创作的那部分抢先发表,从而影响整体作品的效果。

(2)不可分割使用的合作作品

不可分割使用的合作作品,如共同构思创作的论文、共同完成的雕塑等。对于这类不可分割的合作作品,在行使版权时,作者的意见应当一致。如果不能协商一致,任何一方无正当理由不得阻止他方行使版权。这主要是考虑有利于作品的传播。当然,他方行使版权后,不同意使用的合作作者,仍享有版权法中所规定的署名权和获得报酬的权利。

3. 挂名作品是否是合作作品

挂名作品是指没有参加创作,而在作品上共同署名形成的所谓的"合作作品"。挂名作品以署名为目的,常因客观存在的各种关系而产生,如上下级关系、师生关系、朋友关系。那么挂名作品是合作作品吗?

有人认为署名权是版权人的一种精神权利,作者可以自由处置。无论出于何种动机,作者一旦与他人约定在作品上共同署名,就应该认定为事实上的合作作品,而无须审查他人有无创作行为。

然而,这种仅根据共同署名的合意即推定为合作作品的做法,违背了我国的立法精神。根据我国版权法,只有实施创作行为的人才能享有版权。同时署名权作为一项精神权利,它不能转让和继承。因此,没有参加作品创作的署名人不能共享版权,更不能以此推定相应的作品为合作作品。我国版权法第十一条规定:"如无相反证明,在作品上署名的公民、法人或者非法人单位为作者。"换言之,如有相反证明,作品上的署名人可以不是作者。

二、汇编作品的版权问题

1. 案例：陶瓷画册①

2002 年 6 月初，景德镇陶艺家高常青、汪洋二人筹款近 10 万元，从 68 名陶艺人的作品中挑选出 180 幅进行拍摄，并以此汇编成画册，由北京工艺美术出版社出版。该画册第一次发行量为 3 500 册，每册定价 88 元。

2003 年江西盛都公司未经版权人同意，从画册中挑选了 12 幅图片用于商业广告。高、汪两人在与盛都公司协商未果的情况下，将其告上法庭，要求判其停止侵权、赔礼道歉并赔偿经济损失 30 万元。由于盛都公司的广告均由君安公司承包，经盛都公司申请，法院依法追加君安公司为本案被告。

本案判决结果：法院认为两被告未经版权人许可，擅自在商业性广告中使用原告出版物中的图片，侵犯了原告对其出版物的汇编权和获得报酬的权利。要求两被告立即停止侵权行为，包括停止制作、发行宣传单和撤去橱窗广告，共同赔偿原告经济损失 6 万元。

随后，多名陶瓷作品的原作者分别对两公司提起了诉讼，胜诉并获得赔偿。

2. 汇编作品的双重版权问题

（1）由本案引出的相关问题

由本案引出的相关问题如下：汇编画册也可以产生版权吗？汇编作品的版权人是谁？为什么在高、汪起诉获得赔偿后，陶瓷美术作品的原创人还可以就同一侵权事实要求被告承担侵权责任并赔偿损失？

（2）汇编作品的定义

汇编作品是指通过收集和汇编已经存在的材料，使其在内容的选择或编排上体现独创性的作品。我国版权法第十四条给出了汇编作品的定义："汇编若干作品、作品的片段或者不构成作品的数据或者其他材料，对其内容的选择或者编排体现独创性的作品，为汇编作品，其著作权由汇编人享有，但行使著作权时，不得侵犯原作品的著作权。"

汇编作品是一种演绎作品，它获得版权保护的必要条件是汇编体现独创性。汇编者在对材料进行汇编时，必须有所选择。而这些选择即是一种创造性的智力劳动。报刊就是典型的汇编作品，它们由一系列经过选择的独立投稿汇编而成。

（3）汇编作品的双重版权

汇编对象可以是已发表或未发表的作品，可以是版权作品，也可以是已进入公有

---

① 金晓虹. 从一起侵权行为看汇编作品的双重著作权行使[J]. 景德镇高专学报. 2006，21(1)：102-104.

领域的作品,或是不受版权法保护的有价值的信息。当汇编材料是版权作品时,就会产生基于原作品和汇编作品的双重版权。如期刊具有双重版权的特征。而对法规、股市信息、电话号码等进行汇编形成的作品,由于这些材料不是版权法保护的对象,故不会产生双重版权的问题。

对具有双重版的汇编作品而言,由于汇编者和原作者都享有各自的版权,并可分别行使,因此便会产生"双重版权的行使"问题。如期刊文章,在没有签署稿件版权转让协议的情况下,作者对自己的文章拥有版权,报刊出版者对报刊享有整体版权,但不能损害各个作者的权益。这是汇编作品不同于其他作品的地方。

在本案中,陶瓷美术作品是原创作品,画册是在这些原创作品的基础上产生的汇编作品,有双重版权的行使问题。因此,在高、汪起诉获得赔偿后,陶瓷美术作品的原创人还可以就同一侵权事实要求被告承担侵权责任并赔偿损失。

（4）汇编许可

根据我国版权法,汇编权是原创作品的作者所拥有的权利之一。因此,汇编他人作品时,应取得原作者的许可。汇编者对汇编作品享有版权,但在行使版权时不得损害原作者的权利。

三、学位论文的版权问题研究

学位论文,尤其是博士论文具有选题新颖、问题专一且论述系统、具有一定的学术水平,因而是有价值的情报源。而以它们为基础所建成的学位论文数据库,则以其强大的检索功能和海量的内容存储而成为重要的、颇具经济价值的文献资源。故越来越多的高校、商业机构都纷纷加入到对博硕士学位论文资源的开发与利用中。这本是一项有利于国家的数字资源建设的活动,但如果其中所涉及的版权问题解决不好,就难以健康发展。如国内某知名的数据库商曾因学位论文数据库的版权问题遭遇官司。原告起诉的理由均为:该数据库商未经本人授权,擅自将自己的学位论文收录到学位论文全文数据库中进行销售,供用户在网上浏览和下载全文。该数据库商侵犯了自己对学位论文享有的版权。

那么学位论文具有什么版权特征？学位论文资源的开发与利用应注意什么问题？下面将逐一加以讨论。

1. 学位论文的版权特征

从版权层面上看,学位论文具有以下特点:首先,它是学生独立创作完成的版权作品。除在职攻读学位等特殊情况外,学生作为学位论文的直接创作者,就是版权人。其次,学位论文属于未发表作品,不适用于版权法中的合理使用条款。因此,对学位论文的使用需要获得版权人的授权。将学位论文收录到数据库中,通过网络向用户提供学位论文文摘及全文服务,这实际上是对学位论文进行出版,会涉及版权人的发表权、汇编权、复制权和网络传播权 4 项权利。

2. 学位论文资源开发模式及特点

从国内对学位论文资源的开发与利用情况看,开发模式可分为商业型与公益型两种。商业型指的是商业机构以营利为目的、按商业模式建设学位论文数据库。如万方数据资源系统中的学位论文数据库、CNKI 的《中国博士学位论文全文数据库》及《中国优秀硕士学位论文全文数据库》、北京大学方正电子有限公司的《中国精品学位论文全文数据库》等均以此模式运作。公益型模式多为各高校图书馆针对本校学位论文资源所开展的建设活动。它以资源的传播与利用为目的,对本校读者免费开放。如清华大学学位论文服务系统,它收录了本校 1980 年以来的所有公开的博硕士学位论文文摘,1986 年以来的论文绝大多数可以在校园网上看到全文。

从国外学位论文资源建设的成功经验来看,公益型与商业型两种模式各有优势,它们在促进学位论文资源的利用上都发挥着作用。商业化运作模式由于资金雄厚,技术力量强,故建设速度快,规模大。它们往往以资源规模优势及优质服务来吸引用户,毕竟人们都愿为有价值的信息产品付费。最为成功的例子要数美国 ProQuest Information & Learning 公司的博硕士论文文摘数据库。它是目前世界上最大、使用最广泛的学位论文文摘数据库。订购用户可以检索 1637 年以来的学位论文文摘。1997 年以来的大多数学位论文可以看到前 24 页的扫描图像。该公司还提供学位论文全文服务。而公益型模式却以免费使用的优势吸引用户,尽管它受资金和技术力量的限制,资源建设速度与发展规模远不如商业型模式。公益型模式下的免费使用,一方面向人们宣传与展示学位论文资源的价值,同时也为人们提供更多的选择,事实上它的存在对于防止学位论文资源形成垄断性资源也是一种制约因素。

3. 两种许可授权

针对学位论文资源不同的开发模式,可以建立免费使用许可和有偿使用许可两种方式。前者适用于培养单位对本单位学位论文的公益性使用,后者则适用于数据库商对学位论文的商业性使用。下面对这两种许可模式的合理性及可行性进行探讨。

(1)培养单位的公益性使用享受免费使用的合理性分析

根据国家的相关规定,通过论文答辩的毕业生有义务向学校提交学位论文以便保存。① 为使本校读者能够利用这部分资源,学位论文作者有义务对本校读者的免费使用给予许可,理由如下:①学位论文的创作有其特殊性。学生在完成学位论文的过程中,不仅需要导师的指导,而且还需要利用学校的实验设备和文献资料等物质条件。因此,对于学位论文资源的开发利用应适当考虑培养单位的利益。②我国的教育是一项公益性事业,国家每年都要花费大量的人力、物力来培养学生,研究生也不例外。作为受益者,学位论文的作者有义务为维护教育的公益性做出自己的贡献。③高校作为人才培养的场所,需要知识与信息最大限度地自由传播。基于这些理由,让培养单位的正式读者免费使用本校的学位论文是合理的。当然为了保护作者的权益,培养单位对本校学位论文的免费使用应建立在"合理使用"的框架之下。这包括使用目的仅限于个人的学习与研究,而不能用于商业用途。使用范围仅限于本校的合法读者。同时学校有义务采取相应的技术措施保证学位论文的免费使用仅限于本校读者这一有限的范围。

(2)针对商业性使用的有偿使用许可

对学位论文的商业性使用,包括学位论文的收藏、数字化加工和网络出版都必须得到作者的授权许可,而且还需要支付版权使用费。目前清华同方、北京大学方正电子有限公司对学位论文的有偿使用方式进行了尝试。如清华同方在征得学校同意后,每年在学生学位论文答辩期间,在校内设点征集学位论文作者的授权,并在《清华大学学位论文使用授权说明》后附上清华同方的《学位论文出版授权书》,由学位论文作者自愿填写。凡签署商业使用许可授权书的作者均可以获得清华同方的稿酬。北大方正获得授权的方式也与之类似。

虽然数据库商与作者直接签约获得授权的方式烦琐费时,且成本高,但在我国目前的环境下,它仍不失为一种从根本上消除版权隐患的办法。

目前学位论文的商业性使用遇到的问题主要有以下两个方面:①数据库商所面临的"海量许可"。由于学位论文的作者数量众多,且极为分散,直接获得授权操作困难且成本昂贵。有时由于缺少作者有效的联系方式而无法获得授权。这也是一些数据库商到目前为止还无法消除学位论文数据库中的版权隐患的主要原因。②学位论文的版权对作者来说属于小权利,维权困难。这首先体现在一旦遭侵权,因维权成本太高,使得作者认为不值得为自己的"小权利"去做主张。其次作者在为自己的学位论文作品谈判定价时处于弱势。目前,数据库商对学位论文的商业使用已经给出价钱。如清华同方给出的条件为:免费出版,以现金和检索阅读卡的方式支付作者

---

① 贺德方.国家学位论文服务体系研究[J].情报学报,2004,23(6):697-702.

稿酬,博士论文为 380 元,其中现金 80 元,检索阅读卡 300 元。硕士论文为 230 元,其中现金 30 元,检索阅读卡 200 元。同时给导师赠送 200 元检索阅读卡。① 这远低于传统出版的稿酬标准。②

面对权利人维权难,数据库商获得使用许可难两方面的问题,需要版权集体管理组织作为作者和数据库商两者之间的桥梁。所谓版权集体管理,依照我国《著作权法实施条例》,是指版权集体管理组织经权利人授权后,集中行使权利人的有关权利。③ 它主要是对版权人难以有效行使的权利进行管理。其主要工作是:①与使用者订立版权许可使用合同;②向使用者收取使用费;③向版权人转付使用费;④进行版权诉讼与仲裁等。

四、抄袭侵权案

1. 案例:北京大学老师授课④

1995 年,北京大学力学系王敏中发现同事王颖坚与辽宁大学数学系刘凤丽未经许可,在所编写的《弹性理论》一书中,大量使用了自己的作品。在单位调解无效后,王敏中将王颖坚、刘凤丽两人告上了法庭,指控两人抄袭,请求法院判其停止侵权,赔偿损失。原告主张的版权作品有三个:授课、习题集和教材。自 1979 年以来,原告王敏中一直负责本科生课程"弹性力学"的讲授,所用的教材和习题集为:

- 《弹性力学引论》,武际可、王敏中著,北京大学出版社 1981 年出版。
- 《弹性力学引论习题》,由王敏中、王炜、武际可合编。

合作作者在本案中不主张自己的相关权利。

侵权作品《弹性理论》一书的情况简介:

该书由北京大学力学系王颖坚与辽宁大学数学系刘凤丽合作完成,共有 10 章,28 万字。其中,刘凤丽承担了两章(变形分析及应力分析)的编写,王颖坚负责其余章节和全部习题的编写以及全书统稿。1993 年该书由辽宁大学出版社出版,定价12 元,实际印数六百余册,除少量销售和分赠外,王颖坚处有 500 册,刘凤丽处有

---

① 中国优秀博硕士学位论文全文数据库出版章程. http://www.cnki.net/other/gonggao/zgqs.htm, 2008-09-05.

② 国家版权局. 出版文字作品报酬规定(1999)[M]. 见陈进元. 科技期刊著作权讲析. 北京:清华大学出版社,2005:356-359.

③ 中华人民共和国著作权法实施条例(2002). 见陈进元. 科技期刊著作权讲析. 北京:清华大学出版社,2005:331-339.

④ 王敏中与王颖坚、刘凤丽、辽宁大学出版社侵犯著作权案[M]. 见张嘉林. 知识产权诉讼判例的法官评注. 北京:中国政法大学出版社,1999:124-138.

100 册。

法院判决结果如下：王敏中授课口述作品和《弹性力学引论习题》均未曾发表。《弹性理论》一书的出版给王敏中今后发表上述两作品造成一定的损害，对此王颖坚、刘凤丽应予以赔偿。辽宁大学出版社对于《弹性理论》一书侵权使用原告的作品《弹性力学引论》未能及时核查，致使侵权作品得以出版，对侵权后果的形成负有一定责任，为共同侵权人，应承担相应的法律责任。

鉴于《弹性理论》一书大量使用了王敏中的弹性力学授课口述作品及《弹性力学引论》、《弹性力学引论习题》，故《弹性理论》不能构成一部独立作品，该书今后不得再次出版发行，已印制完成的应予以销毁。

2. 以案释法

本案涉及以下问题：口述作品和习题集的独创性认定；作品是否发表的认定；抄袭认定；侵权责任的归责原则。

（1）作品的独创性

作品的独创性是指作品来自于作者自己的创作，而非抄袭他人的成果，这是智力成果获得版权法保护的实质性条件。独立创作与不同是判断独创性的两个要素。

1）授课为口述作品的认定及举证

弹性力学是一门以数学方法进行力学研究的基础学科，其基本原理和定理已有上百年的历史，属于公有知识。但对这些内容的讲授却因人而异。原告积累多年的教学经验形成了自己的教学风格，这体现在对教学内容的组织、素材的选用，以及对基本原理的叙述和论证过程等方面。故法院将原告授课认定为口述作品。

举证是口述作品保护的难点。由于无法以完全证据来体现口述作品的全貌，本案原告提供了3位学生的听课笔记主张权利。鉴于听课笔记一般能反映教师讲课的内容和特色，法院通过对听课笔记的考察和互相印证，确认原告的证据充分。

2）习题集的独创性

本案原告所主张保护的《弹性力学引论习题》大部分出自于作者的钻研和教学经验，仅有少量取自国外有关的习题集，且已注明出处；该习题集作为北京大学力学系"弹性力学"课程教学的配套材料，在组织结构上与课程教学安排相对应。因此该习题集具有明显的独创性，故法院认定它属于原创作品，而非汇编作品。

3）自然科学作品独创性的认定

本案作品均是关于弹性力学这门学科的，其基本内容主要是数学公式。对于此类作品是否具备独创性存在不同意见。否认其独创性的理由是我国版权法第五条第三款已明确将公式排除在版权保护之外。数学公式本身不享有版权，但这并不意味着对公式的论证、讲解也不享有版权。一个很好的例子是：汉字本身没有版权，但由汉字组成的诗歌却是版权作品。弹性力学的主要内容均是对数学方程的求解或是对力学定理的论证，每个定理的论证往往由若干个数学公式组成。尽管最后的结论都相同，但具体的论证方法及过程却可能有多种，它们有繁有简，有优有劣。这种因人而异的论证过程，如果不是简单地对公式进行顺序颠倒，将享有版权。

（2）作品的发表

1）事实公开不一定是发表

我国版权法第十条第一款将发表定义为"公之于众"，随之产生的权利即发表权，它是指由作者决定作品是否公开、以何种方式公开、在什么范围内公开。公开是指对某一范围内的获知不予限制。根据我国版权法，公开的范围一般是指中华人民共和国境内。

法律所指的发表仅仅是一种状态，它包含几层含义：①只要公众有可能通过正常合法的渠道获知即为公开，而不以公众是否知道为要件。正常合法的渠道包括：从书店购买正式出版的图书资料，从公共图书馆借阅文献资料，从个人 Blog 或从开放获取资源系统等处获取。②仅仅是基于特定关系的获知不为发表。发表权作为一项精神权，判断其行使与否应取决于作者意愿。公开的潜在目的是让一般公众获知，如果作者对作品的使用仅限于有限的主体范围，而没有让更多的人获知的意愿，则不该视为发表。③并非所有的事实公开都会导致发表权的丧失。如由于侵权出版导致版权作品所形成的事实公开，不会使权利人丧失发表权。

2）本案中的口述作品和习题集属未发表

尽管《弹性力学引论习题》多年来一直在北京大学力学系的教学中公开使用，上课学生人手一册，但这种事实公开却并非发表。因为它仅对有特定身份的人群公开，而一般的社会公众无法通过借阅或购买方式获得该作品。与此类似的理由，本案中的口述作品也属于未发表。对未发表作品的使用必须获得作者的许可。因此尽管被告在《弹性力学》一书中说明了习题的来源，但仍属于侵权行为。

（3）抄袭认定

1）抄袭认定原则

抄袭认定原则是"接触以及实质性相似"。此处的接触是指与作品的接触。

原告主张的授课和习题集均是未发表的作品。对未发表的作品，判断抄袭的重要条件是与原作品的接触。本案被告王颖坚曾旁听过原告的授课，并借阅过听课学生的课堂笔记。且被告王颖坚与原告同在一个教研室，完全有机会接触原告用于教学的习题集，从这一点说，被告具备接触原告未发表作品的要件。

在判断是否是实质性相似时,主要把握两点:一是精华部分的相似;二是错误的一致性。

精华部分相似:原告王敏中主张体现其授课独创性之处为,在证明无旋场定理、无源场定理和 Helmholtz 定理的过程中,用了 33 个等式,而被告作品的相关部分与此基本相同,这种相似是实质性的。

错误的一致性:原告在讲课时出现的板书错误也同样出现在被告作品的相关章节。而错误的相同或相似往往是被告抄袭的致命证据。

由于被告对自己作品中与原告独创性部分的相似无法给出合理的出处,也非公有知识,故相似的合理性无法解释。当"接触与实质性相似"同时具备时,若被告作品中再出现大量相似的情况,那么认定抄袭是不可避免的了。

2)抄袭量认定

被告在《弹性理论》一书中,以复制或基本复制的方式使用原告的授课口述作品多达 93 页,占全书 1/4 强,其中甚至包括原告在授课时的板书错误。使用原告未发表的《弹性力学引论习题》中的习题 127 道,占《弹性理论》全书习题量的 94%。使用原告享有著作权的《弹性力学引论》一书达 9 页之多作为《弹性理论》相关章节的主要内容,既未指明出处亦非介绍评论。

(4)出版社的无过错责任

辽宁大学出版社的侵权责任在于出版侵权作品《弹性理论》,它直接行使了版权人两项最重要的权利——复制权与发行权。出版社作为专门从事出版的机构,应对所出版的作品有核查义务。辽宁大学出版社未能尽到核查义务,致使侵权作品出版,对侵权后果的形成负有不可推卸的责任,因此应负共同侵权责任。

第三节　学　术　规　范

学术,从字义上看包含两层意思:一是指学问、道理、真理,是认识的对象和目标;二是指获得学问、道理、真理的方式和过程。规范,意为标准、规则。因此,学术规范是指人们在学术活动中所遵守的行为准则。[①]

一、默顿的四规范及科学精神

在当今社会,科学已发展成为一项社会职业。科学社会学的创始人默顿(Robert

---

① 叶继元. 学术规范通论[M]. 上海:华东师范大学出版社,2005:1-2.

K. Merton),早在 1942 年就从科学活动的动机、方法、成果归属以及成果评价四个方面提出了一套从事科学职业的道德规范,它们是无私利性(disinterestedness)、理性地怀疑(organized skepticism)、公有性(communism)以及普遍性(universalism)。①②③ 默顿认为这套社会规范构成了科学家所独有的精神气质,支配着科学家的行为,形成他的科学良心。下面对这四点进行简要说明。①无私利性对科学家从事科学研究活动的动机进行了控制。默顿认为,科学家从事科学活动的动机多种多样,科学的社会规范就是要在一个宽广的范围内对科学家的行为进行制度上的控制。科学首先是对真理的追求,仅仅在次要的意义上才是谋生的手段。这就要求从事科学活动的人必须以对人类利益的无私关怀为己任,不应以科学来谋取私利,不把从事科学研究视为带来荣誉、地位、声望或金钱的敲门砖。②科学研究需要理性地怀疑。人对未知的探究源于好奇心,而"疑"则是产生新知的前提。当然"疑"不是无边无际的瞎疑,而要基于客观事实,对已有的结论、曾有的权威,皆应保持某种理性的怀疑。③公有性强调的是科学成果的公有属性。任何科学发现都是人类对客观存在的正确认识,同时也是社会协作的产物,因此它们都属于"公共知识",是人类的共同财富,发现者不应据为私有,这要求科学家要公开其发现。当然他人在使用该发现时,对其出处要给予充分的承认。促使科学家公开其发现的动力是获得研究成果的优先权。事实上,科学家可能获得的最大奖赏就是自己的工作得到了他人的承认和赞赏,并被结合到同行的研究中。④普遍性强调的是科学评价标准的一致性。它要求对研究成果的评价要客观公正,评价只能以事实而不是个人偏见为依据,它与研究者的种族、性别、国籍、宗教、阶级、个人品质以及其他个人属性无关。

科学,就其本质而言,是探求真理的一种精神活动,它包括了人的意识、思维活动和一般心理状态。所谓真理是指客观事物及其规律在人的意识中的正确反映。④ 根据默顿的四规范,我们可以把科学精神简单地概括为:实事求是、勇于探索真理和捍卫真理。"实事"是指客观存在的事物,它是复杂的和变化的。"求"指研究,"是"指事物的本质或规律性。实事求是即是指从客观事物中寻找其本质或规律。科学精神的内涵主要体现在求实、创新、怀疑和宽容等几个方面,求实与创新是其内核,不求实就

① 王小燕,贺兰英. 自然辩证法概论[M]. 广州:华南理工大学出版社,2007:54-55.
② 欧阳锋,徐梦秋. 默顿的科学规范论的形成[J]. 自然辩证法通讯,2007(5):42-49,93.
③ R. K. 默顿. 科学社会学[M]. 鲁旭东,林聚任,译. 北京:商务印书馆,2003.
④ 中国社会科学院语言研究所词典编辑室. 现代汉语词典[M]. 北京:外语教学与研究出版社,2002:2436.

不是科学,不创新就不会发展。①②

以下是德国大哲学家和科学家康德在柯尼斯堡大学毕业时的誓词:

"学院决定授予你科学博士学位。这是一种荣誉。荣誉带来义务。这义务是永远忠诚于真理,无论是在经济的还是在政治的胁迫下,绝不屈从于压制或歪曲真理的诱惑……要你保证维护学院现在授予你的荣誉,并且不受其他考虑的影响,只是寻求并忠诚于真理。"③

二、学术研究活动中的行为规范

下面结合默顿的四规范,讨论合作研究与荣誉分配、论文署名等行为准则。

1. 合作研究与荣誉分配

（1）合作研究

许多论文中会出现若干合著者,涉及不同的实验室、不同的国家。对于这一现象,美国西北京大学 Kelogg 管理学院的两位教授进行了深入的研究,研究成果于 2008 年 10 月 14 日发表在 Science 杂志上。他们对 1975 年至 2005 年间在科学与工程领域发表的三百四十多万篇论文的作者情况进行了分析。结果发现,在 20 世纪 70 年代,不同高校之间合作发表的论文非常少,但到了 2005 年,这种论文占到了所有论文的三分之一。同一学校内部合作发表的文章数量稍有下降,而单一作者的文章数量则稳步下降。通过分析这些文章的被引用情况,作者还发现不同高校合作发表的论文影响力大于其他论文。为此,该文章给出了以下结论:高档次研究来自于跨校合作。④ 由于所面对的自然现象越来越复杂,要揭示它们深奥的本质,就需要大型实验仪器、需要更快更多地了解最新的科技信息、需要更多地合作与交流。同时,由于学科专业的不断细化、研究人员的流动性加强,以及科学界对合作研究的接受度提升等都促使合作研究成为现代科学研究的一种模式。

（2）荣誉分配

对许多人而言,与他人成功合作是最有收获的经历之一。合作可以极大地开阔

---

① 蔡德诚. 科学精神的要素和内涵[M]. 见王大珩,于光远. 论科学精神. 北京:中央编译出版社,2001:115-122.

② 刘华杰."科学精神"的多层释义和丰富涵义[M]. 见王大珩,于光远. 论科学精神. 北京:中央编译出版社,2001:207-218.

③ 樊洪业. 科学道德规范的古往今来[M]. 见郭传杰,李士. 维护科学尊严. 长沙:湖南教育出版社,1996:208.

④ Benjamin F Jones, Stefan Wuchty, Brian Uzzi. Multi-University Research Teams: Shifting Impact, Geography, and Stratification in Science. Science. 2008, Vol. 322(5905): 1259-1262.

一个人的视野,并把工作推进到远远超过个人所能独立完成的程度。然而合作也会导致合作者之间关系紧张,究其原因主要是荣誉分配。尽管制定荣誉分配原则不是一件容易的事,但它却是成功合作的关键。合作要求合作者之间要有极大的信任和尊重。因此,坦率而公开地讨论并制定合作集体中的荣誉分配原则非常必要,它将保证合作顺利,避免纠纷发生。此外,合作者还应该全面地了解某一领域里的惯例,以便知道是否受到公正对待。如果对荣誉分配有疑问,应坦率地与其他人交流。

实例:导师与学生之间的关系及荣誉分配

大学作为研究人才培养的场所,导师与学生之间的关系实际上是一种师徒关系。学生通过与有研究经验的导师的接触,学到科学研究的方法和价值观。在导师与学生之间决定荣誉分配时,需要权衡几种因素:如果导师确定并实施了一个项目,学生作为初级研究者被邀请参与工作,那么,即使在获得发现的时刻导师不在场,主要荣誉也要归属于导师。因为在合作研究中,不仅需要会操纵实验仪器的人,更需要有产生新思想、制定研究方案、获得研究基金等的团队领导者。同样,当作为研究助手的学生对某个项目做出了智力上的贡献,起到研究伙伴而不是学徒的作用时,这种贡献也应给予承认。此时,应根据该学生所做的工作、学科领域里的惯例以及研究组的安排,让他享有合作者的待遇。

2. 论文作者与署名

（1）作者的定义

论文作者是指对该项研究做出重要贡献的人。为了从概念上更深刻地理解作者的含义,下面给出一个例子,它选自 Robert A. Day 所著的《论文指南》。[①]

假设科学家 A 设计了一系列有可能导致重要研究成果产生的程序,然后详细地告诉技术员 B 应如何进行实验工作。倘若实验成功,A 撰写了论文初稿,那么尽管 B 做了全部工作,但唯一的作者应该是科学家 A,当然技术员 B 的协助应该在致谢中提及。

如果上述实验失败,B 把阴性结果交给 A 并说:"我想,如果我们能改变温度,把它从 34℃ 提高到 37℃,再在培养基中加入血清白蛋白,这菌株也许就能长了出来了。"A 同意实验。这次实验结果理想,论文出来了。在这种情况下,科学家 A 和技术员 B 都应列为作者。

让这个例子再进一步。如果使用白蛋白,37℃ 培养后实验成功,而 A 觉得还有一疑问:在这种条件下生长,是否揭示该菌株有致病性? 但以前发表的材料却指出

① Robert A Day. 论文指南. 钱玉昆,等,编译. 北京:学苑出版社,1989:23-24.

该菌株无致病性。于是 A 就请来了同事 C——一位致病微生物学专家。请他研究一下该菌株的致病性。像任何一位医学微生物学家那样，C 很快做了个实验，以标准程序将受试物注入实验小鼠，并证明了该菌株的致病性。现在在稿件中添入了新的重要内容，并发表了，A 和 B 都列为作者，C 的协助将在致谢中提及。

再假设，如果科学家 C 对此奇特菌株也感兴趣，并着手进行了一系列精心设计的实验，得出结论：这特殊菌株并非只对鼠类致病，而且还是一种追寻已久的罕见的人类某种传染病的病源体。这样，在稿件中又加入了两个新表格，结论和讨论都写成了，文章即以 A、B、C 三者作为作者发表。

从上述例子中可知，论文的署名人包括：①论文主题内容的构思者，即在选定课题和制定研究方案中做出主要贡献，并对论文内容负责的人。②研究工作的主要参与者，即参加论文的全部工作或主要研究者。③撰稿人，即直接进行创作的人。

不应署名的人包括：仅参加部分非关键性的工作，对全面工作缺少了解，如接受委托，负责某项分析、检索、观测的实验人员；仅对论文涉及的内容做过间接咨询、提供某种帮助的人员。对不宜作为论文作者的有关人员，可以通过致谢的方式对他们的贡献和劳动表示感谢。

（2）论文署名原则

凡是在个人研究成果基础上写成的论文，可单独署名。而几个人合作的研究成果，则要共同署名。多人署名所遵循的一般原则是按贡献大小排名，它反映了劳动和权利成正比的精神，这是对个人劳动成果的肯定和尊重。当然，需要说明的是，虽然按贡献大小排名是通用原则，但不同的学科和研究集体，论文排名习俗差别很大。如有的把最著名的科学家排在最前面；而一些领域，研究带头人的名字总是排在最后。在某些学科中，导师的名字在论文中极少出现，而在另一些学科中，一个教授的名字几乎出现在该实验室发表的每一篇论文上。有一些研究集体则简单地按姓名字顺来排名。

论文署名应注意以下问题：①未征得本人同意，不要将其列入作者名单。②如果是集体研究成果，则应以集体作者署名，个人只能以执笔人的身份署名，避免以个人名义发表集体成果。③避免挂名作者。所谓挂名作者是指对论文创作几乎没有或根本没做任何事情而成为论文作者的人。挂名作者冲淡了对论文做出实际贡献的人的荣誉，使得荣誉分配更为困难。为此，一些学术期刊声明，只有对论文做出直接的、实质性贡献的人，才能作为论文的作者。这种原则性的声明有助于消除挂名作者的现象。

（3）第一作者和通信作者的区别

第一作者是论文执笔者，他通常是具体工作的主要执行者，对主要实验结果负责。通信作者(corresponding author)是研究课题的负责人,他是整个研究工作的主要设计者、指导者,对文章的可靠性进行把关;他也是文章和研究材料的联系人,负责与编辑部的联系和接受读者咨询等。在许多情况下,通信作者和第一作者是同一个人,这时省略了通信作者。只有在两者不一致时,才有必要加上通信作者。第一作者和通信作者的区别在于:文章中的成果属于通信作者,思想及研究思路是通信作者的,而不是第一作者。第一作者仅代表做具体工作的人,且是最主要的参与者。

在 Science 周刊投稿指南①中,对通信作者提出了以下要求:有责任保证所有的作者都同意在稿件上署名,都看过并同意稿件的内容,也同意将其投给 Science 周刊。任何署名的改变要有全部原作者签名同意的书面意见。在稿件录用时,通信作者代表所有作者签署版权协议。

（4）署名与责任

像参考文献一样,署名确立了荣誉,也指定了责任。作者对读者的质疑应当有答辩能力与答辩义务。当一篇论文出现错误时,不管是由于失误还是弄虚作假,为了不承担责任,署名人可能会说,论文中有错的部分与自己无关,或自己几乎与论文无关。然而,一个从论文中获得荣誉的人,也必须为论文的内容承担责任。因此,除非在脚注或文章里明确责任归属,每一个署名人都必须对论文的内容承担责任。不恰当的署名可能会严重损害署名人的声誉。以下就是一个真实的例子:诺贝尔生物医学奖得主戴维·巴尔的摩(David Baltimore)于 1986 年 4 月在他本人并不熟悉的、不知道有伪造实验数据的论文上署名,该论文在期刊 Cell 上发表,造成了恶劣影响,受到科学界的严厉谴责,论文被宣布撤回,他本人也引咎辞职。②

三、科学研究中的失范行为

科学研究中的失范行为是指违反科学职业道德的行为。2000 年,美国政府年在所发布的科学研究失范行为联邦政策中,对科学研究中的失范行为给出了如下定义③:科研失范行为是指在准备、实施、整理以及发表等环节中出现的造假(fabrication)、篡改(falsification)以及剽窃(plagiarism)行为。其中,造假是针对科研结果的。例如,只选取那些支持某个假说的数据而隐瞒其他数据,或彻头彻尾地伪造结果;篡改是指对研究材料、设备以及研究过程进行人为的掌控,改变或省略某些数

---

① Information for Authors of Science. http://www.sciencemag.org/about/authors/,2009-03-10.

② 朱立煌. 诺贝尔桂冠下的科学赝品——记轰动世界科学界的巴尔的摩事件[J]. 中国科学基金. 1991(4):11-14.

③ 陈超君. 杜绝科研工作中的失范行为,捍卫科学殿堂的圣洁性[J]. 科学与无神论,2008(6):11-16.

据或结果，从而使得研究不能精确地在研究报告中表现出来；剽窃是指通过不适当的方式占用他人的思想、研究程序、结果以及话语，也包括占用他人未发表的研究计划和手稿内容。例如，使用他人的作品而不给出来源。剽窃是一种公然盗用荣誉的行为。大量的学术失范行为属于这一范畴。

在研究活动中由于粗心所造成的错误，与彻头彻尾的弄虚作假有着明显的区别。对前者而言，当事人并没有意识到所发表的结果是不准确的。而后者却是故意而为。弄虚作假严重地违背了科学精神，同时还严重损害了社会对科学的信任和信心。它对当事人的影响是毁灭性的，如时间损失、名誉扫地。它还直接伤害了那些依赖这一"成果"的人，例如把其他研究者引入歧途，造成时间、精力、金钱上的巨大浪费。当把这一欺骗性的结果用作医疗基础时，其后果将不堪设想。

应该说科学中的造假事件是非常少的。如果弄虚作假很普遍，科学就不可能发展成为今天这样一个兴旺和成功的事业。因为科学是一个不断积累的事业，后续的研究者会不断地检验和发展先辈的工作，假的理论和观测最终将被戳穿和揭露。科学的社会机制，特别是对已有成果的同行质疑制度，起着减少弄虚作假的作用。[①]

习　　题

1. 阅读《版权法》了解相关内容。简要回答以下问题：

(1) 谁是版权人？

(2) 什么是版权法所指的作品？它应具备什么条件？

(3) 什么是合作作品？如何判断？

(4) 什么是职务作品？如何判断？

(5) 对版权的限制体现在哪几个方面？

(6) 什么是合理使用？如何判断？

(7) 什么是法定许可使用？举例说明。

(8) 有什么作品不属于版权法保护的范围？

(9) 侵权使用版权作品，应承担什么法律责任？

(10) 为什么要避免一稿多投的行为？

2. 在阅读《高等学校哲学社会科学研究学术规范》的基础上，归纳并简要回答学术规范涉及了哪几个方面。

---

① 弗兰克·普雷司. 论做一名科学家[M]. 唐平桂，译. 见郭传杰，李士. 维护科学尊严. 长沙：湖南教育出版社，1996：214-242.

参 考 文 献

[1] 沈固朝. 信息检索(多媒体)教程[M]. 北京：高等教育出版社,2002.

[2] 王子舟. 图书馆学基础教程[M]. 武汉：武汉大学出版社. 2003.

[3] 郭依群. 应用图书馆学教程[M]. 第 3 版. 北京：清华大学出版社,2012.

[4] 刘嘉. 网络信息资源的组织. 北京：北京图书馆出版社,2002.

[5] (美)R.霍克. Internet 通用搜索引擎检索指南. 金丽华,译. 沈阳：辽宁科学技术出版社, 2003.

[6] Ronbin Rowland. Internet 信息查询技巧. 刘岩,等,译. 北京：机械工业出版社,1997.

[7] (美)D 罗德里格斯,R 罗德里格斯. 怎样利用 Internet 写论文. 姜婷婷,马宇宁,译. 沈阳：辽宁科学技术出版社,2004.

[8] 韩丽风. 免费网络学术资源的检索与利用[M]. 见郭依群,关志英. 网络学术资源应用导览(社科篇). 北京：中国水利水电出版社,2007：371-425.

[9] 陈光祚. 论网络时代的个人数字图书馆[J]. 图书馆论坛,2005,25(6)：164-170.

[10] 陈光祚. 为"个人数字图书馆"鸣锣开道[J]. 图书情报知识,2005(3)：107-108.

[11] 周六炎. 科技文献管理[M]. 武汉：武汉大学出版社,1984.

[12] 孙凌. 计算机检索策略和检索效果[M]. 武汉：武汉市科学技术情报研究所,1984.

[13] 何翠华. 国际联机检索概论[M]. 天津：南开大学出版社,1990.

[14] 蒋永新,叶元芳,蒋时雨. 现代科技信息检索与利用[M]. 上海：上海大学出版社,1999.

[15] 《科技查新教程》编写组. 科技查新教程[M]. 北京：机械工业出版社,2001.

[16] (美)琼·基·盖茨. 图书馆和情报源利用指南[M]. 邵萍,等,译. 北京：北京大学出版社, 1986.

[17] 加文·费尔贝恩,克里斯托弗·温奇. 阅读、写作和推理：学生指导手册[M]. 第 2 版. 邱枫蓝,译. 北京：北京大学出版社,2007.

[18] (加)董毓. 批判性思维原理和方法[M]. 北京：高等教育出版社,2010.

[19] 谷振诣. 批判性思维教程[M]. 北京：北京大学出版社,2006.

[20] (美) Dennis Coon. 心理学导论：思想与行为的认识之路[M]. 郑钢,等,译. 北京：中国轻工业出版社,2007.

[21] 谷振诣. 论证与分析：逻辑的应用[M]. 北京：人民出版社,2000.

[22] 徐有富. 治学方法与论文写作[M]. 南京：南京大学出版社,2003.

[23] (美)莫提默·J.艾德勒,查尔斯·范多伦. 如何阅读一本书[M]. 郝明义,朱衣,译. 北京：商务印书馆,2004.

[24] (美)约瑟夫·吉鲍尔迪. MLA 文体手册和学术出版指南[M]. 第 2 版. 沈弘,何姝,译. 北京：北京大学出版社,2002.

[25] 段明莲,陈浩元. 文后参考文献著录指南[M]. 北京:中国标准出版社,2006.

[26] 张平官. 科技论文撰写及投稿指南[M]. 西宁:青海人民出版社,1993.

[27] (美)威尔逊. 科学研究方法论[M]. 石大中,等,译. 上海:上海科学技术文献出版社,1988.

[28] (美)保罗·奥利弗. 学术道德学生读本[M]. 金顶兵,译. 北京:北京大学出版社,2007.

[29] 王迁. 著作权法学[M]. 北京:北京大学出版社,2007.

[30] 梁立明,谢彩霞. 词频分析法用于我国纳米科技研究动向分析[M]. 科学学研究,2003,21(2):138-142.

[31] 邱均平. 文献计量学[M]. 北京:科学技术文献出版社,1988.

[32] (匈)布劳温. 科学计量学指标:三十二国自然科学文献与引文影响的比较分析[M]. 赵红州,蒋国华,译. 北京:科学出版社,1989.

[33] 吴尔中. 利用"SCI"评选杰出科学家的情况分析[J]. 图书情报工作,1984(3):6-10.

[34] Garfield E,Pudovkin A I,Istomin V S. Algorithmic citation-linked historiography-Mapping the literature of science[J]. 2002(39):14-24.

[35] Garfield E. Historiographic mapping of knowledge domains literature. Journal of Information Science,2004,30(2):119-145.

[36] 李运景,侯汉清,裴新涌. 引文编年可视化软件 HistCite 介绍与评价[J]. 图书情报工作,2006(12):135-138.

[37] Garfield E. From the science of science to Scientometrics visualizing the history of science with HistCite software[J]. Journal of Informetrics,2009,3(3):173-179.

[38] Small H. Visualizing science by citation mapping. Journal of the American Society for Information Science,1999,50(9):799-813.

[39] White H D,McCain K W. Visualizing a discipline:an author co-citation analysis of information science,1972—1995. Journal of the American Society for Information Science,1998,49(4):327-355.

[40] White H D. Pathfinder networks and author cocitation analysis:A remapping of paradigmatic information scientists. Journal of the American Society for Information Science and Technology,2003,54(5):423-434.

[41] Chen C M. CiteSpace Ⅱ:Detecting and visualizing emerging trends and transient patterns in scientific literature. Journal of the American Society for Information Science and Technology,2006,57(3):359-377.